D1640967

Für registrierte Leser halten wir zusätzliche Informationsangebote bereit.

Bitte geben Sie Ihren Code auf der Verlagswebsite ein.

Ihr persönlicher Registrierungscode 04GP32920361

Leseproben · Artikel · Angebote · Newsletter · BuchScanner · Foren · Glossar

Bernd Kretschmer
Holger Burbach
Dirk von Suchodoletz

Linux-Terminalserver

Galileo Computing

Liebe Leserin, lieber Leser,

ich freue mich, dass Sie sich für ein Buch von Galileo Computing entschieden haben.

Viele Argumente sprechen heute für den Einsatz von Terminalservern zur Verwaltung von Computer-Arbeitsplätzen: alte PCs lassen sich als plattenlose Thin-Clients weiternutzen, Anschaffungskosten neuer Hardware und Wartungskosten reduzieren. Auch aus Sicherheitsgründen spricht viel für die zentrale Verwaltung der Desktop-Arbeitsplätze. Offene Standards und Protokolle lassen Linux als besonders für diese Aufgabe geeignet erscheinen – und Anwender können sogar ihre vertrauten Windows-Programme weiternutzen.

Die Installation und der sichere Betrieb eines Linux-Terminalservers ist keine triviale Aufgabe. Unsere Autoren bieten Ihnen Hintergrundwissen, Entscheidungshilfen für den Einsatz und Anwenderberichte aus der Praxis. Drei Experten haben aus ihrer jeweiligen Perspektive Wissen aus erster Hand zusammengetragen. Sie vermitteln Ihnen das Know-how, damit Sie selbst Linux-Terminalserverdienste in Ihrem Büro, Ihrem Unternehmen, Ihrer Schule oder Ihrem Internetcafé nutzen können.

Mit viel Sorgfalt haben Autor und Verlag dieses Buch produziert. Ein perfektes Buch kann es leider dennoch nicht geben. Ich freue mich daher, wenn Sie sich mit Ihren kritischen Anmerkungen an mich wenden oder den Kontakt zu den Autoren auf der Internetseite *www.linux-terminalserver.de* suchen.

Und nun viel Freude bei der Lektüre

Stephan Mattescheck
Lektorat Galileo Computing

stephan.mattescheck@galileo-press.de
www.galileocomputing.de

Galileo Press • Gartenstraße 24 • 53229 Bonn

Auf einen Blick

    Geleitwort 15

    Vorwort 17

1 Überblick über dieses Buch 19

2 Einführung Linux-Terminaldienste 27

3 Entwickler, Berater, Multiplikatoren 45

4 Linux-Serverdienste: Basics 69

5 Linux Diskless Clients einbinden 137

6 Bootkonzepte für Clients 177

7 Linux Net-PCs mit DXS 207

8 Linux X Terminals mit GOto 247

9 Terminaldienste im WAN 301

10 Serverbasierte Linux-Anwendungen 329

11 Windows für Linux Diskless Clients 345

12 Mit Linux Diskless Clients auf Hosts 385

A Glossar 399

B Literatur 405

    Index 407

Bibliografische Information Der Deutschen Bibliothek
Die Deutsche Bibliothek verzeichnet diese Publikation in der Deutschen Nationalbibliografie; detaillierte bibliografische Daten sind im Internet über http://dnb.ddb.de abrufbar.

ISBN 3-89842-329-8

© Galileo Press GmbH, Bonn 2004
1. Nachdruck 2005

Der Name Galileo Press geht auf den italienischen Mathematiker und Philosophen Galileo Galilei (1564–1642) zurück. Er gilt als Gründungsfigur der neuzeitlichen Wissenschaft und wurde berühmt als Verfechter des modernen, heliozentrischen Weltbilds. Legendär ist sein Ausspruch **Eppur se muove** (Und sie bewegt sich doch). Das Emblem von Galileo Press ist der Jupiter, umkreist von den vier Galileischen Monden. Galilei entdeckte die nach ihm benannten Monde 1610.

Das vorliegende Werk ist in all seinen Teilen urheberrechtlich geschützt. Alle Rechte vorbehalten, insbesondere das Recht der Übersetzung, des Vortrags, der Reproduktion, der Vervielfältigung auf fotomechanischem oder anderen Wegen und der Speicherung in elektronischen Medien.

Ungeachtet der Sorgfalt, die auf die Erstellung von Text, Abbildungen und Programmen verwendet wurde, können weder Verlag noch Autor, Herausgeber oder Übersetzer für mögliche Fehler und deren Folgen eine juristische Verantwortung oder irgendeine Haftung übernehmen.

Die in diesem Werk wiedergegebenen Gebrauchsnamen, Handelsnamen, Warenbezeichnungen usw. können auch ohne besondere Kennzeichnung Marken sein und als solche den gesetzlichen Bestimmungen unterliegen.

Lektorat Stephan Mattescheck
Korrektorat Friederike Daenecke
Einbandgestaltung Barbara Thoben, Köln
Herstellung Iris Warkus
Titelbild getty images
Satz Bernd Kretschmer, Dirk von Suchodoletz, Holger Burbach
Druck und Bindung Koninklijke Wöhrmann, Zutphen, Niederlande

Inhalt

Geleitwort 15

Vorwort 17

1	**Überblick über dieses Buch** 19	
1.1	Linux-Terminalserver schnell erklärt 19	
1.1.1	Bedrohung und Ausweg 20	
1.1.2	Konzept 20	
1.1.3	Heterogene Landschaften 20	
1.1.4	Reiche Auswahl statt geschlossener Box 21	
1.1.5	Überblick und Technik im Detail 21	
1.2	**Zielgruppe** 21	
1.2.1	Zielgruppe Entscheider 21	
1.2.2	Zielgruppe Administratoren 22	
1.3	**Die Autoren** 23	
1.4	**Ihre individuellen Wege durch dieses Buch** 25	

2	**Einführung Linux-Terminaldienste** 27	
2.1	Linux-Terminalserver schnell erklärt 27	
2.1.1	Bedrohung dezentraler Desktop-Monokulturen 27	
2.1.2	Auswege aus der Bedrohung 28	
2.1.3	Konzept 29	
2.1.4	Heterogene Landschaften 29	
2.1.5	Reiche Auswahl statt geschlossener Box 30	
2.2	**Alternative Ansätze für rezentralisierte Desktops** 30	
2.3	**Pragmatische Ansätze mit Open Source** 31	
2.3.1	Vielfalt statt Monokultur 32	
2.3.2	Zentrales Managen aller Desktops und Anwendungen 32	
2.3.3	Verlängerung der Lebenszyklen proprietärer Anwendungen 33	
2.3.4	Lizenzverträge und Erneuerungszyklen 33	
2.4	**Wechselvolle Desktop-Geschichte** 33	
2.4.1	Traditionelle Terminalserver-Lösungen 33	
2.4.2	Chaotische Dezentralisierung durch PC-Vermehrung 34	
2.4.3	Rezentralisierung in der Windows-Welt 35	
2.5	**Jeder Linux-Rechner ist ein Terminalserver** 35	

2.5.1	Dateisysteme exportieren und mounten	35
2.5.2	Grafischen X-Desktop exportieren	37
2.5.3	X-Desktop unter Windows nutzen	39
2.5.4	Ausblick	41
2.6	**Betriebskonzepte**	**41**
2.6.1	Anschaffungskosten	41
2.6.2	Betriebskosten	43
2.6.3	Ökobilanz	43
2.7	**Projekte mit Linux Thin Clients**	**44**

3	**Entwickler, Berater, Multiplikatoren**	**45**
3.1	**Überblick**	**45**
3.1.1	Ohne Schmerz kein Fortschritt	45
3.1.2	Unterstützung durch weitere Technologien	46
3.1.3	Entwickler von Terminalserver-Kerntechnologien	47
3.1.4	Berater und Multiplikatoren für Linux-Terminalserver	47
3.2	**Entwickler von Bootproms**	**48**
3.2.1	Dirk Köppen und Bootix	48
3.2.2	Gero Kuhlmann und Netboot	48
3.2.3	Markus Gutschke und Ken Yap: Etherboot	50
3.3	**Entwickler von Integrationslösungen**	**51**
3.3.1	Dirk von Suchodoletz und Linux Net PCs	51
3.3.2	Cajus Pollmeier und GOto	54
3.3.3	James McQuillan und LTSP	56
3.3.4	Diego Torres Milano und PXES	57
3.3.5	Miles Roper und ThinStation	58
3.4	**Entwickler von WAN-Lösungen**	**59**
3.4.1	Gian Filippo Pinzari und Nomachine	59
3.4.2	Michael Kropfberger: X-Ray	60
3.5	**Berater für Linux-Terminaldienste**	**61**
3.5.1	Alfred Schröder und Gonicus	61
3.5.2	Karl Heinz Heggen: Lösungen für Arztpraxen	63
3.6	**Multiplikatoren für Linux-Terminaldienste**	**65**
3.6.1	Martin Herweg: LTSP-Schuldistribution	65
3.6.2	Andries Jan-Albert Venter: Openlab	66
3.6.3	Silverio Carugo: Didasca und Lazarus	67

4	**Linux-Serverdienste: Basics**	**69**
4.1	Überblick und Funktion	69

4.2	Hard- und Software-Layout für Terminaldienste 71
4.2.1	Generelle Gedanken 71
4.2.2	Benötigte Software 72
4.2.3	Server Layout 73
4.2.4	RAID-Systeme 76
4.3	**Das Network File System** 83
4.3.1	Überblick 83
4.3.2	Zwei Implementierungen 83
4.3.3	Start des Dienstes 86
4.3.4	NFS und der Portmapper 87
4.3.5	Einrichten von NFS-Freigaben 90
4.4	**Domain Name Service** 92
4.4.1	Die Namensauflösung unter Linux 92
4.4.2	/etc/hosts 94
4.4.3	DNS – Einführung 94
4.4.4	DNS – Konfiguration von BIND 96
4.5	**Dynamic Host Configuration Protocol** 100
4.5.1	Aufgabe und Funktionsweise 100
4.5.2	Verschiedene Implementierungen 102
4.5.3	Ein erstes Beispiel 102
4.5.4	Start des Diensts 104
4.5.5	Konfigurationsvariablen 105
4.5.6	Komplexere Konfigurationen 107
4.5.7	Benutzerdefinierte Optionen und Vendor-Optionen 109
4.5.8	Komplexere DHCP-Konfigurationen 112
4.6	**Das Minimal-FTP (TFTP)** 113
4.7	**X.11-Dienste** 115
4.8	**Display Manager** 119
4.8.1	Der X.11 Display Manager – XDM 119
4.8.2	KDM – die Reinkarnation in KDE 124
4.8.3	Der Display Manager des Gnome-Projekts – GDM 127
4.8.4	Tipps zur Fehleranalyse 132
4.9	**X.11 Font Server** 134

5	**Linux Diskless Clients einbinden** 137
5.1	**Einbinden von Thin Clients in Netze** 137
5.2	**Lokale Authentifizierung über zentrale Services** 137
5.3	**Die traditionelle Lösung – NIS** 138
5.3.1	Überblick und Einführung 138
5.3.2	NIS-Programme 140

5.3.3	Der NIS-Server 141
5.3.4	Der NIS-Client 143
5.3.5	Schlussfolgerungen 146

5.4	**PAM - Die Authentifizierungsstelle** 146
5.4.1	Die Idee und Aufgaben von PAM 146
5.4.2	Die Funktionsweise 148
5.4.3	Dateien und Verzeichnisse 149
5.4.4	Die Konfigurationsdateien 152
5.4.5	Ein Modul für jeden Zweck 155
5.4.6	Eine Beispielkonfiguration 158
5.4.7	Sicherheit und Fallstricke 159

5.5	**Zentralen Nutzerverwaltung mit LDAP** 162
5.5.1	Einführung und Überblick 162
5.5.2	Das LDAP-Datenmodell 162
5.5.3	Das Protokoll 166

5.6	**LDAP unter Linux** 167
5.6.1	Server- und Client-Programme 168
5.6.2	Eine einfache Konfiguration 168

5.7	**Der Automounter** 173
5.7.1	Überblick 173
5.7.2	Die Funktionsweise 174
5.7.3	Die Konfigurationsdateien 174
5.7.4	Einsatzgebiete 176

6 Bootkonzepte für Clients 177

6.1	**Einleitung und Überblick** 177
6.2	**Client- und Server-Anwendungen** 177
6.2.1	Lokale Anwendungen von Terminalservern 177
6.2.2	Serverbasierte Anwendungen 178

| 6.3 | **Betriebssysteme von Endgeräten** 179 |

6.4	**Thin Clients und Fat Clients** 179
6.4.1	Vollständige Desktop-PCs und Notebooks 179
6.4.2	Endgeräte für serverbasierte Anwendungen 180
6.4.3	Net-PCs 181

6.5	**Bootverfahren im Überblick** 181
6.5.1	Linux-Bootserver 182
6.5.2	Kontron WebasDisk 182
6.5.3	iBoot auf der Basis von iSCSI 184
6.5.4	Start von Windows 2000/XP-PCs von virtuellen Festplatten 186

| 6.6 | **Bootproms, PXE Boot und BIOS Erweiterungen** 187 |

| 6.6.1 | Verschiedene Bootkonzepte 187 |
| 6.6.2 | Aufbau und Aufgaben der Bootsoftware 189 |

6.7 Etherboot 191
6.7.1	Überblick 191
6.7.2	Konfiguration 192
6.7.3	Kompilation 194
6.7.4	MKnbi oder MKelf 195
6.7.5	Multiboot-Anpassungen 196
6.7.6	Dual-Boot mit Etherboot und Windows-Bootloader 196
6.7.7	Fazit 198

6.8 PXE und Syslinux 198
6.8.1	Überblick 199
6.8.2	Syslinux und PXElinux 199
6.8.3	Konfiguration von PXElinux 201
6.8.4	Vergleich von PXE mit anderer Bootsoftware 203

6.9 Bootsoftware installieren 204

6.10 Marktüberblick Endgeräte 204
6.10.1	Flashrom Terminals 204
6.10.2	PCs als Terminals für serverbasierte Anwendungen 206
6.10.3	PCs als Thin Clients für lokale Anwendungen 206

7 Linux Net-PCs mit DXS 207

7.1 Einleitung und Überblick 207
7.1.1	Idee des Linux Net-PC 209
7.1.2	Einsatzgebiete von Linux Net-PCs 210
7.1.3	Entstehungsgeschichte 211
7.1.4	Linux Diskless Clients der dritten Generation 212
7.1.5	Andere Projekte mit Linux Thin Clients 214

7.2 Installation 216
7.2.1	Der Bootserver 216
7.2.2	Das Installationspaket 217
7.2.3	Installation generell 219
7.2.4	Erstinstallation 220
7.2.5	Installation per Kopie 223
7.2.6	Updates und Ergänzungen 225

7.3 Funktionsweise 226
7.3.1	Konfiguration 226
7.3.2	Schreibbare- und schreibgeschützte Verzeichnisbäume 229
7.3.3	Alternativen und zukünftige Entwicklungen 231
7.3.4	Die Bootprozedur 233

7.4 Fehlersuche und Debugging 238

7.5	Anwenderberichte 239
7.5.1	Gymnasium Remigianum Borken 239
7.5.2	Universität Göttingen 242
7.5.3	Dermatologische Praxis Dr. Wolf, Mosbach 243
7.5.4	Gemeinschaftspraxis Freiburg 246

8	Linux X Terminals mit GOto 247
8.1	Grundlagen des Thin-Client-Konzepts 248
8.2	Besonderheiten des GOto-Projekts 250
8.3	Allgemeine Voraussetzungen 252
8.3.1	Etherboot und PXE 253
8.3.2	Netzwerkinfrastruktur 253
8.3.3	Der Boot-Kernel 254
8.4	Installation und Konfiguration des Bootservers 254
8.4.1	Nameserver 255
8.4.2	LDAP-Server 255
8.4.3	Apache und GOsa 262
8.4.4	TFTP 268
8.4.5	DHCP 268
8.4.6	PXE 269
8.4.7	NFS konfigurieren 271
8.4.8	Installieren und Konfigurieren von GOto 272
8.5	Konfiguration des Anwendungsservers 272
8.5.1	Einrichten der NFS-Laufwerke 272
8.5.2	Konfiguration des Display Managers 273
8.6	Konfiguration der Thin Clients 273
8.7	Lokale Peripherie 280
8.7.1	Disketten und CD-ROM-Laufwerke 281
8.7.2	Drucker 281
8.7.3	Scanner 283
8.8	Lokale Anwendungen 285
8.9	Weiterentwicklung und Ausblick 287
8.10	Anwenderberichte 288
8.10.1	Berndes Haushaltstechnik 288
8.10.2	Henkel KG, Darmstadt 291
8.10.3	Institut für Tierzucht, Mariensee 296

9	Terminaldienste im WAN 301
9.1	Einleitung und Überblick 301

9.2	**X.11** 301	
9.2.1	X.11 im LAN und WAN 301	
9.3	**Kompression, LBX und X.fast** 302	
9.4	**VNC** 303	
9.4.1	VNC-Server einrichten und anpassen 303	
9.4.2	VNC-Clients einrichten und anpassen 304	
9.4.3	Sicherheit von VNC-Clients erhöhen 306	
9.4.4	Integration von VNC in KDE 3 306	
9.4.5	Nutzen und Grenzen von VNC 309	
9.5	**Tarantella** 310	
9.5.1	Kundennutzen von Tarantella 310	
9.5.2	Tarantella auf Servern und Clients einrichten 311	
9.5.3	Login und Betrieb 311	
9.5.4	Drucken 312	
9.5.5	Mehr Informationen 312	
9.6	**Citrix Metaframe for Unix** 312	
9.7	**Schlankes X.11 mit Nomachine NX** 313	
9.7.1	Plattformen und Arbeitsweise von NX 314	
9.7.2	Sicherheit durch SSL 316	
9.7.3	Kooperationen, Projekte und Lizenzen 316	
9.7.4	Demo-Tour 317	
9.7.5	NX-Einsatz-Szenarien 319	
9.8	**X-Ray: Multimedia Session Management** 320	
9.8.1	Grafisches Session Management 320	
9.8.2	Multimedia Session Management 323	
9.8.3	Benutzerverwaltung 324	
9.9	**Anwenderberichte NX** 325	
9.9.1	Otto Egelhof GmbH & Co. 325	
9.9.2	NoMachine NX bei European Electronique 327	
10	**Serverbasierte Linux-Anwendungen** 329	
10.1	**Grafische Benutzeroberflächen für Linux** 329	
10.1.1	KDE 330	
10.1.2	Gnome 331	
10.1.3	IceWM 332	
10.2	**Textverarbeitung, Tabellenkalkulation und Co.** 333	
10.2.1	Überblick 334	
10.2.2	OpenOffice.org und StarOffice 334	
10.2.3	Büroprogramme des KDE-Projekts 335	
10.3	**Browser** 336	

10.3.1	Überblick	336
10.3.2	Mozilla	337
10.3.3	Konqueror	338
10.3.4	Opera	339
10.3.5	Lynx	340
10.4	**Mail-Clients**	**341**
10.4.1	Mozilla Messenger	341
10.4.2	Evolution	343
10.4.3	Kmail und Kroupware	343

11	**Windows für Linux Diskless Clients**	**345**
11.1	**Einleitung und Markt-Überblick**	**345**
11.2	**Windows via VNC**	**345**
11.3	**Windows Terminalserver**	**347**
11.3.1	Windows Terminaldienste via Linux Client RDesktop	348
11.3.2	Windows-Terminaldienste via HOBLink JWT und UWT	349
11.3.3	Thinsoft RDP Client WinConnect	350
11.3.4	Windows-Terminaldienste über lokale Clients	351
11.3.5	Windows-Terminaldienste über Linux-Terminalserver	352
11.4	**Windows-Terminalserver mit Citrix Metaframe**	**353**
11.4.1	Citrix-Metaframe Linux-Client	353
11.4.2	ICA-Clients auf Linux Clients oder Linux-Terminalservern	355
11.5	**Windows-Terminalserver mit Tarantella**	**357**
11.6	**Windows in VMware-Umgebungen**	**358**
11.6.1	VMware-Produktfamilien	358
11.6.2	VMware-Grundlagen	359
11.6.3	Der virtuelle PC	361
11.6.4	VMware auf einem Linux-Host	363
11.6.5	Einrichtung der virtuellen Maschine für ein Client-OS	365
11.6.6	Skriptunterstützung zur automatischen Einrichtung	369
11.6.7	Anpassungen des Gast-OS	371
11.6.8	Einsatzszenarien sowie Vor- und Nachteile	374
11.7	**Windows-Umgebungen durch Netraverse Win4Lin**	**375**
11.7.1	Win4Lin auf Linux Net-PCs	376
11.7.2	Win4Lin Terminalserver auf Linux-Terminalservern	377
11.8	**Windows-Schnittstellen durch Wine**	**378**
11.9	**Windows-Schnittstellen durch CrossOver Office**	**379**
11.9.1	CrossOver Office auf Linux Net-PCs und Terminalservern	380

12	Mit Linux Diskless Clients auf Hosts 385
12.1	Herausforderungen, Markt und Produkte 386
12.1.1	Web-to-Host-Lösungen 386
12.1.2	Linux Clients vs. Java Applets 387
12.2	AS/400-Anbindung mit tn5250 388
12.2.1	Installation, Konfiguration und Start 389
12.2.2	Integration 393
12.2.3	Erfahrungen von Anwendern 393
12.3	S/390-Anbindung mit der x3270-Emulation 393

Anhang 397

A Glossar 399

B Literatur 405

Index 407

Geleitwort

Die kritische Bedrohung durch Internet-Flash-Würmer, die sich auf einer Microsoft-IT-Monokultur ausbreiten, und die Kosten, Unternehmensnetze abzusichern, veranlassen weitsichtige Organisationen, ihre System-Strategie zu überdenken und deren Komplexität zu reduzieren, sie also drastisch zu vereinfachen.

Die Migration zu einer kleinen Anzahl von Cluster-Servern, die eine kleine Gruppe von Sicherheitsexperten und Systemverwaltern noch persönlich überwachen kann, bündelt IT-Budgets dort, wo sie am meisten nützen.

Dies bedeutet auch, dass extrem wartungs- und betreuungsintensive Desktop-Computer völlig unnötig werden. Thin Clients, die selbst von großen Clustern booten, senken die Kosten für den Anwender- und Software-Support, erhöhen die Sicherheit, verlängern die Lebenszeit der Desktop-Geräte, erhöhen die Verfügbarkeit von Betriebs-Umgebungen und senken den Stromverbrauch erheblich.

In dieser Umgebung würde eine starke und offene Thin-Client-Plattform sehr helfen.

Linux-Terminaldienste können auch den Bedarf an Netzwerk-Bandbreite enorm senken und schlanke Remote Clients einsetzbar, kostengünstig und sicher machen. Indem man kostengünstige und leistungsfähige GUIs so allgemein zugänglich und verfügbar macht wie Webseiten, können solche offenen Terminal-Diente ein neues universelles Modell für Internet-basierte Remote-Applikationen abgeben.

James Burnes
Internet Security Engineer
Denver, Colorado, USA
Februar 2004

Vorwort

In den letzten 15 Jahren sind PC-Arbeitsplätze fast überall zum Standard geworden. Während PCs anfangs als ideale Lösung des Problems erschienen, um auch in kleineren Unternehmen und Institutionen allen Arbeitsplätzen zu Computerleistung zu verhelfen, ist ihr Betriebskonzept heute selbst zum Problem geworden.

Administratoren betreuen nicht mehr nur einen großen Zentralcomputer mit »dummen« Text-Terminals, sondern müssen sich um unzählige verteilte PCs kümmern. Zwar hängen diese PCs in leistungsfähigen Netzen, nutzen deren Möglichkeiten jedoch nur zur Authentifizierung über die zentrale Benutzerverwaltung sowie für Internet-, Datei- und Druckdienste. Die Betriebssysteme und Anwendungen führen auf den PCs jedoch ein sehr selbständiges Leben. Dieses tragende Paradigma autonomer PCs mit individuell installierten Programmen wird immer obsoleter, erst recht durch den steigenden Anteil unkontrollierbarer Notebooks.

Um ihre Administratoren effizient zu entlasten, können Unternehmen und Behörden alternative Betriebskonzepte verwirklichen, die Betriebssysteme und Anwendungen über das Netz an einfach zu wartende laufwerkslose PCs verteilen und so durch eine zentrale Installation und Administration alle Arbeitsplätze auf einmal versorgen.

Die hierfür prädestinierten Thin Clients auf Linux-Basis sind kein neues proprietäres Heilsversprechen, sondern basieren auf seit Jahren erfolgreich eingesetzten Technologien. Sie verwenden ausschließlich offene Standards und Protokolle, die jeder ohne Lizenzierung einsetzen kann.

In Zeiten, in denen auch IT-Abteilungen ihre Mittelzuwendungen begründen müssen, erweist sich das traditionelle dezentrale Betriebskonzept als Kostengrab. Immer komplexere und verwobenere Software erfordert immer mehr Administrationsarbeit. Nur neue Wege können das sonst zwangsläufige Explodieren der IT-Budgets stoppen.

Traten PCs und die darauf vorherrschenden proprietären Betriebssysteme ihren Siegeszug unter dem Motto »Standardisierung« an, so führte dieser an sich wünschenswerte Vorgang zu einer gefährlichen Monopolisierung der IT-Landschaft. Deren Folgen sind nicht zu übersehen. Praktisch ohne Konkurrenz und ohne Haftungsverpflichtung für Schäden durch Software-Fehler vernachlässigen monopolistische Anbieter das Qualitätsmanagement. Dies ist Anfang 2004 durch das Windows-Quellcode-Leck noch deutlicher geworden. Als Folge davon müssen sich Unternehmen und Behörden mit immer mehr Bedrohungen und Schäden durch immer gefährlichere Angriffe von Hackern, Datendieben und anderen Kriminellen auseinander setzen, die für ihre Angriffe gezielt u.a. Viren, Würmer und Trojaner einsetzen.

Immer weniger Entscheider wollen und können die Verantwortung für so gefährdete monokulturelle IT-Strukturen übernehmen. Trotz astronomischer Kosten von jährlich fünf- bis zehntausend Euro pro Arbeitsplatz-PC für das Absichern der Desktops und Notebooks, das Aktualisieren der Patches und Updates und das Betreuen individuell konfigurierbarer PCs kann niemand hinreichende Sicherheit gewährleisten. Dies gefährdet den Datenbestand und die Arbeitsfähigkeit aller IT-Nutzer und das Überleben von Unternehmen.

Dieses Buch weist klare, strategische Wege aus der immer dramatischer werdenden Gefährdung und Kostenfalle: Es zeigt Entscheidern und Systembetreuern, wie Unternehmen oder Behörden mit zentral verwalteten Linux-Terminalservern ihren Anwendern die vertrauten Linux-, Windows- und Host-Anwendungen an schlanken, laufwerkslosen Endgeräten bereitstellen können.

Linux Thin Clients mit Linux-Terminalservern sind kein Allheilmittel für die Sicherheitsarchitektur, helfen jedoch entscheidend dabei, zahlreiche Probleme strategisch zu vermeiden und Administratoren von den erdrückenden Routine-Aufgaben beim Sichern der Arbeitsplätze zu entlasten. Zentrale Strukturen auf der Basis quelloffener und damit von Hintertüren freier Software ermöglichen den Administratoren, sich strategisch um das Absichern einer übersichtlichen Zahl von Servern zu kümmern. So haben sie es leichter, die schlimmsten GAUs abzuwenden oder nach GAUs an den Arbeitsplätzen schnell wiederverwendbare Arbeitsplätze zur Verfügung zu stellen.

Wir wünschen Ihnen viel Freude beim Lesen dieses Buchs und vollen Erfolg beim rechtzeitigen Abwenden von IT-GAUs und beim Zähmen ausufernder Desktop-Kosten.

Kapitel zum Probelesen, ergänzende Abschnitte und Bonus-Kapitel sowie Korrekturen, Updates und Listings finden Sie auf der Webseite zum Buch: *www.linux-terminalserver.de*. Hier können Sie auch die Mailing-Liste *lts@linux-terminalserver.de* zum Gedanken- und Erfahrungsaustausch mit anderen Lesern abonnieren.

Wir freuen uns auf Ihre Anregungen an *redaktion@linux-terminalserver.de*.

Bonn, März 2004
Holger Burbach, Bernd Kretschmer und Dirk von Suchodoletz

1 Überblick über dieses Buch

Dieses Buch zeigt Entscheidern und Systemingenieuren, wie ihre Unternehmen/Organisationen in Zeiten zunehmender Bedrohung die Sicherheit der Desktop-IT verbessern, erhebliche Administrationsvorteile gewinnen, viel Geld sparen und unabhängig von Anbietern und deren Update-Politik werden, wenn sie Arbeitsplätze intelligent auf zentral verwaltete, schlanke Linux-Lösungen umstellen.

Zwischen autonom verwalteten Desktop PCs und Terminals für auf hostbasierte IT gibt es eine erhebliche Bandbreite von Lösungen, die auf bessere Sicherheit, zentrale Administration und niedrige Gesamtkosten abzielen.

Dieses Buch und seine Webseite *www.linux-terminalserver.de* beschreiben pragmatisch Konzepte, das Einrichten und Betreiben von Linux-Server-basierten Infrastrukturen, um Anwendern Linux-, Windows- und Hostanwendungen auf schlanken Endgeräten zu bieten, die

- von Linux-Servern booten,
- ihr Betriebssystem von Linux-Servern beziehen,
- ihr Dateisystem auf Linux-Servern halten oder von diesen beziehen und/oder
- Anwendungen von oder über Linux-Server beziehen oder lokal ausführen
- und bei WAN-Verbindungen sichere schmalbandige Wege nutzen.

Dazu vermittelt es Ideen, Grundkenntnisse und konkrete Anleitungen für das Planen, Einrichten und Betreiben von

- Bootservern, von denen Endgeräte und Anwendungen starten, und
- Anwendungsservern, die Programme ausführen, die Anwender über das Netz an ihren Endgeräten nutzen,
- cleveren Protokollen für das WAN und
- Linux-, Windows- und Host-Anwendungen in solchen Umgebungen.

1.1 Linux-Terminalserver schnell erklärt

Die Zeiten ändern sich. Unkontrolliert gewachsene Desktop-Landschaften mit Windows-Betriebssystemen sind von Jahr zu Jahr immer mehr und immer schädlicheren Angriffen ausgesetzt.

1.1.1 Bedrohung und Ausweg

Angesichts drohender Katastrophen in solchen Monokulturen ist es unverantwortlich, so wie bisher weiterzumachen:

- Voll ausgerüstete Desktop-PCs und Notebooks sind zu komplex, riskant und zu teuer.
- Nur zentralisierte, schlanke Desktop-Lösungen lassen sich verteidigen und warten.
- Open-Source-basierte Server mit vernünftig segmentierter und wartbarer Software sind weniger gefährdet als PCs mit Microsoft-Software, die aus Marketing-Gründen Anwendungen unsinnig verzahnt und dadurch die Komplexität gefährlich erhöht.

1.1.2 Konzept

Linux Thin Clients beziehen ihre Anwendungen von Linux-Terminalserver. Administratoren können sich voll auf das Einrichten, Verteidigen und Pflegen der Terminalserver konzentrieren und verzetteln sich nicht in teurem »Turnschuh«-Support an Hunderten oder Tausenden von Desktop-PCs. Varianten des Konzepts bieten mehr oder weniger Zentralisierung und unterschiedliche Lastverteilung:

- Linux Thin Clients können von Linux-Terminalservern booten und als Linux-X-Terminals Sitzungen darstellen, die auf den Terminalservern laufen.
- Nahezu beliebige andere Endgeräte wie Notebooks, Desktop-PCs und Flashrom-Terminals können ebenfalls im LAN und WAN Terminalserver-Sitzungen darstellen, lassen sich aber nicht so bequem und sicher einrichten, verwalten und kontrollieren wie Linux-X-Terminals.
- Thin Clients mit viel Hauptspeicher und aktuellen, schnellen Prozessoren können als Linux Net-PCs auch größere Anwendungen lokal ausführen.
- Technologien für schmalbandige und sichere Verbindungen erlauben Linux-Terminal-Lösungen auch bei geografisch verteilten WAN-Lösungen.

1.1.3 Heterogene Landschaften

Linux-Terminaldienste sind bestens geeignet, um sowohl

- Linux-Programme,
- Windows-Programme als auch
- Host-Anwendungen

im LAN und WAN sicher an die Arbeitsplätze zu bringen. Linux Thin Clients können zeichenbasierte Host-Anwendungen auf ihren Textkonsolen und in ihren

Terminalfenstern darstellen sowie grafische X.11- und Windows-Anwendungen in Grafikfenstern. Damit sind sie bestens geeignet, um sowohl Windows-PCs als auch Text-Terminals abzulösen.

1.1.4 Reiche Auswahl statt geschlossener Box

Beschaffer von Open-Source-basierten Linux-Terminaldiensten brauchen weder Lizenzen zu zählen noch die Business Software Alliance BSA zu fürchten. Linux-Terminaldienste kommen heute nicht aus eingeschweißten Software-Kisten mit kleingedruckten Lizenzverträgen, die Anwendern alle Rechte nehmen und die Hersteller von allen Schadensersatzansprüchen freistellen. Beschaffer haben mehrdimensionale Wahlmöglichkeiten, die dieses Buch im Detail beschreibt.

Jeder Linux-Rechner lässt sich mit kleinen Änderungen in einigen wenigen Konfigurationsdateien zum Terminalserver tunen, jedoch gibt es im Allgemeinen jeweils mehrere Boot-Konzepte, Verwaltungskonzepte, Betriebskonzepte, WAN-Lösungen, Angebote für Windows via Linux und für Host-Anwendungen via Linux.

1.1.5 Überblick und Technik im Detail

Dieses Buch vermittelt Ihnen sowohl einen Überblick über die hier eingesetzten Strategien und Technologien als auch über geistesverwandte Lösungen gleichen Ziels. Mit diesem Hintergrundwissen können Entscheider ihre Vorschläge besser begründen, sind gegenüber Marketing-Attacken aus dem kommerziellen Lager besser gerüstet und können leichter Kompromisse eingehen, ohne ihre strategischen Ziele aus dem Auge zu verlieren.

Soll es dann an die Arbeit gehen, finden Systembetreuer detailliertes Hintergrundwissen und klare Schritt-für-Schritt-Anleitungen zum Einrichten und Betreiben der hier vorgestellten Open-Source-Lösungen.

1.2 Zielgruppe

Die Autoren möchten den beiden Zielgruppen Entscheider und Administratoren helfen, gemeinsam Gefahren abzuwenden, Kosten zu sparen und ihren Entscheidungsspielraum zu vergrößern:

1.2.1 Zielgruppe Entscheider

IT-Leiter und Systemverantwortliche, die ihre Verantwortung für die Sicherheit immer mehr gefährdeter IT-Landschaften mit voll ausgerüsteten Desktop-PCs und Notebooks mit Microsoft-Windows ernst nehmen, lesen hier, wie sie die Arbeitsplätze auf zentrale Open-Source-basierte Lösungen umstellen können, die Administratoren besser gegen Angriffe verteidigen können.

Als Nebeneffekt können sie ihrem Unternehmen oder ihrer Behörde viel Geld sparen und sie aus der immer einengenderen Umklammerung durch den marktbeherrschenden Anbieter von PC-Software befreien.

In der Vergangenheit hat kaum jemand seinen Arbeitsplatz verloren, weil er Microsoft-Produkte eingesetzt hat, egal wie gefährdet, instabil, proprietär und teuer diese gewesen sein mögen. Diese Zeiten sind vorbei. Die Bedrohung durch monokulturelle IT können Entscheider einfach nicht mehr ignorieren.

Vorstände, Geschäftsführer und Behördenleiter riskieren, dass Anteilseigner und übergeordnete Behörden sie für die von ihnen leichtsinnig verantworteten Schäden zur Verantwortung ziehen und finanziell in Anspruch nehmen. Es bleibt ihnen nichts anderes übrig, als ihre bisherigen IT-Entscheidungen angesichts der dramatisch zunehmenden Angriffe, der Nachrichten über Hintertüren und Fehler in marktbeherrschender Software und der immensen Kosten für das Verteidigen dezentraler Windows-basierter Desktop-Strukturen neu zu überdenken. Nachdem sie im Serverbereich schon gute Erfahrungen mit Linux und Open-Source gemacht haben, können sie jetzt ohne Zaudern die Desktop-Landschaft mit Linux sichern und zentralisieren. Da Linux-Oberflächen und Linux-Anwendungen inzwischen überdies genauso aussehen und sich genauso verhalten wie vergleichbare Windows-Lösungen, akzeptieren Anwender gern Open-Source-Lösungen. Wie jede organisatorische Änderung setzt dies natürlich voraus, dass Unternehmen ihre Anwender in Detail-Entscheidungen einbeziehen, sie angemessen vorbereiten und ihnen dabei vermitteln, dass diese Änderungen ihre Arbeitsmöglichkeiten nicht einschränken, sondern absichern.[1]

Da bei Desktop-Migrationen viel mehr Geräte betroffen sind als im Serverbereich, sind besonders bei vernünftigen Administrationslösungen viel größere Einsparungen als im Serverbereich möglich. Entscheider lesen hier Konzeptionen, Details und Anwenderberichte, wie sich dies mit zentralen Linux-Terminalservern für Linux Diskless Clients und Linux Terminals realisieren lässt.

1.2.2 Zielgruppe Administratoren

Ebenso wendet sich dieses Buch an Administratoren aller Unternehmen, Behörden und sonstiger Einrichtungen mit großem oder kleinem Budget. Diese lernen dabei mehrere Varianten kennen, die die jeweiligen knappen Faktoren berücksichtigen:

- ▶ **Linux Net-PCs** für LAN-Umgebungen verwenden am Arbeitsplatz moderne PCs ohne Laufwerke und brauchen für die Linux-Terminalserver nur robuste, handelsübliche PCs mit möglichst schneller Netzanbindung.

---

[1] Versäumen Unternehmen, ihre Mitarbeiter rechtzeitig einzubeziehen, brauchen sie sich über innere Kündigung und Sabotage nicht zu wundern.

- **Linux X Terminals** für LAN- und WAN-Umgebungen können Anwendern Server-Sitzungen als volle Desktops, Portale, einzelne Anwendungen oder Browser-Kioske zur Verfügung stellen und benötigen gut ausgestattete Terminalserver.
- Besonders bei WAN-Umgebungen sind schmalbandige, sichere Verbindungen die wichtigsten Entscheidungskriterien. Hier lernen Systemverwalter mehrere Lösungen kennen.

1.3 Die Autoren

Abbildung 1.1 Holger Burbach (links), Bernd Kretschmer und Dirk von Suchodoletz (rechts)

Diplom-Informatiker Holger Burbach, Jg. 71, *holger.burbach@linux-terminalserver.de* hat von 1992 bis 1998 in Kaiserslautern studiert. Bereits im Jahre 1993 sammelte er persönliche Erfahrungen mit Linux und vertiefte seine Kenntnisse parallel zum Studium. Erst als Teilnehmer und später als Betreiber der Domain *pfalz.de* des *Individual Network e.V.*, sorgte er in und um Kaiserslautern für erste regionale Mail- und Newsdienste für Privatpersonen. Während dieser Zeit unterstütze er die Entwicklung von *isdn4linux* (*www.isdn4linux.de*) und steuerte Bugfixes zum News-Server INN (*www.isc.org/products/INN/*) bei.

Nach seinem Studium arbeitete er als freier Software-Entwickler in der Automobil- und Automobilzulieferindustrie und entwarf hier Werkzeuge für den automatisierten Konstruktionsdatenaustausch. Seine Projekte führten ihn zu dieser Zeit unter anderem nach Lippstadt (Hella & Hueck) und nach Göteburg (Volvo). Im Jahre 2000 zog es Holger Burbach wieder in seine Heimat zurück. Er nutzte die Chance, sein Hobby zum Beruf zu machen, und begleitet seitdem als Berater und Projektleiter mittelständische Unternehmen und öffentliche Einrichtungen in die Open-Source-Welt.

Er betreut und unterstützt bundesweit Unternehmen und Behörden bei der Migration zu Linux-basierten Thin Client-Umgebungen auf Basis von GOto und GOsa (siehe Kapitel 8). Besondere Erfahrungen hat er bei der Integration von Thin-Client-Lösungen in heterogene IT-Landschaften und dem rechtzeitigen Einbeziehen der Mitarbeiter. Da jede Desktop-Migration nur zusammen mit Anwendern erfolgreich sein kann, müssen diese besonders begleitet werden, um ihre Ängste und Vorurteile abzubauen und ihre Kenntnisse in der neuen Umgebung zu fördern.

Diplom-Ökonom Bernd Kretschmer, Jg. 49, *bernd.kretschmer@linux-terminalserver.de*, hat dieses Buchprojekt initiiert und moderiert. Er arbeitet seit den 60er Jahren im IT-Umfeld. Da er lieber Musik als Festplatten und Lüfter hört, hat er am Arbeitsplatz lauten PCs stets geräuschlose Zeichenterminals, Diskless Net-PCs und Linux und Windows Terminals vorgezogen. Seine Erfahrungen mit sicherer, serverbasierter und emissionsarmer EDV gibt er seinen Lesern und Hörern zusammen mit Co-Autoren und Co-Referenten in Artikeln und Büchern über Terminaldienste (siehe [Kretschmer2001]) und Linux (siehe [Burre2004]), sowie in Seminaren, Workshops und Vorträgen[2] weiter.

Diplom-Mathematiker Dirk von Suchodoletz, Jg. 72, *dirk.von.suchodoletz@linux-terminalserver.de*, konzipiert und realisiert für Universitäten, Schulen und Dienstleister im Gesundheitsbereich große serverbasierte IT-Landschaften, die sich leicht aufbauen, warten und betreiben lassen, die Fähigkeiten aktueller Barebone PCs ausnutzen und mit relativ kleinen Servern auskommen. Er hat seit 1993 in mehreren Schritten das hier im Buch vorgestellte Konzept von Linux Net-PCs entwickelt.

Linux und Terminals setzte er schon bei einem Mailbox-Projekt des Individual Network in seinem Studentenwohnheim ein. Weitere Netzwerk-Erfahrung sammelte er gemeinsam mit weiteren engagierten Studenten durch den Aufbau des Göttinger Wohnheimnetzes. 1996 hat er mit knappem Budget aus Spendergeld öffentlich zugängliche Computerarbeitsplätze für Web- und Mail-Nutzung der Göttinger Studenten eingerichtet und dabei festplattenlose Linux PCs erprobt und Konzepte für den bequemen Betrieb mehrerer hundert Endgeräte und sicheres Authentifizieren mehrerer tausend Nutzer entwickelt. Ab 1999 veröffentlichte er im Linux-Magazin drei Artikel zu diesem Thema und im Jahr 2001 referierte er auf dem Linux-Tag in Stuttgart über Thin Clients.

Ende des Jahres 2002 wechselte er auf eine Assistentenstelle am *Lehrstuhl für Kommunikationssysteme in der Informatik* an der Universität Freiburg. Hier baut er u.a. Linux-Diskless-Lösungen zum flexiblen Betrieb von Kursräumen auf, bei denen Kursleiter und in freien Übungszeiten auch die Teilnehmer individuelle Arbeitsumgebungen auswählen können.

Co-Autoren: Der IBM-Forscher Elliot Salant aus Haifa hat dieses Buch mit einem Gastbeitrag zum Diskless boot über iSCSI (siehe Abschnitt 6.5.3 auf Seite 184)

---

2   zuletzt auf der LinuxWorld Expo 2002 in Frankfurt, auf der EdOsNet.org Conference in Rom 2003 und der OOcon 2003 in Hamburg

unterstützt. Michael Kropfberger stellt seine Eigenentwicklung X-Ray vor (siehe Abschnitt 9.8 auf Seite 320).

Helfer: Zahlreiche Anwender, Entwickler, Multiplikatoren und Berater haben diesem Buchprojekt mit Informationen geholfen, insbesondere Stanislav Alexeev, Rudolf Boes, James Burnes, Matthew Chapman, Marty Connor, Sarah Dryell, Thomas Grashoff, Frank Grigoleit, Dr. Dr. h.c. Eildert Groeneveld, Dr. Roland Grossmann, Markus Gutschke, Andreas Haggenmüller, Karl-Heinz Heggen, Martin Herweg, Jürgen Hönig, Lars Kloppsteck, Gero Kuhlmann, Marc Lachmann, Helmut Lichtenberg, Christel Marquardt, Harald Milz, Kurt Pfeifle, Cajus Pollmeier, Gian Filippo Pinzari, Miles Roper, Alfred Schröder, Detlev Schulz, Jörg Schwab, Dr. Stefan Schwarz, David Sword, Carsten Thalheimer, Robert Meiners, Diego Torres Milano, Andries Jan-Albert Venter und Dr. Dr. Peter Wolf.

1.4 Ihre individuellen Wege durch dieses Buch

Entscheider, Budgetverantwortliche, System-Analytiker und Administratoren dürften mit unterschiedlichen Fragestellungen an dieses Buch herangehen. Die straffe Gliederung sollte dies erleichtern.

- ▶ Überblick
  - ▷ Kapitel 2 Einführung in Linux-Terminaldienste
  - ▷ Kapitel 3 Entwickler, Berater und Multiplikatoren
- ▶ Technische Grundlagen
  - ▷ Kapitel 4 Linux-Serverdienste: Basics
  - ▷ Kapitel 5 Linux Diskless Clients einbinden
  - ▷ Kapitel 6 Bootkonzepte für Clients[3]
- ▶ Projekte und Lösungen im Detail
  - ▷ Kapitel 7 Linux Net-PCs mit DXS
  - ▷ Kapitel 8 Linux X-Terminals mit GOto[4]
  - ▷ Kapitel 9 Terminaldienste im WAN

---

3 Details zum Erstellen von Bootproms und zum Modifizieren des BIOS finden Sie auf der Webseite zum Buch *www.linux-terminalserver.de* als Bonus-Abschnitt im PDF-Format.
4 Ein vollständiges Bonus-Kapitel zum LTSP Linux-Terminalserver-Projekt, das seine Linux-Terminal-Lösungen mit anderen Administrationskonzepten verwirklicht, können Sie im PDF-Format von der Webseite zum Buch *www.linux-terminalserver.de* laden.

- **Anwendungen**
  - Kapitel 10 Serverbasierte Linux-Anwendungen
  - Kapitel 11 Windows für Linux Diskless Clients
  - Kapitel 12 Mit Linux Diskless Clients auf Hosts

Die Autoren schlagen Entscheidern und Administratoren verschiedene Wege durch dieses Buch vor:

- **Entscheidern** empfehlen wir, nach diesem ersten Kapitel das zweite und dritte Kapitel zu lesen und dann mit den jeweiligen Einführungen und Anwenderberichten der folgenden Kapitel fortzufahren.
- **Systemingenieure mit Linux-Erfahrung** wollen vielleicht direkt mit den Kapiteln 7, *Linux Net-PCs mit DXS*, und 8, *Linux X Terminals mit GOto*, einsteigen und
- **Administratoren ohne Linux-Erfahrung** sollten hier Kapitel für Kapitel weiterlesen.

Die Kapitel 4 bis 12 und die Bonus-Abschnitte und -Kapitel der Webseite *www.linux-terminalserver.de* beschreiben technische Arbeiten so genau, dass hieran interessierte Leser mit technischem Background die beschriebenen Konzepte und Arbeitsfolgen hoffentlich sofort nachvollziehen können. Damit Sie beim Ausprobieren der hier vorgestellten Lösungen nicht so viel eintippen müssen, hält die Webseite *www.linux-terminalserver.de* einige längere Listings für Sie zum Laden bereit. Bitte weisen Sie uns auf eventuelle Fehler im Buch hin, damit wir auf der Webseite Berichtigungen bereitstellen können. Lassen Sie sich auf dieser Webseite immer wieder von neuen Nachrichten, Anwenderberichten, Bonus-Kapiteln und Tipps überraschen!

2 Einführung Linux-Terminaldienste

Dieses einführende Kapitel erklärt die Idee von Terminalservern. Es nimmt die im letzten Kapitel beschriebenen Grundgedanken und Ziele wieder auf und vermittelt Entscheidern und Systemingenieuren, wie ihre Unternehmen/Organisationen durch das Zentralisieren und Verschlanken der IT-Struktur mit zentral verwalteten, schlanken Linux-Lösungen die Komplexität und Angreifbarkeit ihrer Datenverarbeitung erheblich mindern und die Sicherheit ihrer IT verbessern. Indem Sie Budgets auf wenige Server konzentrieren statt sich an vielen Arbeitsplatz-PCs zu verzetteln, verbessern Sie die Sicherheit und sparen sehr viel Geld.

Diese Ziele lassen sich auf vielen Wegen erreichen. Unser Buch konzentriert sich auf Open-Source-Lösungen durch Linux-Terminalserver, vermittelt aber stets auch geistesverwandte proprietäre Konzepte mit gleicher Zielsetzung, die sich auch mit Open-Source-Lösungen kombinieren lassen. Entscheidern sollen diese Informationen helfen, nach dem Baukasten-Prinzip individuelle, auf ihre Organisation zugeschnittene Lösungen zusammenzustellen.

2.1 Linux-Terminalserver schnell erklärt

Desktop-Landschaften mit Windows-Betriebssystemen sind von Jahr zu Jahr immer mehr und immer schädlicheren Angriffen ausgesetzt.

2.1.1 Bedrohung dezentraler Desktop-Monokulturen

IT-Landschaften mit dezentralen, von den Benutzern selbst administrierten Desktops bergen erhebliche Gefahrenpotenziale, besonders wenn auf ihnen Monokultur-Betriebssysteme installiert sind. So warnt Axel Vahldieck in der c't 3/2004 (siehe [Vahldieck 2004]) vor der unterschätzten Gefahr durch Trojanische Pferde, die Anwender ausspionierten und deren Desktop-PCs für Angriffe auf Server missbrauchten. Nach einem Test seines Magazins schützten auch aktuelle Virenscanner nicht vor dieser Malware, deren Zweck es ist, die Kontrolle über einen Rechner zu bekommen und diesen für ferngesteuerte Angriffe auf andere Rechner zu missbrauchen. »Von den wirklich gefährlichen Würmern und Viren hört man häufig gar nicht so viel«, so Axel Vahldieck, »die Programmierer achten darauf, dass sich die Schädlinge nicht zu stark verbreiten, damit sie in der Öffentlichkeit möglichst lange unerkannt bleiben.«

Microsoft neigt aus Marketing-Gründen dazu, seine Produkte eng zu verzahnen, damit der Einsatz eines Produkts den weiterer Anwendungen nach sich zieht.[1] Dies führt in der Praxis leider zu unnötig komplexen, auch mit großem Aufwand kaum beherrschbaren Strukturen. Frank Graser zitiert dazu in der Computer Zeitung 4/2004 (siehe [Graser 2004]) den Fraunhofer-Forscher Professor Dieter Rombach: »Das Wissen um komplexitätsreduzierte Architekuren ist in der Breite zu wenig bekannt.« Ein Beispiel dafür sei eine Matrix oder Tabelle, in der die Anforderungen waagerecht und die Komponenten senkrecht eingetragen würden. »Stellen Sie sich dort ein Kreuz vor, wo eine Anforderung in einer Komponente realisiert ist. Diese Matrizen sind in der Praxis viel zu voll. Die Anforderungen werden zu stark über das System gestreut. Solche Systeme kann man nicht beherrschen.« Die Komplexität sei nicht mehr zu überschauen, spätere Änderungen könnten unvorhersehbare Konsequenzen zeitigen: »In anderen Ingenieursbereichen gilt: Ein guter Entwurf ist, wenn die Architekturmatrix diagonal ausgefüllt ist – dann ist möglichst jede Anforderung in einer Komponente eingekapselt«.

Während UNIX, Linux und Open-Source-Projekte dieses gute alte Design-Prinzip von Anfang an umsetzen, zeigt Microsoft keine Ansätze dazu. Oft haben in der Vergangenheit Bug-Fixes zwangsläufig neue Fehler mitgebracht. Daher besteht wenig Hoffnung, dass Microsoft seine Versprechen einhalten kann, in Zukunft mehr auf Qualität zu achten. Diese Komplexität führt notwendigerweise zu leicht verwundbaren Anwendungen, deren Einsatz den Datenbestand und die Arbeitsfähigkeit von Unternehmen erheblich gefährden kann. Die Open Source Community und Microsoft haben zudem eine unterschiedliche Kultur im Umgang mit Fehlern: Während die Open Source Community alles daran setzt, Fehler öffentlich zu diskutieren und möglichst schnell gemeinsam zu beheben, erlebt man bei Microsoft eine ganz andere Politik.

2.1.2 Auswege aus der Bedrohung

Die Hauptgefahren für die Unternehmens-IT – dezentrale PC-Landschaften und monokulturellen Umgebungen – kann man nicht allein dadurch wegzaubern, dass man Virenprogrammierern oder Hackern die Schuld zuschiebt und ihnen mit Strafen droht. Angesichts drohender Katastrophen wird es immer unverantwortlicher, so wie bisher weiterzumachen. Auch mit sehr großem Mitteleinsatz lassen sich IT-Landschaften

- ▶ mit voll ausgerüsteten Desktops und Notebooks und
- ▶ massenweisem Einsatz von Microsoft-Software

---

[1] Werbeslogan der 90er Jahre: Microsoft möglichst oft!

nicht wirksam verteidigen. Dieses Buch beschreibt im Detail mehrere Wege, um mit Open-Source-basierten Terminalservern »diese beiden Fliegen mit einer Klappe zu schlagen«.

2.1.3 Konzept

Dr. Frank-Michael Kiess titelt in der Computer-Zeitung vom 12. Januar 2004, *der PC alter Prägung könne bald in Rente gehen*: »Für stabilere Verhältnisse im unternehmenseigenen PC-Park kann auch die Möglichkeit sorgen, die Betriebssystemsoftware nicht von der lokalen Festplatte, sondern übers Netz zu laden.« Die hier beschriebenen Konzepte setzen in diesem Sinne konsequent auf schlanke, wartbare Architekturen aus wenigen spezialisierten Linux-Terminalservern, die Administratoren gut verteidigen und verwalten können, und vielen Linux Thin Clients ohne eigene Laufwerke und eigenes Gedächtnis. Dabei verteilen Varianten des Konzepts die Rechenarbeit unterschiedlich auf Server und Clients:

- Linux X Terminals können von Linux-Terminalservern booten und deren Benutzer-Sitzungen lokal darstellen.
- Nahezu beliebige andere Endgeräte können ebenfalls im LAN und WAN Terminalserver-Sitzungen darstellen, lassen sich aber nicht so bequem und sicher einrichten, verwalten und kontrollieren wie Linux Terminals.
- Linux Net-PCs mit ausreichend Hauptspeicher und aktuellen Prozessoren können Anwendungen lokal ausführen.
- Technologien für schmalbandige und sichere Verbindungen erlauben Linux Terminal-Lösungen auch bei geografisch verteilten WAN-Lösungen.

2.1.4 Heterogene Landschaften

In heterogenen Server-Landschaften bringen Linux-Terminaldienste

- Linux-Programme,
- Windows-Programme und
- Host-Anwendungen

im LAN und WAN sicher an die Arbeitsplätze. Da Linux Thin Clients zeichenbasierte Host-Anwendungen sowohl auf ihren Textkonsolen als auch in ihren Terminalfenstern und grafische X.11- und Windows-Anwendungen in Grafikfenstern darstellen, sind sie bestens geeignet, um spezielle Endgeräte wie Windows PCs oder Text-Terminals abzulösen.

2.1.5 Reiche Auswahl statt geschlossener Box

Beschaffer haben bei Linux-Terminaldiensten mehr Wahlmöglichkeiten als bei in Zellophan verpackten kommerziellen Softwarepaketen. Die Multi-User-Fähigkeit ist in Linux und UNIX schon von vornherein eingebaut. Jeder Linux-Rechner wird mit wenigen Einträgen in einigen Konfigurationsskripten zum Terminalserver. Linux-Terminalserver bieten jeweils mehrere

- Boot-Konzepte,
- Verwaltungskonzepte,
- Betriebskonzepte,
- WAN-Lösungen,
- Angebote für Windows via Linux und
- Host-Anwendungen via Linux.

2.2 Alternative Ansätze für rezentralisierte Desktops

Fachabteilungen haben vor 20 Jahren Desktop-PCs als Befreiung von dem Joch der Rechenzentren gefeiert. Heute klagen sie über die Bedrohung durch Trojaner und Viren und über zu hohe Kosten der Anwender-PCs von 4000 bis über 10.000 Euro pro Arbeitsplatz, je nach Schätzung und Umfang der einbezogenen Aufwandsposten. Eine Studie von Unisys unter 200 europäischen IT-Leitern aus Unternehmen mit über 500 Mitarbeitern zeigt einige interessante Ergebnisse. So sind 83 Prozent der CIOs (Chief Information Officers) der Meinung, dass ein Rechenzentrum mit zentralisierter IT im Vergleich zu dezentralisierter, abteilungsspezifischer IT erhebliche Vorteile hinsichtlich Risiken, Kosten und Flexibilität bietet (siehe Kissling2004a).

Zum Glück gibt es statt autonomer Desktop-PCs und traditioneller Terminals am Rechenzentrums-Host ein weites Spektrum von Ansätzen zur Rettung der IT-Sicherheit und der IT-Budgets. Dieses Buch konzentriert sich auf zwei Kerntechnologien:

1. **Booten und Laden von Anwendungen von Terminalservern:** Linux Net-PCs booten von Terminalservern und beziehen von diesen ihr Betriebssystem und Anwendungen. Dies lässt sich mit freien, standardisierten Open-Source-Komponenten, aber auch mit proprietärer Hardware von Kontron oder mit proprietären iSCSI-Lösungen von IBM verwirklichen.

2. **Darstellen serverbasierter Anwendungen auf funktionsreduzierten schlanken Clients:** Hier booten Terminals von Terminalservern und vermitteln über standardisierte Protokolle wie X.11 oder proprietäre Protokolle von Microsoft

(RDP), Citrix (ICA), IBM (5250, 3270) oder anderen die Bildschirmausgabe und Tastatur- und Mauseingaben von Anwendungsservern.

Dieses Buch beschreibt, wie sich diese beiden Ansätze so mit freier Software verwirklichen lassen, dass dies die Sicherheit verbessert, die Administratoren sehr entlastet, heterogene Serverlandschaften unterstützt, die Budgets schont und die Freiheit der Organisationen erhöht, Produkte und ihren Austausch selbst zu bestimmen.

Das gleiche Ziel weniger verwundbarer, leichter administrierbarer und billigerer Desktop-Architekturen verfolgen auch die folgenden überwiegend proprietären Konzepte:

1. **Beschränken von Endgeräten auf Browserfunktionalität zum Zugriff auf webbasierte Dienste:** Beliebige Endgeräte booten von beliebigen Bootquellen. Anwender nutzen einen Browser als Web-Frontend für webbasierte Anwendungen.
2. **Automatische zentral gesteuerte Software-Verteilung und Inventarisierung:** Hier verteilen spezielle Distributions- und Inventarisier-Programme zumeist außerhalb der Kernarbeitszeit neue Programme, Updates und Bugfixes in mehrstufigen Verfahren auf die Arbeitsplatzrechner.
3. **Automatische benutzergesteuerte Software-Verteilung on Demand:** Bei dieser Lösung beziehen Anwender nach dem Login automatisch gemäß ihrem Profil oder ihrer Auswahl das Betriebssystem und die Anwendungen auf die Festplatte des von ihnen gerade genutzten Desktops. Nach dem Logout löscht die Verwaltungssoftware die lokale Festplatte vollständig.
4. **Einfrieren von Desktop-Installationen durch Hardware-Lösungen:** Steckkarten sorgen dafür, dass die lokale Festplatte des PCs nach dem Ausloggen wieder exakt genau den gleichen Inhalt wie vor dem Einloggen bekommt.

Während die meisten letztgenannten Lösungen durch die Werbung der Hersteller bekannt sind, müssen Entscheider Informationen über Open-Source-Lösungen selbst suchen, z. B. hier im Buch oder auf den hier und an anderen Stellen genannten Websites.

2.3 Pragmatische Ansätze mit Open Source

Freie Software kann vielen Unternehmen, Behörden und sonstigen Einrichtungen helfen, ihre IT entscheidend zu verbessern. Dazu gehören:

▶ das Verbessern der Sicherheit durch Zentralisierung
▶ das Verbessern der Sicherheit durch Verzicht auf Monokultur-Software
▶ das zentrale Managen aller Desktops und Anwendungen

- das Verlängern der Software-Lebenszyklen
- freie statt proprietäre Lösungen
- die Freiheit von langfristig bindenden Lizenzverträgen
- die Freiheit, Erneuerungszyklen in jedem Detail selbst zu bestimmen

2.3.1 Vielfalt statt Monokultur

Proprietäre Programme eines Herstellers, der aus Marketing-Gründen Komplexität schafft, statt sie zu reduzieren, langfristig durch sicherere, freie und kostengünstigere Lösungen zu ersetzen, schafft Sicherheit, Freiheit und spart Kosten. Immer mehr Entscheidern wird bewusst, dass marktbeherrschende Unternehmen allein darauf aus sind, Server- und Desktop-Produkte so zu verzahnen, dass eine Anwendung einen Rattenschwanz weiterer Beschaffungen nach sich zieht und die Komplexität der Zusammenhänge dann unnötig steigt. Das geht schon damit los, dass Browser mit dem Betriebssystem verheiratet sind oder kleine Pocket PCs mit Pocket Windows zum Synchronisieren unbedingt Outlook als Gegenpart erwarten. Die Enterprise-Versionen der neuen Office-Produkte verlangen natürlich mehrere Serverprodukte, insbesondere zum Verwalten digitaler Rechte. Um sich aus dieser Umklammerung zu lösen, möchten Entscheider mit Weitsicht langfristig möglichst auf alle Lösungen aus Redmond verzichten. Linux und ausgezeichnete Software wie OpenOffice.org können ihnen dabei helfen.

2.3.2 Zentrales Managen aller Desktops und Anwendungen

Fast alle Arbeitsabläufe der modernen Arbeitswelt sind in irgendeiner Form mit Computern und Computernetzen verknüpft. Die Zahl der Rechnerarbeitsplätze explodiert. Der Aufgabenumfang und die Anforderungen an den sicheren Betrieb dieser Netze wachsen exponential, nicht zuletzt wegen zunehmender Komplexität und Bedrohung durch Angriffe. Außer Personal für die Sicherheit und Wartung von Rechnernetzen erfordert der Betrieb größerer IT-Infrastrukturen immer mehr Beratungs- und Design-Experten mit scharfem Auge für Geschäftsprozesse.

Zum Bewältigen der Sicherheits- und Administrationsarbeiten und zum Senken der arbeitsplatzbezogenen IT-Kosten benötigen Unternehmen und Behörden immer dringender Unterstützung durch Software-Werkzeuge und alternative Betriebskonzepte. Funktionsreduzierte Endgeräte wie Thin Clients als Terminals oder Net-PCs in Zusammenarbeit mit Terminalservern liefern entscheidenden Impulse zur Vereinheitlichung, Rezentralisierung, Sicherung und Automatisierung der Datenverarbeitung an den Arbeitsplätzen.

Das freie Betriebssystem Linux kann diesen Ansatz wesentlich unterstützen und fördern. Mehrere Thin Client-Projekte haben inzwischen eine längere Entwicklungsgeschichte und bieten die Wahl zwischen einer Reihe von Lösungen. Die Kapitel über Linux Net-PCs und Linux X Terminals sowie das Bonus-Kapitel zu einer weiteren Variante von Linux X Terminals auf der Webseite *www.linux-terminalserver.de* stellen drei wichtige Ansätze im Detail vor; andere, wie ThinStation oder PXES, kommen nur am Rande vor. Alle Projekte weisen Gemeinsamkeiten auf. Die wesentlichen Unterschiede erläutert das Buch an den Beispielen für Net-PCs und X Terminals.

Alle hier beschriebenen Lösungen erlauben ein zentrales Installieren, Inventarisieren, Managen, Updaten etc. aller Desktops und Anwendungen ohne kommerzielle Zusatzprodukte.

2.3.3 Verlängerung der Lebenszyklen proprietärer Anwendungen

Es gibt immer noch sehr viele Unternehmen und andere Einrichtungen, die auf ihren Arbeitsplatzrechnern eine Vielzahl von Anwendungsprogrammen aus dem letzten Jahrtausend einsetzen und keinen Grund sehen, dies zu ändern. Lesen Sie hier, wie Sie diese Lizenzen ohne Update auch in Linux-Umfeldern weiterverwenden können.

2.3.4 Lizenzverträge und Erneuerungszyklen

Im Linux-Umfeld gibt es viele Lösungen ohne Lizenzverträge. Dadurch können Unternehmen selbst bestimmen, wann sie welche Softwarekomponente durch eine neuere oder andere ersetzen. Während Microsoft systematisch alle Front- und Backend-Anwendungen künstlich verknüpft, damit jede Beschaffung noch weitere Beschaffungen oder Updates nach sich ziehen muss, erlauben es Open-Source-Lösungen, alle Entscheidungen im Prinzip völlig unabhängig voneinander zu fällen.

2.4 Wechselvolle Desktop-Geschichte

Zentralisierung und Dezentralisierung wechseln sich in der IT ab wie die allen Volkswirten bekannten und stets gern zitierten «Schweinezyklen» in der Landwirtschaft.

2.4.1 Traditionelle Terminalserver-Lösungen

Die hier vorgestellten Ideen sind nicht wirklich neu und haben eine spannende Vorgeschichte:

- **Net-PCs,** wie Sun, IBM und andere sie schon viel zu früh vor 10 Jahren propagierten, sind endlich dank schnellerer PCs und Netze und einer Auswahl neuerer Technologien sehr reizvolle Alternativen.

- **X Terminals** wurden von Unternehmen und Behörden noch früher, bereits Anfang der neunziger Jahre, als Teil UNIX-basierter Terminalserver-Konzepte eingesetzt.
  - Dabei haben sie ihre Anwendungen auf Applikationsserver mit UNIX-Systemen wie Sun Solaris, IBM AIX, SGI Irix, etc. betrieben.
  - Als Endgeräte haben sie so genannte X Terminals eingesetzt, die ihr spezielles Betriebssystem entweder aus einem lokalen Speicher oder über das Netzwerk bezogen haben. Diese X Terminals waren auf ihre einzige Aufgabe spezialisiert: grafisches Login auf einem entfernten UNIX-Server per X-Protokoll. Sie brauchten nur die Bildschirmausgabe und die Benutzereingaben per Maus und Tastatur weiterzuleiten.

2.4.2 Chaotische Dezentralisierung durch PC-Vermehrung

In den folgenden Jahren wurde die PC-Hard- und Software immer leistungsfähiger und kostengünstiger. Aufgrund höherer Flexibilität und scheinbar günstigerer Gesamtbetriebskosten verbreiteten sich PCs wie Karnickel an den Arbeitsplätzen und schufen die heute verbreiteten dezentralen EDV-Landschaften. Diese bestehen heute in den meisten Organisationen aus einer Vielzahl unterschiedlicher, uneinheitlicher, voll ausgestatteter Desktop-PCs, die wegen der knebelnden Erstausstatter-Verträge von Microsoft mit den meisten PC-Herstellern mit einer Windows-Version ausgestattet sind und von zentralen Servern nur Dienste wie Druck-, Datei-, E-Mail- oder Groupwaredienste beziehen. Die gravierendsten Nachteile dieser inhomogenen Lösungen sind

- die hohe Komplexität,
- die daraus resultierenden Sicherheitsrisiken und
- der damit verbundene unermessliche Administrationsaufwand.

Software- und Hardware-Updates und erst recht Bugfixes sind bei Microsoft-Lösungen in relativ kleinen Zeitabständen notwendig und sorgen für zusätzliche unkontrollierbare Risiken und nicht budgetierbare Kosten. Gerade in letzter Zeit hat sich aufgrund der zunehmenden Risiken und der geänderten Wirtschaftslage in Unternehmen und Behörden ein neues Risiko- und Kostenbewusstsein entwickelt. IT-Leiter sehen sich mit zunehmenden Gefahren bei stark reduzierten Budgets konfrontiert. Deswegen sind sie plötzlich auch neuen und alternativen Ansätzen gegenüber offen, die Potenziale zum besseren Absichern ihrer IT und gleichzeitig zum Einsparen von Kosten erschließen.

2.4.3 Rezentralisierung in der Windows-Welt

Die Windows-Welt verdankt Mainframe-Profis aus dem Hause IBM die Rezentralisierung von Windows-Arbeitsplätzen. Das Startup-Unternehmen Citrix entwickelte im letzten Jahrzehnt für Windows NT und die darauf folgenden Server-Betriebssysteme Windows 2000 und Windows 2003 Aufsätze, die diese Betriebssysteme ähnlich wie UNIX-Server oder Mainframes multi-user-fähig machten. Sie lizenzierten Teile ihrer Technologie an Microsoft, das damit zunächst eine spezielle *Terminalserver Edition* von Windows NT 4.0 herausbringen konnte und seither die Multi-User-Technologie als weitere Standard-Komponente seiner Serverfamilien für Remote-Support und für Mehrbenutzer-Betrieb pflegt. Citrix entwickelte seine Technologien auf den Plattformen von Windows- und HP-UX und Solaris-Servern weiter und bietet heute in beiden Welten Lösungen für Portale, für den Zugang von Thin Clients und von Webbrowsern und für das Verwalten auch sehr großer Farmen von Terminalservern und sehr großer Benutzerzahlen.[2]

Unabhängig von Citrix und Microsoft entwickelte SCO seine Merge-/Tarantella-Technologie, mit der man Dialoge von Hosts, UNIX/Linux und Windows-Rechnern auf beliebige Endgeräte umlenken kann. Heute vermarktet Tarantella Inc. diese Middleware-Technologie (siehe *www.tarantella.com*).

2.5 Jeder Linux-Rechner ist ein Terminalserver

Da Microsoft und Citrix ihre Lösungen für Windows-Terminaldienste mit großen Marketing-Budgets propagieren, mag vielleicht bei einigen Entscheidern und Systemingenieuren der Eindruck entstanden sein, Terminaldienste seien eine Erfindung von Microsoft und Citrix. Dabei sind sie in dieser Welt nur aufgepfropft, während sie bei UNIX und Linux ein ganz natürlicher Teil des Konzepts sind. Hier müssen

1. der Rechner, an dem ein Anwender einen Desktop nutzt, und
2. der Rechner, von dem die Programme kommen oder der dafür die Arbeit leistet,

beileibe nicht der gleiche Rechner sein, sondern sie können durchaus viele tausend Meilen voneinander entfernt stehen. Die folgenden zwei Beispiele sollen diese Grundprinzipien veranschaulichen.

2.5.1 Dateisysteme exportieren und mounten

Sobald ein Server einen Baum seines Dateisystems exportiert und für bestimmte Rechner freigibt, können diese Rechner eben diesen Baum in ihr Dateisystem

---

[2] Mehr über Windows-Terminaldienste finden Sie u.a. bei [Kretschmer2001] und [Tritsch2004].

einbinden. Das geht bei manchen Distributionen sogar in grafischen Benutzerschnittstellen. Bei SuSE Linux können Sie über das Konfigurationstool YaST einen Ast des Datei-Baums exportieren. Das zeigt Ihnen die Abbildung 2.1. Sie benutzen bei diesem Vorgang das Network Filesystem (NFS). Diesen gemeinsamen Standard für Netzwerkdateisysteme verstehen fast alle UNIX-Varianten.

Die freigegebenen Verzeichnisse (siehe Abbildung 2.1) können Sie auf allen Rechnern, hier im Beispiel im Subnetz 10.239.4.0 mit der Netzmaske 255.255.255.0 einbinden. Das Verzeichnis */nfsroot* steht nur lesbar, das Verzeichnis */tmp/dxs* zusätzlich schreibbar zur Verfügung. [3]

Abbildung 2.1 Exportieren mit YaST

Bei SuSE können Sie ebenfalls über YaST ausgewählte Dateibereiche anderer Rechner einbinden, wie Abbildung 2.2 demonstriert.

Abbildung 2.2 Einbinden mit YaST

Anschließend ist der eingebundene Dateibaum des Servers Teil des Dateisystems des einbindenden Rechners. Die folgende Ausgabe des mount-Befehls zeigt die Ergebnisse:

---

3 Auf derselben Maschine, die Verzeichnisse freigibt, können Sie wiederum andere Verzeichnisse von Maschinen einbinden. Jeder Linux-Rechner kann gleichzeitig NFS-Server und Client sein.

```
rechner:~ # mount
/dev/hda2 on / type ext3 (rw)
proc on /proc type proc (rw)
devpts on /dev/pts type devpts (rw,mode=0620,gid=5)
tmpfs on /dev/shm type tmpfs (rw)
AFS on /afs type afs (rw)
usbdevfs on /proc/bus/usb type usbdevfs (rw)
10.239.4.204:/vmware on /usr/share/vmware type nfs (ro,addr=10.239.4.204)
10.239.4.2:/users on /users type nfs (rw,addr=10.239.4.2)
```

Die ersten Zeilen enthalten die Standardeinträge einer klassischen Linux Workstation. Das Root-Filesystem / liegt auf */dev/hda2*, das Process Filesystem ist eingebunden, ebenso wie das devpts. Ein RAM-Filesystem (tmpfs) ist auf */dev/shm* für Shared-Memory-Prozesse gemountet, ebenso ist als Netzwerkdateisystem AFS eingebunden. Der Universal Serial Bus wird als Dateisystem abgebildet. Die letzten beiden Zeilen sind typische NFS-Mounts. Die an */usr/share/vmware* gebundene Freigabe steht lediglich lesbar, die an */users* gekoppelte Freigabe auch schreibbar zur Verfügung.

Dieses Beispiel setzte voraus, dass beide Linux-PCs bereits laufen. Die vorbereitenden Kapitel 4, *Linux-Serverdienste: Basics*, und 5, *Linux Diskless Clients einbinden*, erläutern u.a. die Linux-Technologien, mit denen man schon beim Booten Dateien von Bootservern beziehen kann, und die Kapitel 7, *Linux Net-PCs mit DXS*, 8, *Linux X Terminals mit GOto* und das Bonuskapitel *LTSP Linux-Terminalserver Project* auf der Website *www.linux-terminalserver.de*, wie man diese Technologien zum Booten und Betreiben von schlanken Linux-Endgeräten ohne Laufwerke nutzen kann.

2.5.2 Grafischen X-Desktop exportieren

Linux-Rechnern ist es egal, ob sie ihre grafische Ausgabe mit dem Protokoll X.11 auf einen direkt angeschlossenen Bildschirm oder auf den Monitor eines anderen PCs schicken und ob sie die Tastatur- und Mauseingaben von direkt angeschlossenen Geräten oder von denen an einem anderen PC beziehen. Lesen Sie hier, mit wie wenigen Befehlen Sie mit X.11 den Bildschirmdialog vom lokalen Linux-PC lösen und wie Sie ihn mit Windows und Linux auf einen anderen Desktop bekommen.

Alle grafischen Applikationen unter Linux, die Sie unter X.11 einsetzen, funktionieren automatisch netzwerktransparent. Ohne besondere Maßnahmen können X.11-Programme ihre Ausgaben an Maschinen im Netzwerk senden. Man kann nicht nur die grafische Ausgabe einzelner Applikationen exportieren, sondern ebenso komplette Desktops. Hierzu muss man einige Details vorbereiten, wenn noch keine Maschine im Netzwerk für diese Funktion eingerichtet ist.

- Für den Hintergrunddienst Display Manager ist eines der Programme *xdm*, *gdm* oder *kdm* verantwortlich. Stellen Sie fest, welcher dieser Display Manager auf der Maschine läuft, die ihren Desktop exportieren soll. Am einfachsten ermitteln Sie dies durch *top* oder *ps aux*. Hier im Beispiel heißt der Rechner: *xserver.mydomain.local*.
- Suchen Sie in Ihrem Dateisystem die entsprechende Konfigurationsdatei: *xdm-config*, *gdm.conf* oder *kdmrc*.
- Editieren Sie diese Datei, und suchen Sie nach einem Abschnitt mit der Bezeichnung »xdmcp«. Schalten Sie »xdmcp« ein. Dieses ist meistens in den kommentierten Zeilen darüber beschrieben. Meistens müssen Sie nur statt eines »false« ein »true« eintragen.
- Starten Sie den Display Manager neu.

Wenn Sie den Display Manager KDM und die SuSE-Linux-Distribution verwenden, können Sie alternativ die Datei */etc/sysconfig/Display Manager* editieren. In dieser Datei setzen Sie »Display Manager_REMOTE_ACCESS« auf »yes« und starten den Display Manager mit `rcxdm restart` neu.

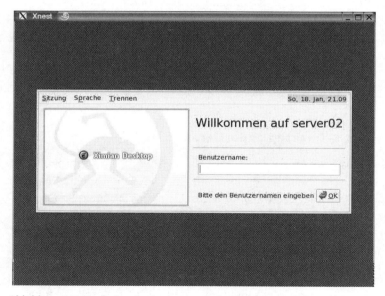

Abbildung 2.3 Grafischer Login einer anderen Maschine im Xnest

Nun können Sie von einer anderen Maschine beispielsweise durch die Eingabe von `X :1 -query xserver.mydomain.local` oder auch `Xnest :1 -query xserver.mydomain.local` sich den Desktop im Fenster darstellen lassen. Das erste Kommando öffnet Ihnen einen komplett neuen grafischen Desktop auf der achten Konsole. Das ist bei den meisten Distributionen die erste freie Konsole nach dem Grafikbildschirm. Das zweite Kommando arbeitet im Fenstermodus. Es öffnet für die Grafikausgabe von *xserver* ein neues Fenster in Ihrem aktuellen grafischen Desktop. Dieses sehen Sie in Abbildung 2.3.

Falls Ihnen die Begriffe dieses Abschnitts noch nicht viel sagen, finden Sie in Kapitel 4, *Linux-Serverdienste: Basics*, eine ausführliche Anleitung. Es erklärt Ihnen im Einzelnen, was X.11 ist und welche Möglichkeiten es besitzt, und wie Sie einen Display Manager an Ihre Bedürfnissen anpassen.

2.5.3 X-Desktop unter Windows nutzen

Bei Windows steht die Welt der grafischen UNIX-Desktops nicht automatisch zur Verfügung. Sie müssen hier einen X-Server nachinstallieren. Hier stehen freie und kommerzielle Lösungen zur Auswahl.

Anbieter	Produkt	URL
Powerlan	eXodus	http://www.powerlan-usa.com/exodus
WRQ Inc.	Reflection X	http://www.wrq.com/products/reflection/
HOB	HOBLink X11	http://www.hob.de/produkte/connect/x11.htm
Attachmate	KEA!X	http://www.attachmate.com/products
ASTEC	ASTEC-X	http://www.astec.co.jp/products/ENGLISH/ASTECX
Freie Software	Cygwin	http://www.cygwin.com

Tabelle 2.1 Anbieter (Auswahl) von X-Servern für Windows

Die Open Source Software *Cygwin* lässt sich unter Windows sehr einfach installieren. Laden Sie das Setup-Programm von *http://www.cygwin.com/setup.exe*, und führen Sie dieses aus.

Im Umfang von Cygwin sind fast alle GNU- und XFree86-Tools enthalten. Für die Installation des X-Servers müssen Sie lediglich das Paket *XFree86-base* in der Rubrik *XFree86* auswählen. Nach Abschluss der Installation starten Sie durch einen Doppelklick auf die Desktop-Verknüpfung *cygwin* eine Shell. Hier rufen Sie den X-Server durch Eingabe von

```
$ Xwin -screen 0 1024x768 -query as-1
```

auf. Die Option *-screen* setzt die Größe des X-Server-Fensters auf 1024x768 Pixel, und *-query* startet einen Login auf dem Anwendungsserver *as-1*. Abbildung 2.4 auf Seite 40 zeigt eine KDE-Umgebung im Fenster des X-Servers von Cygwin unter Windows XP.

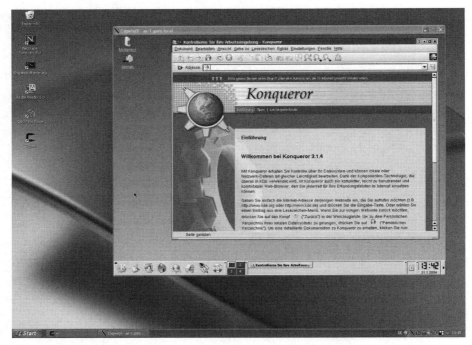

Abbildung 2.4 Zugriff auf Linux-Terminalserver mit Cygwin unter Windows XP

X-Desktop unter Linux nutzen

Zum Fernadministrieren einer Linux-Maschine kann man nicht nur das Text-Terminal der Secure Shell verwenden, sondern über Secure-Shell-Verbindungen den grafischen Output von Applikationen der Remote-Maschine auf den lokalen Desktop holen:

Der folgende Dialog zeigt den Aufbau einer Verbindung über die Secure Shell ssh und den Start des SuSE-Konfigurationsprogramms YaST:

```
maier@rechner02:~ $ ssh -X -l root server02
Password:
Last login: Sun Jan 11 13:45:02 2004 from rechner02.mydomain.local
Have a lot of fun...
server02:~ # YaST &
server02:~ #
```

Diese kleine Befehlsabfolge können Sie dazu nutzen, sich als Systemadministrator mit einer entfernten Linux-Maschine zu verbinden (hier: server02) und auf ihr das Konfigurationswerkzeug YaST zu starten. Als Ergebnis zeigt Ihr lokaler Desktop die grafische Oberfläche dieses Tools als normales Fenster an. Sie können nun mit YaST von server02 genauso arbeiten, als würden Sie direkt vor dieser Maschine sitzen. So können Sie den Server server02 administrieren, auch wenn er in einem gesicherten Serverraum steht.

2.5.4 Ausblick

In den Beispielen dieses Abschnitts konnten Sie die Grundideen erleben, wie man Dateisysteme anderer Rechner einbinden und die Bildschirmdialoge anderer Rechner nutzen kann. Im weiteren Verlauf vermittelt dieses Buch, wie sich auf Basis dieser Ideen PCs booten und Betriebssysteme und Anwendungen starten und nutzen lassen. Obendrein soll all dies mit freier Software und bestens administriert ablaufen.

2.6 Betriebskonzepte

Schlanke Endgeräte ohne Laufwerke erlauben es, zusammen mit Terminalservern, Anwendungen lokal auf den Clients oder zentral auf den Terminalservern auszuführen. Beide Betriebskonzepte garantieren niedrige Geräusch- und Hitzeemissionen und sind auch für Industrieumgebungen geeignet. Sie setzen jedoch unterschiedliche Hardware voraus:

Komponente	Linux Diskless Clients	Linux Terminals
Endgeräte	aktuelle PCs ohne Laufwerke, RAM mindestens wie bei Desktop-PCs	betagte PCs oder neue mit langsamen Prozessoren und relativ wenig RAM
Terminalserver	bescheidener ausgestattete Server	Mehrwege-Server mit sehr viel Haupt- und Plattenspeicher
Netzanbindung	breitbandig, Server mit 1000 bps, Endgeräte 100 bps	schmalbandig, auch über WAN verwendbar

Tabelle 2.2 Hardware für Linux-Terminaldienste

Die server- und clientseitigen Betriebskosten setzen sich u.a. aus den

- Anschaffungskosten für Hard- und Software, den
- Betriebskosten für Reparaturen, Updates, Administration, Betreuung und Energie sowie aus den
- Entsorgungs- bzw. Recycling-Kosten zusammen.

2.6.1 Anschaffungskosten

Da beim Betriebskonzept Linux Net-PCs die Clients die Programme ausführen und beim Konzept Linux X Terminals die Linux-Terminalserver, sind natürlich auch die Anschaffungskosten verschieden strukturiert.

Anschaffungskosten bei Terminaldiensten mit Linux Diskless Clients

Lokales Ausführen von Anwendungen auf Linux Diskless Clients erfordert aktuelle PC-Modelle mit 100 MBit/s-Netzwerkkarten, nur eben ohne Laufwerke. Solche Karten waren bei Redaktionsschluss pro Stück für ca. 250 bis 300 Euro zuzüglich Monitor erhältlich. Terminalserver sollten mit mindestens einem GBit/s geswitcht angebunden sein. Da die Endgeräte von den Terminalservern geklonte Images booten, kommt man bei den Servern auch bei größeren Benutzerzahlen mit Ein-Prozessor-Servern aus.

Arbeitsspeicher benötigen die Terminalserver hier für das Cachen, nicht aber für das Ausführen der Benutzerprogramme. Als Budget für Terminalserver reichen mittelständischen Betrieben oft weniger als 2000 Euro. Wenn in den nächsten Jahren die Anforderungen an die Endgeräte steigen, kann man Linux Diskless Clients voraussichtlich noch sehr lange als Linux Terminals nutzen, so dass sie durchaus eine Nutzungsdauer von mehr als 10 Jahren erreichen können. Unternehmen können die gesamte Betriebssoftware und viele Büro-Anwendungen als Open Source ohne Lizenzkosten aus frei verfügbaren Quellen beziehen. Der Aufwand zum Einrichten von solchen Lösungen ist erheblich geringer als der zum Einrichten vieler einzelner PCs mit Festplatten. Entsorgungsaufwand fällt erst in mehr als 10 Jahren an.

Anschaffungskosten bei Linux-Terminaldiensten mit Linux Terminals

Zum Darstellen von Anwendungen, die auf zentralen Servern laufen, braucht man viel bescheidenere Endgeräte als bei lokaler Programmausführung. Als Desktop-PCs abgeschriebene und ausgemusterte Pentium-Rechner ab Pentium I mit 64 MByte RAM und 10 MBit/s-Netzanbindung oder neue Endgeräte mit langsamen Prozessoren in der 200-Euro-Preisklasse reichen in den meisten Fällen völlig aus. Dafür müssen Unternehmen bei den Terminalservern etwas tiefer in die Tasche greifen, da diese ihre Prozessorleistung und Arbeitsspeicher für viele Benutzer bereithalten müssen. Die meisten theoretischen Berechnungen für das Server Sizing unterschätzen hier den tatsächlichen Bedarf. Bei zu klein dimensionierten Terminalservern beklagen Benutzer die Wartezeit beim Starten von großen Programmen wie OpenOffice.org und die träge Reaktionszeit ihrer Anwendungen. Unzufriedene Benutzer können neue Lösungen mühelos sabotieren. Daher sollten Terminalserver eher zu groß als zu klein ausgelegt werden. Für 100 Büroanwender reichen oft drei bis vier Zwei-Wege-Server mit 4 GByte Hauptspeicher. Das sind dann schon 20.000 Euro allein für die Terminalserver. Ob die im Vergleich zu aktuellen PCs relativ geringe Ersparnis bei der Beschaffung neuer Terminals die Mehrkosten für die viel größeren Terminalserver rechtfertigt, müssen Sie im Einzelfall selbst entscheiden. Sollen abgeschriebene PCs als Terminals verwendet werden, sieht die Rechnung schon anders aus. Auch hier können Unternehmen die gesamte Betriebssoftware und viele Büro-Anwendungen als Open Source ohne Lizenzkosten aus frei verfügbaren Quellen beziehen. Der Aufwand zum Einrichten von solchen Lösungen ist ebenfalls erheblich geringer als der Aufwand zum Einrichten vieler einzelner PCs mit Festplatten.

2.6.2 Betriebskosten

Die laufenden Kosten für

1. Betreuung der Anwender und ihrer Endgeräte,
2. Administration,
3. neue Releases, Updates und Bugfixes,
4. Reparaturen und
5. Energie

liegen bei beiden Betriebskonzepten erheblich unter denen von IT-Landschaften mit voll ausgebauten PCs. Die größte Ersparnis resultiert daraus, dass Anwender ihre PCs nicht mehr verkonfigurieren können und nicht mehr durch unkontrolliertes Installieren von Anwendungen die Stabilität der Endgeräte beeinträchtigen können. Linux-Terminaldienste beider Betriebskonzepte erfordern im laufenden Betrieb erheblich weniger Administrationsarbeit als PC-Landschaften. Unternehmen können selbst entscheiden, wann sie die Software-Version wechseln und auch größere Release-Sprünge machen. Da Bugfixes bei Open Source bisher wesentlich schneller zur Verfügung stehen und besser qualitätsgesichert sind als bei proprietärer Software, können Unternehmen Sicherheitslöcher flinker und risikoärmer stopfen. Bei PCs fallen nach dem Burn In hauptsächlich mechanisch bewegte Teile aus. Da an den schlanken Endgeräten außer Lüftern keine Teile rotieren, können diese auch nicht ausfallen und Kosten verursachen. Ohne Festplatten brauchen Endgeräte zudem weniger Energie.

2.6.3 Ökobilanz

Linux-Terminaldienste beider Betriebskonzepte sind ökologischer als PC-Landschaften, da

1. sich Endgeräte länger nutzen lassen oder
2. bereits abgeschriebene Endgeräte zu einem zweiten Leben erblühen,
3. Betriebsgeräusche und Wärmeabstrahlung niedriger sind als bei fetten PCs,
4. der Ersatzteilbedarf geringer ist und
5. weniger elektrische Energie benötigt wird.

2.7 Projekte mit Linux Thin Clients

Inzwischen kümmern sich immer mehr Projekte um Thin Clients auf Linux-Basis. Dabei reicht die Palette von

1. den hier beschriebenen Net-PCs, also vollständigen Linux-Workstations mit der Option für lokalen Benutzerzugriff auf Wechsellaufwerke und alle Schnittstellen wie Audio, USB, IEEE1394, die auf lokale Festplatten zugunsten eines gemeinsamen Dateisystems im Netzwerk verzichten,
2. über die ebenfalls hier beschriebenen Projekte GOto und LTSP, die mit ihren komfortablen Thin Clients einen interessanten Mittelweg zwischen den Net-PCs und den reinen X Terminals einschlagen,
3. bis hin zu PXES (*pxes.sourceforge.net*) und ThinStation (*thinstation.sourceforge.net*), die einen besonders schmalen Footprint im Speicher erreichen wollen. So können diese Projekte, anders als Net-PCs und LTSP, auf NFS als Dateisystem verzichten. Mit PXE oder Etherboot können sie per DHCP und TFTP auch von Windows-Servern oder sehr kleinen lokalen Flash-Speichern booten. Für den geringen Speicherbedarf sparen sie u.a. bei der automatischen Konfiguration oder Fonts. Die Ideen dieser Projekte speisen sich aus einer Reduktion des LTSP.

Die Grundidee aller Projekte ist die gleiche: Reduktion des Hardware- und Administrationsaufwandes für viele gleichartige Rechner in großen Netzen. Die einzelnen Projekte setzen unterschiedliche Schwerpunkte, basieren aber auf identischen Grundlagen. Hierzu zählt das Verwenden von Diensten wie wie DHCP, TFTP oder X.11, welche die folgenden Kapitel ausführlich beschreiben. Dieses Buch will nicht alle Projekte ausführlich vorstellen. Dieses würde zu vielen Wiederholungen und Redundanzen führen. Es vermittelt das Verständnis für das Konzept von Linux Thin Clients anhand von zwei Projekten.

3 Entwickler, Berater, Multiplikatoren

Informationen zu preisgünstigen Lösungen für sichere, administrierbare Desktops mit Linux-Terminalservern, Linux Net PCs und Linux X Terminals waren bisher nur Insidern bekannt, die selbst im Internet dazu recherchiert haben, um die Desktop-Landschaften ihrer Organisation zu verbessern. Marketing-Material oder Werbung zu diesem Thema gibt es bisher nicht, vielleicht weil die großen Hard- und Software-Hersteller mit prall gefüllter Marketing-Kriegskasse von diesen ressourcenschonenden Technologien weit weniger profitieren als ihre Kunden.

Linux-Terminaldienste sind praktisch ohne Investoren-Gelder entstanden. Sie befriedigen Bedürfnisse des Marktes und nutzen Open Source Entwicklungen wie KDE, Gnome, OpenOffice.org und LDAP. Starke Entwickler-Persönlichkeiten haben ihre Energie in Projekte zum Starten und Betreiben von schlanken Endgeräten von Linux-Servern investiert, um sichere, leicht administrierbare und obendrein kostengünstige Desktop-Lösungen zu schaffen, die Abhängigkeiten von marktbeherrschenden Unternehmen vermindern.

3.1 Überblick

Dieses Kapitel berichtet von Auslösern, Voraussetzungen, Entwicklern und Multiplikatoren, denen die IT-Welt den rasanten Fortschritt bei Linux-Terminaldiensten verdankt.

3.1.1 Ohne Schmerz kein Fortschritt

Linux-Terminaldienste für smarte Desktops sind eine Reaktion auf die Sicherheits-, Administrations- und Kostenprobleme vieler Organisationen bei Desktop-Landschaften mit voll ausgerüsteten Windows-PCs. Die ersten beiden Kapitel dieses Buchs haben bereits von den

- ▶ Gefahren durch Trojanische Pferde und Viren in monokulturellen Desktop-Umgebungen,
- ▶ dem enormen Sicherungs-, Betreuungs- und Verwaltungsaufwand bei großen dezentralen PC-Landschaften mit Windows-Betriebssystemen und
- ▶ den hohen Kosten für diese Administration, für die viele Organisationen keine Budgets haben oder opfern wollen,

gesprochen.

Hatten lange vor dem Ende des IT-Hypes die schon damals beklagenswert armseligen IT-Zustände vieler öffentlicher Einrichtungen wie Universitäten, Schulen und Krankenhäuser die Entwicklung von Linux-Terminaldiensten gefördert, so haben heute in vielen Organisationen Sicherheits- und Administrationsprobleme das größere Gewicht. Der 11. September und die beängstigende Zunahme von Angriffen auf IT-Infrastrukturen haben endlich viele Entscheider wachgerüttelt, Alternativen zu IT-Monokulturen zu suchen und die Komplexität ihrer Desktop-Landschaften drastisch zu reduzieren.

3.1.2 Unterstützung durch weitere Technologien

Linux-Terminaldienste für sich allein wären noch lange nicht so für den Einsatz in Unternehmen und Behörden geeignet, wenn Entwickler nicht so fleißig grundlegende Mehrbenutzer- und Netztechnologien, Benutzeroberflächen und Anwendungen für Linux-Desktops, für zentrales Administrieren und die Integration von Windows-Anwendungen vorangetrieben hätten:

- **Linux ist ein Multi-User-Betriebssystem.** Von Anfang an war Linux genauso wie UNIX ein mehrbenutzerfähiges Betriebssystem.

- **X.11 ist netztransparent.** Die Grafiklösung X.11 für Linux/UNIX war von Anfang an netztransparent und damit für Umgebungen mit Servern und Terminals prädestiniert (siehe Seite 115).

- **Gnome und KDE** Die freien Desktop-Projekte Gnome und KDE haben Benutzeroberflächen geschaffen, die aus Anwendersicht den marktbeherrschenden Microsoft-Produkten sehr ähnlich sind und diesen durch klares modulares Design, Stabilität, nützliche Funktionalitäten und viele freie Anwendungen überlegen sind.

- **OpenOffice.org** Auf der Basis von StarOffice ist es der OpenOffice.org-Community gelungen, Microsoft Office so weit zu klonen, dass viele Anwender kaum noch Unterschiede wahrnehmen. OpenOffice.org konnte durch Reverse Engineering den von Microsoft geheim gehaltenen Aufbau seiner proprietären Dateiformate .doc, .exe und .ppt weitgehend nachbilden und dadurch Dokumente dieser Formate lesen und sehr weitgehend ähnlich erstellen. Auch für Makros für Microsoft Office bietet OpenOffice.org inzwischen Migrationslösungen. Mehr als das: Bei seinem internen Dateiformat XML und dem Erstellen von Dokumenten im PDF-Format besitzt OpenOffice.org einen erheblichen Vorsprung vor Microsoft Office.

- **LDAP** In größeren Organisationen kann das Administrieren der Benutzer und Endgeräte sehr aufwändig werden. Benutzerinformationen werden zum Login an vielen Maschinen benötigt. Der LDAP-Verzeichnisdienst ermöglicht zentrales Verwalten dieser Informationen, auf die Anwendungen und Serverdienste zugreifen können. LDAP ist nicht auf Benutzerinformationen beschränkt; es kann beliebige Informationen, wie Konfigurationsdaten für Thin Clients und Inventarisierung von Hard- und Software speichern.

- **Windows-Anwendungen für Linux** Für Linux gibt es zwar inzwischen sehr viele hervorragende und insbesondere sichere, stabile und oft freie Anwendungen, doch eben noch nicht so viele wie für Windows. So mangelt es zum Beispiel beim Ansteuern von Laborgeräten und bei Lernsoftware für Schulen heute noch sehr an Linux-Lösungen. Viele Organisationen wollen ihre für teures Geld beschafften Windows-Anwendungen noch ein paar Jahre weiternutzen, auch wenn es inzwischen gleichwertige oder bessere Linux-Lösungen gibt. All diese Anforderungen können Organisationen erfüllen, indem sie auf sicheren Linux-Plattformen entweder Windows als Emulationen oder als Gast-Betriebssystem einsetzen oder Windows-Anwendungsschnittstellen oder Terminaldienste nutzen.[1]

3.1.3 Entwickler von Terminalserver-Kerntechnologien

Da in der Linux-Welt ja – wie zuvor beschrieben – schon fast alles da ist, fehlten für Linux-Terminaldienste eigentlich »nur« drei Komponenten:

- Software zum Booten von Endgeräten von zentralen Bootservern,
- strategische Lösungen zum Integrieren verschiedenartiger Endgeräte und zum Administrieren großer schlanker Desktop-Landschaften und
- intelligente Kommunikationsprogramme zum besseren Übertragen von X.11-Anwendungen in WAN-Umgebungen.

Wenn Sie wissen möchten, wer hier die Entwicklung vorangetrieben hat und immer noch vorantreibt, finden Sie in den nächsten Abschnitten kurze Porträts einiger von der Redaktion dieses Buchs ausgewählter Entwickler dieser drei Lösungsansätze. Viele Tausende weiterer Entwickler arbeiten weltweit an den hier genannten Projekten.

3.1.4 Berater und Multiplikatoren für Linux-Terminalserver

Entwickeln ist eine Sache; Lösungen bekannt zu machen, ihren Einsatz zu fördern und voran zu bringen eine andere:

- Unternehmen und Behörden brauchen kompetente Berater, die ihnen mit Kompetenz und Überblick helfen, ihre Geschäftsprozesse mit Linux-Terminaldiensten zu verbessern, und

---

1 siehe ausführlich in Kapitel 11, *Windows für Linux Diskless Clients*, in diesem Buch

> ▶ Einrichtungen mit geringer finanzieller Ausstattung wie im Bildungsbereich sind dankbar, wenn sie engagierte Hilfe von außen bekommen.

Daher finden Sie nach den Entwickler-Porträts mehrere Berichte über Berater und Multiplikatoren.

3.2 Entwickler von Bootproms

Die Idee, festplattenlose (Linux-)Desktops auf der Basis preisgünstiger in Massen produzierter PC-Komponenten oder abgeschriebener PCs einzurichten und zu betreiben, hat Ende des letzten Jahrtausends mehrere Entwickler und Berater ziemlich gleichzeitig und unabhängig voneinander fasziniert. Weil Flash-Speicher damals noch teuer war und sich von zentralen Bootservern startende Endgeräte leicht zentral verwalten lassen, standen Bootrom-Lösungen im Mittelpunkt.

3.2.1 Dirk Köppen und Bootix

Im kommerziellen Umfeld hat Dirk Köppen mit seiner Firma Dirk Köppen EDV-Beratungs GmbH, Offenbach, schon Mitte der 80er Jahre proprietäre Remote-Boot-Lösungen und Bootproms entwickelt und an Industriekunden vertrieben. Seine Kunden brauchten Remote-Boot, um in großen PC-Landschaften Administrationsarbeit zu sparen. Seine weitere Firma InCom GmbH hat später in Bootix Technology GmbH (*www.bootix.com*) umfirmiert. Sie entwickelt und vertreibt u.a. Remote-Boot- und Remote-Install-Lösungen für DOS, Linux, QNX, SCO UNIX, Windows 3.x/95/NT, Windows 2000 und XP. Für diskless Boot von Windows 2000/XP distribuiert Bootix heute *Venturcom BXP* (siehe Kapitel 6, *Bootkonzepte für Clients*, Seite 186).

InCom/Bootix hat 1996 Dirk Köppens TCP/IP Bootrom-Technologie an Intel lizenziert und Intel geholfen, daraus den neuen PXE-Standard zu entwickeln. Intel hat später die PXE-Quellen an Bootix zurück lizenziert. PXE ist inzwischen selbstverständlicher Bestandteil der meisten Netzwerkkarten und Mainboards mit integrierter Netzwerkkarte. Der Mitbewerber aus den 80er und 90er Jahren, die kanadische LanWorks Technologies Inc mit ihren Bootproms für 3Com-Netzwerkkarten namens *Bootware for NetWare & TCP/IP* ist seit langem unter das Dach von 3Com geschlüpft. Der Link *www.lanworks.com* führt heute auf *http://www.3com.com/en_US/lanworks/*.

3.2.2 Gero Kuhlmann und Netboot

Der Sportflieger und heutige Anästhesist Gero Kuhlmann beschäftigt sich mit Computern nur als Hobby. Anfang der 90er wollte er zwei Rechner vernetzen, um für zwei Drucker keine langen, dicken, sperrigen Druckerkabel durch seine

Wohnung legen zu müssen. Als Druckerserver sollte ein alter 386er PC ohne Festplatte dienen. Um diesen von einem anderen PC übers Netz zu booten, brauchte er ein Bootprom. Bei Jamie Honan aus Australien fand er dafür Quellcode in Assembler und C für eine wd8003-Netzwerkkarte. Dieser Quellcode baute zum Teil auf den Quelltexten der Packet-Treiber von Russell Nelson (*www.crynwr.com*) auf. Erste Versuche mit einem selbst gebrannten Boot-EPROM verliefen erfolgversprechend. Dazu musste er den Linux-Kernel an das von Jamie Honan entwickelte Boot-Image-Format anpassen, was mit einem Hex-Editor ziemlich mühsam war. Um einen Linux-Kernel automatisch anpassen zu können, schrieb Gero Kuhlmann das Programm mknbi-linux, die Basis für das Netboot-Projekt.

Zum Übersetzen des Bootroms brauchte man anfangs noch einen DOS Assembler sowie Borlands Turbo-C. Den GNU-C-Compiler konnte man nicht verwenden, da er nur Protected-Mode-Code erzeugt, das Bootrom aber im 16-Bit-Real-Mode des Intel-Prozessors arbeiten muss. Erst mit den dev86-Tools, die auch das elks-Projekt (Embedded Linux Kernel System) verwendet, konnte er den Bootrom-Code auch unter Linux übersetzen und weiter entwickeln.

Während in den ersten, noch auf dem Code von Jamie Honan aufbauenden Boot Roms der Netzwerk-Karten-Treiber fest in das Bootrom einkompiliert war, suchte Gero Kuhlmann nach einer universelleren Lösung. Dazu entwickelte er einen DOS-Simulator innerhalb des Bootroms. Dies erlaubte, zunächst Packet-Treiber in Binärform und später NDIS2-Treiber von Netzwerk-Karten-Herstellern direkt im Bootrom auszuführen. Dadurch konnte das Netboot-Bootrom mit vielen unterschiedlichen Netzwerk-Karten zusammenarbeiten, ohne für neue Karten eigene Treiber zu brauchen.

Im HanNet-Verein in Hannover (*www.han.de*) traf Gero Kuhlmann den iX-Redakteur Harald Milz. Sie verbesserten Netboot in Abend- und Nachtsitzungen. Als Kuhlmanns Linux-basiertes X Terminal mit NFSroot von einer AIX V4-Maschine booten und als ihr X Terminal dienen konnte, veröffentlichte Harald Milz 1995 zwei Selbstbau-Artikel auf Basis der Bootprom-Lösung von Gero Kuhlmann.

In dieser Zeit kooperierte Gero Kuhlmann auch mit Markus Gutschke und Ken Yap, um den mknbi-linux-Teil von Netboot weiterzuentwickeln. Allerdings entschieden sich diese beiden Entwickler dann, einen eigenen Bootrom-Code auf der Basis des ebenfalls frei verfügbaren BSD-Codes voranzutreiben.

Die Suche nach Lösungen, auch andere Betriebssysteme als nur Linux über das Netzwerk starten zu können, führte schließlich zu mknbi-dos, einem Programm-Teil des Netboot-Projekts zum Erstellen von Boot-Images auf Basis verschiedener DOS-Varianten (wie MS-DOS, PC-DOS, FreeDOS oder OpenDOS). Seit der Version 0.9.4 kann Netboot auch FreeBSD booten. 1997 entstand ein in das Netboot-Projekt integrierter kleiner Compiler für eine Programmiersprache, die Gero Kuhlmann MGL (für Menu Generation Language) nannte. Damit kann man beispielsweise ein Boot-Menü programmieren, um Benutzer wählen zu lassen, welches Betriebssystem über das Bootrom starten soll.

Bis heute pflegt Gero Kuhlmann sein Netboot-Projekt und seine Webseite (*netboot.sourceforge.net*). Von dort verweisen Links u.a. auf allgemeine Informationen, Entwicklerseiten, Download-Quellen, Mailing-Listen, Hersteller von Netzwerkkarten und weitere Dokumente zum Thema Netboot.

3.2.3 Markus Gutschke und Ken Yap: Etherboot

Der Chemiestudent und Preisträger der *Informatik Olympiade* Markus Gutschke wollte zu dieser Zeit in seinem Studentenzimmer in Münster aus reinem Forschungsdrang ein kleines Netzwerk aufbauen und experimentierte u.a. mit dem Assembler-Code von Gero Kuhlmann. Da aber dessen Bootprom-Lösung auf eine einzige Netzwerkkarte zugeschnitten war und Markus Gutschke zufällig eine andere kostengünstige Netzwerkkarte beschafft hatte, hat er ebenfalls 1995 eigenen Boot-Code auf der Basis einer Remote-Boot-Lösung von Free BSD entwickelt und im Internet verbreitet. Innerhalb weniger Tage hatten über 100 Interessierte seinen Boot-Code geladen und schnell Lösungen für weitere Netzwerkkarten entwickelt. Da Markus Gutschke den Boot-Code überwiegend in C schrieb und mit Standard-Linux-Gerätetreibern arbeitet, ist es für viele Linux-Entwickler leichter, an dem von ihm initiierten Projekt Etherboot (*www.etherboot.org*) mitzuarbeiten als am Netboot-Projekt.

Down under installierte Ken Yap in Sidney 1996 einen Diskless-486DX2/66-Linux-PC mit Etherboot, um in Ruhe ohne den Krach seines Servers arbeiten zu können: Während Computer-Geräusche für ihn im Büro normal waren, störten sie ihn in seinem Home Office. Als Markus Gutschke im Frühjahr 1997 nach Kalifornien umzog und ihm keine Zeit mehr zum Betreuen des Projekts blieb, übernahm Ken Yap diese Aufgabe. Er hatte nicht das Ziel, das Projekt irgendwie groß oder berühmt zu machen. Bescheiden meint er, »Ich habe nur daran weiter gehackt und Beiträge aus dem Netz integriert, bis es eine kritische Größe erreicht hatte und weitere Entwickler anzog, die genug Zeit für entscheidende Ergänzungen hatten, wie Klaus Espenlaub, Marty Connor, Eric Biedermann, Timothy Legge, Peter Lister, Vasil Vasilev und viele weitere auf der Website genannte Programmierer.« Ken Yap fährt fort: »Ich habe einfach geglaubt, dass es sich lohnt, das Projekt fortzusetzen, solange es für jemanden nützlich war.« Inzwischen haben viele Millionen Anwender die aktuellen Versionen von der Website *www.rom-o-matic.net* und Spiegelsites geladen.

Viele freie und kommerzielle Projekte für Diskless Boot nutzen seine freie Etherboot-Lösung. Auf der Webseite *http://www.etherboot.org/relatedlinks.html* finden sich zuhauf Links auf verwandte Projekte wie

- **diet-pc** (*http://sourceforge.net/projects/diet-pc*),
- **Linux-Terminalserver Project** (*http://www.ltsp.org/*) oder
- **netstation** (*http://sourceforge.net/projects/netstation/*).

3.3 Entwickler von Integrationslösungen

Die Entwickler von Bootproms hatten anfangs nur das Ziel, einzelne Geräte von einem UNIX/Linux-Server zu booten. Viele Unternehmen, Behörden und sonstige Einrichtungen haben hingegen Administrationsprobleme wegen der großen Anzahl von Endgeräten: Dutzende, Hunderte oder Tausende von Nutzern soll ihre Endgeräte unkompliziert von zentralen Servern starten. Dieser Administrationsstress war der Ausgangspunkt für die meisten Integrationslösungen wie Linux Net PCs, GOto Gonicus Terminal Office, LTSP Linux-Terminalserver Project, ThinStation und PXES.

3.3.1 Dirk von Suchodoletz und Linux Net PCs

Dirk von Suchodoletz hat seit 1993 mehrere Generationen von Thin Client Projekten durchlaufen. Über diesen Pionier der Thin Clients sind im Internet bisher kaum Informationen verfügbar.

So fing es an

Dirk von Suchodoletz studierte Anfang der 90er Jahre in Göttingen Mathematik. Da nur wenige Fakultäten seiner Universität ihren Studenten Mail-Zugänge boten, betrieb er in seinem Studentenwohnheim seit 1993 zusammen mit seinem Kommilitonen Patrick Elter erfolgreich eine an die Gesamthochschule Kassel angebundene Mailbox mit drei 286er PCs als Terminals im Studentenheim und mit mehreren Modem-Einwahlports. Diese Mailbox nutzten insbesondere Austausch-Studenten für den E-Mail-Kontakt mit ihrer Heimat.

Mit der Gewöhnung an Mail und News kam der Hunger auf vollen Internet-Zugang. Nachdem seine Universität auch nach einem kontroversen Schriftwechsel der Studenten mit dem niedersächsischen Bildungsministerium immer noch keine Internet-Zugänge zur Verfügung stellte, konnte er 1996 für das Studentenwerk mit einer Spende der Techniker Krankenkasse einen Pentium-Server und vier plattenlose 486er-Workstations zum Aufbau von Internet-Zugängen für Studenten beschaffen.[2] Für Software war bei dieser ersten Lösung kein Geld mehr übrig, also kam nur das freie Linux in Frage. Die 486er PCs mit 16 MByte Speicher waren zwar für das Ausführen lokaler Programme zu langsam, aber als X-Server mit einer ungeswitchten 10 Mbit/s-Netzwerkanbindung ausreichend performant. Der Pentium-PC führte als Applikationsserver die Anwendungen aus und schickte sie per X.11 Protokoll (wie in Kapitel 2, *Einführung Linux-Terminaldienste*, ab Seite 35 beschrieben) an die 486er-Endgeräte.

Anfangs booteten die Workstations ihr Linux-Betriebssystem und einen X-Server von sehr kleinen ausrangierten Festplatten verschiedener Größe. Um nicht jede kleinste Änderung per Hand vor Ort bei mehreren PCs synchron eintragen zu müssen, begann Dirk von Suchodoletz noch im Herbst 1996 Tests mit den beiden Projekten *Etherboot* und *Netboot* zum Urladen und Starten der Endgeräte vom Pentium-Server. Noch im gleichen Jahr stellte er alle X.11-Workstations auf Etherboot um.

Vom Studentenprojekt zum etablierten Universitäts-Netz

Nach zwei Jahren erfolgreichem Betrieb im Auftrag des Studentenwerks übernahm im Herbst 1998 die Universitätsverwaltung offiziell selbst den Rechnerbetrieb, ohne dabei die bisherige Handlungsfreiheit der autonomen Studenten-Gruppe um Dirk von Suchodoletz einzuschränken. Da das Universitätsrechenzentrum GWDG danach das Abschöpfen des Löwenanteils der studentischen Beiträge einstellte, blieb erheblich mehr Geld zum Beschaffen neuer Rechner. Jetzt war auch die Zeit reif, die erfolgreichen Technologien des Projekts bekannt zu machen. Im Juli 1999 veröffentlichte Dirk von Suchodoletz im Linux-Magazin seinen Artikel *Gut gebootet, Diskless X Terminals unter Linux*, den das Magazin im Internet zum Lesen bereithält (siehe [Sucho1999]), und danach dort weitere Artikel zu diesem Thema. Im November 2002 stellte Dirk von Suchodoletz das *Betriebshandbuch Thin-Clients auf Linux-Basis, Diskless X-Stations und X Terminals, -Studierendennetz Universität Göttingen* (siehe [Sucho2002-2]) online. Mitte 2000 waren bereits 150 X Terminals an die Terminalserver angeschlossen. Damit wuchs die Belastung der inzwischen vier Server. Gleichzeitig näherten sich die Leistungsdaten der Server und Clients an.

---

2 Professor Elmar Mittler erlaubte dem Studentenwerk, die Workstations in seiner Universitätsbibliothek aufzustellen. Anfangs waren die Workstations nur über eine Telefonstandleitung mit dem Universitätsrechenzentrum GWDG (*www.gwdg.de*) verbunden. Innerhalb kurzer Zeit nutzten über 2500 Studenten diese Zugänge. Vom Nutzungsentgelt von 25 DM pro Semester verblieb diesem Projekt des Studentenwerks wenig, da das GWDG 80 Prozent davon für sich vereinnahmte.

Nutzen der leistungsstarken Clients

Während die Terminalserver durch die Benutzerzahlen stark belastet waren, drehten die neuen Clients mit ihrer Aufgabe als X Terminals meistens Däumchen. So entwickelte Dirk von Suchodoletz im nächsten Schritt eine Konfiguration, bei der starke Endgeräte als Linux Net PCs auch lokale Anwendungen ausführen können. Um Speicherplatz zu sparen und Updates zu vereinfachen, versuchte er in dieser zweiten Generation seiner Diskless Clients, die Dateisysteme von Servern und Clients möglichst gemeinsam zu nutzen. Die starke Verknüpfung der Dateisysteme von Clients und Servern erwies sich insbesondere bei hardware-abhängigen Teillösungen als problematisch und erforderte Spezial-Anpassungen im Dateisystem. Diese bestanden aus größeren Link-Parks, die zwischen den Dateisystemteilen von Servern und Clients Verweise hin- und herreichten. Gleichzeitig waren auf den Servern, die nur DHCP-, TFTP- und NFS-Dienste bereitstellten, Softwarepakete installiert, die nichts mit dem Serverbetrieb selbst zu tun hatten. Updates der Serverkomponenten konnten dadurch zu unnötigen Konflikten mit den Bedürfnissen der Clients führen. Mit diesem Konzept war es leider auch nicht möglich, unterschiedliche Versionen der Diskless Clients parallel zu installieren.

Die dritte Generation von Linux Diskless Clients

Deshalb entwickelte Dirk von Suchodoletz einen völlig neuen Ansatz. Die dritte Generation nutzt die Weiterentwicklung der PC-Technik. Da die Größe heutiger Festplatten den Bedarf für Betriebssysteme und Anwendungsprogramme weit übersteigt, gab er die enge Verzahnung der Dateisysteme von Servern und Clients zugunsten des anderen Extrems der totalen Entkoppelung auf. Dies erlaubt, Bootserver sehr genau auf ihren Einsatzzweck zu spezialisieren.

Die komplette Trennung und Abgrenzung der Client- und Server-Dateisysteme hat einige Vorteile:

▶ Jede beliebige Software und Hardware, die den NFS-Export von Dateibäumen erlaubt, lässt sich als NFS-Server-Plattform einsetzen.

▶ Der Server benötigt nur eine minimale Softwareausstattung, die unabhängig von der gewünschten Funktionalität der Clients ist.

▶ Parallelinstallationen verschiedener Versionen und Produktions- und Testumgebungen von Linux Diskless PCs als Linux Terminals und Linux Net PCs lassen sich vollständig unabhängig voneinander auf einem Server zusammenfassen. Sowohl Etherboot als auch PXE/Syslinux erlauben es Administratoren, die verschiedenen Installationen für verschiedene Clients separat freizuschalten oder Nutzern in einem Bootmenü die Auswahl zu überlassen. Ausführliche Beschreibungen hierzu finden Sie in den Kapiteln 6, *Bootkonzepte für Clients*, und 7, *Linux Net PCs mit DXS*.

- Vereinfachung der Administration durch die Auflösung von Abhängigkeiten zwischen Server- und Client-Dateisystem.

Das Ergebnis ist nun ein schlankes Server-Dateisystem. Da kein Benutzer auf dem Bootserver arbeitet, lässt sich dieser nun besser gegen Eindringlinge und DoS-Attacken abschirmen. Tests in der Clientumgebung sind jetzt durch eine einfache Kopie des Produktionsbaums des Clientsystems möglich. In so einer Kopie lassen sich alle Änderungen ohne Beeinflussung des Normalbetriebs systematisch testen. Die Paketmanager moderner Distributionen helfen dabei, die verschiedenen Client-Dateibäume zu verwalten.

Dirk von Suchodoletzt hat möglichst wenig in die Standard-Installation eingegriffen. Er fügt ihr nur Skripten hinzu, um aus ihr eine Basis für Linux Net PCs zu erhalten. Durch diese Entkopplung lässt sich das System jetzt leichter auf andere Distributionen portieren, ja, es lassen sich theoretisch sogar verschiedene UNIX- und Linux Server- und Clientversionen mischen.

Lesen Sie dazu mehr in Kapitel 7, *Linux Net PCs mit DXS*, ab Seite 207 dieses Buchs. Dort finden Sie auch Anwenderberichte des Universitäts-Rechenzentrums Freiburg (Seite 243), des Gymnasiums Remigianum (Seite 239) und zweier Arztpraxen (ab Seite 243).

3.3.2 Cajus Pollmeier und GOto

Cajus Pollmeier kam 1999 als Student mit ersten Terminalserver-Erfahrungen, die er an der Technischen Universität Clausthal gesammelt hatte, zum Bonner Linux-Systemhaus ID-Pro und übernahm dort die Weiterentwicklung des Linux-X-Teminal-Projekts OTS (Office Terminal Server). Ursprünglich war diese Linux-Terminalserver-Lösung im Jahre 1997 von der in Arnsberg ansässigen Firma Delta Internet entwickelt worden.

Abbildung 3.1 Cajus Pollmeier ist ein begeisterter Schwimm- und Radsportler. Hier bei seiner Alpenüberquerung mit dem Mountainbike im Jahre 2003.

Diese Lösung war Ende 1997 bereits bei Unternehmen, wie Berndes Haushaltstechnik (siehe Seite 288), im produktiven Einsatz. Im Jahre 1999 fusionierte die

Delta Internet dann mit dem Bonner Linux-Systemhaus ID-Pro und führte die Betreuung und Weiterentwicklung des eigenen Linux-X-Teminal-Projekts OTS unter neuem Firmennamen fort.

Damals nutzte das Linux-X-Teminal-Projekt OTS eine initiale RAM-Disk mit allen zum Starten erforderlichen Informationen und lud die Konfigurationsdaten der einzelnen Clients über TFTP nach. Die Nutzerverwaltung beruhte auf NIS mit einfachen CGI-Skripten.

LDAP und Web-Frontend

Um sowohl Nutzerdaten einschließlich der Authentifizierungsinformationen als auch die Konfigurationen sowie Systeminformationen der Clients in einer einheitlichen Datenbasis verwalten zu können, ersetzte Cajus Pollmeier NIS durch den Verzeichnisdienst LDAP.

Dieses Projekt setzte er nach dem Marktaustritt von ID-Pro ab Anfang 2001 bei der Gonicus GmbH in Arnsberg als GOto-Projekt (Gonicus Terminal Office, siehe Kapitel 8, *Linux X Terminalsmit GOto*, ab Seite 247) fort. Da die alten CGI Skripts inzwischen durch den Einsatz von LDAP nutzlos waren, entwickelte er basierend auf seinen Erfahrungen mit der ehemaligen ID-Pro-Lösung *Adminweb* ein auf Gonicus-Kunden zugeschnittenes plattformunabhängiges Verwaltungs-Tool für LDAP, den Gonicus System Administrator GOsa .

GOto und GOsa als Open Source

GOto und GOsa sind Open-Source-Projekte und stehen unter Lizenz *GNU General Public License* (GPL, *www.fsf.org/licenses*).

Da LDAP im Jahre 2001 für viele Entwickler und Systemingenieure noch nicht diskutabel war und das Einrichten sehr viel Know-how erforderte, bekam Cajus Pollmeier zur ersten Version fast kein Feedback.

Ende 2002 begann Cajus Pollmeier mit einem kompletten Redesign von GOsa. Nach knapp zwei Jahren hatte er GOsa komplett überarbeitet und dabei die Geschwindigkeit erheblich gesteigert, die Benutzerschnittstelle neu gestaltet, die Lösung konsequent internationalisiert und unterschiedliche Administrationsrollen unterstützt. Über Zugriffsregeln (Access Control Lists, ACL) lässt sich nun exakt festlegen, wer welche Informationen administrieren darf. In Zusammenarbeit mit dem Bundesbeauftragten für Datenschutz hat er IVBB-Konformität (Informationsverbund Berlin-Bonn, *www.ivbb.de*) implementiert, die es Behörden ermöglicht, Benutzerinformationen mit GOsa in LDAP zu pflegen und diese an den zentralen X.500-Verzeichnisdienst des IVBB zu übermitteln.

Nach dem Release 2 von GOsa erwachte die Mailingliste des Projekts zum Leben, und Entwickler aus Österreich, Spanien und Italien gaben Feedback und steuerten Plugins und eine spanische Übersetzung bei.

Die Entwicklung von GOto und GOsa orientiert sich sehr an den Anforderungen der Gonicus-Kunden, also Unternehmen und Behörden, die eine solche Linux-Terminalserver-Lösung einsetzen wollen und erwarten, dass Auftragnehmer ihre Anforderungen in Projekten kurzfristig umsetzen. Dies ist bei Open-Source-Projekten mit einer größeren Zahl von Entwicklern häufig schwierig, die ihre unterschiedlichen Interessen und Meinungen demokratisch diskutieren. Deswegen gab es mit den Entwicklern anderer Terminal-Projekte wie LTSP hier nur wenig Kontakt.

Cajus Pollmeier entwickelt GOsa momentan sehr forciert weiter und plant in Kürze einen Release-Sprung von 2.0.1 auf 2.1. Die Version 2.1 soll auch Applikationen und deren Konfigurationen verwalten und diese Benutzern zuweisen. Zusammen mit der künftigen Version 2.1 von GOto sollen Administratoren damit Benutzern nicht nur bestimmte Anwendungen wie den Mozilla Browser für den Internetzugang zentral zuweisen können, sondern über GOsa auch deren Konfiguration, z.B. die Proxy-Einstellungen. Darüber sollen Administratoren demnächst auch Dienste wie DNS und DHCP vollständig über GOsa administrieren können.

3.3.3 James McQuillan und LTSP

Die Firma Binson's Hospital Supplies beauftragte James Mc Quillan, Dynamic Results (DRI), 1996 mit dem Re-Engineering der Desktop-Umgebung für 280 Mitarbeiter auf der Basis von AS/400 und Intel-Servern mit SCO UNIX. Verschiedene Versuche mit TCP/IP Terminals, Windows 95-PCs und Zeichenterminals scheiterten an der Inkompatibilität der beiden Serverfamilien, den Kosten und unzureichendem Hersteller-Support. 1999 begann James Mc Quillan nach dem Besuch mehrerer Linux-Messen, über Linux-Desktops

- mit 5250-Emulationen für den Zugang zur AS 400 und
- mit Terminal-Emulation für den Server mit SCO UNIX

nachzudenken. Für die Softwareverteilung auf viele Arbeitsstationen fiel sein Blick im richtigen Moment auf Netzboot-Lösungen mit Bootproms des Etherboot-Projekts. Nach erfolgreichen Experimente mit dem Booten von Linux und Starten von X Windows konnte er seinem Auftraggeber eine Endgerätelösung aus PC-Komponenten und freier Software für weniger als 500 $ pro Arbeitsplatz anbieten, mit der die Mitarbeiter auf beide Server zugreifen konnten. Die Lösung verwandelt Diskless PCs in Linux X Terminalsmit 5250 Emulation und immer mehr Fähigkeiten, auch begrenzt lokale Anwendungen auszuführen. Bei Linux-Tagungen berichtete James Mc Quillan über die Lösung, stellte sie unter GPL und setzte für sein Projekt die Website *www.ltsp.org* auf.

Abbildung 3.2 James Mc Quillan (links) und Bernd Kretschmer auf ihrem gemeinsamen Workshop auf der Linux World Expo, 2002, in Frankfurt, *www.linuxworldexpo.de*

Seitdem blüht diese Community, James Mc Quillan evangelisiert weltweit für dieses Projekt und kann inzwischen auf die vierte Software-Version seiner großen LTSP-Gemeinde stolz sein, die sehr viele Hardware-Komponenten automatisch erkennt und dadurch das Installieren sehr vereinfacht. Inzwischen wirken viele lokale Websites, Artikel und Workshops als Multiplikatoren für seine Lösung. Auf *www.ltsp.org/links.php* stehen zuhauf weitere Links für weitere Informationen zu Diskless Linux Workstations. Von der Webseite dieses Buchs *www.linux-terminalserver.de* können Sie ein ganzes Buchkapitel über LTSP frei laden. Dieses Bonus-Kapitel beschreibt das Konzept, die Bootfolge, die Installation und den Betriebs von Linux X Terminals mit der LTSP-Lösung. Eine weitere gute deutschsprachige Quelle für LTSP ist das Linux-Standardwerk *Linux im Windows Netzwerk, Franzis' Verlag* [burre2004]. Dieses erklärt ebenfalls die Installation, die Konfiguration und den Betrieb von Diskless Linux Terminals im Detail und trägt damit seit der ersten Auflage im Jahr 2001 sehr zur Verbreitung von LTSP im deutschen Sprachraum bei. Die Beschreibung steht zum Probelesen auf *www.linuxbu.ch* komplett im PDF-Format bereit.

3.3.4 Diego Torres Milano und PXES

Diego Torres Milano arbeitet seit über 15 Jahren als Entwickler und Berater im UNIX-Umfeld und hat 1995 den UNIX-Dienstleister IN3 Integracion Informatica mit gegründet, der seinerzeit den offiziellen SCO Support für Lateinamerika lieferte. Mit Linux arbeitet er seit über sieben Jahren.

Mitte 2001 suchte er für mehrere Kunden eine Thin-Client-Lösung, die ohne teure Flash-Speicher auskommt, sich auch über WAN-Verbindungen aktualisieren lässt und VPNs unterstützt. Er testete den serverbasierten Ansatz von LTSP und clientbasierte Lösungen mit Flashrom Terminals von Wyse und anderen Herstellern. Weil die verfügbaren Lösungen seinen Anforderungen nicht genügten, startete er schließlich sein eigenes Thin Client Projekt PXES (*pxes.souceforge.net*). Dieses verwendet PXE, das heute in den meisten modernen Mainboards integriert ist, als Boot-Protokoll, unterstützt aber inzwischen auch Etherboot und lokale Bootmedien. Als Boot Server sind Linux und Windows Server gleichermaßen geeignet. Im Gegensatz zu LTSP verzichtet PXES darauf, nicht veränderliche Teile des Dateisystems von einem NFS Server zu beziehen. Alle notwendigen Dateien und Daten hält der Client im RAM vor. Sein Dateisystem bezieht er aus der Initial Ramdisk.

Abbildung 3.3 Diego Torres Milano auf der LinuxWorld 2003 in San Francisco

Im WAN und LAN unterstützt PXES die pixel-orientierten Übertragungsprotokolle Independant Computing Architecture (ICA) von Citrix und Remote Desktop Protocol (RDP) von Microsoft und im LAN zusätzlich XDM. Diego Torres Milano sieht in PXES die ideale Lösung, um in Umgebungen mit Microsoft-Terminalservern zentral administrierbare, kostengünstige, auf Thin Linux basierte schlanke Endgeräte einzusetzen. Zu PXES hat er eine grafische Konfigurationsoberfläche *pxesconfig* geschrieben, mit der Administratoren sehr einfach Boot-Images neu zusammenstellen können. Diego Torres Milano durfte PXES selbst in sehr großen Umgebungen seiner Kunden mit mehr als 3000 PXES-Arbeitsplätzen einrichten. Dabei berichtet er von den größten Einsparungen in geografisch verteilten Installationen. Zwar bekommt er von Anwendern und anderen Entwicklern immer wieder Anregungen, ist aber immer noch der einzige Entwickler dieses Projekts. Kontakt hat er zu dem ähnlichen Projekt ThinStation, das nach ihm teilweise auch PXES-Code verwendet.

3.3.5 Miles Roper und ThinStation

Miles Roper arbeitet seit 8 Jahren als UNIX System Administrator bei WestconstDHB. Nachdem sein Unternehmen immer wieder Probleme hatte, Citrix ICA Clients auf Windows PCs auszurollen, regte einer seiner Kollegen Mitte 2002 an, stattdessen lieber ICA auf Linux Clients einzusetzen. Dazu modifizierte er die Lösung Netstation (*netstation.sourceforge.net*), welche ICA bisher nicht unterstützte, und passte sie im Laufe der Zeit als *Netstation Variant Series* an mehrere neue Versionen von Netstation an. Da der Entwickler von Netstation, Francisco Castro, kein Interesse zeigte, Supermount und ICA-Support in

Netstation zu integrieren und obendrein dieses Projekt schon seit Ende 2002 nicht weiterverfolgte, startete Miles Roper mit Mike Eriksen und Paolo Salvan im April 2003 auf der Basis von Netstation das ThinStation-Projekt (*thinstation.sourceforge.net*). Die Geburtsstunde und die Features von ThinStation sind auf *http://thinstation.sourceforge.net/letter-2003-11-05.html* beschrieben. ThinStation will besonders schlank sein. Es kommt mit 16, besser 32 MB Hauptspeicher aus und unterstützt die Protokolle RDP, VNC, ICA und SSH.

3.4 Entwickler von WAN-Lösungen

3.4.1 Gian Filippo Pinzari und Nomachine

Gian Filippo Pinzari ist CTO und CEO des von ihm zusammen mit Sylvana Masi im Jahr 1999 gegründeten Linux-Dienstleisters Medialogic. Er will Nomachine, derzeit noch eine Division dieses Unternehmens für schmalbandige X-Verbindungen, in naher Zukunft ausgründen.

Abbildung 3.4 Gian Filippo Pinzari

Seit 1996 ist er durch seine Arbeit an Internet-Projekten zu dem Schluss gekommen, dass das Web auf der Basis von HTTP, HTML und seinen vielen Ergänzungen die Erwartungen reichhaltiger und leicht verfügbarer netztransparenter Anwendungen nicht erfüllen kann. Als Alternativen betrachtete er VNC und X. Da VNC sich den Desktop nicht mit lokalen Anwendungen teilen kann, beschäftigte er sich gründlicher mit Technologien zum Komprimieren von X, insbesondere mit den damals schlafenden Projekten Low Bandwith X (LBX) und Differential X Protocol Compressor (DXPC) (*www.vigor.nu/dxpc/* von Kevin Vigor. DXPC konnte die meisten X Protocol Primitives direkt komprimieren. Am 16. März 2001 hat Gian Filippo Pinzari sein Projekt MLView DXPC dem Fachpublikum vorgestellt. MLView DXPC will X Desktops im WAN für Thin Clients und mobile Anwender zur Verfügung stellen. Gian Filippo Pinzari unterstützte das Projekt mit weiteren Mitarbeitern und taufte es im Sommer 2001 in Nomachine NX um. Das positive Feedback von Medialogic-Kunden auf Testinstallationen ab Anfang 2003 ermutigte ihn, Informationen über dieses teils freie, teils kommerzielle Medialogic-Projekt zu veröffentlichen. Zurzeit ist NX nur ein Remote Desktop System.

Das eigentliche Ziel ist der Aufbau einer Infrastruktur für eine netzwerktransparente verteilte Umgebung für Desktop Computing. NX ist für Gian Filippo Pinzarri den Protokollen RDP, VNC und ICA überlegen, da es nicht wie diese einfach nur Bitmaps ihrer Gegenstelle überträgt: Bei NX behalten die zentralen Elemente wie Fenster, Pixmaps und Fonts ihre Eigenschaften und interagieren mit Objekten und Anwendungen, die den gleichen XServer nutzen. In den nächsten Schritten möchte Gian Filippo Pinzarri die Benutzerumgebung für das gemeinsame Nutzen von Speicher und Drucker durch lokale und remote Anwendungen für normale Anwender einfacher gestalten, noch schlankere Endgeräte als traditionelle PCs unterstützen, eine Zusammenarbeit von lokalen und Remote-Anwendungen erlauben und zusammen mit Michael Kropfberger in NX virtuelle X-Sitzungen und Multimedia-Unterstützung verwirklichen. Lesen Sie ab Seite 313 des Kapitels 9, *Terminaldienste im WAN*, mehr über Pinzaris Lösung und gleich hier anschließend Grundlegendes über Michael Kropfbergers X-Ray.

3.4.2 Michael Kropfberger: X-Ray

Michael Kropfberger konnte bereits vor Jahren den ständigen Lärm dröhnender Arbeitsplatzrechner nicht ertragen und baute 1998 mit lüfter- und plattenlosen Pentium-PCs in seiner WG eine IT-Infrastruktur mit Linux Thin Clients auf. Diese bezogen ihre IP-Adresse via bootp und starteten dann eine X-Broadcast-Umgebung von einer *nfsroot*-Partition. Dieses Wissen brachte er auch bei der Thin Client Startup Company Liscon (*www.liscon.com*) ein, die er mit Studienkollegen gründete. Diese Firma zählt mittlerweile namhafte Firmen und Krankenhäuser in Österreich zu ihren Großkunden.

Abbildung 3.5 Michael Kropfberger

Linux basierte Thin Clients waren zwar günstiger und flexibler als Windows-Lösungen, doch fehlte ihnen ein effizientes und performantes Session Management wie bei Citrix Metaframe. Dort kann man sich aus einer laufenden Session ausloggen und sie jederzeit von einem beliebigen anderen Rechner aus wieder aufnehmen. So kann man genau dort weiterarbeiten, wo man seine offenen Applikationen verlassen hat. VNC bietet dies zwar auch unter Linux, aber mit erheblichen Einbußen an Performance.

Bei seinem Praktikum 2000 im Research Lab von Sun Microsystems im Silicon Valley/Palo Alto arbeitete Michael Kropfberger ausnahmslos auf SunRays, welche speziell für Sun Solaris ein proprietäres Session Management per Chip-Karte anbieten. Dabei wurde ihm klar, dass sich dieses in X.11 fehlende Feature als quelloffene Erweiterung für X.11/XFree86 und zugleich als Diplomarbeitsthema anbieten würde.

Er entwickelte diese Erweiterung, taufte sie X-Ray[3] und stellte sie in seiner Master-Arbeit vor. Parallel dazu hat er X-Ray auch um ein migrationsfähiges Sound-Forwarding erweitert. Damit folgen ihren Benutzern nicht nur Applikationen, sondern auch musikalische Erlebnisse aus xmms und jeder Applikation, die ihre Raw-Audio Daten an einen speziellen Kerneltreiber für */dev/dsp* schicken. Mehr Details zur Implementierung finden Sie in Kapitel 9, *Terminaldienste im WAN*, ab Seite 320 und auf *http://www.kropfberger.com/xray.html*.

Seit 2001 stehen Michael Kropfberger und Gian Filippo Pinzari in regem Kontakt, um Ideen und Konzepte von X-Ray in MLView DXPC bzw. in Nomachine NX einfließen zu lassen.

Im Moment beendet Michael Kropfberger gerade seine Doktorarbeit über *Adaptives Multimedia Streaming*. Dieses soll MPEG-4 Video und MP3/AAC Audio über RTP (Real-Time Transport Protocol) zu Endgeräten wie z.B. Thin Clients, Webpads, Handys oder Handhelds übertragen und sich automatisch den Netzwerk- und Hardwaregegebenheiten anpassen.

3.5 Berater für Linux-Terminaldienste

3.5.1 Alfred Schröder und Gonicus

Gonicus ist ein auch auf wirtschaftliche Aspekte des OSS-Einsatzes fokussierter Open-Source-Dienstleister mit derzeit 15 Mitarbeitern, der sich schon sehr früh darum gekümmert hat, für Server und Desktops seiner Kunden leicht administrierbare Linux-Lösungen einzurichten. Seine Entwicklungen stellt Gonicus in guter Open-Source-Tradition der Linux-Community unter der GPL zur Verfügung. Für seinen Firmennamen stand der lateinische Name des Königspinguins *Aptenodytes Pata Gonicus* Pate. Der Wirtschaftsinformatiker Alfred Schröder hat Gonicus im Februar 2001 mit gegründet und führt heute die Geschäfte dieser GmbH. Zuvor war er wie mehrere andere Gesellschafter der Gonicus beim Linux Systemhaus ID-Pro in Bonn tätig, das Ende 2000 seine Tätigkeit einstellte.

---

3 Der Name leitet sich von SunRay ab, doch X-Rays (Röntgenstrahlen) symbolisieren mehr Code-Transparenz durch Open-Source.

Gonicus wählte Arnsberg, eine Kleinstadt mit viel Linux-Geschichte[4], als Firmensitz. Hier ist die Heinrich Berndes Haushaltstechnik GmbH & Co. KG (siehe Anwenderbericht auf Seite 288) beheimatet, die Alfred Schröder selbst seit 1997 auf ihrem Weg zu Linux begleitet hat.

Abbildung 3.6 Alfred Schröder

Gonicus hat Unternehmen aller Größen und unterschiedlicher Branchen geholfen, ihre Server und Desktops auf Linux umzustellen. Die Erfahrungen und Referenzen haben Gonicus dabei geholfen, einen Ruf als Experte für schwierige und anspruchsvolle Projekte zu etablieren. So gelang es auch, mehrere Aufträge von Bundesbehörden wie dem Justizministerium (*www.bmj.bund.de*), dem Ministerium des Inneren (*www.bmi.bund.de*) bzw. des Bundesamts für Sicherheit in der Informationstechnik (*www.bsi.bund.de*) zu bekommen. Diese öffentlichen Aufträge machen einen wichtigen Teil des derzeitigen Geschäfts von Gonicus aus.

Open Source

Noch vor wenigen Jahren brauchten Kunden viel Innovationskraft, um Linux-Lösungen einzusetzen. Heute ist Linux im Serverbereich als Alternative etabliert, die auch Unternehmen ohne besonderes UNIX-Know-how bei ihren IT-Planungen berücksichtigen. Im Desktop-Bereich wollen viele Unternehmen den viel zu kostspieligen und kaum administrierbaren Wildwuchs an den Benutzerarbeitsplätzen zurechtstutzen, ohne dabei ihre an Windows PCs gewöhnten Mitarbeiter unnötig zu vergrätzen. Heutige Gonicus-Mitarbeiter haben schon sehr früh zentrale und auch für ungeschulte Administratoren mit einem Web-Frontend leicht betreubare Serverlösungen für Anwender-Desktops entwickelt und unter der GPL-Lizenz freigegeben. Unternehmen, die ihre Anwender angemessen in die Umstellung der Desktops einbeziehen, haben die Ziele der Migration auf Linux Terminaldienste durchweg erreicht. Die meisten Sachbearbeiter können nach ihren Erfahrungen gut ohne Windows und Windows-Anwendungen arbeiten. Nach Gonicus-Erfahrungen ist der Linux-Desktop also »da«, und Unternehmen- und Behörden setzen ihn schon erfolgreich ein.

---

4 Hier hat sich der *Linux-Verband* gegründet und fand 1997 der *KDE one Kongress* (*www.kde.org/history*) statt.

Terminaldienst-Installationen

In Kapitel 8 finden Sie Beispiele wie Linux-Terminaldienste bei der Heinrich Berndes Haushaltstechnik GmbH & Co. KG (siehe Seite 288), der Versicherungsagentur Henkel KG (siehe Seite 291) und dem Institut für Tierzucht der Bundesforschungsanstalt für Landwirtschaft (siehe Seite 296) von Gonicus eingeführt wurden.

Gonicus hat für eine leichte Administration auch in großen Installationen eine Lösung mit einem LDAP-Backend gewählt und dafür das plattformunabhängige Web Frontend GOsa entwickelt, das auch Administratoren leicht handhaben können, die gewohnt sind, Verwaltungsaufgaben auf Menü-Oberflächen zu bearbeiten. Details hierzu finden Sie in Kapitel 8 dieses Buchs. Zusammen mit dem Bundesbeauftragten für den Datenschutz hat Gonicus diese Administrationslösung an das feste LDAP-Schema des Informationsverbunds Berlin Bonn (IVBB) angepasst, so dass Bundesbehörden sie optimal einsetzen können.

Paradigmenwechsel

Kunden, die zum ersten Mal Lösungen mit quelloffener Software einsetzen, müssen nach Beobachtungen von Alfred Schröder anfangs etwas umdenken. Statt um Software-Boxen und Lizenznummern geht es bei freier Software um Dienstleistungen und angepasste Lösungen für ihre eigenen speziellen Anforderungen. Erstklassige Dienstleistungen haben natürlich ihren Preis. Das kann anfangs im Beratungsgeschäft bei mittelständischen Kunden ein Problem sein, die lieber etwas Anfassbares wie eine Software-Box in die Hand nehmen wollen.

Beraterprofil der Gonicus

Gonicus versteht sich als Partner beim Umstellen der IT-bezogenen Unternehmensprozesse, der durch seine Felderfahrung, Vorgehensweisen, Methoden und technologische Spezialkompetenz Migrationsprozesse für seine Kunden kalkulier- und überschaubar macht. Aufgrund der Größe und Ausrichtung setzt Gonicus häufig auch auf die Zusammenarbeit in Netzwerken. So betreut Gonicus manche Kunden gemeinsam mit Beratern der Big Player wie IBM, die ihrerseits gern auf die langjährige Erfahrung von Gonicus zurückgreifen.

3.5.2 Karl Heinz Heggen: Lösungen für Arztpraxen

Von den ca. 180 deutschsprachigen EDV-Lösungen für Arztpraxen laufen die meisten auf Windows-Betriebssystemen. Ärzte zahlen beim Marktführer für eine komplette Praxis-Ausstattung mit 4 Arbeitsplätzen auf einer Microsoft-Plattform ca. 20.000 Euro, also ca. 5.000 Euro pro Arbeitsplatz. Die Data-Vital GmbH & Co KG (*www.data-vital.de*) stellt entgegen dem Mainstream eine Linux-basierte Praxislösung namens David her. Diese früher auf SCO Xenix und SCO Open Server betriebene Software hat Data-Vital seit 1996/97 konsequent auf Linux umgestellt, da SCO den Quellcode für seine Samba-Version nicht veröffentlicht hatte und die Lizenzkosten für UNIX und Zusatzpakete von ca. 2500 Euro pro Installation in dem hart umkämpften Markt für Praxissoftware bei kleinen Praxen schon ein Viertel des Gesamterlöses überstiegen. Durch konsequente Verwendung freier Software können Vertriebspartner von Data-Vital die Praxen ihrer Arztkundschaft bei vier Arbeitsplätzen für ca. 8.000 Euro, also ca. 2000 Euro pro Arbeitsplatz, komplett ausstatten. Die Multi Data GmbH (*www.MultiData-gmbh.de*), ist einer der Vertriebspartner von Data-Vital. Sie betreut in Süddeutschland direkt 400 Arztpraxen und deutschlandweit mit Partnern 3500 Praxen mit Linux-basierten Komplettlösungen einschließlich smarter Sicherungskonzepte und Windows-Integration und einem Online-Support via ISDN-Fernwartung.

Abbildung 3.7 Karl-Heinz Heggen und sein Techniker Jürgen Imlau

Karl-Heinz Heggen, Geschäftsführer der Multi Data GmbH, suchte Ende des letzten Jahrtausends für die zentral administrierten IT-Landschaften seiner Kunden einen unkomplizierten grafikfähigen Ersatz für die bis dahin eingesetzten Wyse- und Qume-Zeichenterminals. Seine Recherchen führten ihn zu der Website *www.goe.net* von Dirk von Suchodoletz. Er arbeitete sich in dessen Lösung mit Linux Net PCs ein (siehe 207), und installierte 2001 im Multi Data-Ausbildungszentrum eine Testumgebung mit einem Linux-Terminalserver und mehreren Linux Net PCs. Diese Lösung hatte viele Vorteile: Anwender können mit den geräuschlosen Thin Clients wie auf Linux-Servern auf den reinen Textkonsolen (*Alt F1* bis *Alt F6*) sowie in Terminal-Textfenstern und auf grafischen Oberflächen arbeiten. Alle Server (und damit indirekt auch alle Linux-Endgeräte) sind dabei komplett via ISDN remote administrierbar. Seine Arzt-Kunden können mit seiner Terminal-Server-Lösung von allen Behandlungszimmern aus auf David, auf eine simple Datenbanklösung zur Verwaltung der Patientendaten einschließlich Bilddaten, auf ein ISDN-basiertes Diktiersystem mit dem KDE-Anrufbeantworter und über VNC auch auf Windows-Rechner mit Spezialprogrammen, Kamera und Scanner zugreifen. Anfang 2004 arbeiten bundesweit schon 15 Arztpraxen mit dieser Lösung. Auf dem Linux-Tag 2003 in Karlsruhe berichtete Karl Heinz Heggen zusammen mit Dirk von Suchodoletz von seiner Praxis-Lösung. in Kapitel 7, *Linux Net PCs mit DXS*, lesen

Sie ab Seite 243 über die Erfahrungen zweier Arztpraxen mit dieser vollständig zentral verwaltbaren Lösung.

3.6 Multiplikatoren für Linux-Terminaldienste

3.6.1 Martin Herweg: LTSP-Schuldistribution

Der IT-Trainer und Linux-Berater Martin Herweg hat seit 2002 die SuSE-basierte Linux-Schuldistribution *kmLinux* des Landesbildungsservers Schleswig Holstein von Klaus-Dieter Möller (*http://www.lernnetz-sh.de/kmlinux/*) um LTSP-Komponenten und eigene Skripts so zu *kmLinuxTSE* erweitert, dass

- Lehrer auch ohne das Know-how von Linux-Systemingenieuren damit für ihre Schulen Linux-Terminaldienste einrichten und betreiben können und
- gelegentliche Nutzer in Schulen mit anonymen Accounts arbeiten können, deren Namen sich von der Nummer des Arbeitsplatzes ableiten.

Abbildung 3.8 Martin Herweg

Eine Dokumentation von Jochen Georges zu Installation, Betrieb und den Erweiterungen hält die Webseite der Theodor-Heuß-Schule[5] bereit. Für anonyme Benutzer hat Martin Herweg folgende Erweiterungen entwickelt:

- Schüler können sich mit ihrem Passwort und ihrem individuellen Login anmelden oder ohne Passwort mit einem anonymen Login, z.B. am Endgerät 17 als surfer017.
- Benutzer mit anonymem Login können sofort mit bereits vorkonfigurierten Versionen verbreiteter Programme wie StarOffice, Gimp und mehreren Browsern arbeiten.
- Anonyme Benutzer können ihre Daten nur in einem öffentlichen Verzeichnis ablegen.
- Loggen sich anonyme Benutzer aus, terminieren Skripten alle ihre Prozesse und beziehen die Benutzereinstellungen erneut von einem Referenz-Benutzer.

---

5 *http://www.ths-herten.de/computer/kmLinuxTSE-doku/index.html*

Auf der Webseite der Linux-Usergruppe Marl hat Martin Herweg sehr viele Links, u.a. auch zu Linux-Terminaldiensten zusammengestellt, insbesondere auf

- *http://www.linuxfreunde.de/links/Linux_in_der_Schule.shtml*,
- *http://www.lug-marl.de/links/networking.shtml* und
- *http://www.lug-marl.de/linux-schule.html*.

Persönlich betreut er im Kreis Recklinghausen die Linux-Terminaldienste von zehn Schulen. Weitere 100 Kunden haben von ihm CDs und Bootroms oder Netzwerkkarten gekauft, und 1000 Nutzer haben seine Distribution von der Website der User-Gruppe Marl geladen. Internationale Kontakte pflegt Martin Herweg u.a. im Rahmen des europäischen Projekts »skolelinux«, welches seinen Ursprung in Norwegen hat (*www.skolelinux.no* und *www.skolelinux.de*).

3.6.2 Andries Jan-Albert Venter: Openlab

Direqlearn (*www.direqlearn.org*) ist ein auf den öffentlichen Bildungssektor spezialisiertes Systemhaus mit Hauptsitz in Braamfontein, Johannesburg, Südafrika, und selbstständigen verbundenen Unternehmen in Nigeria und Namibia. Direqlearn plant weitere Geschäftsstellen in Kenia, Mauritius und Simbabwe. Das Kapital von DireqLearn Nigeria Limited in Abuja, Nigeria liegt zu 51 Prozent in den Händen des Mutterhauses in Johannesburg, und der Rest des Kapitals ist in Händen lokaler Investoren. Alle 38 Mitarbeiter haben eine IT-Ausbildung und IT-Erfahrung. Treibende Kraft der nigerianischen DireqLearn Nigeria Limited ist Andries Jan-Albert Venter. DireqLearn hat ihn 2003 aufgrund seiner Erfahrungen mit Linux und Terminal-Diensten als »TechGuru« eingestellt. Er zeichnet bei DireqLearn Nigeria für alle Entscheidungen über IT-Infrastrukturen verantwortlich.

Abbildung 3.9 Andries Jan-Albert Venter, DireqLearn, Nigeria

DireqLearn will helfen, die digitale Spaltung dieser Welt zu mindern und dazu kostengünstige Lösungen auf Weltklasse-Niveau einzurichten. Dabei achtet es darauf, durch Dienstleistungen und den Vertrieb von Bildungs-Content profitabel zu arbeiten. DireqLearn bündelt quelloffene Software für Schulen und Internet-Cafés mit LTSP zu einer von Andries Jan-Albert Venter zusammengestellten eigenen Distribution, OpenLab, derzeit Version 2.0. Die nächste Version 3 soll auch den

Markt kleiner mittelständischer Unternehmen bedienen. Der von DireqLearn für OpenLab geschriebene Code steht ebenfalls unter der GNU-Lizenz und soll ab Version 3 für den freien Download zur Verfügung stehen. In Nigeria betreibt DireqLearn jetzt bereits die IT von 35 Bildungseinrichtungen. Bevor A. J. Venter die Schul-Installationen auf Linux-Terminaldienste umgestellt hat, gab es in den von DireqLearn eingerichteten Windows-basierten PC-Räumen regelmäßig erhebliche Wartungsprobleme. Um diese in den Griff zu bekommen, hat DireqLearn in den PC-Räumen seiner Kunden inzwischen konsequent ausschließlich Linux-Terminaldienste eingerichtet. Schulen in Nigeria bekommen zumeist pro Klassenraum 20 Desktop-PCs mit Celeron-Prozessor, während in Namibia auch 486er ausreichen müssen. Während DireqLearn Schulen in Nigeria selbst ausstattet, arbeitet es in Namibia mit dem Schoolnet Namibia zusammen, das von DireqLearn Software erwirbt und sie mit Hardware und Dienstleistungen bündelt.

DireqLearn beschäftigt einen ehemaligen Lehrer damit, im Internet Content aufzuspüren und zu bewerten. Vom Verlag der britischen Zeitung *The Guardian* bezieht DireqLearn ein komplettes britisches Curriculum. Dieses will DireqLearn an örtliche Anforderungen anpassen. Eine Demo für das Portal stand bei Redaktionsschluss an der Adresse *http://direqportal.direq.cjb.net* bereit. Schulen erhalten die Leistungen von DireqLearn ohne eigene finanzielle Beiträge. Als Finanzquellen erschließt DireqLearn Hilfsorganisationen, örtliche Schulnetze und Regierungsinitiativen. In Nigeria finanziert die Education Tax Fund Initiative (ETF) das DigiNet-Projekt. Hierbei führen Unternehmen ihre Steuern statt an den Staat an die ETF ab. In Namibia hat das Schoolnet NA sehr viele Spender. Freiwillige des Canadian Peace Corps (CPC) betreuen die Installation, die Einführung und den Support. DireqLearn schult Lehrer in der Nutzung des Systems und seiner Inhalte. Fragen von Teilnehmern der Schulungen, Supportberichte und die Nutzungsstatistik des Portals wertet es systematisch aus, um die Software und seine Benutzerschnittstelle zu verbessern und häufig angefragte Inhalte besser zu präsentieren.

3.6.3 Silverio Carugo: Didasca und Lazarus

Didasca (*www.didasca.it*) nennt sich die erste Cyber-Schule Italiens. Ihr Direktor, Professor Silverio Carugo, hat in Italien den Europäischen Computer-Führerschein (ECDL, European Computer Driving License, *www.ecdl.com*) entscheidend vorangebracht und fördert im Lazarus-Projekt die Ausstattung von Schulen mit Terminals aus ausrangierten PCs.

Um seine Visionen freier Software im Bildungsbereich und ökologischer Wiederverwendung von PCs, die die Industrie aussondert, voranzubringen, hatte Silverio Carugo, Direktor von Didasca, im Frühling 2003 in Rom die erste internationale Konferenz von EdOsNet.org auf die Beine gestellt und dazu internationale Experten wie James McQuillan und Bernd Kretschmer als Referenten geladen.

Abbildung 3.10 Prof. Silverio Carugo, Didasca, Italien, Foto: Viktoria Kretschmer

Silverio Carugo konnte durch diese Veranstaltung das italienische Kultusministerium für das Lazarus-Projekt (*www.progettolazzaro.it*) begeistern, das ausrangierte PCs einsammelt, aufbereitet und Schulen zusammen mit Linux-Terminalservern als vorkonfektionierte, sofort einsetzbare Lösung anbietet.

Abbildung 3.11 EdOsNet-Konferenz 2003, Rom; Foto: Viktoria Kretschmer

4 Linux-Serverdienste: Basics

Dieses Kapitel behandelt Komponenten und Protokolle für den Betrieb Linux-basierter Diskless Clients. Die verschiedenen Ausführungen der Netzwerk-Boot Software der Clients beziehen die notwendige IP-Grundkonfiguration per Dynamic Host Control Protocol (DHCP) und nutzen dieses Protokoll außerdem im weiteren Startvorgang Linux-basierter Thin Clients. Zum Übertragen des Betriebssystemkerns verwendet man das Trivial File Transfer Protocol (TFTP). Etherboot kann dazu alternativ das Network File System (NFS) verwenden, das üblicherweise anschließend als Root-Filesystem für die Clients dient. Neben dem Netzwerkdateisystem benötigt man meistens noch ein RAM File System zum Ablegen veränderlicher, dynamischer Daten.

4.1 Überblick und Funktion

Dieser Abschnitt stellt mehrere klassische Serverdienste für verschiedene Protokolle vor. Da ein Server alle Dienste entweder zusammen oder – je nach konkret vorgegebenem Netz, Anzahl von Rechnern und Gesamtlayout – nur eine Teilmenge dieser Dienste anbieten kann, stellt dieser Abschnitt diese Dienste hier vor, ohne sie sofort mit einer bestimmten Maschine im Netz zu verknüpfen. Ebenso bestimmen die eingesetzten Clients darüber, welche Dienste zwingend erforderlich sind, welche Dienste das Leben der Administratoren lediglich vereinfachen und welche Dienste die Administratoren nicht benötigen.

> Gerade der letzte Punkt der nicht benötigten Dienste bedarf Ihrer Aufmerksamkeit. Unbeobachtet laufenden Dienste können Angriffe auf den Server erleichtern.

Die Administratoren großer IP-Netze erleichtern sich das Leben üblicherweise dadurch, dass sie IP-Nummern nicht dezentral auf jeder Maschine eintragen, sondern diese über einen zentralen Dienst automatisch beim Starten des Clients zuteilen, damit sie Adressen nicht versehentlich doppelt vergeben. Damit können Systemverwalter IP-Parameter wie Subnetzadressen oder Default-Gateways leicht ändern und mobile PCs dynamisch verwalten.

Client-Maschinen ohne eigenen Festspeicher müssen ihre Software von anderer Stelle beziehen, üblicherweise über das Netzwerk. Damit man beim Start des PCs keine aufwändige Spezialsoftware braucht, muss die Boot Software mit knapper

Kapazität auskommen und sparsam implementiert sein. Dieses gibt die Menge des zur Verfügung stehenden ROM-Speichers nicht her.

Zum Kopieren ausführbarer Programme über das Netzwerk dient ein abgespecktes File Transfer Protocol. Viele Router, Switches und andere Net-Appliances setzen dieses Protokoll zum Update ihrer Firmware ein und haben es vielleicht bereits dazu aktiviert.

Das File Transfer Protocol eignet sich zwar zum Kopieren von Einzeldateien über ein Netzwerk, ist aber zum Abbilden eines Dateisystems ungeeignet. Hierzu fehlen ihm viele Eigenschaften. Deshalb benötigt man ein weiteres Protokoll, das diese Funktionalität zur Verfügung stellt. Jeder Client-Typ benötigt ein netzbasiertes Dateisystem. Diese Aufgabe übernimmt üblicherweise das Network File System (NFS). Ausnahmen sind Geräte, die ein Dateisystem ausschließlich für die Ramdisk mitkopieren und dann autonom arbeiten. Solche Clients benötigen sehr viel Arbeitsspeicher oder bieten nur eine sehr eingeschränkte Funktionalität. Deshalb finden Sie ein solches Szenario eher selten. Die Last, die der Client durch Programm- und Bibliotheksaufrufe sowie diverse Konfigurations- und Betriebsdateien auf dem Netzwerkdateisystem erzeugt, hängt von der Art des Clients ab.

Die drei genannten Dienste – DHCP, TFTP und NFS – installiert man üblicherweise auf einer einzigen Servermaschine. Die Last durch die beiden ersten Dienste ist häufig so niedrig, dass sich hierfür dedizierte Server nicht lohnen. Zusätzlich können Sie weitere Dienste auf einem solchen Server unterbringen: klassische Directory-Services wie das Domain Name System (DNS) und das Lightweight Directory Access Protocol (LDAP), Authentifizierungsdienste wie den Network Information Service oder einen Samba-Fileserver für Windows-Clients.

In kleinen Installationen könnte man diese Services in einen Router oder die Firewall integrieren.

> Diesen Ansatz sollten Sie mit Vorsicht genießen, da viele offene Service-Ports Ihrer Sicherheits-Policy widersprechen. Nur ein Teil der eingangs genannten Dienste lässt sich so absichern, dass man die Gefahr eines Einbruchs oder des Ausspähens wichtiger Systemdetails vermeiden kann. Einige Dienste können Sie auf dedizierten IP-Adressen starten. Einige Programme bieten jedoch ihre Services automatisch auf allen definierten Netzwerkschnittstellen an. Anmerkungen zur (Un-)Sicherheit eines jeden Dienstes finden Sie im Abschnitt zu jedem Dienst.

4.2 Hard- und Software-Layout für Terminaldienste

Wenn Sie auf autonome PCs verzichten, steigern Sie die Anforderungen an die Server und das Netzwerk. Fällt Ihr Boot-Server aus, ist nicht nur ein Arbeitsplatz oder ein Dienst wie der Datei- oder Druckdienst betroffen. Im Extremfall stehen alle Diskless Maschinen, wenn sie nicht mehr auf das Netzwerk-Dateisystem zugreifen können oder das Netzwerk überlastet oder unzuverlässig ist. Trotzdem klingt dies dramatischer, als es sich in der Praxis darstellt.

4.2.1 Generelle Gedanken

Die einzelnen Komponenten von Rechnerumgebungen mit Terminaldiensten benötigen verschieden viel Aufmerksamkeit.

Administratoren eines sauber geplanten und verlegten LANs stellen sehr häufig fest, dass bei Fehler- und Problemlisten in ihrem Arbeitsbereich das Netzwerk erst an hinterer Stelle auftaucht. Die heute verfügbaren Layer-2-Netzwerkkomponenten arbeiten bei sauberer Auswahl der Geräte und Elektroanschlüsse sehr zuverlässig und bieten eine nahezu hundertprozentige Verfügbarkeit. Darüber hinaus beeinträchtigen Netzwerkprobleme meist nur einzelne Arbeitsplätze, wenn nicht gerade der Anschluss des Servers betroffen ist. Eine hohe Verfügbarkeit der Server erreicht man durch saubere Planung der Anforderungen und redundante Server.

Eine IT-Infrastruktur aus Servern und Diskless Clients kann sehr performant sein, wenn man einige grundlegende Anforderungen beachtet:

▶ Die Server für viele Clients sollten Sie am besten mit einer Gigabit-Schnittstelle an unterverteilende Switches anschließen. Mehrere Clients können sich hingegen durchaus einen gemeinsamen 100 Mbit/s-Port teilen.

▶ Viel Hauptspeichers ist entscheidend für die Leistungsfähigkeit der Gesamtanlage. Der Linux Kernel legt automatisch im Hauptspeicher einen Cache häufig nachgefragter Speicherseiten an: Kann der Server die Anfragen von Clients bereits aus seinem Filesystem Cache beantworten, steigen die Antwortgeschwindigkeit und der Datendurchsatz. Bei vielen identischen Zugriffen, z.B. bei gleichzeitigem Booten vieler Clients, kann die Übertragungsgeschwindigkeit die Zugriffsgeschwindigkeit normaler lokaler Systemfestplatten übertreffen.

▶ Die geplanten Anwendungen bestimmen das Systemdesign mit: Umfangreiche Pakete, wie z.B. OpenOffice, erfordern leistungsfähig ausgelegte Hardware. Ein zügiger Start eines solchen Pakets benötigt einen hohen Peak-Durchsatz des Netzwerks und des Bootservers. Aufwändige und auf lokale Desktops hin optimierte grafische Oberflächen wie KDE und Gnome stellen hohe Anforderungen. Insbesondere in leistungsschwächeren Installationen sollte man schlankere und performantere Oberflächen wie Icewm mit dem File Manager ROX bevorzugen.

4.2.2 Benötigte Software

Die Softwareausstattung auf Ihrem Server hängt von Ihren Anforderungen ab.

Bootserver

Setzen Sie einen Server ohne eigenes Display im Maschinensaal nur als dedizierten Server ein, müssen Sie keine grafischen Desktops installieren. Selbst eine grafische Fernadministration mit YaST über eine SSH-Verbindung benötigt nur wenige Basisbibliotheken. YaST bietet bei der Erstinstallation eine Auswahl von Bibliotheken an. Hier beginnen Sie am besten mit einem Minimalsystem und erweitern dieses sukzessive um die benötigten Serverkomponenten. Dazu verwenden Sie am besten die Suchfunktion und fragen nacheinander *dhcp*, *tftp*, *bind* (für DNS) und *nfs* ab.

- **DHCP:** Hier bietet YaST mehrere Pakete an. Sie brauchen hiervon mindestens *dhcp* und *dhcp-server*. Unter Umständen installieren Sie für das Debugging noch die *dhcp-tools*. Den Client benötigen Sie nicht, da Ihr Server mit einer festen IP-Adresse arbeiten sollte.
- **TFTP:** Hier stehen die Dienste *atftp* und *tftp* zur Auswahl. Der Dienst *atftp* hat den Vorteil, auch als Standalone-Dienst laufen zu können. Bei Problemen können Sie später immer wieder den Dienst wechseln. Eine Parallelinstallation ist nicht möglich. Hiervor warnt Sie YaST.
- **DNS:** Hier gibt es zwei Pakete: *bind* ist der DNS-Server. Die *bind-utils* dürften bereits selektiert sein. Sie enthalten einige Test-Utilities, wie *dig* und *host*.
- **NFS:** Auch hier bieten sich Ihnen zwei Pakete an: *nfs-utils* und *nfs-server*. Ersteres ist der kernel-basierte Dienst, der andere der klassische Userspace-Daemon. Eine Parallelinstallation ist nicht möglich.

Wenn Sie auf dieser Maschine weitere Kernel-Komponenten zur Ergänzung des Client-Kernels übersetzen wollen, benötigen Sie zusätzlich den C-Compiler, einige Hilfsprogramme und die aktuellen Kernel-Quellen für Ihre Distribution. Diese Hilfsprogramme legt man bei den meisten Distributionen automatisch bei der Auswahl des Compilers (gcc) und der Kernel-Quellen fest.

Falls Sie auf Ihren Clients Etherboot einsetzen, benötigen Sie eventuell das Paket *etherboot* zum Übersetzen von neuen Rom-Images. Ebenfalls brauchen Sie *mknbi*, um aus Ihrem Kernel und der Initial Ramdisk ein gemeinsames netboot-fähiges Etherboot-Image zu generieren.

Zur Installation und Konfiguration der eben aufgezählten zentralen Standarddienste lesen Sie die folgenden Abschnitte.

Applikationsserver

Wollen Sie aus dieser Maschine einen Applikationsserver machen, an dem sich viele User gleichzeitig grafisch anmelden können, sollten Sie mindestens eine Installation mit KDE und OpenOffice bei der Erstinstallation auswählen und dann sukzessive zusätzlich benötigte Programme aufspielen. Wenn diese Maschine nicht gleichzeitig als Bootserver für Ihre Clients fungiert, sollten Sie die Serverdienste nicht installieren oder zumindest nicht aktivieren.

Die Display Manager sind bei der Auswahl der jeweiligen grafischen Oberfläche automatisch Bestandteil der Installation. Wenn Sie einen Font-Server betreiben, um auf Ihren Clients nur die Basisfonts selbst zur Verfügung stellen zu müssen, sollten Sie möglichst alle verfügbaren Fonts installieren. Der Speicherplatzbedarf ist im Verhältnis zum Festplattenplatz kaum ein Problem.

4.2.3 Server Layout

Das Layout des Servers oder redundanter bzw. Last verteilender Server in Serverfarmen hängt vom Betriebsmodell der Clients ab. X Terminals wie die Maschinen des LTSP oder verschiedene kommerzielle Lösungen beschränken sich lokal auf möglichst wenige Funktionen. Benutzer beziehen dabei über das Netzwerk grafische Oberflächen von einem Anwendungsserver und füttern diese mit ihren Tastatur- und Mauseingaben.

Grafik über das Netz

Um grafische Benutzeroberflächen über ein Netzwerk zu nutzen, gibt es verschiedene Konzepte netzwerktransparenter grafischer Desktops:

▶ Der klassische UNIX/Linux-Grafikserver X.11 ist seit Anfang an auf Netzwerktransparenz angelegt. Er arbeitet mit dem X Display Management Control Protocol (XDMCP) und ermöglicht das gleichzeitige Anmelden vieler Benutzer an einer X.11-Maschine, die als gemeinsamer Applikationsserver allen angemeldeten Benutzern X-Programme zur Verfügung stellt. Unkomprimiertes X.11 ist gemessen an heutigen Standards nicht das effizienteste Protokoll zum Transport eines Remote-Desktops, da die in den meisten X-Programmen verwendeten Toolkits eine Remote-Ausführung nicht angemessen berücksichtigen. Sie produzieren zu viele Frage-Antwort-Dialoge (round trips), die Anwender dann als verzögerte Reaktion auf wahrnehmen. Während dies in sehr gut ausgebauten lokalen Ethernet-Installationen weniger auffällt, gibt es für schmale Bandbreiten von DSL, ISDN oder gar nur GSM bessere Lösungen (siehe Kapitel 9, *Terminal-*

dienste im WAN). Um X.11 auch im WAN verwenden zu können, arbeiteten viele Entwickler an Erweiterungen des X.11-Protokolls.

- LBX (Low Bandwidth X.11) führte Caching und Kompression in das X.11-Protokoll ein. Es ist seit Ende 1996 mit Verabschiedung von X11R6.3 eine offizielle Protokollerweiterung. Hierfür läuft auf der Remote-Seite ein Proxyserver. Bevor Applikationen ihre Daten über das Netz versenden, werden sie vom Proxy komprimiert und gecacht und dann erst an das lokale Display geschickt, vor dem die Benutzerin sitzt. Um diese Erweiterung nutzen zu können, muss sie in den X Server kompiliert sein, und das Proxy-Binary darf in Ihrer Distribution nicht fehlen.
- Effizienter als LBX ist Nomachine NX. Dieses cacht wiederkehrende Grafikelemente, eliminiert round trips fast vollständig und komprimiert den verbleibenden Datenstrom. Lesen Sie mehr dazu ab Seite 313 in Kapitel 9.
- VNC erlaubt das Klonen von Linux- und Windows-Desktops. Ein und derselbe Desktop kann auf diese Weise parallel lokal und remote dargestellt werden. Jeder weitere Desktop benötigt einen neuen VNC-Server. VNC können Sie so optimieren, dass es effizient mit der Bandbreite des Netzwerks umgeht (siehe Seite 303).
- Das Citrix-Protocoll ICA (Independant Computing Architecture) der Metaframe-Produktfamilie erlaubt ähnlich wie X.11 ein Remote-Login auf Windows- und UNIX-Servern.
- Microsofts Remote Desktop Protocol (RDP) bietet Clients in seiner Windows-Welt inzwischen schon fast ähnliche Funktionen wie ICA.
- Tarantellas Adaptive Internet Protocol (AIP) zur Kommunikation zwischen einem Tarantella-Middleware-Server und Tarantella-Clients komprimiert die Sitzungskommunikation abhängig von der zur Verfügung stehenden Bandbreite.

Anforderungen an die Serverhardware

Während die Clients sehr bescheidene Hardwareanforderungen stellen, sind die Anforderungen an Server entsprechend höher: Die Belastung der Server steigt mit der Zahl der angemeldeten Benutzer sowie mit der Zahl und Art der von ihnen geöffneten Anwendungen. Zu sparsam konfigurierte Server oder Serverfarmen können ein flüssiges Arbeiten der Anwender erschweren oder gar verhindern.

Je nach Benutzerprofil sollten Sie für jeden angemeldeten Benutzer 128-256 MByte Hauptspeicher einplanen. Die Rechenleistung teilt sich zwischen den Benutzern auf. Jedoch verursachen nicht alle gleichzeitig eine hohe CPU-Belastung, so dass Sie die Prozessorzahl nicht im gleichen Maß wie den Hauptspeicher skalieren müssen. Einen Linux-X.11-Server können Sie mit 2 GByte Hauptspeicher und zwei »großen« Prozessoren gut für bis zu 20 Benutzer verplanen. Für einen Windows-Server mit vergleichbaren Aufgaben sollten Sie CPU und Speicher verdoppeln. Dieses kann jedoch nur ein Richtwert sein. Zwanzig Programmierer mit einer aufwändigen integrierten Entwicklungsumgebung auf Java-Basis können eine weit höhere Last erzeugen als Kunden eines Internet-Cafes mit einigen offenen Browserfenstern, Mail-Programmen und Chat-Clients.

Platten-Layout

Eine wichtige Entscheidung fällen Systemadministratoren mit der Aufteilung ihres zur Verfügung stehenden Festplattenspeichers. Generell unterscheidet man einige Kategorien von Daten, deren Ablage und Sicherungskonzepte man unterschiedlich behandeln muss:

- das Serverbetriebssystem inklusive der Programme für das Betreiben der diversen Services und das Booten der Clients,
- das Dateisystem für Anwendungen, Bibliotheken und statische Dateien der Clients,
- Auslagerungsbereiche der Clients und
- dynamische Daten der Benutzer.

Das Betriebssystem des Bootservers sollte auf einer eigenständigen Festplatte abgelegt sein, um auch zu Zeitpunkten starker Client-Anfragen das Ausführen von Serverprogrammen so wenig wie möglich zu behindern. Der Platzbedarf für das Betriebssystem ist eher gering und auf wenige Gigabyte zu veranschlagen. Auf dem Server werden Sie in den wenigsten Fällen aufwändige grafische Oberflächen und Programme installieren. Hängen viele Clients an einem Server, lohnt es sich, auf die Festplattenperformance zu achten. Das Dateisystem der Clients sollten Sie auf eine oder mehrere eigene Festplatten oder in ein RAID legen. So verteilen Sie die Gesamtheit der Zugriffe möglichst optimal auf viele Festplatten. So erreichen Sie eine hohe Bandbreite zwischen Arbeits- und Festspeicher. Der Platzbedarf für das Client-Dateisystem hängt von dessen Anforderungen ab.

Hier orientieren sich die Administratoren am besten am Speicherplatzbedarf klassischer Workstations. Der Platzumfang für die Grundausstattung von Linux-Terminalservern ist gering. Allein die Vollinstallation der statischen Daten eines SuSE oder Redhat Systems für Linux Thin Clients kann bis zu 8 GByte belegen. Die Bereiche für das Server- und Client-Betriebssystem können Sie am geschicktesten durch den Betrieb redundanter Server sichern. Eine einfache Alternative besteht im Vorhalten einer Ersatzfestplatte mit einer Kopie der Serverinstallation. Eine Bandsicherung ist sicherlich sinnvoll. Das Zurückspielen dauert jedoch länger als das Klonen einer Serverplatte und der Einbau der Ersatzfestplatte.

Für die temporären Verzeichnisse der Clients sollten Sie einen eigenen Bereich des Servers vorsehen. Dieser Bereich erlaubt den Benutzern auch Schreibvorgänge, die Sie nicht unbedingt quotieren wollen, da es sich um temporäre Daten handelt. Das »Überlaufen« eines solchen Bereichs darf kein Problem für den Server- und sonstigen Clientbetrieb bedeuten. Diesen Bereich werden Sie üblicherweise von Sicherungskonzepten ausnehmen. Sie werden Ihre Benutzer anhalten, den Bereich für die Anwenderdaten zur Ablage zu nutzen. Normalerweise betreibt man dafür einen eigenen Fileserver. Dieser kann verschiedene Arbeitsplätze, wie Linux Diskless Clients und Windows Workstations bedienen.

Das Sichern der Anwenderdaten ist der sensibelste Punkt. Regelmäßige Bandsicherungen oder Ähnliches gehören je nach Policy des Unternehmens oder der Organisation zum Standard. Die Zugriffsgeschwindigkeiten auf diesen Bereich dürfen jedoch ungünstiger als für die restlichen Bereiche ausfallen, da sie hier die geringsten Auswirkungen auf die Gesamtperformance der Anlage haben.

Die NFS-Leistung dedizierter Boot-Server ohne Benutzerbetrieb können Sie mit schnellen CPUs, viel Arbeitsspeicher, einer oder mehreren schnellen Netzwerkkarten und entsprechenden Festplatten(stapeln) optimieren. Die Systemfestplatte benötigt für die Installation der notwendigen Serverdienste (in der Basisausstattung nur DHCP, TFTP und NFS) nicht viel mehr als ein Gigabyte Speicherplatz. Für ein ausführliches zentrales Aufzeichnen (Logging) aller Syslog-Meldungen der Clients auf dem Server sollten Sie hingegen genügend Platz auf einer weiteren Festplatte oder Partition einplanen. Systempartitionen sollten Sie von solchen in ihrer Größe unkalkulierbaren Dateien frei halten. Diese könnten sonst das System »zumüllen« und damit blockieren.

4.2.4 RAID-Systeme

Wie im vorigen Abschnitt bereits eingeführt, bestimmt die Festplattenausstattung die Gesamtperformance des Bootservers wesentlich mit. Das Client-Dateisystem benötigt je nach Client-Typ und gewünschter Softwareausstattung zwischen einigen hundert Megabyte und mehreren Gigabyte Festplattenplatz. Diesen Festplattenplatz sollten Systemverwalter möglichst optimal bereitstellen. Zur Steigerung des Datendurchsatzes bieten sich RAID-Systeme an. Man kann diese auch zum Absichern der Daten verwenden. Dieses spielt jedoch für die Anwenderdaten eine größere Rolle. Das Server- und Clientdateisystem werden Sie auf Performance auslegen wollen. Deshalb beschäftigt sich dieser Abschnitt näher mit dem Konzept des RAIDs.

RAID ist entweder die Abkürzung für *Redundant Array of Independent Disks* oder für *Redundant Array of Inexpensive Disks*. Diese Technik erlaubt, mehrere Partitionen miteinander zu verbinden, um die Performance zu steigern, die Datensicherheit zu verbessern oder beides. RAID kann vor Datenverlust durch Festplattenfehler schützen. Ebenfalls kann es den Gesamtdatendurchsatz im Verhältnis zu einzelnen Festplatten steigern. Im folgenden erhalten Sie einen Überblick über die einzelnen RAID-Konzepte und eine Anleitung zum Nutzen des Linux Software RAIDs. Die RAID-Erweiterungen definieren folgende Level:

- **Linear:** Der Append-Modus erlaubt ein einfaches Aneinanderhängen von Festplatten zur Vergrößerung der Gesamtkapazität. Das Betriebssystem bekommt eine einzige große Partition zu sehen. Hier können Sie keinen Geschwindigkeitsvorteil erwarten. Fällt eine Festplatte aus, sind alle Daten verloren. Dieser RAID-Level kommt für die hier beschriebenen Anwendungen nicht in Frage.

- **RAID 0:** Striping ist das gleichmäßige Verteilen einer Datei auf n Festplatten. Auch hier werden zwei oder mehr Partitionen zu einer großen zusammengefügt. Dadurch wird ein deutlicher Zuwachs der Datenrate insbesondere bei SCSI-Festplatten erzielt. Diese können sich für die Dauer des Schreibvorgangs kurzfristig vom SCSI Bus abmelden und ihn somit für die nächste Festplatte freigeben. Die erzielten Geschwindigkeitsvorteile gehen allerdings zu Lasten der CPU Leistung. Bei einer Hardware-RAID-Lösung würde der Kontroller diese Arbeit übernehmen. Allerdings steht der Preis eines guten RAID Controllers in keinem Verhältnis zur verbrauchten CPU-Leistung eines durchschnittlichen Computers. Auch für IDE-Systeme macht dieses System Sinn, wenn jede Festplatte an einem eigenen Controller hängt. Master und Slave würden sich gegenseitig behindern. Ein Geschwindigkeitsvorteil ist mit zwei IDE-Platten an einem gemeinsamen Bus nicht zu erreichen.

- **RAID 1:** Mirroring bezeichnet das direkte Spiegeln des Inhalts einer Festplatte auf eine weitere mindestens gleicher Größe. Hierdurch erreichen Sie eine erhöhte Ausfallsicherheit. Geht eine Festplatte kaputt, funktioniert die andere noch und kann die angeforderten Daten liefern. Hierzu müssen jedoch die gespiegelten Partitionen auf unterschiedlichen Festplatten liegen. Die zur Verfügung stehende Festplattenkapazität wird durch dieses Verfahren halbiert. Dies ist aber angesichts der Festplattengrößen und -preise zumindest für ein IDE-System kein Problem. Auch hier gilt für IDE-Platten das bereits Gesagte: Eine gemeinsame Busbenutzung von Master und Slave bremst die Performance nicht unerheblich. Einen Geschwindigkeitsgewinn können Sie in diesem RAID-Level nur beim Lesezugriff erwarten.

- **RAID 4:** Entspricht in seiner Anlage dem RAID-0. Es wird auch als *striping and dedicated parity mode* bezeichnet. Mode RAID-4 belegt eine zusätzliche Partition mit Paritätsinformationen, aus denen bei Bedarf eine defekte Partition wieder rekonstruiert werden kann. Allerdings kostet diese Funktion zusätzliche Rechenleistung.

- **RAID 5:** Heißt auch *striping and distributed parity mode*. In diesem RAID-Level werden die Paritätsinformationen zum Wiederherstellen einer defekten Partition zusammen mit den Daten über alle Partitionen verteilt. Allerdings nehmen Sie für die erhöhte Sicherheit wieder einen Kapazitätsverlust in Kauf. Wollen Sie z.B. fünf 9 GByte-Festplatten zu einem RAID-5 zusammenfassen, so bleiben Ihnen für die Nutzdaten noch vier mal 9 GByte Platz. Bei einem Schreibvorgang in einem RAID-5 wird erst ein Datenblock geschrieben. Im zweiten Schritt wird die Paritätsinformation berechnet. Diese wird anschließend ebenfalls auf das RAID geschrieben. Deshalb ist die Schreibgeschwindigkeit der Daten geringer als bei anderen RAID-Levels. Der Lesevorgang erfolgt ähnlich wie im RAID-0. Die Lesegeschwindigkeit ist deshalb im Gegensatz zu einer einzelnen Festplatte höher.
- **RAID 10:** Dieser RAID-Level beschreibt eine Kombination aus den Modi 1 und 0. In diesem Level werden zuerst zwei RAID-0-Verbünde erstellt. Diese werden dann mittels RAID-1 gespiegelt. Im Vergleich zu RAID-5 erreichen Sie mit diesem RAID-Level eine höhere Performance, die aber deutlich zu Lasten der Kapazität geht. Die Paritätsberechnungen entfallen. Die beiden RAID-Level 0 und 1 zeichnen sich durch eine gute Lesegeschwindigkeit aus, die sich im Level 10 zusammen auswirkt.

> RAIDs sind nicht per se sicher. So bieten die RAID-Level *Append* und 0 keinerlei Redundanz. Deshalb sollten Sie am besten ein regelmäßiges Backup mindestens auf eine andere Festplatte machen oder sich vorbereitete Reserve-Platten bereitlegen. Für die anderen RAID-Level hängt die Sicherheit von Ihrer Vorsicht beim Austausch defekter Platten ab. Eine Rekonstruktion des RAIDs von einer neu eingebauten leeren Festplatte hat fatale Folgen für Ihre Daten. Überprüfen Sie vorher genau, welche Komponente es erwischt hat. Hier helfen professionelle RAID-Systeme mit eigenen Diagnose-Funktionen oft weiter als einfache Software-RAIDs des Betriebssystems.

RAIDs kann man entweder als vorgefertigte Hardware-Lösung beschaffen oder als Linux-Software-Lösung selbst einrichten. Das Spektrum der Hardware-Lösungen selbst ist breit gestaffelt. Es reicht von preiswerten Controllern, die mehrere IDE-Festplatten zu einem RAID zusammenschließen können bis zu professionellen externen SCSI-Systemen mit aufwändigen Caches. Die meisten billigen IDE-RAIDs beherrschen nur einfache RAID-Level, üblicherweise RAID-0 und 1. Die professionellen Systeme decken das gesamte Spektrum ab und ermöglichen es häufig, zwei redundante Server gleichzeitig anzuschließen. Die Preise reichen von unter einhundert Euro für einen einfachen RAID-0- oder -1- Controller ohne Festplatten bis zu höheren fünfstelligen Beträgen für fertig konfektionierte externe Geräte mit bis zu einem Terabyte Speicherplatz und allen RAID-Levels.

Zum Aufbau von RAID-Systemen benötigt man für den Append-, RAID-0- und RAID-1-Level mindestens zwei leere Partitionen. Diese sollten möglichst auf unterschiedlichen Festplatten liegen. Für die Level 4 und 5 sollte man mindestens drei Partitionen einplanen, für den RAID-10 vier.

Ein weiterer Aspekt ist die Art des Einbaus der Festplatten. Wenn Sie auf schnelles Auswechseln Wert legen, müssen Sie die Festplatten in geeignete Rahmen einbauen, die sich bei Bedarf leicht austauschen lassen.

Viele moderne Mainboards verfügen bereits über vier IDE-Kanäle. Hier kann man zum Beispiel die Systemplatte des Servers und eine dedizierte Festplatte für den Auslagerungsbereich der Clients an den ersten zwei Kanälen betreiben. Der dritte und vierte Kanal lassen sich häufig zu einem einfachen Hardware-RAID zusammenfassen. Gibt das Controller BIOS dieses nicht her, können Sie zumindest das Linux Software RAID in Erwägung ziehen, wenn der Linux Kernel die dafür erforderlichen Treiber unterstützt. Manche Hersteller liefern für ihre Controller selbst OpenSource-Treiber und andere bieten höchstens vorkompilierte Binärmodule an. Auf Letzteres sollten Sie sich nicht verlassen, sondern Produkte mit offen gelegtem Code bevorzugen. Hier besteht auch bei Kernel Updates ausreichend Sicherheit, sie weiter verwenden zu können. Closed-Source-Produkte funktionieren häufig nur mit ausgewählten Kernels, und die Zukunft bei Updates ist oft ungewiss.

Professionelle SCSI RAIDs erhöhen die Kosten für das Serversystem erheblich. Falls Server-Mainboards keinen Onboard-SCSI-Controller besitzen, können Sie diesen als Steckkarte nachrüsten. Das System selbst sollte auf hohen Spitzendurchsatz ausgelegt sein, da sich Wartezeiten auf Festplattenzugriffe auf allen Clients bemerkbar machen. Dieses fällt z.B. beim gemeinsamen Startvorgang vieler Clients oder beim zeitgleichen Aufruf verschiedener großer Programmpakete auf. Läuft das System erst einmal, verteilen sich die Zugriffe normalerweise so, dass Verzögerungen akzeptabel bleiben. Der Speicherplatz der Festplatten ist eher nachrangig, da bei einem sinnvoll ausgestatteten RAID mehr als genügend Gesamtkapazität zusammenkommt.

Beim Einsatz von Hochleistungs-Festplatten-Controllern und Gigabit-Ethernet-Adaptern treten leicht Engpässe auf dem PCI-Bus auf. Serverbetreiber sollten deshalb Systeme mit mehreren unabhängigen 32-Bit-PCI-Kanälen oder 64-Bit-Steckplätzen auswählen. So vermeiden Sie empfindliche Einbrüche im Durchsatz von Komponenten mit hohem Datenaufkommen.

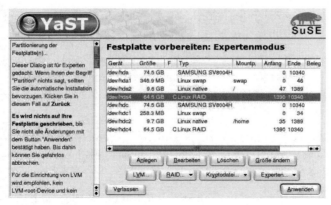

Abbildung 4.1 YaST-2-Modul zum Einrichten eines Software-RAIDs

Am einfachsten richten Sie Software-RAIDs mit den Werkzeugen Ihrer Distribution ein. Eventuell müssen Sie die RAID-Tools, eine Gruppe von Programmen zum Anlegen und Managen von Software-RAIDs, noch installieren. Das Installations- und Wartungstool YaST des SuSE-Linux bringt beispielsweise ein eigenes Modul zum Einrichten von Software-RAIDs mit. Dieses erreichen Sie unterhalb des Bereichs *System*. *Partitionieren* ruft einen Dialog wie in Abbildung 4.1 auf. Hier setzen Sie auf die Partitionen, die Sie zum RAID zusammenfassen wollen das Flag *FD*. Diese Einstellung ist wichtig, damit der Kernel beim Starten ein RAID automatisch erkennt.

Abbildung 4.2 YaST-2 RAID Wizard erster Schritt

Anschließend können Sie über das Dropdown-Menü *RAID* auswählen, dass Sie ein neues anlegen möchten. Ein RAID Wizard fragt im ersten Schritt, welche Art von RAID er erstellen soll (siehe Abbildung 4.2).

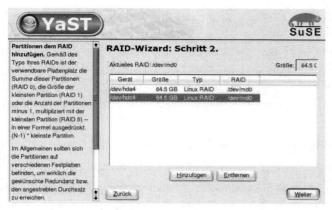

Abbildung 4.3 YaST-2 RAID Wizard zweiter Schritt

Im nächsten Schritt zeigt er die möglichen Partitionen an, die sich in ein RAID einbringen lassen (siehe Abbildung 4.3). Hier fügen Sie alle gewünschten Partitionen zusammen. Im letzten Schritt können Sie noch Werte fein abstimmen. Die Default-Werte sind für die meisten Anwendungen zweckmäßig. Ebenfalls legen Sie hier den Mount Point Ihres neu angelegten RAIDs fest (siehe Abbildung 4.4).

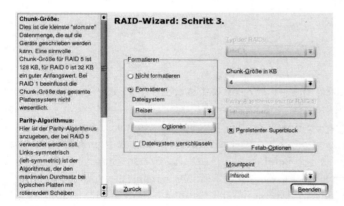

Abbildung 4.4 YaST RAID Wizard: dritter Schritt

Als Ergebnis erhalten Sie eine Konfigurationsdatei für Ihr soeben angelegtes RAID. Die */etc/raidtab* speichert die Konfiguration des RAID-Verbandes. Die Datei ist nach folgendem Schema aufgebaut:

- **raiddev device:** leitet die Definition eines RAID-Verbandes ein.
- **nr-raid-disks anzahl:** Zahl der benutzten Block-Devices im RAID-Verband
- **nr-spare-disks anzahl:** Zahl der vorhandenen *spare disks* im RAID-Verband. Diese stehen nur in Verbindung mit RAID 1, 4 und 5 zur Verfügung.

- **persistent-superblock 0/1:** Sollten Sie immer auf 1 setzen. Der persistente Superblock definiert einen kleinen Bereich am Ende des Devices. Dort sind System-Informationen über das RAID Device gespeichert. Dieses spielt eine Rolle für RAID Autodetection und für den Fall, dass Festplatten ihre Device-Bezeichnung ändern.
- **parity-algorithm:** Kennt nur RAID 5. Hier sollten Sie immer left-symmetric einstellen.
- **chunk-size blockgröße:** Legt die Streifengröße in einem Striped Level fest.
- **device device:** Definition eines Devices in einem RAID-Verband.
- **raid-disk nummer oder spare-disk nummer:** Dies ist die fortlaufende Nummer. Sie kommt direkt unterhalb einer Device-Definition und fängt mit 0 an.

Die Definition eines RAID-1, wie im Beispiel angelegt, könnte so aussehen:

Listing 4.1 Konfigurationsdatei */etc/raidtab*

```
raiddev /dev/md0
  raid-level          linear
  nr-raid-disks       2
  nr-spare-disks      0
  chunk-size          16
  persistent-superblock 1
  device              /dev/hda4
  raid-disk           0
  device              /dev/hdc4
  raid-disk           1
```

Sobald ein RAID-Verband oder mehrere RAID-Verbände in der beschriebenen Weise definiert sind, kann der RAID-Verband mit `mkraid /dev/md0` gestartet werden. Dieses Kommando benötigen Sie jedoch nur einmal. Für spätere Starts benutzen Sie `raidstart /dev/md0`. Um den RAID-Verband außer Betrieb zu nehmen wollen geben Sie den Befehl `raidstop /dev/md0`. Statusberichte über laufende RAIDs können Sie aus dem Kernel-Proc-Verzeichnis aus */proc/mdstat* beziehen. Für weitergehende Informationen und Konfiguration lesen Sie am besten das RAID-Howto, welches Sie mit dem Howto-Paket Ihrer Distribution automatisch mitinstallieren.

In den nächsten Abschnitten lesen Sie, wie Sie die Basisdienste für Diskless Clients einrichten.

4.3 Das Network File System

4.3.1 Überblick

Linux Diskless PCs können ihr Dateisystem, wie ihr Name schon sagt, nicht von einer lokalen Festplatte beziehen. Stattdessen

- entpacken sie ein komprimiertes Dateisystem aus einem Flashspeicher oder einer Solid-State-Disk in den Hauptspeicher oder
- booten von einem anderen Gerät im Netz, wie einem Bootserver oder einer benachbarten Diskless-Maschine.

Solid-State-Disks oder Flashspeicher machen Geräte unabhängiger vom Netzwerk, da zumindest die Basiskomponenten lokal installiert werden können. Die hier üblichen Speicherkapazitäten im Bereich von 32 bis 512 MByte sind für manche Umgebungen zu teuer. Administratoren müssen für Updates alle Maschinen per Administrationstool mit neuer Software oder mit Bugfixes bestücken. Dies kann aufwändig sein, wenn nicht alle Maschinen über den identischen Speichertyp und Speicherplatz verfügen oder wenn beim Update der Datenstrom über das Netz abbricht oder verfälscht wird.

Auch beim Booten von lokalen Speichern müssen Clients bestimmte Komponenten wie große Programmpakete oder die Heimatverzeichnisse der Benutzer über das Netz beziehen. Deshalb nutzen die meisten Lösungen, wie das hier vorgestellte Linux Terminal Server Project oder Linux Diskless Clients die Dienste eines speziellen Servers für ihre Dateisysteme. Als Standard zur Verteilung von Filesystemen über TCP/IP-Netze gilt das zu Beginn der 90er Jahre von Sun Microsystems entwickelte und früh auf Linux portierte Network File System (NFS). Anwender nutzen derzeit die Versionen 2 und 3 von NFS; der Linux Kernel 2.6 enthält bereits die Version 4. Jedoch ist die Implementation der Version 4 noch nicht vollständig. Einige der vorgeschlagenen Features fehlen.

4.3.2 Zwei Implementierungen

Für Ihre lokalen Gegebenheiten sollten Sie die Vor- und Nachteile der beiden NFS-Implementierungen klassischer Userspace-Daemons und direkte Kernelunterstützung abwägen. Da der Dienst NFS als Remote Procedure Call arbeitet, ist er auf die Unterstützung des Portmappers angewiesen. Traditionell arbeitet NFS mit verbindungslosen UDP-Paketen. Diese besitzen weniger Overhead als TCP. UDP sendet Daten sofort ohne ein Drei-Wege-Handshake wie bei TCP. UDP-Verbindungen minimieren den Netzwerkverkehr, da der NFS-Server dem Client ein Cookie schickt, nachdem dieser für den Zugriff auf die gemeinsamen Dateien autorisiert wurde. Den Zufallswert des Cookies übermittelt der Client mit allen RPC-Anfragen vom Client zum Server. Ein Neustart des NFS-Server hat keine Auswirkungen auf die Clients: Das Cookie bleibt dabei intakt. Probleme treten jedoch in stark belasteten Netzwerken, beim Durchqueren von Firewalls und bei großen Entfernungen auf.

Der Kernel-NFS-Daemon ist sicherlich die Zukunft der NFS-Entwicklung. Nur dieser unterstützt die Features von NFS der Version 3, bei der man als alternatives Transportprotokoll TCP verwenden kann. So kann er UDP-Probleme umschiffen. In großen Installationen ist es für die Perfomance vorteilhaft, dass man hier festlegen kann, mit wie vielen Threads der Kernel-NFS-Daemon starten soll.

Der kernelbasierte Dienst erlaubt keinen Re-Export von Dateisystemen. Re-Export bedeutet, dass ein Rechner NFS-Server und Client gleichzeitig sein kann und gemountete NFS-Shares wiederum selbst über das Netz zur Verfügung stehen. Ähnliches betrifft auch zusammengesetzte lokale Dateisysteme, d.h., wenn das Root-Dateisystem über mehr als eine Festplatte oder Partition verteilt ist. Damit sind sowohl NFS-Re-Exports betroffen, als auch lokale Dateisysteme, die mittels `mount -bind /quelle /ziel` zusammengestellt wurden.

NFS verwendet zum Verwalten der freizugebenden Daten die Inode-Nummer einer Datei. Inodes speichern die Standardinformationen zu Dateien im Dateisystem und enthalten neben dem Dateibesitzer und der Berechtigungsgruppe die UNIX- oder erweiterten Rechtemuster. Bei der Anlage eines Dateisystems auf Festplatte wird nicht auf die Eindeutigkeit dieser Nummern über mehrere Festplatten oder Partitionen hinweg geachtet. Deshalb stellen für den Kernel-NFS möglicherweise doppelt vorkommende Inode-Nummern ein Problem dar. Sie treten dann auf, wenn ein Dateisystem sich über mehrere Festplatten oder Partitionen aufteilt. Der Dateibaum bleibt nach einem NFS-Mount auf der Client-Seite einfach leer. Während seiner Entwicklung litt der kernelbasierte NFS-Dienst unter Fehlern, die immer wieder im Zusammenhang mit Schreibvorgängen von Clients auf den Server zu beobachten waren. Einige Eigenschaften des Userspace-NFS fehlen immer noch: So können bestimmte User IDs beim Export nicht einfach ausgeblendet werden. Diese Eigenschaft hilft normalerweise, die Sicherheit von NFS zu steigern, welches in den Versionen 2 und 3 nur eine IP-basierte Authentifizierung kennt.

Der klassische Userspace-NFS-Daemon ist außerhalb des Kernels implementiert. Er beherrscht ausschließlich die Standard-Version 2 von NFS. Dafür kann er per NFS eingebundene und lokale Dateisysteme re-exportieren. Bereits bei leicht erhöhter Last treten bei Konstruktionen des eben geschilderten Bind-Mounts schwere Probleme auf: *stale NFS file handle*-Meldungen begleiten den Aufruf komplexer grafischer Benutzeroberflächen wie KDE und Gnome und machen diese damit unbrauchbar. Schon wenn Sie einfache Kommandozeilenprogramme wie *find* auf größere Teile des NFS-Dateisystems ansetzen, erreichen Sie mit der aktuellen Version des Daemons kein besseres Ergebnis. Eine Veränderung der Export-Mount-Optionen bringt keine entscheidende Verbesserung. Der klassische NFS-Dienst hat einen weiteren Nachteil. NFS-Dateien kann man nur über Umwege per Lock-Daemon sperren.

Lange Zeit war die Umsetzung des Kernel-NFS-Daemons zwar sehr performant, galt aber als recht instabil und zum Teil unvollständig in seinem Funktionsumfang. Die Weiterentwicklung in Richtung NFS Version 4 findet ausschließlich beim Kernel-NFSD statt. Eine Umorientierung auf den Kernel-NFS-Dienst steht für Sie deshalb spätestens mit dem neuen Kernel-Release an. Bisher arbeitet hier der klassische NFS-Dienst nicht mehr akzeptabel. In der Performance liegt der Kernel-NFSD vorne: Beim Lesen vom Server ist er zum Teil fast doppelt so schnell wie der Userspace-NFS-Dienst. Letzterer erzeugt sehr schnell eine sehr hohe Systemlast – bei vielen Zugriffen lastet er den Bootserver zu 100% aus. Die Systemlast des Kernel-Dienstes geht selten über zehn Prozent hinaus, solange die Festplatten schnell genug antworten. Eine hohe Zahl von Threads (z.B. 128) wirkt sich sehr positiv auf die Antwortgeschwindigkeit und den Datendurchsatz bei vielen Clients aus.

Generell sind, wie zum Teil schon angedeutet, mit NFS einige Dienste verknüpft. Diese starten Sie je nach Bedarf zusätzlich zu den beiden Standard-Diensten.

- **rpc.lockd:** Ein Dienst, der das Sperren von NFS-Dateien übernimmt. Für den alten Userspace-NFS ist dieser Dienst als eigenständiger Daemon implementiert, beim Kernel-NFS im Kernel selbst. In beiden Fällen muss man diesen Dienst über das entsprechende Runlevel-Skript, bei SuSE z.B. */etc/init.d/nfslock*, starten.
- **rpc.mountd:** Dieser Teil des NFS ist in beiden Varianten als klassisches Userspace-Programm implementiert. Der ausgeführte Prozess empfängt die Anfrage des NFS-Clients für das Mounten und kontrolliert, ob diese mit einem aktuell exportierten Dateisystem übereinstimmt.
- **rpc.nfsd:** Der Prozess, der den Benutzer-Level-Teil des NFS-Dienstes implementiert.
- **rpc.rquotad:** Ein RPC-Server, der entfernten Benutzern Informationen über die Benutzer-Quotas liefert.
- **rpc.statd:** Implementiert das Network Status Monitor-(NSM)-RPC-Protokoll. Es liefert die Reboot-Meldung, wenn ein NFS-Server neu gestartet wird, der nicht korrekt beendet wurde.

Nicht jedes NFS-Setup benötigt alle vorgestellten Programme. Wenn man auf Benutzer-Quotas verzichtet, muss auch der Quota-Dienst nicht laufen. Der Userspace-NFS wird durch mindestens zwei Daemons repräsentiert.

Sie heißen `rpc.nfsd` und `rpc.mountd` und verwenden die Dienste des Portmappers. Dieser sollte durch den Runlevel-Mechanismus deshalb vor den NFS-Diensten gestartet werden.

4.3.3 Start des Dienstes

SuSE-Distribution

Der Runlevel-Mechanismus steuert beide NFS-Dienste über ein gemeinsames Startskript. Dieses heißt bei der SuSE-Linux-Distribution */etc/init.d/nfsserver*. Dieses Skript achtet bei der Konfiguration der Runlevel via YaST oder *insserv* darauf, dass der Portmapper zuvor gestartet wird. Die anderen eben aufgelisteten Daemons bieten zusätzliche Funktionen. Sie kommen zum Einsatz, wenn mit Benutzer-Quotas gearbeitet wird oder Programme verlangen, dass sie exklusive Locks auf Dateien anlegen können. Das folgende Beispiel zeigt die Aktivierung und den anschließenden manuellen Start des NFS-Servers.

```
server02:~ # insserv nfslock | start=3.5
server02:~ # insserv nfsserver | start=3.5
server02:~ # rcnfslock start
Starting NFS file locking daemon            done
Starting NFS stat daemon                    done
server02:~ # rcnfsserver start
Starting kernel based NFS server            done
```

Wenn Sie nun die Maschine neu starten, sorgen die Runlevel-Skripten dafür, dass in den Runleveln *3* und *5* die NFS-Dienste *NFS-Lock* und *NFS-Server* gestartet werden.

Die Daemons des Kernelspace-Dienstes verwenden dieselben Namen wie ihre User-Space-Pendants. Beide Dienste können deshalb bei den meisten Distributionen nicht parallel auf einem System installiert sein. Das Runlevel-Skript heißt meistens gleich, enthält aber die notwendigen Unterschiede für den Start der jeweiligen NFS-Implementation. Der Userspace-Daemon kennt die Re-Export-Option, der Kerneldienst die Zahl der zu startenden Threads – Optionen, die der jeweilig anderen Implementation unbekannt sind. Zusätzlich zu den beiden NFS-Daemons muss man für den kernelbasierten Dienst den File-Locking-Daemon starten.

Viele Distributionen legen die Zahl der laufenden Threads für den Kernel-NFS auf vier fest. Der Administrator kann die Zahl für hohe Anforderungen jedoch stark steigern. Hierzu editieren Sie zum Beispiel bei der SuSE-Distribution die Datei */etc/sysconfig/nfsserver* und erhöhen die voreingestellte Zahl:

```
[ ... ]
#
# the kernel nfs-server supports multiple server threads
#
USE_KERNEL_NFSD_NUMBER="4"
[ ... ]
```

Debian-Distribution

Bei Debian installiert man das Kernel-NFS so:

```
bs-1:/root # apt-get install nfs-kernel-server
```

Die Runlevel-Skripts sorgen automatisch dafür, dass der NFS-Server auch beim nächsten Boot wieder gestartet wird, sofern die Datei /etc/exports Freigaben enthält.

Durch Start- und Stop-Befehle kann man den NFS-Server manuell starten und stoppen:

```
bs-1:/root # /etc/init.d/nfs-kernel-server start
Exporting directories for NFS kernel daemon...done.
Starting NFS kernel daemon: nfsd mountd.
```

bzw.

```
bs-1:/root # /etc/init.d/nfs-kernel-server stop
Stopping NFS kernel daemon: mountd nfsd.
Unexporting directories for NFS kernel daemon...done.
```

Die Anzahl der Threads für den Kernel-NFS können Sie bei Debian im Startskript /etc/init.d/nfs-kernel-server einstellen (siehe Listing 4.2).

Listing 4.2

```
[...]
RPCNFSDCOUNT=8    # Number of servers to be started up by default
[...]
```

Der Wert der Variablen *RPCNFSDCOUNT* gibt die Anzahl der zu startenden Threads an.

4.3.4 NFS und der Portmapper

Das Network File System benötigt Remote Procedure Calls (RPC). Der Portmapper, repräsentiert durch das Kommando *portmap*, ordnet RPC-Anfragen den korrekten Dienste zu. RPC-Prozesse benachrichtigen *portmap*, wenn sie starten. Des Weiteren teilen die Anfragen die überwachte Port-Nummer sowie die Nummern des RPC-Programms mit, die aufgerufen werden. Der Client kontaktiert *portmap* auf dem Server mit einer bestimmten RPC-Programmnummer. Der Portmapper leitet dann den Client zur richtigen Port-Nummer um, damit er mit dem gewünschten Dienst kommunizieren kann.

Da RPC-basierte Dienste für die Verbindungen mit ankommenden Client-Anfragen von *portmap* abhängig sind, muss *portmap* verfügbar sein, bevor einer dieser Dienste gestartet wird. Andernfalls beobachten Anwender sehr lange Wartezeiten zum Beispiel bis zum Abschluss eines NFS-Mounts. Für die Zugriffssteuerung auf RPC-basierte Dienste des Servers können Sie die Host-Zugriffsdateien (*/etc/hosts.allow* und */etc/hosts.deny*) verwenden. Wollen Sie bei Problemen RPC-basierter Dienste Support leisten, ist eine Übersicht über die durch den Portmapper verwalteten aktuellen RPC-Dienste und zugeordneten Portnummern sehr nützlich. Der Befehl *rpcinfo* zeigt jeden RPC-basierten Dienst mit Port-Nummer, RPC-Programmnummer, Version und dem Typ des IP-Protokolls (TCP oder UDP) an. Die Ausgabe im folgenden Beispiel-Listing zeigt den Portmapper auf einer Maschine, die den kernelbasierten NFS-Dienst verwendet:

```
server01:~ # rpcinfo -p
  program vers proto   port
   100000    2   tcp    111  portmapper
   100000    2   udp    111  portmapper
   100024    1   udp    637  status
   100024    1   tcp    640  status
   100003    2   udp   2049  nfs
   100003    3   udp   2049  nfs
   100003    2   tcp   2049  nfs
   100003    3   tcp   2049  nfs
   100021    1   udp  32768  nlockmgr
   100021    3   udp  32768  nlockmgr
   100021    4   udp  32768  nlockmgr
   100021    1   tcp  32770  nlockmgr
   100021    3   tcp  32770  nlockmgr
   100021    4   tcp  32770  nlockmgr
   100005    1   udp    879  mountd
   100005    1   tcp    882  mountd
   100005    2   udp    879  mountd
   100005    2   tcp    882  mountd
   100005    3   udp    879  mountd
   100005    3   tcp    882  mountd
```

Die erste Spalte gibt die Dienstnummer an, wobei dem Portmapper mit 100000 die niedrigste zugeordnet ist. Der NFS-Dienst erhielt die Nummer 100003 und der Mount-Dienst die 100005. Diese Zahlen sind so festgelegt.

Die zweite Spalte gibt Auskunft über die verwendete Protokollversion des Dienstes. Die gleiche Versionsnummer taucht zweimal auf, wenn der Dienst auf zwei verschiedenen Transportprotokollen, UDP und TCP, angeboten wird. Dabei hat die Protokollnummer des Portmappers nichts mit den Protokollnummern der anderen Dienste zu tun. Die Dienste selbst müssen jedoch in der Lage sein, mit dem jeweiligen Port-Mapper zusammenzuarbeiten. Der NFS-Server unterstützt die Versionen 2 und 3, der Mount-Server zusätzlich NFS-Version 1. Da Letzterer seine Dienste sowohl auf TCP als auch auf UDP anbietet, taucht er sechsmal in der Liste auf. Die Art des Transportprotokolls, auf dem ein Dienst arbeitet, kann der dritten Spalte entnommen werden. Die vierte Spalte liefert die Portnummer und die fünfte den Namen des gestarteten Dienstes, wie er auch in der Prozesstabelle (z.B. durch `ps aux`) angezeigt werden würde.

Das nächste Beispiel zeigt eine Maschine, die NFS über den klassischen Userspace-Dienst ausschließlich in den NFS-Protokollversionen 1 und 2 anbietet. Zusätzlich läuft ein weiterer RPC-Dienst zur NIS-Authentifizierung. Diese erläutert das nächste Kapitel 5, *Linux Diskless Clients Einbinden*, eingehend.

```
server05:~ # rpcinfo -p
   Program Vers Proto   Port
    100000    2   tcp    111  portmapper
    100000    2   udp    111  portmapper
    100021    1   udp  32768  nlockmgr
    100021    3   udp  32768  nlockmgr
    100021    4   udp  32768  nlockmgr
    100007    2   udp    803  ypbind
    100007    1   udp    803  ypbind
    100007    2   tcp    806  ypbind
    100007    1   tcp    806  ypbind
    100005    1   udp    829  mountd
    100005    2   udp    829  mountd
    100005    1   tcp    833  mountd
    100005    2   tcp    833  mountd
    100003    2   udp   2049  nfs
    100003    2   tcp   2049  nfs
    100011    1   udp    855  rquotad
    100011    2   udp    855  rquotad
    100011    1   tcp    858  rquotad
    100011    2   tcp    858  rquotad
```

Die Unterstützung für das Network File System muss man sowohl im Server-Kernel als auch im Kernel der Clients aktivieren:

▶ Im Kernel des Servers sollten Sie für Test- und Überwachungszwecke auch die Client-Unterstützung aktivieren, damit Administratoren mit einem einfachen Loopback-Mount von NFS-Freigaben prüfen können, ob diese korrekt eingerichtet sind. Dies ist bei den Standard-Kernels der Distributionen üblicherweise der Fall.

▶ Der Client-Kernel benötigt hingegen nur NFS-Client-Unterstützung, aber keine NFS-Serverdienste.

4.3.5 Einrichten von NFS-Freigaben

Der NFS-Server entnimmt der Datei */etc/exports* Informationen darüber, welche Verzeichnisse er freigeben soll. Diese Datei hat typischerweise ein festgelegtes Format. In der ersten Spalte steht das freizugebende Verzeichnis. In der zweiten Spalte folgt eine IP-Adresse für einen Einzelrechner, ein Rechnername mit Domain oder eine Rechnergruppe. Rechnergruppen können durch die Kombination aus Netznummer und Netzmaske oder Wildcards bei Rechner- oder Domainnamen festgelegt werden. In Klammern dahinter folgen NFS-Optionen. Mehrere Optionen können durch Kommas voneinander getrennt angegeben werden. Das folgende Beispiel zeigt eine Exports-Datei:

```
/nfsroot/dxs     10.8.4.0/255.255.255.0(ro,no_root_squash)
/tmp/dxs         10.8.4.0/255.255.255.0(rw,no_root_squash)
```

Umformuliert für Rechner- und Domainnamen sieht das Beispiel so aus:

```
/nfsroot/dxs     *.sub.mydomain.local(ro,no_root_squash)
/tmp/dxs         *.mydomain.local(rw,no_root_squash)
```

Dieses setzt jedoch ein funktionierendes Domain Name System voraus. Dieses wird in Abschnitt 4.5 auf Seite 100 erklärt.

Für unterschiedliche Verzeichnisse können Sie verschiedene Zugriffsschemata einsetzen. Das gemeinsam von allen Clients benutzte Basis-Root-Verzeichnis, im Beispiel */nfsroot/dxs*, darf nicht beschreibbar sein. Ein Schreibzugriff würde neben offensichtlichen Sicherheitsproblemen bei unsauberem Client-System-Design zu Interferenzen zwischen den Clients führen, die Administratoren nur schwer aufspüren und nachvollziehen könnten. Ein Beispiel wäre eine sich ständig ändernde Datei mit dem Rechnernamen des Clients im Konfigurationsverzeichnis.

> **Warnung:** Der Einsatz von NFS ist nicht ganz unproblematisch. Die NFS-Mount-Privilegien werden client-basiert und nicht wie bei anderen Netzwerkdateisystemen für einen Benutzer gewährt. Wenn ein Client-Rechner Zugriff auf ein exportiertes Dateisystem hat, haben alle Benutzer dieses Computers Zugriff auf die freigegebenen Daten. Der NFS-Server überprüft anhand der IP-Nummer oder des Full Qualified Domain Name, ob ein bestimmtes Gerät auf den NFS-Server zugreifen darf oder nicht. Der Rechnername oder die IP-Nummer werden mit den Freigaben der Datei */etc/exports* verglichen. Deshalb setzt NFS einen lauffähigen Domain Name Service voraus. Leider ist diese Überprüfung alles andere als sicher, da Angreifer IP-Nummern oder Rechnernamen leicht fälschen können.

Um die Sicherheit zu erhöhen, können Sie bei NFS-Freigaben die Privilegien des Systemadministrators auf den Nutzer mit den geringsten Ausführungsrechten im System, den Nutzer *nobody* mappen. Dieses Vorgehen heißt *Root-Squash* und ist bei Freigaben voreingestellt. Da aus dem Basis-Root-Verzeichnis heraus Programme mit Root-Privilegien ausgeführt werden, müssen Sie diesen Bereich mit den entsprechenden Zusatzrechten freigeben. Der Systemadministrator erhält durch die Angabe der Option *no_root_squash* seine vollen Rechte auf einem NFS-Dateisystem. Im oben genannten Beispiel für Freigaben in der */etc/exports* ist die Option angegeben. Wenn ein Client NFS-Freigaben einbindet, fragt der NFS-Server keinerlei klassische Credentials ab, wie Benutzerkennung oder Passwort. Das vereinfacht auf der einen Seite den Einsatz von NFS im Umfeld von Linux Diskless Clients. Auf der anderen Seite sollten Sie jedoch sensible Daten nicht mit NFS-Freigaben bereitstellen. Hierfür bieten sich andere Netzwerkdateisysteme, wie Samba oder das Andrew File System (AFS) an. Die Weiterentwicklung von NFS in der Version 4 soll einige Fortschritte in Richtung Authentifizierung und Verschlüsselung der Daten enthalten. Sie befindet sich jedoch noch im Entwicklungs- und Erprobungsstadium und ist deshalb nicht für den Produktionsbetrieb geeignet.

Auf jeden Fall sollten Administratoren nur NFS-Freigaben in das lokal zu bedienende Sub-Netz einrichten und den NFS-Server nicht gleichzeitig als Gateway ins Internet einsetzen. NFS-Zugriffe kann man nur teilweise per Firewall beschränken, da NFS und zusätzliche Dienste wegen der RPC-Architektur nicht mit bestimmten fest vorgegebenen Portnummern verknüpft sind.

Anwenderdaten sollten Sie generell auf einem separaten Server unterbringen. Für diesen Server gelten strengere Sicherheits- und Backup-Richtlinien als für den NFS-Server mit dem Root-Filesystem und den Anwendungen für die Diskless Clients.

Der jeweilige NFS-Server muss je nach Einsatzgebiet und Anzahl der angeschlossenen Clients einiges leisten. Von ihm hängt die Performance der Anwendungen auf den plattenlosen Geräten ab, da er alle Zugriffe auf Dateien, Bibliotheken und Programme abwickelt. Eine leistungsfähige CPU, viel Hauptspeicher, nicht zu langsame Festplatten und eine gute Netzwerkverbindung sind entscheidende Faktoren. Die heute üblichen Einstiegsprozessoren von Clients können eine 100-Mbit/s-Leitung durchaus bis an ihre theoretische Transfergrenze von über 10 Mbyte/s auslasten.

Um unnötige Wartezeiten der Benutzer an ihren Clients zu vermeiden, sollte man den NFS-Server über ein oder mehrere Gigabit-Netzwerkinterfaces anbinden, die idealerweise an den Switch angeschlossen sind, der die Dateien an die Endgeräte verteilt. Damit NFS-Server nicht alle Daten erneut von der Server-Festplatte in den Server-Hauptspeicher und dann über das Netzwerk schaufeln müssen, benötigt der Fileserver einen großen Arbeitsspeicher. Dieser legt einen Cache häufig angeforderter Festplattenblöcke an, welche er dann direkt aus dem Hauptspeicher an den anfragenden Client ausliefern kann.

4.4 Domain Name Service

Rechner identifiziert man im Intra- und Internet anhand einer Reihe von Zahlen, den IP-Adressen. Für Computer ist dies praktisch, da diese sehr effizient mit Zahlen umgehen können. Menschen hingegen wollen den Rechnern lieber einen Namen geben. Dieser lässt sich auch sehr viel besser merken als eine IP-Adresse.

> **Beispiel:** Der Webserver von DENIC besitzt die IP-Adresse *81.91.161.19*. Sie können die Webseiten in Ihrem Webbrowser entweder durch Eingabe von *http://81.91.161.19* oder *http://www.denic.de* erreichen. DENIC ist übrigens die zentrale Regulierungsstelle für alle Domains unterhalb der Top Level Domain *.de*.

Die Auflösung der Rechnernamen in die jeweiligen IP-Adressen soll selbstverständlich der Computer erledigen. Dazu muss er wissen, wo er die benötigten Informationen für die Namensauflösung (*name resolving*) beziehen kann. Die Grundlagen der Konfiguration eben jener Namensauflösung wird das Thema der folgenden Abschnitte sein.

4.4.1 Die Namensauflösung unter Linux

Die *Resolver-Bibliothek* löst die Namen unter UNIX bzw. Linux auf: und zwar je nach Konfiguration anhand

- der lokalen Datei */etc/hosts*,
- des *Network Information System* (NIS bzw. NIS+) oder
- des *Domain Name Service* (DNS).

Die Datei */etc/hosts* enthält eine tabellarische Zuordnung von IP-Adressen und Rechnernamen, die nur für den lokalen Rechner gültig ist. Erledigen mehrere Rechner im Netzwerk ihre Namensauflösung nur anhand der eigenen Datei */etc/hosts*, so müssen die Administratoren dafür Sorge tragen, dass die Einträge in allen Konfigurationsdateien konsistent sind.

Der von der Firma Sun entwickelte Netzwerkinformationsdienst NIS bzw. NIS+ dient dazu, Datenbanken, wie z.B. */etc/passwd* oder */etc/hosts*, allen Rechnern im Netzwerk zur Verfügung zu stellen. Damit lässt sich eine zentrale Benutzerverwaltung und Namensauflösung realisieren. In letzter Zeit hat NIS an Bedeutung verloren und wird zunehmend von LDAP (siehe Kapitel 5) und DNS verdrängt.

Das DNS-Verfahren löst die Namen im Internet auf. Der wesentliche Vorteil von DNS ist, dass es, im Gegensatz zu den früheren Verfahren zur Namensauflösung, von der Betriebssystem-Plattform unabhängig ist. Damit kann man DNS auch in heterogenen EDV-Landschaften (UNIX, Windows etc.) zur Namensauflösung einsetzen.

Die *Resolver-Bibliothek* konfiguriert man unter Linux in den Dateien

- */etc/host.conf*,
- */etc/nsswitch.conf* und
- */etc/resolv.conf*.

In den Konfigurationsdateien */etc/host.conf* und */etc/nsswitch.conf* wird eingestellt, wie und in welcher Reihenfolge die Namensauflösung durchgeführt wird (siehe Listing 4.3 und 4.4).

Listing 4.3 Konfigurationsdatei */etc/host.conf*

```
(...)
order hosts,nis,bind
(...)
```

Listing 4.4 Konfigurationsdatei */etc/nsswitch.conf*

```
(...)
hosts:          files nis dns
(...)
```

Die Verfahren zur Namensauflösung werden in beiden Konfigurationsdateien – historisch bedingt – teilweise unterschiedlich bezeichnet. *hosts* und *files* bezeichnen die Namensauflösung anhand der Datei */etc/hosts*. *bind* und *dns* sind beides Synonyme für *DNS*.

> **Beispiel:** Möchten Sie beispielsweise die Namensauflösung nur per */etc/hosts* und *DNS* durchführen, so müssen Sie in den obigen Konfigurationsdateien (siehe Listing 4.3 und 4.4) den Eintrag *nis* entfernen.

Falls DNS zur Namensauflösung eingesetzt wird, ist die Konfigurationsdatei */etc/resolv.conf* von Bedeutung. Diese legt unter anderem

- die IP-Adressen von bis zu drei DNS-Servern (*nameserver*) und
- eine Reihe von Such-Domänen (*search*), die nacheinander angehängt werden, sofern der Rechnername keinen Punkt enthält, fest.

Weitere Optionen können Sie unter `man resolv.conf` nachlesen. Ein Beispiel einer */etc/resolv.conf* sehen Sie in Listing 4.5.

Listing 4.5 Konfigurationsdatei */etc/resolv.conf*

```
1 search barfoo.local
2 nameserver 127.0.0.1
```

4.4.2 /etc/hosts

Wie bereits zuvor erwähnt wurde, weist die Datei */etc/hosts* IP-Adressen und Rechnernamen in tabellarischer Form zu. In der ersten Spalte steht die IP-Adresse und in der zweiten Spalte der bzw. die zugeordneten Rechnernamen (siehe Listing 4.6).

Listing 4.6 Konfigurationsdatei */etc/hosts*

```
1 127.0.0.1 localhost.localdomain localhost
2
3 192.168.0.1 ns.barfoo.local ns
4 192.168.0.2 www.barfoo.local www
5 192.168.0.3 ftp.barfoo.local ftp
6 192.168.0.4 mail.barfoo.local mail
```

4.4.3 DNS – Einführung

Der *Domain Name Service* (DNS) ist eine verteilte Datenbank, die die Namensauflösung für das gesamte Internet realisiert. Dabei werden die vielen Millionen von Anfragen nicht von einem einzigen Server beantwortet, sondern es existiert eine Hierarchie von DNS-Servern. Jeder DNS-Server ist dabei für seinen eigenen Bereich (*Zone*) zuständig (siehe Abbildung 4.5).

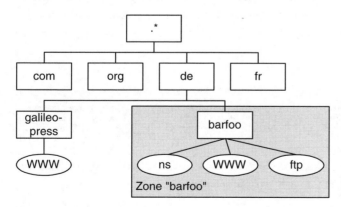

Abbildung 4.5 DNS-Hierarchie

Der Begriff Domäne bezeichnet einen kompletten Teilbaum des DNS. So umfasst die Domäne *.de* auch sämtliche Subdomänen, wie z.B. *galileo.press.de* oder auch *barfoo.de*. Eine Zone hingegen ist der Bereich einer Domäne, für den ein Nameserver zuständig ist. Die Zone *.de* enthält beispielsweise nur die Nameserver der Top-Level-Domäne *.de*, die Zone *barfoo.de* hingegen den Nameserver *ns* und die Server *www* und *ftp*.

Die Auflösung des Rechnernamens *www.barfoo.de* im Internet geschieht beispielsweise in folgenden Schritten:

1. Zunächst wird eine Anfrage an einen der 13 Nameserver der Root-Zone (.) geschickt. Diese so genannten Root-Nameserver kennen nur die IP-Adressen der Nameserver, die für die Top-Level-Domänen (*.com*, *.org*, *.de*, *.fr* etc.) zuständig sind. Sie leiten die Anfrage an den zuständigen Nameserver (hier den für die Domäne *.de*) weiter.

2. Die Nameserver der Top-Level-Domänen verwalten nur noch einen Teilbereich des Internet. Die Nameserver für die Domäne *.de* werden vom DENIC betrieben und kennen alle Nameserver für die Domänen unterhalb von *.de*. Damit kennen sie auch den Nameserver, der für die Domäne *barfoo.de* zuständig ist, nämlich *ns.barfoo.de*, und leiten die Anfrage an diesen weiter.

3. Der Nameserver *ns.foobar.de* gibt schließlich die IP-Adresse von *www.barfoo.de* zurück. Damit ist die Anfrage beendet.

    Beispiel Ist die Namensauflösung auf Ihrem Rechner entsprechend konfiguriert, so können Sie Anfragen an den Nameserver beispielsweise mit dem Kommandozeilenprogramm `nslookup` starten:

    ```
    ns:/root # nslookup www.galileo-press.de
    Server:         127.0.0.1
    Address:        127.0.0.1#53

    Non-authoritative answer:
    Name:   www.galileo-press.de
    Address: 80.237.200.227
    ```

Die Ausgabe von *Server* bzw. *Address* gibt an, welcher DNS-Nameserver aufgrund der Einstellung in */etc/resolv.conf* befragt wurde. Hier im Beispiel ist dies ein lokaler Nameserver. Die Bemerkung *Non-authoritative answer* besagt, dass jener lokale Nameserver nicht für die Zone *galileo-press.de* zuständig ist, aber die zugehörige IP-Adresse kennt, weil er sich diese bei einer früheren Anfrage gemerkt hat. Diese Art der Funktionsweise wird als *Caching-Nameserver* bezeichnet.

Für viele Dienste ist neben der Namensauflösung auch die Rückwärtsauflösung, d.h. die Zurücklieferung eines Rechnernamens zu einer IP-Adresse, wichtig. Beispielsweise möchte ein Mailserver überprüfen, ob ein anderer Mailserver auch der ist, für den er sich ausgibt. Dazu nutzt er die Rückwärtsauflösung der IP-Adresse, mit der sich der fremde Mailserver zu ihm verbindet. Nur wenn diese im DNS mit dem Mailserver dieser Domäne übereinstimmt, wird die eingehende E-Mail weitergeleitet.

Für die Rückwärtsauflösung wird die besondere Domäne *in-addr.arpa* verwendet. Die Ermittlung des Rechnernamens zu der IP-Adresse *80.237.200.227* geschieht über eine Anfrage an *227.200.237.80.in-addr.arpa*. Die Vorgehensweise bei der Rückwärtsauflösung ist nahezu analog zu der Vorwärtsauflösung.

> Um die Namensauflösung einer Zone festzulegen, müssen also stets zwei Zonendateien erstellt werden: eine für die Vorwärts- und eine für die Rückwärtsauflösung.

4.4.4 DNS – Konfiguration von BIND

Im Folgenden wird die Konfiguration des Nameservers *BIND* erläutert. Diese ist komplex, und eine Erläuterung aller Parameter würde den Umfang dieses Buches sprengen. Deswegen wird hier die Konfiguration eines Caching-Nameservers vorgestellt, der zusätzlich die Namensauflösung für die Zone *barfoo.local* erledigt. Dies kann Ihnen als Basis für weitergehende Konfigurationen dienen. *BIND* (Berkeley Internet Name Domain) ist übrigens der am häufigsten eingesetzte DNS-Nameserver.

Zunächst müssen Sie *bind9* installieren. Dies geschieht unter Debian durch Aufruf von:

```
ns:/root # apt-get install bind9
```

Die zentrale Konfigurationsdatei von *BIND* ist je nach Distribution die Datei */etc/named.conf* oder */etc/bind/named.conf* (siehe Listing 4.7).

Listing 4.7 Konfigurationsdatei */etc/bind/named.conf*

```
 1 // This is the primary configuration file for the BIND DNS server named.
 2
 3 options
 4         directory "/etc/bind";
 5 ;
 6 // prime the server with knowledge of the root servers
 7 zone "."
 8         type hint;
 9         file "/etc/bind/db.root";
10 ;
11
12 // be authoritative for the localhost forward and reverse zones.
```

```
13
14  zone "localhost"
15          type master;
16          file "/etc/bind/db.local";
17  ;
18
19  zone "127.in-addr.arpa"
20          type master;
21          file "/etc/bind/db.127";
22  ;
23
24  // barfoo.local forward and reverse zones.
25
26  zone "barfoo.local"
27          type master;
28          file "db.barfoo.local";
29  ;
30
31  zone "0.168.192.in-addr.arpa"
32          type master;
33          file "db.0.168.192";
34  ;
```

Der Bereich *options* enthält allgemeine Konfigurationsparameter für *BIND*. Im obigen Beispiel wird das Verzeichnis festgelegt, in dem sich die Zonendateien befinden.

Die Datei */etc/bind/db.root* enthält die Informationen über die zurzeit 13 Root-Nameserver (siehe Listing 4.8).

Listing 4.8 Konfigurationsdatei */etc/bind/db.root*

```
1  ;       This file holds the information on root name servers needed to
2  ;       initialize cache of Internet domain name servers
3  ;       (e.g. reference this file in the "cache . <file>"
4  ;       configuration file of BIND domain name servers).
5  ;
6  ;       This file is made available by InterNIC registration services
7  ;       under anonymous FTP as
8  ;           file                /domain/named.root
9  ;           on server           FTP.RS.INTERNIC.NET
10 ;       -OR- under Gopher at    RS.INTERNIC.NET
11 ;           under menu          InterNIC Registration Services (NSI)
12 ;             submenu           InterNIC Registration Archives
13 ;           file                named.root
14 ;
15 ;       last update:    Aug 22, 1997
16 ;       related version of root zone:   1997082200
17 ;
18 ;
19 ; formerly NS.INTERNIC.NET
20 ;
21 .                        3600000  IN  NS   A.ROOT-SERVERS.NET.
```

```
22 A.ROOT-SERVERS.NET.          3600000     A     198.41.0.4
23 ;
24 ; formerly NS1.ISI.EDU
25 ;
26 .                            3600000     NS    B.ROOT-SERVERS.NET.
27 B.ROOT-SERVERS.NET.          3600000     A     128.9.0.107
28 ;
29 ; formerly C.PSI.NET
30 ;
[...]
```

Jeder UNIX- und Linux-Rechner besitzt eine lokale Netzwerkschnittstelle. Soweit der Rechner mit sich selbst kommuniziert, heißt dieses *Loopback*-Netzwerk. Wird DNS zur Namensauflösung eingesetzt, ist es wichtig, DNS auch für das *Loopback*-Netzwerk zu konfigurieren.

Die Zonendateien */etc/bind/db.localhost* und */etc/bind/db.127* enthalten die notwendigen Informationen für die Namensauflösung des Rechnernamens *localhost* und der IP-Adresse *127.0.0.1* (siehe Listings 4.9 und 4.10).

Listing 4.9 Konfigurationsdatei */etc/bind/db.localhost*

```
 1 ;
 2 ; BIND data file for local loopback interface
 3 ;
 4 $TTL      604800
 5 @         IN      SOA     localhost. root.localhost. (
 6                                       1           ; Serial
 7                                  604800           ; Refresh
 8                                   86400           ; Retry
 9                                 2419200           ; Expire
10                                  604800 )        ; Negative Cache TTL
11 ;
12 @         IN      NS      localhost.
13 @         IN      A       127.0.0.1
```

Listing 4.10 Konfigurationsdatei */etc/bind/db.127*

```
;
; BIND reverse data file for local loopback interface
;
$TTL      604800
@         IN      SOA     localhost. root.localhost. (
                                    1           ; Serial
                               604800           ; Refresh
                                86400           ; Retry
                              2419200           ; Expire
                               604800 )        ; Negative Cache TTL
;
@         IN      NS      localhost.
1.0.0     IN      PTR     localhost.
```

Die beiden folgenden Zonendateien sind der wirklich interessante Part dieses Beispiels zur BIND-Konfiguration. Denn diese beiden Zonendateien legen die Vorwärts- und Rückwärtsauflösung der Rechnernamen bzw. IP-Adressen für die Domäne *barfoo.local* fest (siehe Listing 4.11 und 4.12).

Listing 4.11 Konfigurationsdatei */etc/bind/db.barfoo.local*

```
$TTL     604800
@          IN      SOA       ns hostmaster.ns         (
                             2003123001 ; Serial
                             28800      ; Refresh: 8 Stunden
                             14400      ; Retry  : 4 Stunden
                             3600000    ; Expire : 1000 Stunden
                             86400 )    ; Minimum: 24 Stunden

           IN      NS        ns      ; Nameserver dieser Zone
           IN      MX 20     mail    ; Mailserver dieser Zone
ns         IN      A         192.168.0.1
www        IN      A         192.168.0.2
ftp        IN      A         192.168.0.3
mail       IN      A         192.168.0.4
```

Listing 4.12 Konfigurationsdatei */etc/bind/db.0.168.192*

```
$TTL     604800
@ IN SOA ns.barfoo.local. hostmaster.ns.barfoo.local. (
                             2003123001 ; Serial
                             28800      ; Refresh: 8 Stunden
                             14400      ; Retry  : 4 Stunden
                             3600000    ; Expire : 1000 Stunden
                             86400 )    ; Minimum: 24 Stunden

           IN      NS        ns.barfoo.local ; Nameserver dieser Zone
1          IN      PTR       ns.barfoo.local.
2          IN      PTR       www.barfoo.local.
3          IN      PTR       ftp.barfoo.local.
4          IN      PTR       mail.barfoo.local.
```

Nachdem Sie die Datei */etc/bind/named.conf* und die Zonendateien bearbeitet haben, müssen Sie den BIND-Server neu starten:

```
ns:/root # /etc/init.d/bind9 restart
```

In der Log-Datei */var/log/syslog* können Sie den korrekten Start von BIND und das Einlesen der Zonendateien erkennen (siehe Listing 4.13).

Listing 4.13 Log-Datei */var/log/syslog*

```
ns:/root # tail /var/log/syslog
named[25951]: starting BIND 9.2.1
named[25951]: using 2 CPUs
```

```
named[25953]: loading configuration from '/etc/bind/named.conf'
named[25953]: no IPv6 interfaces found
named[25953]: listening on IPv4 interface lo, 127.0.0.1#53
named[25953]: listening on IPv4 interface eth0, 192.168.0.1#53
named[25953]: command channel listening on 127.0.0.1#953
named[25953]: zone 127.in-addr.arpa/IN: loaded serial 1
named[25953]: zone 0.168.192.in-addr.arpa/IN: loaded serial 2003123001
named[25953]: zone barfoo.local/IN: loaded serial 2003123001
named[25953]: zone localhost/IN: loaded serial 1
named[25953]: running
```

Ändern Sie nun noch den *nameserver*-Eintrag in der Datei */etc/resolv.conf* auf die IP-Adresse Ihres Nameservers, hier im Beispiel *192.168.0.1*. Jetzt können Sie Ihren eigenen Nameserver für die Domäne *barfoo.local* mit dem Kommandozeilenprogramm `nslookup` testen:

Listing 4.14 Vorwärtsauflösung mit *nslookup*

```
ns:/root # nslookup www.barfoo.local
Server:         192.168.0.1
Address:        192.168.0.1#53

Name:   www.barfoo.local
Address: 192.168.0.2
```

Listing 4.15 Rückwärtsauflösung mit *nslookup*

```
ns:/root # nslookup 192.168.0.2
Server:         192.168.0.1
Address:        192.168.0.1#53

2.0.168.192.in-addr.arpa        name = www.barfoo.local.
```

4.5 Dynamic Host Configuration Protocol

Das Dynamic Host Configuration Protocol (DHCP) ist nicht speziell für den Einsatz mit Diskless Clients entwickelt worden. Es enthält jedoch viele für den Einsatz mit festplattenlosen Rechnern nützliche Eigenschaften.

4.5.1 Aufgabe und Funktionsweise

In großen IP-Netzen ist es für Systemadministratoren mühselig, den Überblick über die IP-Konfiguration ihrer Maschinen zu behalten. IP selbst verhindert nicht, dass Adressen doppelt oder nicht zum jeweiligen Sub-Netzwerk passend vergeben werden. Zudem wiederholen sich etliche Daten immer wieder: In jedem IP-Subnetz sind die Daten für Netzwerk-, Broadcast- und Default-Gateway-Adresse üblicherweise identisch.

Ähnliches gilt für die komplette Konfiguration des Domain Name Systems. Auch die Namen der Hosts im Netzwerk dürfen Sie nicht mehrfach zuweisen. Alle weiteren Daten, wie DNS-Server, die die Auflösung von Rechnernamen zu IP-Adressen übernehmen, und Domainnamen stimmen in den meisten Fällen überein.

Diskless Clients können ihre Konfigurationsparameter nach dem Ausschalten nicht speichern. Ausnahmen sind Maschinen mit Solid-State-Disk oder Flash-Speicher, die man autonom konfigurieren kann. Größere Installationen solcher Terminals erfordern auch mit professionellen Verwaltungs-Tools erhebliche Konfigurationsarbeit ählich wie Netze mit fetten PCs.

Mit dem UDP-basierten Netzwerkprotokoll DHCP kann man fast alle Standarddaten zum Konfigurieren von Maschinen in TCP/IP-Netzwerken übertragen. DHCP sendet auf Port 67 Anfragen an den Server und antwortet auf Port 68 an Clients. Dieses Protokoll lässt sich nur sinnvoll in broadcastfähigen Netzen, wie Ethernet oder TokenRing, einsetzen. In Ethernets und TokenRing-Netzwerken werden bestimmte Pakete von allen Stationen empfangen und unter bestimten Bedingungen auch von diesen ausgewertet. In Punkt-zu-Punkt-Netzen, wie z.B. bei der Modem- oder ISDN-Einwahl, setzt man statt DHCP das PPP (Point-to-Point-Protokoll) ein.

DHCP baut spezielle Broadcast-Pakete, die auf der Ebene des Media Access Layers (MAC) die gemeinsame Adresse für alle Rechner im Subnetz benutzen. Im 48-Bit Adressraum des MAC-Layers ist das die Adresse *ff:ff:ff:ff:ff:ff*. So erhalten alle Rechner im entsprechenden Subnetz diese Anfrage. Ein DHCP-Anfrage-Paket enthält als MAC- und IP-Zieladresse die Broadcast-Adresse. Da die DHCP-Anfrage- und -Antwortpakete im ersten Schritt nur die Spezialadressen *255.255.255.255* und *0.0.0.0* enthalten, werden diese Pakete nicht über Subnetzgrenzen hinweg geroutet. Diese Pakete sind deshalb nicht oder nur über den Umweg eines DHCP-Gateway-Service auf dem nächsten IP-Router über die Grenzen eines IP-Subnetzes hinaus sichtbar.

Mit dem Dynamic Host Configuration Protocol kann ein zentraler Rechner im Teilnetz IP-Nummern automatisch und dynamisch zuteilen. Der DHCP-Server kann Rechnern anhand ihrer MAC-Adresse eine IP-Adresse fest zuweisen oder aus einem Adress-Pool dynamisch eine Adresse verteilen. Im letzteren Fall muss der Rechner in der Serverkonfigurationsdatei nicht mit seiner MAC-Adresse vermerkt sein. Das kann dann dazu führen, dass der Client wechselnde Adressen erhält. So können DHCP-Administratoren mehr temporär angeschlossene Maschinen versorgen, als IP-Nummern vorhanden sind.

DHCP weist Adressen in vier Schritten zu:

1. Der Client schickt ein *DHCPDISCOVER* an *255.255.255.255* Port 67, um Server zu ermitteln. Die Adresse *255.255.255.255* ist die reservierte IPv4-Adresse für lokale Broadcasts an alle Rechner im Teilnetz. Der Client verwendet 0.0.0.0, die reservierte IPv4-Adresse für Hosts ohne IP-Information, als Absendeadresse.

2. Der oder die Server schicken einen Vorschlag mit Parametern als *DHCPOFFER* an 255.255.255.255 auf Port 68.
3. Im nächsten Schritt sucht sich der Client aus eventuell mehreren *Offers* nach bestimmten Kriterien eine passende aus (z.B. nach dem Vorhandensein bestimmter wichtiger Konfigurationsparameter) und schickt ein *DHCPREQUEST* gerichtet an den entsprechenden Server.
4. Der Server bestätigt mit *DHCPACK* gerichtet an den Client oder lehnt eine Anfrage eines Clients ab und schickt ein *NAK*. Die Spezialadresse 0.0.0.0 wird sofort nach dem Bezug einer gültigen IP-Adresse wieder frei.

Wenn der Client ein Problem mit der zugewiesenen Adresse hat, sendet er ein *DECLINE*. Weiterhin kann der Client die erhaltene Adresse vor Ablauf der vom Server genehmigten Zeit zurückgeben und hierfür ein RELEASE senden oder versuchen, die erhaltene Adresse vor Ablauf zu verlängern und hierfür ein *RENEW* zu schicken.

4.5.2 Verschiedene Implementierungen

Es gibt verschiedene Implementierungen des DHCP-Dienstes. Das International Software Consortium entwickelt diesen Dienst als frei verfügbare Software für verschiedene Plattformen. Die meisten Linux-Distributionen setzen diese Entwicklung für ihren DHCP-Server ein.

Es gibt verschiedene DHCP-Clients. Ein Client, der *dhclient*, ist Bestandteil der ISC-DHCP-Toolsuite. Mit den Kommandos *dhcpcd*, dem DHCP-Client-Daemon, und *pump* stehen alternative Clients zur Verfügung. Diese verwenden Sie, wenn nur eine kleine Anzahl von Standardeinstellungen mittels DHCP vorgenommen werden soll. Im Gegensatz zu *dhclient*, welches auf ein externes Skript zum Anwenden der DHCP-Netzwerkkonfiguration angewiesen ist, arbeiten die beiden letztgenannten Kommandos direkt auf den betroffenen Dateien, wie z.B. auf der *resolv.conf* zur Einstellung der DNS-Client-Konfiguration. Mehr zur DNS-Konfiguration lesen Sie im Abschnitt 4.4 ab Seite 92.

4.5.3 Ein erstes Beispiel

Die weitere Beschreibung bezieht sich auf die DHCP-Implementierung des International Software Consortiums. Die Suite aus DHCP-Server, Client und Relay bildet den Standard der meisten Linux-Distributionen. Deren inzwischen vorliegende dritte Version unterstützt zahlreiche neue Eigenschaften, wie dynamischen DNS oder Vendor Code Identifier. Sie werden weiter unten vorgestellt.

Nach der Installation des Dienstes durch den Paketmanager oder das Softwareverwaltungsprogramm Ihrer Distribution bietet sich ein kurzer Test des Dienstes an. Hierzu legen Sie eine erste einfache Konfigurationsdatei /etc/dhcpd.conf an:

```
option domain-name "mydomain.local";
option domain-name-servers "mydns.mydomain.local";
default-lease-time 60;
max-lease-time 720;
subnet 10.2.239.0 netmask 255.255.255.0
  range 10.2.239.100 10.254.239.200;
  option routers 10.2.239.254;
```

Das Beispiel zeigt einige typische Konfigurationsparameter des ISC-DHCP-Servers. Diese Konfiguration legt in der ersten Zeile den Domainnamen und in der folgende Zeile den Domain-Name-Server fest, den ein Client verwenden soll. Die *Lease-Time* bestimmt, wie lange ein Client eine IP-Nummer besitzen darf. Nach der Default-Zeit versucht dieser, die Nummer zu erneuern. Die *default-lease-time* und *max-lease-time* geben als Ganzzahlwerte in Sekunden an, wie lange eine herausgegebene Adresse standardmäßig und maximal gültig ist. Dieses spart IP-Adressen in Netzen, in denen mehr Maschinen zu verwalten sind, als IP-Adressen zur Verfügung stehen.

Die *subnet*-Deklaration legt fest, für welchen IP-Bereich sich der DHCP-Server zuständig fühlt. Mit einer *range* geben Sie eine Menge aufeinander folgender IP-Nummern an, die der Server an Clients dynamisch vergibt. Die Option *routers* gilt nur innerhalb der Subnetz-Deklaration. Der DHCP-Server teilt diese Router-Adresse allen Maschinen mit, die IP-Adressen aus diesem Subnetz beziehen.

Starten Sie als Systemadministrator den Server einfach durch Eingabe des Kommandos *dhcpd*. Wie Sie den Dienst regulär und automatisch starten, beschreibt der nächste Abschnitt. Ist der Start erfolgreich, können Sie von einem Linux- oder Windows-Client aus versuchen, eine IP-Adresse dynamisch vom Server zu beziehen.

Unter Linux verwenden Sie eines der im letzten Abschnitt genannten DHCP-Client-Kommandos, z.B. *dhclient*. Dieser Befehl schreibt, wenn er eine IP-Konfiguration von einem Server erhalten hat, die Daten in die Datei */var/lib/dhcp/dhclient.leases*:

```
lease
  interface "eth0";
  fixed-address 10.2.239.100;
  option subnet-mask 255.255.255.0;
  option dhcp-lease-time 60;
  option dhcp-server-identifier 10.2.239.50;
  option routers 10.2.239.254;
  option dhcp-message-type 5;
```

```
option domain-name-servers 10.2.239.252;
option domain-name "mydomain.local";
```

Hier können Sie kontrollieren, welche Daten Ihr Client vom Server bezogen hat. Unter Windows verwenden Sie entweder das Programm *winipcfg* für Windows 98/ME oder `ipconfig -renew` für die professionelleren Systeme.

4.5.4 Start des Diensts

Neben der Konfigurationsdatei des DHCP-Servers */etc/dhcpd.conf* verwenden einige Distributionen eine zusätzliche Datei, die Einstellungen zum Start des Dienstes enthält. Sie liegt häufig unterhalb von */etc/sysconfig/* und wird wie der Dienst selbst bezeichnet: */etc/sysconfig/dhcpd*. Bei der Debian-Distribution befindet sich diese Datei mit einer ähnlichen Syntax unter */etc/defaults/*. Hier tragen Sie z.B. ein, auf welchen Netzwerk-Interfaces der Dienst auf Anfragen lauschen soll. Ebenso können Sie hier festlegen, dass dieser Dienst in einer sicheren Change-Rooted-Umgebung laufen soll:

```
[ ... ]
# Interface(s) for the DHCP server to listen on
# (separated by spaces)
#
# Examples: DHCPD_INTERFACE="eth0"
#           DHCPD_INTERFACE="eth0 eth1 eth2 tr0 wlan0"
#
DHCPD_INTERFACE="eth0"
[... ]
DHCPD_RUN_CHROOTED="yes"
[... ]
DHCPD_RUN_AS="nobody"
```

Eine weitere Absicherung erreichen Sie durch die Verwendung einer von »root« abweichenden Benutzer ID. Alle Lebensäußerungen des DHCP finden Sie unterhalb des Verzeichnisses */var/lib/dhcp*. Dort finden Sie die *Leases*-Datei, die Buch über die zugewiesenen IP-Adressen führt. Starten Sie den Dienst über das zugehörige Startskript:

```
server02:~ # /etc/init.d/dhcpd start
server02:~ # rcdhcpd stop
server02:~ # insserv dhcpd | start=3,5
```

Die zweite Zeile zeigt einen alternativen Skriptaufruf unter SuSE-Linux. Neben *start* und *stop* gestatten die meisten Skripten auch ein *restart*, eine Kombination aus beidem. Die letzte Zeile zeigt Ihnen wieder, wie Sie den Dienst dauerhaft in Ihre Runlevel-Konfiguration aufnehmen. anschließend wird er automatisch in Runlevel 3 und 5 gestartet.

Im Logfile des Bootservers sieht der erfolgreiche Start des Daemons in etwa so aus:

```
[ ... ]
Dec 11 01:24:38 server02 dhcpd: Copyright 1995-2003 Internet Software
                                Consortium.
Dec 11 01:24:38 server02 dhcpd: All rights reserved.
Dec 11 01:24:38 server02 dhcpd: For info, please visit
                                http://www.isc.org/products/DHCP
Dec 11 01:24:38 server02 dhcpd: Wrote 0 deleted host decls to leases file.
Dec 11 01:24:38 server02 dhcpd: Wrote 0 new dynamic host decls to leases file.
Dec 11 01:24:38 server02 dhcpd: Wrote 0 leases to leases file.
Dec 11 01:24:38 server02 dhcpd: Listening on Socket/eth0/10.8.4.0/24
Dec 11 01:24:38 server02 dhcpd: Sending on   Socket/eth0/10.8.4.0/24
Dec 11 01:24:38 server02 dhcpd: Sending on   Socket/fallback/fallback-net
Dec 11 01:25:32 server02 dhcpd: DHCPDISCOVER from 00:08:74:4d:6f:3f via eth0
Dec 11 01:25:32 server02 dhcpd: DHCPOFFER on 10.8.4.204 to 00:08:74:4d:6f:3f
                                via eth0
Dec 11 01:25:32 server02 dhcpd: DHCPREQUEST for 10.8.4.204 (10.8.4.254)
                                from 00:08:74:4d:6f:3f via eth0
Dec 11 01:25:32 server02 dhcpd: DHCPACK on 10.8.4.204 to
                                00:08:74:4d:6f:3f via eth0
Dec 11 01:26:14 server02 dhcpd: DHCPREQUEST for 10.8.4.204 from
                                00:08:74:4d:6f:3f via eth0
Dec 11 01:26:14 server02 dhcpd: DHCPACK on 10.8.4.204 to 00:08:74:4d:6f:3f
                                via eth0
```

Sie erhalten die Meldung, auf welchem Interface der Dienst lauscht, und sehen in den nächsten Zeilen den Ablauf einer typischen DHCP-Kommunikation des Servers mit einem Client.

4.5.5 Konfigurationsvariablen

Die Inhalte der DHCP-Konfigurationsdatei hängen vom Einsatzziel ab. Im ersten Beispiel kamen einige wenige Variablen zum Einsatz, was für eine einfache Basiskonfiguration eines Clients ausreichen mag. Für die unterschiedlichen Client-Typen, die im weiteren Teil des Buches vorgestellt werden und ihre verschiedenen Aufgaben benötigen Sie unter Umständen eine ganze Reihe weiterer Konfigurationsvariablen.

Diese zusätzlichen Variablen nutzen Linux X Terminals und Linux Net-PCs dazu, weitere Dienste, wie Druck- oder Zeitservices einzurichten. Darüber hinaus verwenden Linux Net-PCs zusätzliche Daten, die für den Linux X Terminals oder kommerzielle Flashrom-Terminals irrelevant sind.

DHCP kann 255 verschiedene Konfigurationsfelder definieren. Etliche Standardoptionen sind bereits vordefiniert. Zu diesen gehören Informationen wie die DNS-Konfiguration, Gateways, Finger-, Font-, Log-, IRC-, Netbios-, POP-, NNTP- und SMTP-Server. Seine Flexibilität macht DHCP zu einem zentralen Konfigurationstool für viele Netzwerk- und Einrichtungsparameter von Diskless Clients. Systemadministratoren können mit diesem Dienst alle relevanten Informationen zum Betrieb von Thin Clients übermitteln. Neben grundsätzlich notwendigen Parametern wie Hostname, IP-Adresse, Netzmaske, Broadcast-Adresse und Default-Gateway zählen dazu IP-Nummern, die spezielle Serverdienste anbieten. Für viele hier vorgestellte Lösungen mit Thin Clients sind die DHCP-Felder zu X-Display-, Time-, Swap-, NIS-, Druck-, WINS-Servern interessant. Die folgende Tabelle 4.1 gibt einen Überblick über einige häufig eingesetzten DHCP-Optionen.

DHCP-Option	Datentyp	Erklärung
root-path	String	Pfad des NFS-Root
dhcp-max-message-size	Integer	Maximale Größe eines DHCP-Datenpaketes
subnet	IP-Address	Angabe der Form *132.230.4.0 netmask 255.255.255.0* zur Spezifikation des verwendeten Subnetzes
serveridentifier	IP-Address	Angabe der DHCP-Server-IP, wird zum Mounten der Verzeichnisse zwingend benötigt
broadcastaddress	IP-Address	Broadcast-Adresse für Clients
routers	List of IP-Addresses	Kommagetrennte Liste der Gateway-IP-Nummern
domain-name-servers	List of IP-Addresses	Kommagetrennte Liste der DNS-Server
domain-name	String	Space-separierte Liste der DomainAnhänge, der erste Eintrag zusammen mit Hostname FQDN des Clients
nis-servers	List of IP-Addresses	Kommagetrennte Liste der NIS-Server
nis-domain	String	NIS-Domain-String
font-servers	List of IP-Addresses	Kommagetrennte Liste der Font-Server für X.11
x-display-manager	List of IP-Addresses	Kommagetrennte Liste der Server, welche mittels XDMCP X.11-Logins anbieten
netbios-name-servers	List of IP-Addresses	Kommagetrennte Liste der WINS (eine Art DNS für Windowsnetzwerke)
ntp-servers	List of IP-Addresses	Kommagetrennte Liste der Network Time Protocol Server

Tabelle 4.1 DHCP-Optionen

DHCP-Optionen können als unterschiedliche Variablentypen vorkommen. Die Variablentypen string, integer, boolean, text und ip-number können in der DHCP-Konfigurationsdatei zu Arrays zusammengefasst sein. Dieses Verfahren setzen Sie üblicherweise bei vordefinierten Optionen für Listen von IP-Nummern ein. Dies ist beispielsweise für die Angabe einer Reihe von Nameservern interessant. An der Stelle von IP-Listen können Sie auch Hostnamen oder Full Qualified Domain Names (FQDN) einsetzen. Voraussetzung hierfür ist jedoch ein funktionierender Domain Name Service. Der DHCP-Server löst die Namen vor dem Transport über das Netz in IP-Nummern auf. Deshalb sehen Sie in der Lease-Datei des Clients IP-Adressen statt Rechnernamen. Die Manpage zu *dhcp-options* erläutert alle DHCP-Optionen.

4.5.6 Komplexere Konfigurationen

Die Datei */etc/dhcpd.conf* lässt sich gut übersichtlich strukturieren. Dies hilft Ihnen bei der Pflege großer Datenbestände in dieser Datei. Zusätzlich zum *subnet*-Statement helfen Ihnen die *group*- oder *class*-Statements dabei, neben der Unterteilung nach Subnetzen Konfigurationsblöcke mit gleichen Parametern zusammenzufassen. So müssen Sie nicht für jeden Host die gesamte Palette von Optionen wiederholen.

Die folgende Konfiguration liefert bereits deutlich mehr Daten an anfragende Clients aus als das erste Beispiel. Neben der IP-Basiskonfiguration erhält der Client Listen von IP-Nummern, die bestimmte Dienste repräsentieren. Im Beispiel ist ein Subnetz definiert, in dem eine Reihe gemeinsamer Parameter für alle Clients dieses Netzes festgelegt sind. In der anschließenden Gruppendefinition wird ein für die Gruppe gemeinsamer Druckserver definiert. Für die einzelnen Maschinen sind nur noch deren spezifische Daten, nämlich die MAC-Adresse und die zuzuweisende IP-Nummer angegeben.

```
option domain-name "subdomain.domain.local second.domain";
filename "/nfsroot/dxs/boot/bootimg";
use-host-decl-names on;
ddns-update-style none;
default-lease-time 72000;
max-lease-time 144000;
subnet 10.8.4.0 netmask 255.255.255.0
    option domain-name-servers 10.8.4.200, 10.8.4.201;
    option ntp-servers ntps1.domain.local, ntps2.domain.local;
    option font-servers font-server.domain.local;
    option x-display-manager x1.domain.local, x2.domain.local;
    option netbios-name-servers 10.8.4.200;
    option routers 10.8.4.254;
    option broadcast-address 10.8.4.255;
    range 10.8.4.221 10.8.4.250;
    dhcp-server-identifier 10.8.4.1;
    group
        option lpr-servers 10.8.4.1;
        host dxs01
            hardware ethernet 00:E0:1C:D3:17:DA;
            fixed-address 10.8.4.11;
        host dxs02
```

```
        hardware ethernet 00:00:B4:A2:82:DF;
        fixed-address 10.8.4.12;
[...]
```

In diesem Beispiel verwaltet der DHCP-Server die Clients nicht dynamisch. Deshalb ist für das angegebene Subnetz keine *range*, d.h. Gruppe von dynamisch zuweisbaren IP-Adressen, angegeben. Der DHCP-Server weist im Beispiel nur Clients eine vorher festgelegte IP-Adresse zu, wenn er die MAC-Adresse des Clients kennt. Dieses Verfahren wenden Sie an, wenn Sie genau wissen wollen, welche Clients eine Adresse bekommen.

Die Optionen zur DNS-Konfiguration und die Idee hinter den Leases kennen Sie bereits aus dem ersten Beispiel. Hier kommt eine Deklaration hinzu, die dem Client mitteilt, wo er seinen Kernel herunterladen kann. Mit *use-host-decl-names* können Sie steuern, ob der Rechnername anhand des *host*-Statements übermittelt oder in einer eigenen Option definiert werden soll. Der *ddns-update-style* bestimmt über die Zusammenarbeit mit Ihrem Domain Name Server. Soll keine stattfinden, weil alle Rechnernamen fest im DNS verankert sind, steht wie im Beispiel *none* . Andernfalls wäre der DHCP-Server in der Lage, dynamische Updates des DNS vorzunehmen, wenn ein Client sich eine IP-Nummer geholt hat. Ebenso würde DHCP Clients nach Ablauf ihrer Lease aus dem DNS wieder austragen. Auf diese Weise hätten Sie einen DNS, der nur aktuell erreichbare Maschinen in Ihrem DHCP-verwalteten Netz aufweist. Die Optionen zur Übermittlung verschiedener Server wurden bereits im vorangegangen Abschnitt erklärt.

> **Warnung:** Die innerhalb der *dhcpd.conf* definierten Subnetze müssen innerhalb der gültigen Netzwerkkonfiguration des Servers liegen. Das bedeutet, dass Sie den DHCP-Server auf den Interfaces starten müssen, die mit Ihrer Konfiguration korrespondieren. Das liegt daran, dass das DHCP-Protokoll mit Broadcasts in einem Subnetz arbeitet. Netze, die außerhalb des Subnetzes des DHCP-Servers liegen, kann der DHCP-Server deshalb nicht bedienen. Weiterhin muss der DHCP-Server für jedes zu bedienende Subnetz eine korrespondierende IP-Nummer besitzen. Deshalb können Sie den Server auf verschiedenen Ethernet-Schnittstellen gleichzeitig starten.

Mit einem DHCP-Relay auf den Routern der Subnetze, in denen sich DHCP-Clients befinden, können Sie auch Server außerhalb dieser Subnetze betreiben. Dieses setzt aber zum einen die entsprechenden Fähigkeiten Ihres Routers voraus und erhöht zum anderen den Komplexitätsgrad Ihrer Netzwerkkonfiguration.

Wollen Sie Ihren DHCP-Server viele Daten an Ihre Clients übertragen lassen, sollte die Paketgröße des Antwortpakets mit der Definition von *dhcp-max-message-size* über den Standard von 572 Byte hinaus angehoben sein. Der Option folgt ein Ganzzahlwert, der die MTU-Size des Netzwerks nicht überschreiten soll. MTU bezeichnet die Maximum Transfer Unit, die größte in einem Netzwerkpaket des OSI-Layer 2 übertragbare Datenmenge. Diese beschränkt die Gesamtdatenmenge eines DHCP-Pakets, da die meisten Clients keine fragmentierten DHCP-Antworten verarbeiten können. Daher eignet sich DHCP beispielsweise nicht dazu, lange Konfigurationsdateien vom Server auf Clients zu verteilen.

4.5.7 Benutzerdefinierte Optionen und Vendor-Optionen

Nun können die Entwickler eines DHCP-Servers nicht voraussehen, welche Optionen Endanwender wirklich benötigen oder einsetzen wollen. Einige Optionen (ein Teil davon wurde bereits in vorhergehenden Abschnitten vorgestellt) sind so üblich, dass sie fest definiert sind. Diese Optionen verwenden herstellerübergreifend die gleichen Codenummern. Insgesamt stehen jedoch nur 256 Codenummern zur Verfügung, weshalb eine feste Reservierung für seltene Anwendung keinen Sinn macht. Hierfür wurde das Konzept der Vendor-Optionen eingeführt.

DHCP-Option	Nummer	Datentyp	Erklärung
ldap	95	String	LDAP-Konfigurationsstring
o128	128	String	Magic-Field für Etherboot
o129	129	String	...
menudflts	160	String	Defaultauswahl für Etherboot-Menü
motdline1	184	String	Zeile für Message of the Day (motd) bei Etherboot-Menüs
menuline1	192	String	Erste Menüzeile für Etherboot
menuline2	193	String	Zweite Menüzeile für Etherboot
menuline3	194	String	Dritte Menüzeile für Etherboot
bootlocal-script	221	String	Name eines Skripts oder eines Programms, welches während des Bootens ausgeführt werden soll.

Tabelle 4.2 Benutzerdefinierte DHCP-Optionen für LDAP und Etherboot

DHCP erlaubt, im Codenummernbereich von 128 – 255 so genannte Vendor-Optionen aufzunehmen, um zusätzliche Optionen zu definieren. Die neuen Optionen definiert man für die ISC-Implementierung zu Beginn der Konfigurationsdatei */etc/dhcpd.conf* und für Clients in */etc/dhclient.conf*. Ein Einsatzgebiet für diese Vendor-Optionen bietet sich Ihnen beispielsweise im Zusammenhang mit Etherboot.

Man kann Optionen mit bestimmten Codenummern zum Aufbau von Menü- und »Message of the day«-Meldungen für die Boot-ROM-Software Etherboot verwenden. Bei Linus Net-PCs dienen Vendor-Optionen dazu, Hardware- oder Software auf den Clients einstellen. Letzteres spart spezielle Einträge in Konfigurationsdateien des File-Systems der Clients, die sonst aufwändige Unterscheidungen oder getrennte Dateisysteme erforderten. Den Einsatz dieser Variablen sehen Sie in Kapitel 6, *Bootkonzept für Clients*.

Das anschließend gezeigte Beispiel liefert einen Ausschnitt aus einer Konfigurationsdatei des ISC-DHCP-Servers oder -Clients. Zu Beginn der Liste wird eine LDAP-Variable definiert, wie sie bereits im RFC festgelegt, aber noch nicht im ISC-DHCP verwendet wird. Diesen Eintrag können Sie entfernen, wenn er im Dienst fest verankert wird. Dann würde er analog zu den bereits genannten Server-IP-Daten funktionieren.

Die Optionen *o128*, *o129*, *menudflts*, *motdline1*, *menuline1*, *menuline2* und *menuline3* sind sämtlich Etherboot-spezifisch. Man kann sie durch eine geeignete Konfiguration des DHCP Servers doppelt belegen.

In der ISC-Konfigurationssyntax sieht die Zuweisung der Etherboot-Optionen so aus:

```
# -- Benutzerdefinierte Optionen für Etherboot --
option o128 code 128           = string;
option o129 code 129           = string;
option menudflts code 160      = string;
option motdline1 code 184      = string;
option menuline1 code 192      = string;
option menuline2 code 193      = string;
option menuline3 code 194      = string;
option menuline4 code 195      = string;
```

Die Option 128 definiert im Beispiel ein »Magic-Packet«, welches die Auswertung von Menü-Optionen für Etherboot einschaltet. Standardwerte für die Menü-Auswahl, beispielsweise welche Zeile Etherboot nach einem gewissen Timeout ausführt, legen Sie mit der Option 160 fest. Die Optionen 192 und folgende bestimmen die Zusammensetzung des Menüs, welches Etherboot nach dem erfolgreichen Empfang vom DHCP-Server anzeigt. Für jede Etherboot-Menü-Zeile benötigen Sie ein eigenes Feld. Mit der Option 129 können Sie Parameter zum Kernelstart übermitteln, die beispielsweise den Root-Verzeichnispfad enthalten. Alle Variablen sind vom Typ »string«.

DHCP-Option	Nummer	Datentyp	Erklärung
language	222	String	Einstellung der Standardsprache
start-x	223	String	Bestimmt das Verhalten des X Servers
start-snmp	224	String	Bestimmt, ob SNMP gestartet wird (yes|no)
start-sshd	225	String	Bestimmt, ob SSH gestartet wird (yes|no)
start-xdmcp	226	String	Bestimmt, ob und welcher Display Manager gestartet wird (yes(kdm)|kdm|gdm|xdm|no)
start-cron	227	String	Bestimmt, ob CRON gestartet wird (yes|no)
crontab-entries	228	String	Erlaubt es, *crontab*-Einträge zu generieren
start-rwhod	229	String	Bestimmt ob der RWHO-Dienst gestartet wird (yes|no)
start-printdaemon	230	String	Bestimmt, ob und welcher Druckservice aktiviert wird
tex-enable	232	String	Bestimmt, ob bestimmte Zusatzverzeichnisse für LaTeX gemountet werden
netbios-workgroup	233	String	Setzt den Arbeitsgruppennamen für Windows-Netzwerke
vmware	243	String	Bestimmt über das Laden der Kernel-Module für den Betrieb von VMware (Image_Name(yes)|yes|no)
hw-mouse	252	String	Hardwaredefinition der Maus für XF86Config und gpm
hw-graphic	253	String	Hardwaredefinition der Grafikkarte (Modul)
hw-monitor	254	String	Hardwaredefinition des Monitors (Maximalfrequenzen und Auflösung)

Tabelle 4.3 Benutzerdefinierte DHCP-Optionen zur Runlevel- und Hardwarekonfiguration

Allen genannten Optionen muss man den Identifikationsstring *option* vorangestellen, z.B. *option start-x "indirect";*. Alle hier verwendeten Bezeichner für die frei wählbaren DHCP-Optionen kann man anders benennen und zu Beginn der jeweiligen Konfigurationsdatei zuordnen. Die oben genannten Beispiele sind völlig willkürlich festgelegt und sind ein Beispiel für eine Rechnerkonfiguration mit dem Projekt Linux Net-PC. DHCP behandelt die Optionen völlig wertfrei. Wie Administratoren die selbstdefinierten Optionen in lauffähige Konfigurationen umsetzen, bleibt ihnen überlassen.

Vendor-Code-Identifier sind als feste Optionen für DHCP definiert: Man unterscheidet *vendor-class-identifier* für die Identifizierung des Clients durch den Server und *vendor-encapsulated-options* zur Identifizierung des Servers durch einen Client.

So kann der Server DHCP-Anfragen verschiedener bootender Rechner voneinander unterscheiden, so dass es gelingt, an jede Maschine in Abhängigkeit von ihren Anfragen verschiedene Werte für die gleiche Option zurückzuliefern. Dieses ist zwingend notwendig, wenn PXE und Etherboot hintereinander verkettet booten sollen, da PXE zwar die identische IP-Konfiguration erhält, aber anstelle des Kernel-Images das Etherboot-PXE-Image zur Ausführung laden soll. Das folgende Beispiel setzt bzw. überschreibt bestimmte Optionen nur, wenn es in der Anfrage des Clients eine bestimmte Zeichenfolge ausmacht. Das folgende Beispiel zeigt die Zusammenarbeit von PXE und Etherboot mit VCI:

```
# -- vendor identifier dependend settings --
class "PXEClient:" {
  match if substring (option vendor-class-identifier,0,10)="PXEClient:";
  filename "/nfsroot/dxs/boot/3c905c.pxe";
}
class "Etherboot" {
  match if substring (option vendor-class-identifier,0,9)="Etherboot";
  option o128 E4:45:74:68:00:00;
  option motdline1 = "Dieses ist ein Eintrag für die Message of the Day";
  option vendor-encapsulated-options 3c:09:53:74:75:64:69:6e:65:74:7a:ff;
}
[...]
    host dxs03 {
        hardware ethernet 00:00:B4:72:D2:4E;
        if substring (option vendor-class-identifier,0,3)="PXE"
            { filename "/nfsroot/dxs/boot/sis900.pxe"; }
        fixed-address 10.8.4.13;
    }
[...]
```

Die *class*-Statements zeigen globale Definitionen. Wie im Beispiel kann man auch hostspezifische Einstellungen festlegen.

Bei DHCP können Sie Redundanz erreichen. Hierzu setzen Sie in einem Subnetz mehrere Server für das Konfigurieren einer Gruppe von Rechnern ein. Wenn es gilt, Pools dynamischer Adressen zu verteilen, müssten die DHCP-Server ihre Lease-Dateien miteinander abgleichen oder jeweils eigene Adress-Pools verwalten. Letzteres verhindert eine optimale und effiziente Zuteilung eines Adress-Pools.

4.5.8 Komplexere DHCP-Konfigurationen

DHCP besitzt eine Art eingebauter Programmiersprache, mit der Sie auch komplexere Strukturen realisieren können. Auf diese Weise halten Sie beispielsweise mit dem *class*-Statement unterschiedliche Antworten des Servers auseinander. So können Sie, wenn sich Etherboot mit einem speziellen Vendor-String, z.B.

»EB-3c905c«, beim DHCP-Server meldet, eine ganz bestimmte Antwort absetzen:

```
class "EB-3c905c" {
  match if substring (option vendor-class-identifier, 0, 9) = "EB-3c905c";
    option menudflts  = "timeout=30:default=193";
    option motdline1  = "Welcome to Linux PC-Pool";
    option menuline1  = "Boot from Hard Drive::::/dev/hda:::";
    option menuline2  = "Boot from Network ::::/nfsroot/boot/kernel-dxs:::";
    option menuline3  = "Boot from Floppy::::/dev/fd0:::";
    option vendor-encapsulated-options 3c:09:53:74:75:64:69:6e:65:74:7a:ff;
}
```

Hier schickt der Server Konfigurationsvariablen, um mit Etherboot auf dem Client ein Auswahl-Menü aufzubauen. Eine solche Antwort macht keinen Sinn, wenn sich *dhclient* meldet. Eine Anfrage ohne den String »EB-3c905c« ignoriert die dargestellte Klasse.

Ebenso können Sie in einer *group* festlegen, welche Art von Clients Ihr Server bedient. So können Sie in einer Infrastruktur parallele DHCP-Server betreiben, wovon einer Ihre Windows-Clients und ein anderer Ihre Linux-Clients bedient.

```
if substring(option vendor-class-identifier,0,3) = "PXE" {
     allow booting; }
elsif substring(option vendor-class-identifier,0,3) = "DXS" {
     allow booting; }
elsif substring(option vendor-class-identifier,0,4) = "MSFT" {
     allow booting; }
else { ignore booting; }
```

Im Beispiel bedient der Server nur Clients, die als *vendor-class-identifier* die Strings »PXE«, »DXS« oder »MSFT« in ihrer Anfrage beinhalten.

Das Schicken dieser Variable stellen Sie beim *dhclient* in dessen Konfigurationsdatei */etc/dhclient.conf* ein:

```
...
send vendor-class-identifier "DXS";
...
```

4.6 Das Minimal-FTP (TFTP)

Das Trivial File Transfer Protocol (TFTP) dient in erster Linie zum Übertragen der zu bootenden Netzkernels oder um spezielle Programme zu einem sehr frühen Zeitpunkt des Rechnerstarts auszuführen. Hierzu zählen die Boot-Umgebungen des BP-Batch-Projekts oder die Spezial-Images des Etherboot-Pakets jeweils in Zusammenarbeit mit der PreBoot Extension (PXE).

Das TFTP startet gleich zu Beginn des Client-Bootvorgangs. Es muss neben der DHCP-Implentation auf ein EPROM mit wenig Speicherplatz passen. Deshalb ist es auf geringen Codeumfang optimiert. Es ist für den interaktiven Benutzerbetrieb einsetzbar. Trotzdem ist für Tests meistens eine Client-Applikation vorhanden. So installieren Sie mit dem RPM des *atftpd* gleichzeitig den Client *atftp* mit.

In aktuellen Linux-Distributionen stehen Ihnen mindestens zwei Implementierungen zur Verfügung. Der *in.tftpd* ist die klassische Version, der *atftpd* die aktuellere Ausgabe. Längere Zeit konnte der *in.tftpd* nicht mit PXE zusammenarbeiten. Die optimale Konfiguration in Ihrer Umgebung bekommen Sie am besten durch Tests heraus. Sie können jedoch nicht beide Dienste gleichzeitig auf einem Port betreiben. Der TFTP-Standard-Port ist UDP 69.

Da TFTP keinen Schutz durch Passwortauthentifizierung bietet, sollten Sie es mit Vorsicht aufsetzen. Hierzu zählt mindestens die Beschränkung des Hauptverzeichnisses (Root-Verzeichnis des TFTP-Servers) auf den benötigten Bereich. Viele ältere TFTP-Implementationen werden von den Internet-Super-Daemons `inetd` oder `xinetd` gestartet. In diesen Dateien müssen Sie die notwendigen Einstellungen des Dienstes, z.B. die Beschränkung auf ein bestimmtes Unterverzeichnis, vornehmen.

```
#/etc/inetd.conf
[...]
#
# Tftp service is provided primarily for booting. Most sites
# run this only on machines acting as "boot servers".
#
tftp dgram udp wait nobody /usr/sbin/tcpd in.tftpd /nfsroot/dxs/boot
#
[...]

#/etc/xinetd.conf
[...]
service tftp

    socket_type = dgram
    protocol = udp
    wait = yes
    user = nobody
    only_from = 10.8.0.0/16
    server = /usr/sbin/in.tftpd
    server_args = /nfsroot/dxs/boot

[...]
```

Die moderne TFTP-Implementation *atftpd* kann man auch im Standalone-Betrieb einsetzen. Sie arbeitet problemlos mit modernen PXE-Implementationen zusammen. Die atftpd-Parameter stellt man in den neueren Linux-Distributionen mit der Sysconfig-Datei */etc/sysconfig/atftpd* bzw. */etc/default/atftpd* ein. Hier entnimmt das Init-Skript (*/etc/init.d/atftpd*) üblicherweise die Startoptionen und führt den

Service mit diesen aus. Der erfolgreiche Start zeigt sich im System-Logfile auf diese Weise:

```
Jan 11 13:34:59 server02 tftpd[7721]: Trivial FTP server started (0.6.2)
...
Jan 11 13:36:44 server02 tftpd[7784]: Serving /nfsroot/boot/vmlinuz-diskles
to 10.239.4.170:32839
...
```

Angenommen, Ihr Kernel-Image liegt im Verzeichnis */nfsroot/boot* und trägt den Namen *vmlinuz-diskless*. Dann könnte Ihr Test auf ein funktionierendes TFTP so aussehen:

```
rechner02:~ # atftp bootserver.mydomain.local
tftp> get /nfsroot/boot/vmlinuz-diskless
tftp> quit
rechner02:~ # ls -lha vmlinuz-diskles
-rw-r--r--   1 root     root         1.4M Jan 12 17:38 vmlinuz-diskles
```

Liegt dann der Kernel in der richtigen Größe in dem Verzeichnis, aus dem Sie den TFTP-Client heraus gestartet haben, hat alles geklappt. Der Eintrag im Logfile sieht dann wie oben gezeigt aus.

4.7 X.11-Dienste

Die Basisinstallation eines Linux-Rechners muss nicht zwingend eine grafische Benutzeroberfläche (GUI) vorsehen. So benötigt ein Server, der irgendwo in einem Rackmount-System eingebaut ist und den Sie per SSH fernwarten, keine grafische Konsole.

Die meisten Endanwender erwarten hingegen mindestens eine grafische Benutzeroberfläche. Linux »an sich«, der Kernel, weiß nichts von Grafik – im Gegensatz zu weit verbreiteten anderen Betriebssystemen, bei denen die grafische Oberfläche fest in ihrem Kern integriert ist. Bei UNIX-Varianten ist das nicht so, das X Window System läuft völlig unabhängig vom Kernel; es ist sogar völlig unabhängig davon entstanden. Inzwischen gilt diese Aussage nicht mehr uneingeschränkt, da OpenGL-Funktionen die Unterstützung spezieller Hardware-Treiber brauchen. Üblicherweise erweitert XFree86 mit dem Direkt Rendering Interface (DRI) seine 2D-Funktionalität mit 3D-Eigenschaften. Der Grafikprozessor-Hersteller NVidia verfolgt eine andere Herangehensweise und setzt auf ein eigenes Kernelmodul mit proprietären Komponenten.

Linux – egal aus welcher Distribution – verwendet X Windows zum Darstellen der grafischen Benutzeroberfläche. Das XFree86-Team entwickelt die Treiber für die verschiedenen Grafikkarten. XFree86 ist eine freie Implementation des XWindow

Systems, welches auf allen UNIX-ähnlichen Betriebssystemen bis hin zu Mac OS-X läuft.[1]

Anfang der 80er-Jahre kam eine Forschergruppe am MIT (Massachusetts Institut of Technology) darauf, dass es ja ein bisschen schade ist, wenn man auf ein echtes Mehrbenutzer- und Multitasking-System nur mit einer Konsole zugreifen kann. Die nahe liegende Idee war, mehrere Anwendungen in unterschiedlichen, bewegbaren Fenstern auf dem gleichen Schirm anzuzeigen. Diese Idee aus dem akademischen X-Projekt haben inzwischen viele kommerzielle UNIX-Anbieter aufgegriffen, fortentwickelt und in ihre UNIX-Varianten integriert.

X.11 selbst entstand im Jahre 1986 als Ergebnis der beiden Vorgängerprojekte V und W am MIT. Im Laufe der Entwicklung wurden die grundlegenden Protokolle weiterentwickelt, blieben aber immer zu den älteren Versionen kompatibel. 1992 erschien die erste Version von X.11 für PCs. Das XFree86-Projekt selbst startete mit einem Referenzserver für die PC-Plattform, den Thomas Röll (heute Xi Graphics) geschrieben und dem Projekt zur Verfügung gestellt hatte.

Abbildung 4.6 X-in-X mit Xnest

Ungeachtet dessen ist es inzwischen ohne weiteres möglich, mit jedem Standard-Linux grafische Benutzeroberflächen zu nutzen. Für eine Grafikkarte benötigt man wie bei anderen Betriebssystemen einen Treiber. Diese Treiber stehen in Form so genannter »X Server« oder Hardwaretreibermodule zur Verfügung. Es

---

1 Die »86« im Namen erinnert daran, dass das Team diese Software ursprünglich für 3/4/5 86er-Prozessoren entwickelt hat. Mittlerweile ist XFree86 aber auch auf anderen Prozessor-Architekturen einsetzbar.

gibt spezielle X Server, die nicht auf einer Hardware aufsetzen, sondern als Client auf einem anderen X Server laufen können.

Das Programm *Xnest* (siehe Abbildung 4.6) realisiert diese Funktionalität. Sie können damit einfach auf derselben Oberfläche, auf der Sie gerade arbeiten, weitere Verbindungen zu anderen Applikationsservern aufnehmen.

> Bei X.11 drehen sich die Begriffe Server und Client um: Nicht der Applikationsserver ist aus Sicht von X.11 ein Server. Dieser nimmt die Dienste der Maschine, die die Anzeige übernimmt, in Anspruch. Die Maschine, die die Grafikausgabe regelt, ist also der Server, und die Maschine, die eine Ausgabe sendet, ist der Client.

Lesen Sie im folgenden Text über die Installation dieser Server und einiger damit verbundener Anwendungen.

Entsprechend der UNIX-Philosophie realisiert X.11 nicht alle Aufgaben integriert in ein einziges Programm ohne durchschaubare innere Struktur, sondern gliedert sich in einzelne Komponenten:

- **Der Server** nimmt Tastatur- und Mauseingaben entgegen und zeigt die Resultate auf dem Bildschirm an. Er stellt hierfür die passenden Gerätetreiber bereit. Die Events – so heißen die Benutzereingaben – wertet der X Server nicht selbst aus[2], sondern er leitet diese an die betreffenden X-Clients weiter. Diese reichen wiederum ihre Resultate an den X Server zurück.
- **Die X-Clients** sind praktisch alle Anwendungen (Browser, Textverarbeitung, Editor, PDF-Betrachter ...), die die grafische Oberfläche benutzen wollen. Vom X Server erhalten sie die Tastatur- und Maus-Events, die sie betreffen, und sie melden ihm zurück, was auf dem Bildschirm erscheinen soll. Dazu verwenden sie das so genannte X-Protokoll.
- **Der Window Manager** »verwaltet« die Oberfläche, z.B. das Aussehen und die Funktionalität der Fensterrahmen und -menüs für die Anzeigen der X-Clients, die Menüs auf dem Desktop sowie das Minimieren und Maximieren der Fenster.

Die Trennung von Server und Client im X-Protokoll in eine Schicht-Architektur ist ein wesentlicher Vorteil gegenüber anderen Systemen: Da das X-Protokoll auf dem Internet-Protokoll TCP/IP aufsetzt, können Clients und Server auf unterschiedlichen Rechnern laufen. In einem lokalen Netzwerk, in dem nur ein einziger

---

2 Bis auf bestimmte Ausnahmen, wie das Umschalten der Bildschirmauflösung und das »Abschießen« (das direkte Beenden ohne Umwege) des Servers

Rechner eine rechenintensive mathematische Software verkraften kann, weil alle anderen zu wenig Hauptspeicher haben, kann man sich einfach von seinem Arbeitsplatz aus dort einloggen, das Programm starten und auf dem eigenen Bildschirm die Ausgabe betrachten, ohne dass man merkt, dass das Programm auf einem ganz anderen Rechner läuft. Die einzelnen X-Clients müssen »nur« das X-Protokoll beherrschen, die Hardware kann ihnen relativ egal sein; das ist zwar heute allgemein so, aber zur Zeit der Einführung von X war diese Idee sehr fortschrittlich.

- ▶ Brauchen Systeme wie Webserver keine grafische Oberfläche, kann man diese einfach weglassen, da sie ja vom Kernel unabhängig ist; das spart Speicher- und Prozessorressourcen.

- ▶ Das grafische System kann man beliebig herauf- und herunterfahren (z.B. zu Konfigurationszwecken), ohne das System verändern oder anhalten zu müssen.

- ▶ Die Textkonsolen arbeiten unabhängig von der grafischen Oberfläche; mit <Strg> + <Alt> + <F1> kann man auf die erste Textkonsole umschalten. Das ist z.B. sinnvoll, falls man schnell etwas an der Systemkonfiguration ändern will und sich somit auf einer Konsole als Systemadministrator anmeldet. Zum X-Bildschirm kommt man in der Voreinstellung mit <Alt> + <F7> zurück.

- ▶ Man kann einen beliebigen Window Manager wählen, um das Erscheinungsbild der grafischen Oberfläche individuell zu konfigurieren.

Neben diesen schönen Eigenschaften merkt man X.11 jedoch auch sein für Software hohes Alter von gut 20 Jahren an. Für viele moderne Anwendungen wie Video- und Bildausgaben ist X.11 nicht sehr bandbreiteneffizient, und es eignet sich weniger für WAN-Verbindungen. In Kapitel 9, *Terminaldienste im WAN*, lesen Sie über Weiterentwicklungen und Möglichkeiten, X.11 über schmalbandige Leitungen zu benutzen.

- ▶ Das X-Protokoll kennt nur einfache Anweisungen wie: »Zeichne Linie von A nach B«; moderne Grafikkarten haben viele Möglichkeiten, um den Bildschirmaufbau durch die Hardware zu beschleunigen. Diese kann X aufgrund dieser »Einfachheit« nicht nutzen, und sie liegen daher brach. Solange kein neues Konzept X ablöst, wird sich daran auch nichts ändern.

- ▶ Das Programmieren von X ist durch seine Architektur recht umständlich. Mittlerweile erleichtern so genannte GUI-Toolkits, die auf X aufsetze, den Programmierern das Leben. Als »Altlast« gibt es aber viele alte Programme für X, von denen jedes eine andere Bedienphilosophie verfolgt und die zusammen einen kunterbunt aussehenden Zoo bilden. Dieses änderte sich zwar durch die Einführung von KDE und GNOME, jedoch verfolgen auch diese Desktop-Projekte durchaus eigene Strategien und Vorstellungen bei der Benutzerführung.

- X hat absolut nichts mit dem Drucksystem zu tun. Das ist zwar nicht unbedingt eine Designschwäche, hat aber zur Folge, dass es zwei paar Stiefel sind, z.B. eine Schriftart am Bildschirm anzuzeigen und sie später auszudrucken.
- X definiert lediglich ein Verfahren, um mehrere Fenster auf dem Bildschirm darzustellen. Von einer grafischen Benutzeroberfläche wird mehr verlangt. Anwender brauchen sich darum aber wenig zu kümmern, denn in Zusammenarbeit mit den modernen Desktop Environments bietet X eine Benutzeroberfläche, die wenig Wünsche offen lässt.

4.8 Display Manager

4.8.1 Der X.11 Display Manager – XDM

Das X.11-Protokoll ist netzwerktransparent. Das bedeutet, dass die Applikation nicht auf der Maschine angezeigt werden muss, auf der sie ausgeführt wird. Es ergeben sich mehrere Szenarien: Sie können einfach nur eine einzelne Applikation oder auch mehrere ausführen, indem Sie sich mit *ssh* auf einer Maschine anmelden:

```
mueller@rechner01:~ $ ssh -X -l maier server02.mydomain.local
Password:
Last login: Tue Jan 06 19:40:45 2004 from rechner02.mydomain.local
Have a lot of fun...
maier@server02:~ $ mozilla &
maier@server02:~ $
```

Mit diesem Vorgang starten Sie einfach den Webbrowser auf der entfernten Maschine und bekommen in Abhängigkeit von der Maschinen- und Netzwerkgeschwindigkeit das Browserfenster auf Ihrem Rechner angezeigt. Dabei fügt es sich nahtlos in ihren aktuellen Desktop ein. Sie bemerken beim Surfen im Netz keinen Unterschied. Dieses fällt vielleicht erst auf, wenn Sie etwas speichern wollen und dabei im Verzeichnis auf Ihrem lokalen Rechner landen.

In einer weiteren Stufe können Sie auch den gesamten Desktop über das Netz transportieren. Dann bekommen Sie nicht nur eine einzelne Applikation angezeigt, sondern alle Fenster mit dem Window Manager der entfernten Maschine. Diese Idee wurde Ihnen bereits kurz in Kapitel 2 in Abschnitt 2.5.2 zur Erläuterung der X Terminals vorgestellt.

Dabei ist es Ihnen analog zum kommandozeilenorientierten Login per SSH durchaus erlaubt, mehrere grafische Sessions von einer Maschine zu beziehen. Die Kommunikation, um dieses zu ermöglichen, regelt im Hintergrund das X.11 Display Management Control Protocol. Es handelt Zugriffe auf die Maschinen aus und benutzt hierfür UDP auf Port 177. Es gibt verschiedene Verfahren, auf einen Applikationsserver zuzugreifen:

- **query:** ermöglicht eine direkte Verbindung zu einem Server. Dieser präsentiert dem ankommenden Benutzer ein grafisches Login.
- **indirect:** baut eine Verbindung zu einem XDMCP-Server auf. Dieser baut eine Liste von Maschinen auf, die XDMCP anbieten. Das Programm, welches diese Liste anbietet, wird als Host-Chooser oder kurz Chooser bezeichnet. Diese Liste können Sie vordefinieren, oder die Maschine fragt mittels Broadcast im Netz nach. In dieser Liste wählt der Benutzer einen Server aus und erhält von diesem das Login.
- **broadcast:** fragt ins Subnetz nach Maschinen, die XDMCP anbieten, und verbindet mit dem Server, der am schnellsten antwortet. Dieser präsentiert nach zustande gekommener Verbindung sein Login.

Das alles regelt der XDM. XDM meint erst einmal allgemein den X.11 Display Manager. Dieser sorgt dafür, dass auf eine der eben beschriebenen Weisen ein grafischer Login erfolgen kann.

Grundsätzlich gibt es zwei Möglichkeiten der Konfiguration. Zum einen kann der X.11-Server (also unser Client) beim X.11-Client (dem Applikationsserver) anfragen und ihn bitten, einen grafischen Login zur Verfügung zu stellen (Pull). Zum anderen kann der XDM-Daemon auf dem Hardware-Server dem X.11-Server (Client) beim Netzzugriff ein Login zuteilen (Push). Die letzte Variante ist bei Linux X Terminals, Linux PCs im X.11-Remote-Betrieb oder Net-PCs das gängige Verfahren.

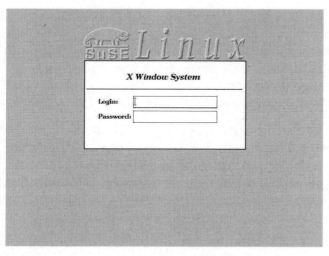

Abbildung 4.7 Das Login des traditionellen Display Managers

Das erste Konfigurationsbeispiel erfolgt am Urahn der Display Manager. Das Kommando *xdm* ist deshalb auch gleichnamig zu X.11 Display Manager, da es lange Zeit das einzige war, welches XDMCP sprach.

Hierzu müssen Sie auf dem Applikationsserver einige Konfigurationsdateien des *xdm* anpassen. Ein Teil dieser Dateien kann auch von den anderen beiden später vorgestellten Display Managern genutzt werden. Unterhalb des Verzeichnisses */etc/X11/xdm* auf dem Applikationsserver finden Sie die benötigten Dateien. In den meisten Fällen müssen Sie die folgenden Dateien anpassen: *xdm-config*, *Xaccess* und *Xservers*.

Die *xdm-config* ist die zentrale Datei. In ihr sind alle Verweise auf die restlichen Dateien wie PID-, Log-, Session- oder Access-Dateien vermerkt. Die meisten Einstellungen können Sie ohne Probleme übernehmen.

```
!
! xdm-config:    Konfiguration des xdm
!
Display Manager.errorLogFile:     /var/log/xdm.errors
Display Manager.pidFile:          /var/run/xdm.pid
Display Manager.authDir:          /var/lib/xdm
Display Manager.keyFile:          /etc/X11/xdm/xdm-keys
Display Manager.servers:          /etc/X11/xdm/Xservers
Display Manager.accessFile:       /etc/X11/xdm/Xaccess
Display Manager.willing:          su nobody -c /etc/X11/xdm/Xwilling
!
Display Manager.*.authName:       MIT-MAGIC-COOKIE-1
Display Manager.*.authComplain:   false
!
Display Manager.*.setup:          /etc/X11/xdm/Xsetup
Display Manager.*.chooser:        /etc/X11/xdm/RunChooser
Display Manager.*.startup:        /etc/X11/xdm/Xstartup
Display Manager.*.session:        /etc/X11/xdm/Xsession
Display Manager.*.reset:          /etc/X11/xdm/Xreset
!
Display Manager._0.terminateServer:    true
!
Display Manager*resources:        /etc/X11/xdm/Xresources
Display Manager.*.terminateServer:     false
!
! SECURITY: do not listen for XDMCP or Chooser requests
! Comment out this line if you want to manage X terminals with xdm
!
Display Manager.requestPort:      0
```

Die Dateien *Xservers* und *Xaccess* werden gleich erläutert. *Xwilling* ist ein kleines Skript welches für die Formatierung der Anzeige im Chooser verantwortlich ist. Es listet üblicherweise die Last der Maschine und die Zahl der bereits angemeldeten Benutzer auf. Die beiden folgenden Zeilen kümmern sich um die Authentifizierung zwischen Server und Client.

Der darauf folgende Block von Dateien steuert das Verhalten einer grafischen Sitzung in verschiedenen Stadien:

- **Xsetup:** kümmert sich um das Aussehen des Desktops, wenn das grafische Login präsentiert wird. Es kann den Hintergrund setzen oder ein Fester für das Auflisten von Fehlermeldungen der *xconsole* öffnen.
- **RunChooser:** wird nur bei einer indirekten Sitzung angesprochen und startet den Host-Chooser.
- **Xstartup:** wird vor der eigentlichen X.11-Session ausgeführt, setzt eine Reihe von Umgebungsvariablen und überprüft, ob eventuell der Systemadministrator versucht, sich remote einzuloggen. Dieses wird aus Sicherheitsgründen unterbunden.
- **Xsession:** steuert die eigentliche X.11-Sitzung und startet die grafische Oberfläche (wie KDE und Gnome) oder einfach nur einen Window Manager (wie icewm).
- **Xreset:** führt der Display Manager beim Abmelden von der grafischen Oberfläche aus.

Das Statement »terminateServer« beendet den X Server. Dies ist sinnvoll, wenn der X Server viel Speicher verbraucht und diesen nicht wieder freigibt. Dieses gilt nur für Verbindungen auf den ersten X Server, der üblicherweise lokal läuft.

Der Eintrag am Dateiende ist ein Sicherheitsfeature, das sämtliche Verbindungen zum XDM unterbinden soll. Diese Voreinstellung finden Sie bei den meisten Distributionen. Dieses Feature sollte man einfach mit einem Ausrufezeichen auskommentieren.

In der Datei *Xaccess* legen Sie fest, welche Maschinen Zugriff auf den X-Client (Applikationsserver) erhalten dürfen:

```
[ ... ]
# alle Anfrager bekommen ein Login angeboten
*
# für den Chooser wird im Subnetz herumgefragt, wer ein
# grafisches Login anbietet
* CHOOSER BROADCAST
# jeder indirekte Anfrager erhält einen Chooser oder alternativ
# eine definierte Liste von Maschinen angezeigt
*                    CHOOSER
```

Das zweite Statement regelt das Verhalten des Display Managers bei indirekten Anfragen. Er kann entweder durch einen Broadcast ermitteln, welche Maschinen ein grafisches Login erlauben oder auf eine von Ihnen zusammengestellt Hostliste zugreifen.

Unter Xservers tragen Sie die Systeme ein, die einen Login-Prompt erhalten sollen. Dies ist meist nur die lokale Maschine selbst. Das ist der Standard bei einer klassischen Linux Workstation oder einem Linux Net-PC. Setzen Sie den X Display Manager im Push-Verfahren ein, tragen Sie zusätzlich alle Maschinen ein, die ein Login dieser Maschine angeboten bekommen sollen.

```
:0 local /usr/X11R6/bin/X
10.239.1.2:0 foreign
10.239.1.3:0 foreign
...
10.239.1.30:0 foreign
```

Tipp: Wenn Sie die Konfigurationsdateien eines Display Managers ändern, werden diese normalerweise sofort nach einem Neustart wirksam. Wenn Sie lediglich die Dateien in einer Textkonsole modifizieren, ändert sich das Aussehen oder das Verhalten eines Display Managers ändert sich nicht sofort. Neu eingestellte Optionen wirken erst, wenn Sie den Display Manager neu starten. Wenn der Display Manager den X Server steuert, was beispielsweise in der Datei *Xservers* definiert wird, startet dieser ebenfalls neu. Der Neustart des Display Managers beendet alle laufenden grafischen Sitzungen auch an entfernten Rechnern.

Jetzt können Sie dies ausprobieren: Als Nutzer können Sie beispielsweise `Xnest :1 -broadcast` aufrufen. Dieses öffnet ein Fenster auf Ihrem Desktop und bietet ein grafisches Login an, wenn dazu wie oben erläutert mindestens eine Maschine konfiguriert ist. Als Benutzer »root« können Sie einen weiteren X Server mit `X :1 -query maschine.mydomain.local` starten. Dieser Befehl startet eine weitere grafische Konsole und zeigt auf ihr ein Login an. Um Chooser zu sehen, rufen Sie `X :1 -indirect maschine.mydomain.local` auf. Wenn der klassische *xdm* läuft, müßte der Bildschirm der folgenden Abbildung ähneln:

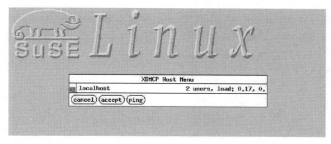

Abbildung 4.8 Eine indirekte XDMCP-Anfrage startet den Host-Chooser.

Im Chooser können sie durch Doppelklicken oder Anklicken plus »Accept« ein grafisches Login von der gewählten Maschine holen. Im Chooser sehen Sie ebenfalls die Wirkung von »Xwilling« – die Anzeige der Zahl eingeloggter Benutzer und die aktuelle Last auf der Maschine.

4.8.2 KDM – die Reinkarnation in KDE

Wie die Abbildung 4.8 des XDM-Login zeigt, ist der klassische *xdm* recht schlicht. Benutzer haben keine Möglichkeit, eine bestimmte Art der Session, beispielsweise KDE oder Gnome, auszuwählen. Deshalb haben die Entwickler der beiden genannten grafischen Linux-Desktops ihren Paketen eine Neuimplementierung des Display Managers beigefügt.

Der K Display Manager *kdm* übernimmt diese Rolle bei KDE. Jedoch sind Display Manager protokollkompatibel und damit austauschbar. Sie können natürlich von einem KDM-Login aus eine Gnome-Session starten oder sich von einer Maschine aus, auf der kein KDE installiert ist, mit einem Rechner mit installiertem KDE und *kdm* remote verbinden.

Wenn *kdm* startet, liest es seine Einstellungen aus der Datei *kdmrc*. Diese Konfigurationsdatei kann sich an verschiedenen Stellen im System befinden. Ihr Speicherort hängt von der Distribution ab. So speichern die aktuellen SuSE-Versionen ihre *kdmrc* unterhalb des Verzeichnisses */etc/opt/kde3/share/config/kdm/kdmrc*. Sonst findet sie sich auch unter */etc/opt/kde(2,3)/share/config/kdm/kdmrc*. Sie können *kdm* einrichten, indem Sie diese Datei anpassen. Oder Sie starten das KDE-Kontrollzentrum. Beides können Sie jedoch nur mit »root«-Rechten unternehmen.

Die Datei *kdmrc* ist in Abschnitte unterteilt. Diese steuern unterschiedliche Aspekte des Display Managers. Nach einem generellen Block, der Informationen enthält, die Sie schon von *xdm-config* kennen, folgt ein Abschnitt zu XDMCP. Dann kommt ein Block zum Shutdown. Das Herunterfahren der Maschine kann im Gegensatz zum klassischen XDM vom lokalen Display Manager angestoßen werden. Im [Core]-Block werden die Session-Skripten definiert, und der [Greeter]-Abschnitt kümmert sich um das Aussehen des grafischen Logins.

```
[General]
ConfigVersion=2.0
Xservers=/etc/X11/xdm/Xservers
PidFile=/var/run/kdm.pid
AuthDir=/var/lib/xdm/authdir/authfiles/
[Xdmcp]
Enable=true
Xaccess=/etc/X11/xdm/Xaccess
Willing=/etc/X11/xdm/Xwilling
[Shutdown]
```

```
HaltCmd=/sbin/halt
RebootCmd=/sbin/reboot
[X-*-Core]
TerminateServer=true
Resources=/etc/X11/xdm/Xresources
Setup=/etc/X11/xdm/Xsetup
Startup=/etc/X11/xdm/Xstartup
Reset=/etc/X11/xdm/Xreset
Session=/etc/X11/xdm/Xsession
AutoReLogin=false
AllowRootLogin=true
AllowNullPasswd=true
AllowShutdown=All
[X-*-Greeter]
ShowUsers=None
SessionTypes=kde,gnome,icewm,winXPpro,winXP-stat,winXP-power,failsafe
GUIStyle=Keramik
LogoArea=Clock
LogoPixmap=
GreetString=Diskless Linux (%h)
GreetFont=Nimbus Sans 1,20,-1,5,48,0,0,0,0,0
StdFont=Nimbus Sans 1,14,-1,5,48,0,0,0,0,0
FailFont=Nimbus Sans 1,14,-1,5,74,0,0,0,0,0
AntiAliasing=true
Language=de-latin1-nodeadkeys
EchoMode=OneStar
ShowLog=false
```

Es gibt zwei Wege, den KDM an eigene Wünsche und Vorstellungen anzupassen. Der eine mögliche Weg führt über das Kontrollzentrum. Dort konfigurieren Sie das Erscheinungsbild, die verwendeten Schriftarten, den angezeigten Hintergrund, die dargestellten Benutzer und die zu startenden Sitzungen. Leider können Sie nicht alle Optionen auf diesem Weg einstellen.

Der andere Weg ist das direkte Bearbeiten der Datei im Editor Ihrer Wahl. Im Abschnitt [General] legt die *ConfigVersion=2.0* das Format der Konfigurationsdatei fest. *Xservers* bestimmt die Position der Datei *Xservers* im Dateisystem. Diese Datei übernehmen Sie am besten direkt vom XDM. Sie können ein *PidFile* festlegen und die Lage des *AuthDir* festlegen. Wenn Sie im Abschnitt [Xdmcp] dieses mit *Enable=true* einschalten, definieren die folgenden beiden Variablen die Lage der bereits vom XDM bekannten Dateien *Xaccess* und *Xwilling*. Wie für andere Dateien auch verwenden Sie am besten die Vorgaben des XDM. Der KDM erlaubt das Herunterfahren oder Neustarten der Maschine aus dem Login-Fenster heraus. Damit dies funktioniert, konfigurieren Sie den Abschnitt [Shutdown].

[X-*-Core] enthält viele bereits vom XDM bekannte Parameter. Die ersten sechs Einträge haben ihre direkten Pendants in der *xdm-config*. Am Ende des Blocks kommen *AutoReLogin*, *AllowRootLogin*, *AllowNullPasswd* und *AllowShutdown* hinzu. Diese stellen ein, ob ein automatisches Relogin nach einem Session-Crash erfolgen soll, ob »root« sich grafisch einloggen darf und ob leere Passwörter erlaubt sind. Die letzte Option kennt mehrere Zustände:

▶ **None**: KDM zeigt keinen Shutdown-Knopf im Login-Fenster an

▶ **Root**: Das »root«-Passwort muss eingegeben werden, damit ein Shutdown durchgeführt werden kann.

▶ **All**: Jeder kann einen Shutdown der Maschine auslösen. Dies ist die Voreinstellung.

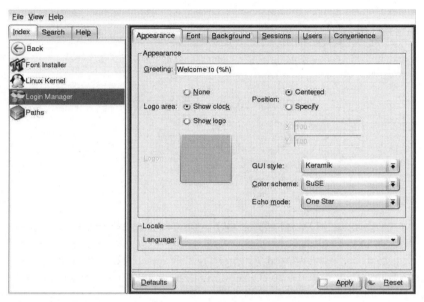

Abbildung 4.9 Setup-Tool des KDM im KDE-Kontrollzentrum

Der nächste Abschnitt, [X-*-Greeter] bestimmt das Aussehen des Login-Fensters für alle Displays. Wenn Sie statt des Sterns * beispielsweise :1 eintragen, legen Sie eine spezielle Konfiguration nur für das zweite X-Display an.

Sie haben in diesem Abschnitt die Möglichkeit, die Anzeige von Benutzer-Icons festzulegen. Dies steuert KDM durch die Variable *ShowUsers*. Sie kennt die Zustände *NotHidden*, *Selected* und *None*. *NotHidden* zeigt alle Benutzer an, die nicht explizit mit *HiddenUsers* unterdrückt werden. *Selected* funktioniert invers, d.h., es zeigt alle Nutzer in der kommaseparierten Liste der Variable *SelectedUsers* an. Zusätzlich gibt es noch eine weitere Variante. Mit der Option *MinShowUID* und *MaxShowUID* legen Sie ein Spektrum anzuzeigender Benutzer fest. So ist es nicht mehr erforderlich, gezielt einzelne Benutzer zur Anzeige freizugeben oder von der Anzeige auszuschließen. Eine Ausnahme ist dabei »root« mit der numerischen

User ID *0*. Er wird standardmäßig angezeigt, so dass Sie ihn nicht explizit zulassen müssen.

Die weitere Listen-Variable *SessionTypes* nimmt die Liste aller zur Verfügung stehenden grafischen Oberflächen bzw. Window Manager auf. Die dort angegebenen kommaseparierten Strings werden an *Xsession* weitergegeben. Dieses wertet sie aus und startet danach ein entsprechendes Skript. Oder es nimmt einfach den String als ausführbares Programm an. Dann sind *kde*, *gnome* oder *windowmaker* Skripten in einem Verzeichnis ausführbarer Dateien, die die jeweilige grafische Oberfläche starten.

Mit *GUIStyle* legen Sie das generelle Aussehen Ihres KDM-Login-Fensters fest. Sie können in diesem Ihr Logo mit *LogoArea=Logo* und einem Bild in *LogoPixmap=IhrLogo.png* darstellen lassen. Ebenfalls können Sie die Begrüßung *GreetString* anpassen. In den weiteren Zeilen definieren Sie die Fonts des Login-Fensters und die Sprache, in der die Angaben im Fenster dargestellt werden. Der *EchoMode* definiert, wie die Passworteingabe aussieht. Im Beispiel wird für jedes getippte Zeichen ein Stern ausgegeben. Die letzte Variable legt fest, ob unterhalb des Login-Fensters eine Log-Konsole mit den aktuellen Syslog-Meldungen angezeigt wird oder nicht.

4.8.3 Der Display Manager des Gnome-Projekts – GDM

Eine weitere Alternative zum *xdm* bietet sich mit dem Gnome Display Manager *gdm*. Setzen Sie diesen ein, finden Sie die Konfigurationsdateien bei der SuSE-Distribution unterhalb des Verzeichnisses */etc/opt/gnome/gdm*. Die wichtigste von ihnen ist *gdm.conf*.

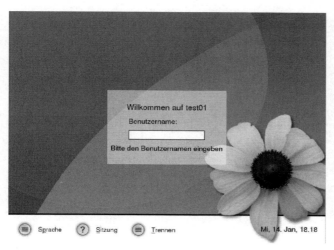

Abbildung 4.10 Das Login-Fenster des GDM

```
 1 [daemon]
 2 AutomaticLoginEnable=false
 3 AutomaticLogin=
 4 TimedLoginEnable=false
 5 TimedLogin=
 6 TimedLoginDelay=30
 7 LocalNoPasswordUsers=
 8 AlwaysRestartServer=false
 9 User=gdm
10 Group=shadow
11 Chooser=/opt/gnome/bin/gdmchooser
12 Greeter=/opt/gnome/bin/gdmgreeter
13 RemoteGreeter=/opt/gnome/bin/gdmgreeter
14 KillInitClients=true
15 LogDir=/var/lib/gdm
16 RebootCommand=/sbin/shutdown -r now
17 HaltCommand=/sbin/shutdown -h now
18 SuspendCommand=echo S1 > /proc/acpi/sleep;/usr/bin/apm --suspend
19 ServAuthDir=/var/lib/gdm
20 SessionDir=/etc/opt/gnome/gdm/Sessions/
21 PostSessionScriptDir=/etc/opt/gnome/gdm/PostSession/
22 PreSessionScriptDir=/etc/opt/gnome/gdm/PreSession/
23 UserAuthFBDir=/tmp
24 UserAuthFile=.Xauthority
25 [security]
26 AllowRoot=false
27 AllowRemoteRoot=false
28 UserMaxFile=65536
29 SessionMaxFile=524388
30 [xdmcp]
31 Enable=true
32 HonorIndirect=true
33 MaxPending=4
34 MaxPendingIndirect=4
35 MaxSessions=10
36 MaxWait=15
37 MaxWaitIndirect=15
38 DisplaysPerHost=2
39 Port=177
40 Willing=/etc/X11/xdm/Xwilling
41 [chooser]
42 Broadcast=false
43 Hosts=
44 [gui]
45 MaxIconWidth=128
46 MaxIconWidth=128
47 [greeter]
48 TitleBar=true
49 Browser=true
50 Exclude=bin,daemon,lp,sync,uucp,gdm
51 MinimalUID=500
52 Quiver=true
53 SystemMenu=true
54 Welcome=Welcome to %n
```

```
55 ConfigAvailable=false
56 SetPosition=false
57 PositionX=0
58 PositionY=0
59 [debug]
60 Enable=false
61 [servers]
62 0=Standard
63 [server-Standard]
64 name=Standard server
65 command=/usr/X11R6/bin/X
66 flexible=true
67 handled=true
```

Auch bei Gnome können Systemadministratoren die Datei mit dem grafischen Werkzeug des Gnome-Desktop einstellen. Das Programm *gdmsetup* bietet Ihnen eine Reihe von Registerkarten an, die weitgehend den einzelnen Abschnitten der Konfigurationsdatei entsprechen. Die Bezeichnung ist nicht immer gleich: So entspricht der Registerkarte *General* in der Konfiguration der Abschnitt [daemon].

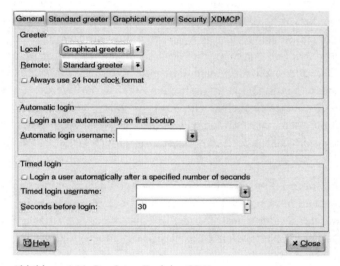

Abbildung 4.11 Das Setup-Tool des GDM

Jedoch können Sie nicht alle Optionen setzen, [debug] fehlt beispielsweise im grafischen Konfigurator. Deshalb geht die folgende Beschreibung davon aus, dass Sie die Datei mit einem Texteditor geöffnet haben. Der *gdm* bietet Ihnen nochmals mehr Möglichkeiten zur Konfiguration als *kdm* und *xdm*. Die Konfigurationsdatei fällt entsprechend umfangreich aus.

Der erste Abschnitt ([daemon]) beschäftigt sich mit den Einstellungen des Daemons selbst. Sie können einen Benutzer festlegen, den GDM automatisch einloggt. Dies ist für den Einzelarbeitsplatz eines Benutzers ganz praktisch, bei dem es keine besonderen Sicherheitsbedenken gibt. *TimedLogin* kann man für Kiosksysteme verwenden. Es kann eine Liste von Nutzern enthalten, die am lokalen Schirm automatisch eingeloggt werden. *LocalNoPasswordUsers* nimmt eine Liste von Benutzern, niemals jedoch »root« auf, die sich ohne Passwort anmelden können.

Aus Sicherheitsgründen lassen Sie GDM nicht unter »root« laufen, sondern verpassen ihm eine eigene User ID und Gruppe. Diese müssen in der *passwd* und *groups* eingetragen sein, da sich GDM sonst weigert zu starten. Im nächsten Schritt geben Sie die Lage der Programme für den Login-Schirm und den Host-Chooser an. Der lokale Login-Schirm kann durchaus farbenfreudiger und komplexer ausfallen, da er nicht über das Netz übertragen wird. Um Bandbreite zu sparen, können Sie mit *RemoteGreeter* eine Alternative mit weniger Bandbreitenhunger angeben. Es folgen der Pfad zum Logfile und zu den Programmen für den Reboot und den Shutdown der Maschine vom GDM aus. Das macht für den lokalen Login-Schirm Sinn, da so normale User ohne Admin-Rechte die Maschine sauber ausschalten können. *Suspend* ist ebenfalls möglich, falls die Maschine es unterstützt. Zum Schluss folgen noch Verzeichnisangaben für die X.11-Serverauthentifizierung und Sessions. Sie können Verzeichnisse angeben, die Skripts enthalten, die vor dem Starten *PreSessionScriptDir* oder nach dem Beenden einer Sitzung *PostSessionScriptDir* ausgeführt werden. Die verfügbaren grafischen Oberflächen werden im Verzeichnis der Variablen *SessionDir* festgelegt. Hier muss für jede Oberfläche eine ausführbare Datei vorhanden sein. Diese Dateien ähneln Shellskripts, vergleichbar mit der *Xsession*. Die *Xsession* fasst jedoch alle Skripten in einem gemeinsamen Skript zusammen.

Im Abschnitt [security] geben Sie an, ob sich »root« an der lokalen grafischen Konsole und über das Netz anmelden darf. Sie können angeben, wie groß die maximale Dateigröße ist, die der Daemon liest. Dies soll Denial-of-Service-Attacken erschweren. Das gilt ebenso für die Session-Datei. Diese ist jedoch unkritischer, da sie nicht im Speicher gehalten wird.

Der nächste Abschnitt beschäftigt sich mit den Einstellungen zum XDMCP und ist deshalb gleichlautend benannt. Die erste Variable entscheidet darüber, ob alle weiteren Einstellungen wirksam werden. Mit *enable* erlauben Sie dem GDM, Remote Displays zu verwalten. Dann können Sie einstellen, ob indirekte Anfragen mit einem Host-Chooser oder gleich mit einem grafischen Login bedient werden. *MaxPending* stellt die Zahl der insgesamt zu einem Zeitpunkt gleichzeitig gemanagten lokalen und netzwerkweiten grafischen Logins ein. *MaxSessions* definiert, wie viele X.11-Sessions maximal erlaubt sind. Diese Features kennt nur der GDM. Im Bereich [chooser] stellen Sie ein, wie die Host-Liste zustande kommt: entweder durch Broadcast oder als vordefinierte Liste. Dieses kennen Sie bereits von der Datei *Xaccess*.

Abbildung 4.12 Der Host-Chooser des GDM

[gui] beschäftigt sich mit dem Aussehen des Login-Fensters. Hier können Sie ebenfalls definieren, bis zu welcher Größe Icons angezeigt werden dürfen.

Soll der GDM analog zum KDM auch die Benutzer des Systems anzeigen, müssen Sie im Abschnitt [greeter] die Variable Browser auf true setzen. Die Konfiguration von Exclude bestimmt, welche Benutzer GDM in diesem Fall tatsächlich anzeigt. Nach dem Gleichheitszeichen steht hier die Liste der Benutzer, die nicht angezeigt werden sollen. Alternativ geben Sie die minimale numerische User ID an, ab der das grafische Login Benutzer angezeigt. Weiterhin legen Sie mit *SystemMenu* fest, ob ein Menü ausgegeben werden soll, mit dessen Hilfe der Rechner herunter fahren oder neu gestartet werden kann. Wie beim KDM können Sie mit *Welcome* die Begrüßungsmeldung im Loginfenster ändern. In der anschließenden Zeile können Sie bestimmen, ob der GDM die Lage des Login-Fensters festlegt (false) oder ob Sie die Lage mit den folgenden zwei Parametern bestimmen wollen.

Die letzten beiden Abschnitte bestimmen, welche X.11-Server GDM steuern soll. Der Standardserver ist für das lokale Display zuständig.

Mit diesen Erläuterungen wurden nur die wichtigen Aspekte der GDM-Konfiguration abgedeckt. Dieser Dienst erlaubt Ihnen weiteres Fein-Tuning. Hierzu sollten

Sie sich die Default-Konfigurationsdatei ansehen. Sie enthält etliche Kommentare zu jeder einstellbaren Variable.

4.8.4 Tipps zur Fehleranalyse

Falls Sie nach dem Start des X Servers nur einen grauen Bildschirm mit einem Kreuz als Mauscursor sehen, sollten Sie die folgenden Punkte bei der Konfiguration des Display Managers noch einmal überprüfen:

1. **Ist der Display Manager gestartet?**

   Prüfen Sie mit dem Kommando `netstat`, ob ein Display Manager gestartet ist. Rufen Sie dazu

   ```
   bs-1:/root # netstat -pla | grep xdmcp
   ```

   auf. Auf dem Bildschirm sollte nun in etwa Folgendes erscheinen:

   ```
   udp 0 0 *:xdmcp *.* 3391/kdm
   ```

   Dies zeigt Ihnen, dass der KDE-Display Manager *kdm* mit einer Prozess-ID von *3391* läuft und auf dem XDMCP-Port auf Anfragen wartet. Sollte kein Display Manager laufen, so können Sie diesen unter Debian zum Beispiel mit

   ```
   bs-1:/root # /etc/init.d/kdm start
   ```

   starten.

   > Bei der Debian-Distribution können Sie den Display Manager wechseln, indem Sie `bs-1:/root # dpkg-reconfigure xdm` aufrufen. Es erscheint ein Dialog, in dem Sie den Standard Display Manager auswählen können.

2. **Ist der Zugriff in *Xaccess* erlaubt?**

   Die Datei *Xaccess* regelt, welchen Clients es erlaubt ist, sich mit dem Display Manager zu verbinden. Das X-Protokoll unterscheidet drei Verfahren, wie sich ein X Server an einen Display Manager wenden kann:

   - **Direkte Anfrage:** Der Client sendet eine direkte Anfrage an einen Display Manager und bekommt genau von diesem eine Zusage (*Willing*) bzw. Ablehnung (*Unwilling*).

   - **Indirekte Anfrage:** Der Client sendet eine indirekte Anfrage an einen primären Display Manager, der diese Anfrage an ihm bekannte weitere Display Manager weiterleitet. Diese sekundären Display Manager senden dann eine Zusage (*Willing*) an den Client, wenn sie dem Client einen Login anbieten wollen. Die Verbindung wird mit dem zuerst anwortenden Display Manager aufgebaut.

- **Broadcast-Anfrage:** Eine Broadcast Anfrage ist der direkten Anfrage recht ähnlich, allerdings mit dem Unterschied, dass die Anfrage vom Client nicht an einen bestimmten Display Manager, sondern an alle Rechner im lokalen Netzwerk (*Subnetz*) geschickt wird. Wie auch bei der indirekten Anfrage kann es passieren, dass der Client Zusagen von mehreren Display Managern erhält. Die Verbindung wird auch hier mit dem zuerst anwortenden Display Manager aufgebaut.

Die folgenden Ausführungen beschränken sich auf die direkten bzw. auf Broadcast-Anfragen. Der Client schickt bei seiner Anfrage an den Display Manager seinen Rechnernamen, z.B. *ws-020*, mit. In der Datei *Xaccess* stehen Rechnernamen oder Muster (*Pattern*), die mit dem Rechnernamen des Clients verglichen werden. Gibt es eine Übereinstimmung, so erlaubt der Display Manager dem Client, eine Verbindung zu ihm aufzubauen.

Die Muster unterscheiden sich von den Rechnernamen durch die darin vorkommenden Sonderzeichen (»*« stimmt mit jeder beliebigen Folge von 0 oder mehr Zeichen überein, während »?« ein Platzhalter für ein beliebiges einzelnes Zeichen ist). Beginnt ein Muster oder ein Rechnername mit einem »!«, so werden alle übereinstimmenden Rechnernamen ausgeschlossen.

Beispiel: Im folgenden Listing sehen Sie ein Beispiel einer *Xaccess*-Datei.

Listing 4.16 Beispiel einer *Xaccess*-Datei

```
!ws-001.ltsp.local    # verbiete Login fuer ws-001
*.ltsp.local          # erlaube Login fuer alle Clients in ltsp.local
```

In der ersten Zeile wird dem Thin Client *ws-001* ein Login untersagt. Allen anderen Rechnern der Domäne *ltsp.local* hingegegen wird ein Login erlaubt.

Häufig werden Sie in der Datei *Xaccess* in der ersten Zeile lediglich ein »*« antreffen, welches allen Rechnern einen Login erlaubt.

3. **Reagiert der Display Manager auf XDMCP-Anfragen?**

   Damit sich nicht jemand von einem entfernten Rechner auf einem Linux-System anmelden kann, wird in der Regel der lokale Display Manager von den Distributionsherstellern so vorkonfiguriert, dass dieser nicht auf XDMCP-Anfragen aus dem Netzwerk reagiert. Bei einem Anwendungsserver ist dies jedoch eine wünschenswerte Eigenschaft. Überprüfen Sie also, ob diese Einstellung für den jeweiligen Display Manager entsprechend vorgenommen wurde:

   - **xdm:** Bei der Debian-Distribution ist häufig *Display Manager.requestPort* in der Datei *xdm-config* auf 0 gesetzt, um XDMCP-Anfragen zu ignorieren (siehe Listing 4.17).

Listing 4.17 Auszug aus der Datei *xdm-config*

```
(...)
! SECURITY: do not listen for XDMCP or Chooser requests
! Comment out this line if you want to manage X terminals
! with xdm
Display Manager.requestPort:     0
(...)
```

Entfernen Sie gegebenenfalls diese Zeile aus der Konfigurationsdatei.

▶ **kdm:** In der Datei *kdmrc*, die bei der Debian-Distribution unter */etc/kde3/kdm* zu finden ist, müssen Sie in der Sektion *[Xdmcp]* die Option *Enable* auf *true* setzen (siehe Listing ??(GP)??).

Listing 4.18 Auszug aus der Datei *kdmrc*

```
(...)
[Xdmcp]
Enable=true
Willing=/etc/kde3/kdm/Xwilling
Xaccess=/etc/kde3/kdm/Xaccess
(...)
```

▶ **gdm:** In der Datei */etc/gdm/gdm.conf* müssen Sie in der Sektion *xdmcp*, die Option *Enable* auf *true* setzen (siehe Listing 4.19).

Listing 4.19 Auszug aus der *kdmrc*

```
(...)
[xdmcp]
Enable=true
HonorIndirect=true
(...)
```

4.9 X.11 Font Server

Die Netzwerktransparenz des X.11-Protokolls bringt weitere Vorteile mit sich. In Umgebungen mit vielen verteilten Arbeitsplätzen ist die Verfügbarkeit von Font-Sets häufig ein Problem. Auf einer Maschine sind mehr oder andere Fonts installiert als auf einer anderen. Das Ergebnis sind unterschiedliche Dokumente und Vorlagen. Im Unterschied zu herkömmlichen Windows-Systemen können Sie die Verfügbarkeit von Fonts zentral sicherstellen.

Ein Font-Server macht in heterogenen X.11-Umgebungen aus Diskless Clients, Workstations und anderen UNIX-Maschinen Sinn. Betreiben Sie hingegen ein einheitliches System aus Net-PCs oder LTSP-Clients, so kommen Sie mit einer

Lösung aus, die alle Fonts im Dateisystem zur Verfügung stellt. Da der Bootserver ein einziges Dateisystem für alle Clients zur Verfügung stellt, genügt eine zentrale Installation aller benötigten Fonts. Dann brauchen Sie hier nicht weiterlesen.

X.11 kennt zwei Wege, um Fonts für lokal angezeigte Fenster bereitzustellen. Zum einen kann es sich aus dem Dateisystem bedienen. Die Pfade zu den Fonts werden in der Files-Sektion der *XF86Config* eingetragen.

```
Section "Files"
    FontPath      "/usr/X11R6/lib/X11/fonts/misc:unscaled"
    FontPath      "/usr/X11R6/lib/X11/fonts/local"
    FontPath      "/usr/X11R6/lib/X11/fonts/75dpi:unscaled"
    FontPath      "/usr/X11R6/lib/X11/fonts/100dpi:unscaled"
    FontPath      "/usr/X11R6/lib/X11/fonts/Type1"
    FontPath      "/usr/X11R6/lib/X11/fonts/URW"
    FontPath      "/usr/X11R6/lib/X11/fonts/Speedo"
    FontPath      "/usr/X11R6/lib/X11/fonts/PEX"
    FontPath      "/usr/X11R6/lib/X11/fonts/cyrillic"
    FontPath      "/usr/X11R6/lib/X11/fonts/latin2/misc:unscaled"
    FontPath      "/usr/X11R6/lib/X11/fonts/latin2/75dpi:unscaled"
    FontPath      "/usr/X11R6/lib/X11/fonts/latin2/100dpi:unscaled"
    FontPath      "/usr/X11R6/lib/X11/fonts/latin2/Type1"
    FontPath      "/usr/X11R6/lib/X11/fonts/latin7/75dpi:unscaled"
    FontPath      "/usr/X11R6/lib/X11/fonts/baekmuk:unscaled"
    FontPath      "/usr/X11R6/lib/X11/fonts/japanese:unscaled"
    FontPath      "/usr/X11R6/lib/X11/fonts/kwintv"
    FontPath      "/usr/X11R6/lib/X11/fonts/truetype"
    FontPath      "/usr/X11R6/lib/X11/fonts/uni:unscaled"
    FontPath      "/usr/X11R6/lib/X11/fonts/CID"
    ...
```

Zum anderen kann es einen Font-Server verwenden, der seine Dienste über das Netz anbietet. Für diese Aufgabe steht *xfs* zur Verfügung. Dieser X Font Server stellt dem XFree86 Server und den entsprechenden X- Client-Anwendungen geeignete Fonts zur Verfügung. Der Einsatz von XFS bietet verschiedene Vorteile:

▶ Man kann Fonts auf einem Rechner ablegen, der als vernetzter Font-Server dient. Die Fonts können von allen X Servern des Netzwerks gemeinsam genutzt werden. Ein gemeinsames Font-Set an einer einzigen Stelle steht damit allen Benutzern zur Verfügung. Sie vermeiden auf diese Weise, dass Anzeigen in gleichen Applikationen aufgrund fehlender Fonts unterschiedlich ausfallen. Alle Dokumente im Netz sehen auf diese Weise identisch aus.

▶ Für Administratoren ist es einfacher, Fonts im XFS hinzuzufügen und zu entfernen sowie den Font-Pfad zu bearbeiten. Beim Font-Pfad handelt es sich um eine Reihe von Pfaden im Dateisystem, in dem Font-Dateien gespeichert sind. XFS hält den Font-Pfad außerhalb der XFree86- Konfigurationsdateien der einzelnen Maschinen. Dieses erleichtert das Bearbeiten.

Der Dienst XFS unterstützt mehrere Font-Typen. XFS kann mit TrueType-, Type1- und Bitmap-Fonts umgehen.

Die Benutzung eines Font Servers kann man Sie in der XF86Config durch das Eintragen eines Fontpath mit *UNIX/:7100* für einen lokalen Font-Server erzwingen. Dieser Fall gilt jedoch nur für die Maschine, auf der der Font-Server selbst läuft. Für alle anderen Systeme tragen Sie folgende Zeile ein:

```
FontPath "tcp/Font-Server.mydomain.local:7100"
```

Sie können die verfügbaren Fonts mit dem Kommando `xset -q` überprüfen:

```
maier@rechner02:~> xset -q
[ ... ]
Font Path:
  /usr/X11R6/lib/X11/fonts/misc:unscaled,/usr/X11R6/
lib/X11/fonts/75dpi:unscaled,/usr/X11R6/lib/X11/font
s/Type1,/usr/X11R6/lib/X11/fonts/URW,/usr/X11R6/lib/
X11/fonts/Speedo,/usr/X11R6/lib/X11/fonts/truetype,/
usr/X11R6/lib/X11/fonts/uni:unscaled
[ ... ]
```

Mit diesem Kommando fragen Sie gleichzeitig weitere Parameter ab wie Informationen zum Cursor, zur Tastatur, zum Power-Management oder zum Screen-Saver. Das Kommando *xset* können Sie auch dazu benutzen, manuell Font-Server hinzuzufügen. Dieses geschieht durch:

```
xset fp+ tcp/Font-Server.mydomain.local:7100.
```

Font-Servers kann man ähnlich entfernen:

```
xset fp- tcp/Font-Server.mydomain.local:7100.
```

5 Linux Diskless Clients einbinden

Dieses Kapitel erklärt Ihnen, wie Sie Thin Clients/Net-PCs in vorhandene Strukturen einbinden. Die im Folgenden vorgestellten Dienste benötigt man in grossen Netzwerken, um Benutzer zu authentifizieren und zu verwalten.

5.1 Einbinden von Thin Clients in Netze

Größere Firmen oder Organisationen haben häufig viele gleichartige Maschinen. An diesen können sich viele Benutzer anmelden. Häufig sollen sich Mitarbeiter an beliebigen Maschinen einloggen können. Administratoren möchten in solchen Netzen die Benutzer und Ressourcen nicht dezentral verwalten, da sonst Überblick und Konsistenz verloren gehen und sie einen großen Teil ihrer Arbeitszeit mit dem Hin- und Herlaufen von PC zu PC und sich wiederholenden Tätigkeiten vergeuden.

Linux Diskless Clients sind eine Möglichkeit, den Betrieb großer Netzwerke mit sehr vielen Arbeitsplätzen in den Griff zu bekommen. Dazu sollten Administratoren die Clients in zentrale Strukturen einbinden. Hierzu zählen eine einheitlich gültige Benutzerkennung für die Anmeldung, einheitlicher Benutzer-Zugriff auf Dienste wie Mail und Web-Proxy sowie einheitliche Homeverzeichnisse.

Eine überall einheitlich konfigurierte Arbeitsumgebung umfasst sinnvollerweise:

▶ einen einheitlichen Login-Namen zum persönlichen Account,
▶ mit einem aktuellen Passwort,
▶ gegebenenfalls dem gleichen Portal,
▶ möglichst den gleichen Anwendungen und
▶ ihrem einheitlichen Homeverzeichnis.

5.2 Lokale Authentifizierung über zentrale Services

Sobald sich Benutzer in Organisationen an mehr als zwei Endgeräten anmelden können, sollten Systemverwalter über eine zentrale Benutzerverwaltung nachdenken. In größeren Netzen kommen Sie mit einer klassischen dezentralen UNIX-Authentifizierung in Schwierigkeiten:

▶ Jeder Benutzer muss mehrfach eingetragen werden.
▶ Die Account-Informationen sollten möglichst überall identisch sein, d.h. beispielsweise die gleiche User- und Gruppen-ID verwenden.

- Das Aktualisieren eines Benutzers muss auf allen Maschinen zeitnah erfolgen. Dies betrifft beispielsweise Namens- oder Passwortänderungen.
- Das Löschen von Benutzern muss auf allen Maschinen erfolgen.

Eine Möglichkeit zur Synchronisation auf Dateiebene ist Secure Copy. Da man diesen sicherheitskritischen Vorgang möglichst nicht zu häufig ausführen will, wird jede dezentrale Änderung eines Benutzer-Passworts zu einem Sicherheits-Problem. Hier setzen zentralisierte Services an.

Lesen Sie hier chronologisch über die kurze Geschichte zentralisierter Benutzerverwaltung. Die ersten Schritte zum zentralen Verwalten von Maschinen und Benutzern unternahm SUN Microsystems Anfang der 90er Jahre. Seitdem dient das Network Information System (NIS) dazu, Standardinformationen in großen UNIX-Netzwerken zentral zu verwalten.

NIS spielt immer noch eine wichtige Rolle. Im weiteren Fortlauf des Kapitels lesen Sie, weshalb Sie nur bei bereits bestehenden Installationen auf NIS zurückgreifen sollten.

In weiteren Abschnitten lernen Sie PAM, die Pluggable Authentication Modules, und die hierarchische Datenbank LDAP (Lightweight Directory Access Protocol) kennen. Beide Konzepte lassen sich sehr gut verzahnen. Sie lesen, wie Sie PAM konfigurieren und einen LDAP-Server einrichten. Ähnlich wie NIS ermöglicht es LDAP, Daten zu verwalten, die über eine reine Benutzerverwaltung hinaus gehen. Dies benutzt das GOto-Projekt zum Verwalten von Thin Clients.

5.3 Die traditionelle Lösung – NIS

Viele UNIX-Administratoren kennen NIS. Es kann Account-Informationen, wie Benutzername, -nummer, Klartextname, Telefonnummer, Login-Shell und Homeverzeichnis sowie weitere Dateien speichern. Zu diesen weiteren Informationen zählen beispielsweise die Inhalte der Dateien *hosts*, *networks*, *protocols*, *services* wie auch von *group* und *automount*. Die Account-Informationen entnimmt NIS den Dateien *passwd*, *shadow* und *groups*.

5.3.1 Überblick und Einführung

Administratoren verwenden die einfachen Datenbank-Zugriffseinrichtungen von NIS dazu, diese Informationen an alle Rechner im Netzwerk zu verteilen. NIS basiert wie das in Kapitel 4 im Abschnitt 4.3 erklärte Network Filesystem auf Remote Procedure Calls (RPC). Um richtig zu funktionieren, benötigt es den Portmapper (*portmap*). Dieser Dienst muss vor den NFS- und NIS-Servern starten, da NIS mit ihm die zu verwendenden Portnummern aushandelt.

Vielfach setzen Administratoren den Dienst NIS jedoch nur noch dazu ein, um Account-Daten abzugleichen. Alle anderen Dateien spielen für autonome Workstations unter Umständen eine größere Rolle als für Linux Thin Clients. Die meisten Informationen aus den anderen Dateien außer *passwd*, *shadow* und *groups* sind entweder so statisch, dass alle Clients gemeinsam über das Network File System darauf gemeinsam zugreifen[1], oder ein Startskript auf dem Clients füllt eine Datei automatisch auf.

Hierzu eignet sich die Datei */etc/hosts*, die eine einfache Zuordnung des Rechnernamens zu seiner IP-Adresse enthält. Viel mehr muss diese Datei nicht mehr enthalten, da die Namensauflösung vom Domain Name System übernommen und nicht mehr mittels NIS realisiert wird. Netzwerk-Admins besitzen inzwischen genügend Routine, einen zentralen DNS-Server für das lokale LAN aufzusetzen. Einige Projekte mit Thin Clients, wie GOto benötigen zwingend ein funktionierendes DNS. Die Konfiguration der DNS-Clients überlassen sie dem Dynamic Host Control Protocol. Wie Sie DNS und DHCP einrichten, verraten Ihnen die Abschnitte 4.4 und 4.5 in Kapitel 4, *Linux-Serverdienste: Basics*.

Da NIS lange Zeit konkurrenzlos war, ist es noch weit verbreitet. NIS arbeitet im klassischen Client-Server-Modell. Die NIS-Domäne hat nichts mit dem Rechner-Domänennamen[2] zu tun, sondern ist lediglich eine Zeichenkette zu Kennzeichnung einer gemeinsamen Maschinengruppe. Zusammen mit der Liste von NIS-Servern organisiert diese Zeichenkette die Zuordnung zu einer NIS-Domain.

Die Bindung an eine NIS-Domain übernimmt der im Hintergrund laufende NIS-Client. Der Client wird durch ein Runlevel-Skript gestartet. Entweder sorgt dieses Skript oder ein von DHCP angestoßenes Skript für den Eintrag des NIS-Domänennamens. Auf einem SuSE-Linux starten Sie den Dienst mit `/etc/init.d/ypbind start` oder `rcypbind start`. Den Dienst beenden Sie mit `/etc/init.d/ypbind stop` oder entsprechend `rcypbind stop`.

Linux-Rechner speichern die NIS-Domain ebenso wie den Rechnernamen direkt im */proc*-Verzeichnis des Kernels. Sie können sie mit dem Befehl `cat /proc/sys/kernel/domainname` oder `domainname` auslesen. Sie verwenden dieses Kommando mit »root«-Rechten, um den Domainnamen festzulegen. Auf eingerichteten Linux Diskless Clients muss der Administrator den String nicht mehr per Hand eintragen. Dies erledigt das Runlevel-Skript oder ein vom DHCP-Client angeschobener Prozess.

---

1 Dies gilt besonders für die Listen der Dienste- und Protokollnummern (*services* und *protocols*).
2 wird auch als Full Qualified Domain Name (FQDN) bezeichnet

> **Warnung:** Bestimmen Sie unbedingt einen anderen NIS-Namen als den Domainnamen des DNS, um externen Angreifern das Raten der Zeichenkette erschweren, und Verwirrungen bei der Fehlersuche im Bereich NIS und DNS zu vermeiden. Überschätzen Sie diesen Beitrag zur Sicherheits jedoch nicht – Jeder normale angemeldete Benutzer kann auf einem im NIS befindlichen Rechner die NIS-Informationen auslesen. Der Befehl zum Auflisten der YellowPages, `ypcat passwd`, verrät alle Einträge der durch NIS erweiterten Datei */etc/passwd* einschließlich der dazugehörenden verschlüsselten Passwörter. NIS kennt keine Aufteilung von *passwd* und *shadow*. Diese ist auf modernen Linux-Systemen aus Sicherheitsgründen seit Jahren üblich. Weitere einfache Sicherheitsmaßnahmen sind die Beschränkung des Zugriffs auf Port-Ebene in der Datei */etc/ypserv.conf* oder auf IP-Ebene in der Datei */var/yp/securenets*. Auch diese Sicherheitsgewinne dürfen Sie nicht überschätzen, auch wenn Sie Angriffe dadurch etwas erschweren.

Lange Zeit standen unter der der GPL für UNIX und Linux nur die Remote-Authentifizierungsmechanismen des NIS zur Verfügung. Die Programmierer der C-Bibliothek haben deshalb in den zentralen Authentifizierungsroutinen NIS direkt verankert. Nach NIS wurden die Name Service Switches erfunden. Sie sind eine zusätzliche Abstraktionsschicht zum Einbinden anderer Datenquellen für Account- und Maschineninformationen. Mit ihnen kann man verschiedene Netzwerk-weite Quellen als Informationsbasis verwenden. Den Name Service Switch richtet man durch die Datei */etc/nsswitch.conf* ein.

5.3.2 NIS-Programme

Die Linux-Implementierung von NIS besteht aus einem Server, einem Dienst und einer Bibliothek sowie verschiedenen administrativen Tools. Viele Distributionen teilen NIS deshalb in Server- und Client-Pakete auf. Die SuSE-Distribution beispielsweise nennt ihre Pakete *ypserv-2.X*, *ypbind-1.X* und *yp-tools-2.X*. Die folgende Liste nennt die wichtigsten Programme, die man zusammen mit NIS benötigt.

- **domainname** – Ein Programm zum Setzen und Auslesen des NIS-Domänenstrings. Vielfach gibt es dieses Programm auch unter den Namen `nisdomainname` oder `ypdomainname`.
- **ypbind** – Der Clientprozess bindet sich mittels RPC an den NIS-Server. Seine Konfiguration bezieht er aus der Datei `/etc/yp.conf`.
- **ypserv** – Bietet NIS in einem Netzwerk an.
- **yppasswd** – Erlaubt das zentrale Ändern des Passwortes. Voraussetzung hierfür ist jedoch ein auf dem NIS-Server laufender Passwort-Dienst (`rpc.yppasswdd`).

- **rpc.yppasswdd** – Der für das zentrale Ändern von Passwörtern notwendige Dienst auf der Maschine mit dem NIS-Server.
- **ypcat** – Erlaubt ein schnelles und einfaches Auslesen der durch NIS erweiterten Dateien.
- **ypwhich** – Liefert den Namen oder die IP des NIS-Servers, an den ein Client gebunden ist.

NIS hält seine Datenbank-Informationen in so genannten Maps. Das sind einfache Dateien, welche Key-Value-Paare in Hashtables speichern. Hashtables erlauben deutlich schnellere Suchen und Zugriffe als einfache Textdateien mit linearer Anordnung aller Einträge. Diese Zuordnungsdateien hält der zentrale Rechner vor, auf dem der NIS-Server läuft.

Programme auf Thin Clients können die Informationen dann von diesem Server über verschiedene RPC-Calls abrufen. Diese Aufrufe vermittelt der NIS-Client-Dienst. Er vermittelt zwischen den Funktionen der lokalen C-Bibliothek des Clients, die beispielsweise einer numerischen User ID den Benutzernamen zuordnen wollen, und dem NIS-Server mit den hierfür notwendigen Informationen.

5.3.3 Der NIS-Server

Die Voraussetzung für einen sinnvollen Betrieb eines NIS-Servers sind aktuell gehaltene Maps mit allen im Netzwerk nachgefragten Informationen. Der Systemadministrator muss die Maps hierzu generieren. Die Notwendigkeit hierzu besteht nach jeder Änderung in einer der zu verteilenden Dateien. Hierzu zählt beispielsweise das Neusetzen des Büros im GECOS-Feld eines Benutzers oder der Eintrag einer neuen Benutzergruppe. Ein Skript des NIS-Server-Pakets generiert die Maps aus den Master-Textdateien. Dies sind in erster Linie */etc/passwd*, */etc/shadow* und */etc/groups*. Dieses Skript arbeitet mit dem Kommanodo `make`. Es arbeitet wie von der Programmierung gewohnt – `make` bedient sich eines Makefiles im jeweils aktuellen Verzeichnis, in dem Sie die zu erzeugenden Maps festlegen.

Die Einrichtung des NIS-Dienstes können Sie bei SuSE Ihrem Konfigurator überlassen (siehe Abbildung 5.1). Dieser erfragt von Ihnen den gewünschten Domain-String und lässt Sie einstellen, ob Zusatzdienste zum schnellen Verteilen von Maps oder für das Ändern der Passwörter gestartet werden sollen. Außerhalb des Konfigurators können Sie den Dienst jedoch auch manuell einrichten.

Üblicherweise bringt ein NIS-Server-Paket ein Runlevel-Skript zum Starten des Dienstes mit. Es heißt bei den meisten Distributionen */etc/init.d/ypserv*. Es steuert den NIS-Server-Dämon `ypserv` und überprüft, ob der Portmapper bereits läuft. Einige Sicherheitseinstellungen für den Server kann der Admin in der Konfigurationsdatei */etc/ypserv.conf* vornehmen. Das Makefile – es findet sich selbst in einem dieser Verzeichnisse – legt die von ihm erzeugten Hashtables in Dateien je nach Distribution unterhalb von */var/lib/yp* oder */var/yp* ab. Für jede NIS-Domain wird ein eigenes Verzeichnis mit dem Namen der Domain erzeugt.

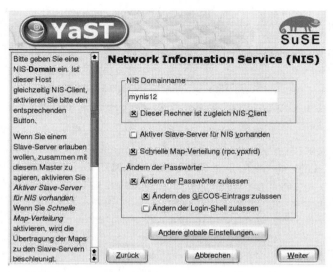

Abbildung 5.1 Einrichtung eines NIS-Servers mit YaST

Aus manchen Dateien generiert `make` mehrere Maps, jeweils eine pro Suchschlüssel. Dadurch können Sie beispielsweise die Datei */etc/hosts* nach einem Hostnamen ebenso wie nach einer IP-Adresse durchsuchen. Eine klassische Suchabfrage geschieht zum Beispiel mittels `ypcat hosts`. Diese Einrichtung stammt noch aus den Zeiten, in denen Netzverwalter NIS statt DNS zur Namensauflösung der Rechner im lokalen Netz verwendeten. Deshalb erzeugt `make` daraus zwei NIS-Maps: *hosts.byname* und *hosts.byaddr*.

Die folgende Aufstellung zeigt übliche Maps sowie zugeordnete Dateien, aus denen `make` sie generiert:

```
Master-Datei    Mapfile(s)
/etc/passwd     passwd.byname, passwd.byuid
/etc/group      group.byname, group.bygid
/etc/hosts      hosts.byname, hosts.byaddr
/etc/networks   networks.byname, networks.byaddr
/etc/services   services.byname, services.bynumber
/etc/rpc        rpc.byname, rpc.bynumber
/etc/protocols  protocols.byname, protocols.bynumber
/etc/aliases    mail.aliases
```

Die ersten beiden Dateien enthalten Benutzer- und Gruppendaten. *Hosts* und *Networks* speichern einfache Zuordnungen von Rechnernamen zu IP-Adressen und

Netzwerknamen zu Netzadressen. *Services*, *RPC* und *Protocols* ordnen numerische und Stringdarstellungen einander zu. *Aliases* speichert für den lokalen Mailserver die Zuordnung von Mailnamen zu Nutzernamen. Nur die ersten beiden Dateien sind für Ihre Benutzerverwaltung von Relevanz. Die anderen Dateien verteilen Sie einfach per NFS. Die eher seltenen Änderungen führen Sie einfach auf dem Bootserver Ihrer Clients aus.

5.3.4 Der NIS-Client

Wenn Sie NIS einsetzen, werden Sie es mit hoher Wahrscheinlichkeit nur mit der Client-Seite zu tun bekommen. Hier konfigurieren Sie den Dienst durch die Angabe zweier Parameter – der Serverliste und des NIS Domain Strings. Dies wird Ihnen im Folgenden vorgestellt. Bei SuSE können Sie den NIS Client auch grafisch einrichten. Hierzu wählen Sie in YaST den Abschnitt »Netzwerkdienste« und dort »NIS-Client«:

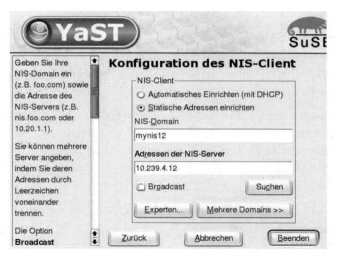

Abbildung 5.2 Einrichtung des NIS-Clients mit YaST

Auf Ihren Thin Clients erfolgt die Einrichtung anders: Da NIS ein recht lange bekanntes Konzept zur zentralisierten Rechnersteuerung ist, kennt DHCP fest definierte Variablen für die NIS-Server-Liste und die NIS-Domain. Die Variablen heißen »nis-servers« und »nis-domain«. Die erste kann eine kommaseparierte Liste mehrerer Server-IPs oder -namen enthalten, die zweite enthält den Domänenstring.

Den Weg von den DHCP-Variablen in Ihre lokale Konfiguration bestimmen Sie selbst. Der `dhcpcd` kann die Konfigurationsdatei des NIS-Clients */etc/yp.conf* direkt verändern. Der Client des ISC-DHCP bearbeitet keine der Konfigurationsdateien direkt. Hierzu nutzt er ein Skript, welches Sie nach Ihren Wünschen flexibel anpassen können. Den Namen des von `dhclient` aufzurufenden Skripts legen Sie in dessen Konfigurationsdatei */etc/dhclient.conf* fest. Hier bestimmen Sie auch, ob eine DHCP-Antwort eventuell abgelehnt werden soll, wenn keine NIS-Konfiguration enthalten ist.

Das vom ISC-DHCP-Client angestoßene Skript übernimmt aus den empfangenen DHCP-Daten die Eintragung des Servers in die */etc/yp.conf* und setzt den NIS-Domainnamen. Der DHCP-Client `pump` hat keine Möglichkeit, die NIS-Konfiguration direkt zu ändern. Einzelheiten zu DHCP finden Sie in Kapitel 4 in Abschnitt 4.5. Nach erfolgter Konfiguration sollte Ihre *yp.conf* ungefähr wie folgt aussehen:

```
# Syntax:
# ypserver <Name_of_ypserver>
ypserver 10.8.1.23
# oder
domain mynis12 ypserver 10.8.1.23
```

Die Client-Konfigurationsdatei selbst ist ziemlich kurz, da hier lediglich der oder die Server eingetragen werden. Bei mehreren Servern wiederholt sich der Eintrag. Sie können in dieser Datei auch den NIS-Domänennamen mit angeben. Dies zeigt im Beispiel die zweite Zeile.

Das Kommando `domainname name_der_nis_domain` trägt den NIS-Domänenstring ein, der in der DHCP-Variablen »option-domain "name_der_nis_domain";« enthalten ist. Alternativ kann das DHCP-Client-Skript oder andere Konfigurationsskripten diesen Eintrag auch direkt nach */proc/sys/kernel/domainname* schreiben.

Mit dem Befehl `ypcat passwd` können Sie prüfen, ob der Dienst an sich funktioniert. Hierzu sollten sicherstellen, dass

- der Serverprozess gestartet ist,
- die Client-Konfigurationsdatei per Skript oder vom lokalen Admin entsprechend angelegt wurde und
- der Clientprozess läuft.

Eine alternative Möglichkeit stellt Ihnen das Kommando `rpcinfo -p` zur Verfügung. Hiermit lassen Sie sich anzeigen, welche RPC-Services auf Ihrer Maschine aktiv sind.

Listing 5.1 Ausgabe von `rpcinfo`

```
s10: 12:49:14 /home/user> /usr/sbin/rpcinfo -p
   Program Vers Proto   Port
    100000    2   tcp    111  portmapper
```

```
100000    2    udp    111    portmapper
100007    2    udp    803    ypbind
100007    1    udp    803    ypbind
100007    2    tcp    806    ypbind
100007    1    tcp    806    ypbind
```

Der Portmapper taucht in der Liste zweimal auf, da er auf den beiden Transportprotokollen TCP und UDP seine Dienste anbietet. Der NIS-Client (`ypbind`) arbeitet ebenfalls auf zwei Transportprotokollen. Er offeriert seine Dienste auf zwei Ports und beherrscht die Version *1* und *2*.

Die Authentifizierung von Benutzern kann trotzdem erst einmal fehlschlagen. Dann ist vielleicht der eingangs angesprochene Name Service Switch nicht für den Zugriff auf NIS eingerichtet. Dieser dient der Systembibliothek dazu, numerischen Benutzer IDs ihre Stringrepräsentation zuzuordnen. Um die Einstellungen zu überprüfen, werfen Sie einen Blick in die */etc/nsswitch.conf*. Diese Datei sollte die folgenden Zuordnungen enthalten:

```
...
passwd: files nis
shadow: files nis
group: files nis
...
```

Die Zuordnungen bewirken, dass die Systembibliothek zuerst die lokalen Dateien und anschließend NIS konsultiert. `ypcat passwd.byname` gibt nun auf der Kommandozeile die Passwortliste aus, die sich aus den Authentifizierungsdateien des Servers zusammensetzt. Server und Client dürfen dabei durchaus auf einer einzigen Maschine laufen. So können Sie bereits auf dem NIS-Server prüfen, ob Sie den Dienst korrekt eingerichtet haben.

Läuft auf Ihrem System der Name Service Caching Daemon (NSCD), müssen Sie diesen gegebenenfalls neu starten. Dieser »merkt« sich sonst, dass er eine bestimmte Benutzer ID nicht kannte, und meldet einen Benutzer weiterhin als unbekannt, obwohl Sie alles korrekt eingerichtet haben. Dieses Phänomen stört Sie jedoch nur beim Aufsetzen Ihrer Benutzerverwaltung mit NIS oder später mit PAM/LDAP. Sonst hilft dieser Dienst, Ihr Netzwerk und Ihren Authentifizierungsdienst zu entlasten. Sie vermeiden so für eine jede Zuordnung von numerischen User IDs zu Klartextnamen, wie sie beim `ls -la` oder `ps aux` notwendig wird, eine wiederholte Anfrage an den Authentifizierungsdienst.

Administratoren müssen bei jeder Änderung der Orginaldateien (beispielsweise der Datei */etc/passwd*) »per Hand« die entsprechenden NIS-Zuordnungen durch Starten von `make` im Verzeichnis */var/yp/<YP-Domainname>* aktualisieren. Das betrifft alle Zuordnungen, deren Orginaldateien nur »root« verändern kann. Die einzige Ausnahme bildet das Ändern des Passworts. Da Nutzer dieses selbst ändern, muss das Update der NIS-Zuordnung auf dem Server automatisch ablaufen. Der RPC-Daemon `rpc.yppasswdd` ist auf der Serverseite und das Programm `yppasswd` auf der Clientseite für das Ändern eines Passworts in einer NIS-Domain zuständig.

5.3.5 Schlussfolgerungen

Die Sicherheitspolitik von NIS ist, wie oben bereits erwähnt, nicht auf einem aktuellen Stand: Es führt die Daten aus */etc/passwd* und */etc/shadow* in einer gemeinsamen Map zusammen. Es lässt sich nicht verhindern, dass normale Benutzer die Map auslesen und versuchen, mit Brute-Force-Attacken Passwörter zu ermitteln. Die etwas sichereren und weniger verbreiteten Weiterentwicklungen zu NIS+ verbessern das Sicherheitskonzept nicht entscheidend.

NIS verwendet keine verschlüsselten Verbindungen zum Übermitteln seiner Daten. NIS empfiehlt sich daher höchstens, wenn bereits eine komplette Netz-Umgebung dieses Verfahren verwendet. Dann möchte der Administrator seine Linux Diskless Clients ohne großen Aufwand in die bestehende Umgebung aufnehmen und vielleicht erst später eine Migration auf die nachfolgend vorgestellte Lösung vornehmen.

5.4 PAM - Die Authentifizierungsstelle

Die Welt vernetzter Rechner ist komplexer geworden. Die Ansprüche von Benutzern und Administratoren gehen über die Möglichkeiten von NIS inzwischen weit hinaus. Die Sicherheitsarchitektur von NIS bleibt hinter den heutigen Forderungen zurück. Sie lässt sich nicht ohne weiteres verbessern. Darüber hinaus ist NIS an ein spezielles Administrationskonzept gebunden, welches angesichts netzwerkfähiger Datenbanken antiquiert erscheint. Deshalb hat die Linux-Gemeinde ausgehend von einer Initiative von SUN Microsystems eine generische Schnittstelle zur Authentifizierung entwickelt. Dieser Abschnitt beschreibt die Funktionsweise der Pluggable Authentication Modules (PAM) für Linux. PAM hilft, netzwerkweite Benutzerkennungen zu verwenden oder alternative Authentifizierungsverfahren einzusetzen.

5.4.1 Die Idee und Aufgaben von PAM

An klassischen Einzelplatz-Linux-Workstations melden sich Benutzer zumeist per Tastatur mit ihrem Benutzernamen und Passwort an. Der Login-Prozess oder der Display Manager rufen hierzu Funktionen der C-Bibliothek auf, um die Korrektheit der Eingaben zu überprüfen. Bei dieser traditionellen UNIX-Authentifizierung muss die Bibliothek lediglich Einträge aus den beiden Dateien */etc/passwd* und */etc/shadow* auslesen und mit den Eingaben vergleichen.

Linux erlaubt als netzwerkfähiges Multiuser und -prozessfähiges Betriebssystem weit mehr. Zahlreich Dienste wie Secure Shell für Remote-Login, FTP-und Webservices erlauben einen Zugriff auf den PC über eine IP-Verbindung erlauben.

Netzwerkdateisysteme, wie AFS (Andrew File System) und Samba, erlauben Benutzern, ihre Homeverzeichnisse von anderen Maschinen aus einzubinden. Auch diese Netzwerkdateisysteme sind sinnvollerweise durch eine Kombination aus Benutzername und Passwort vor unberechtigten Zugriffen geschützt. Weitere Dienste, wie das Concurrent Version System (CVS), können einen authentifizierungspflichtigen Zugriff auf Dateien anbieten.

Alle Zugangsdienste zum System müssen feststellen, wer ein Benutzer ist und ob sie diesem Benutzer Zugang oder Dienste gewähren dürfen. Wer ein Benutzer ist, ermitteln sie üblicherweise über die Eingabe von Benutzer ID und Passwort. Hierfür muss jede Anwendung den Code für die Anmeldeprozeduren enthalten. Dies ist aufwändig und erhöht die Fehlerwahrscheinlichkeit bei der Programmierung.

Die klassische Authentifizierung hat viele Grenzen. Ändert sich die Art der Authentifizierung, müsste man normalerweise die Applikation oder deren Quellcode anpassen. Wollen Sie statt der Anmeldung mit Benutzername und Passwort eine Chipkarte mit PIN einsetzen, müssten Sie alle betroffenen Anwendungen neu übersetzen und einrichten.

Jede Neuerung, wie eine zeitgesteuerte Komponente oder die Erweiterung der Authentifizierung um ein Einmal-Passwort, erfordert eine weitere Anpassung aller betroffenen Applikationen. Besteht ein Netzwerk nur aus einem Server und »dummen« Clients, die lediglich grafische Logins auf den Server anbieten, genügt eine einfache Benutzerverwaltung auf dem Server. Hierzu pflegen Sie einfach Ihre Accounts in der klassischen Weise. Verwalten Sie jedoch größere Netze mit unterschiedlichen Arten von Clients, sollten Sie hier weiterlesen.

Wenn viele »Fat Clients« im Netzwerk eine lokale Anmeldung auf der Maschine selbst erlauben, ist NIS schlicht überfordert: Dies beginnt mit der Freischaltung und Sperrung bestimmter Dienste für einzelne Benutzergruppen. Betreiber großer heterogener Rechnernetzwerke können von ihren Benutzern kaum verlangen, sich für jedes von ihnen benutzte System eine eigene Kennung und ein eigenes Passwort zu merken.

Ebenfalls nicht diskutabel ist, mit Secure Copy (`scp`) oder Remote Sync (`rsync`) die Benutzer- und Shadow-Dateien auf viele hundert Systeme zu verteilen, damit sich der Benutzer potenziell an allen Maschinen anmelden könnte. Eine zeitnahe Reaktion auf eine einzige Passwortänderung eines Benutzers könnte im Extremfall einen Sturm an Netzwerkaktivität auslösen. Die Nachteile der Vor-PAM-Zeit lassen sich wie folgt zusammenfassen:

1. Es ist sehr aufwändig, wenn jede Anwendung die Identifikation und Authentifizierung selbst enthält.
2. Für jede neue Authentifizierungmethode müsste jedes Programm angepasst werden.
3. Die gesamte Prozedur ist fehleranfällig, und bei jedem Fehler muss jedes Programm geändert werden.
4. Die Anwendungsentwicklung kümmert sich selten um die Entwicklungen im Bereich der Sicherheitstechniken.
5. Der Sourcecode muss verfügbar sein, damit man alternative Authentifizierungsmethoden in eine Anwendung einbauen kann.

5.4.2 Die Funktionsweise

PAM ersetzt die Authentifizierungsroutinen der einzelnen Applikationen und die zugehörigen Funktionen der C-Bibliothek. Die betroffenen Programme benötigen nun selbst keine Routinen mehr zur Authentifizierung. Stattdessen benutzen sie Funktionen aus der PAM-Bibliothek.

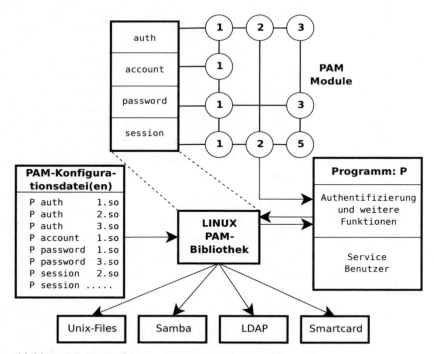

Abbildung 5.3 Die Funktionsweise von PAM

Diese Funktionen setzen auf den passenden PAM-Modulen auf und liefern der Anwendung das Ergebnis. Da die PAM-Bibliothek ihrerseits keine Informationen darüber besitzt, wie Benutzereingaben eintreffen, muss sich die Applikation hierum kümmern. Das ist für Anwendungen normalerweise kein Problem, da sie üblicherweise Funktionen, z.B. zum Lesen von der Rechnerkonsole, aus einer Netzwerkverbindung oder vom Display Manager Login, mitbringen.

PAM kann noch mehr. Es deckt gegenüber dem klassischen Ansatz des *Authentication Management* die drei weiteren Aufgabenbereiche *Account Management*, *Session Management* und *Password Management* ab. Jedes PAM-Modul muss mindestens einen, kann je nach Konfiguration aber auch mehrere dieser Jobs abdecken. PAM kann jedoch nicht alles: Es kann nicht von sich aus Authentifizierungsgeräte abfragen oder Programme anstoßen, da es rein passiv ist. In jedem Fall bindet eine Applikation die Pluggable Authentication Modules ein. Wenn ein PC einen Benutzer automatisch nach dem Durchziehen seiner Chipkarte oder dem Auflegen des Fingers auf einem biometrischen Leser einloggen soll, muss die Anwendung regelmäßig das Gerät abfragen und bei einer positiven Rückmeldung die Authentifizierung anstoßen.

Abbildung 5.3 zeigt den Kommunikationsfluss zwischen den Applikationen und PAM. Programme, die authentifizieren wollen, ein Passwort neu setzen oder eine Session registrieren, laden zur Laufzeit die notwendigen Funktionen der PAM-Bibliothek. Das damit aufgerufene PAM-Modul kommuniziert mit der PAM-Bibliothek, um seine Parameter auszulesen, und mit der Applikation, um an Benutzerdaten wie Account Name und Passwort zu gelangen.

5.4.3 Dateien und Verzeichnisse

Die Linux-Distributionen liefern die PAM-Bibliothek normalerweise als eigenes Paket. Die Installationspfade sind bei den meisten Linux-Distributionen identisch. Spezielle Module, die weitere Bibliotheken benötigen, wie das LDAP-Modul, finden sich in separaten Paketen, die Sie bei Bedarf zusätzlich installieren. Die Abbildung 5.4 zeigt eine Paket-Auswahl für PAM der SuSE-Distribution.

Installationsprogramme wie YaST legen beim Installieren von PAM drei Unterverzeichnisse an, die im folgenden erklärt werden. */lib/security* nimmt die Bibliotheksdateien auf. Dieses Verzeichnis enthält alle aktuell auf einem System installierten Standard-PAM-Module. Natürlich können Administratoren diese Module auch an anderer Stelle ablegen. Dies müssten Sie dann jedoch in den PAM-Konfigurationsdateien angeben.

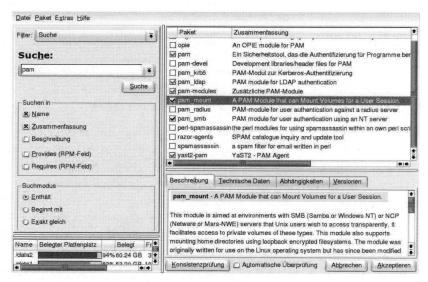

Abbildung 5.4 Installation von PAM-Komponenten mit YaST

Das folgende Listing zeigt ein typisch bevölkertes Verzeichnis /lib/security auf einer Distribution SuSE 9.0.

Listing 5.2 Inhalt des Verzeichnisses /lib/security

```
user2@linux02:~ >ls /lib/security
pam_access.so      pam_limits.so        pam_smbpass.so
pam_afs.so         pam_listfile.so      pam_stress.so
pam_chroot.so      pam_localuser.so     pam_tally.so
pam_cracklib.so    pam_mail.so          pam_time.so
pam_debug.so       pam_make.so          pam_uni.so
pam_deny.so        pam_mkhomedir.so     pam_unix2.so
pam_devperm.so     pam_motd.so          pam_unix_acct.so
pam_env.so         pam_nologin.so       pam_unix_auth.so
pam_filter         pam_passwdqc.so      pam_unix_passwd.so
pam_filter.so      pam_permit.so        pam_unix_session.so
pam_ftp.so         pam_pwcheck.so       pam_userdb.so
pam_group.so       pam_resmgr.so        pam_warn.so
pam_homecheck.so   pam_rhosts_auth.so   pam_wheel.so
pam_issue.so       pam_rootok.so        pam_winbind.so
pam_lastlog.so     pam_securetty.so     pam_xauth.so
pam_ldap.so        pam_shells.so
```

Einige Module haben eigene Konfigurationsdateien, die ihr generelles Verhalten unabhängig von der aufrufenden Applikation steuern. Diese legt die Installationsroutine im Verzeichnis /etc/security ab. Wichtig ist beispielsweise die Konfiguration von pam_unix2.so.

Listing 5.3 Inhalt des Verzeichnisses */etc/security*

```
user2@linux02:~ >ls /etc/security
access.conf   group.conf    pam_env.conf        pam_unix2.conf
chroot.conf   limits.conf   pam_pwcheck.conf    time.conf
```

PAM-Bibliotheken zu den einzelnen Diensten kann man auf zwei Wegen einrichten:

1. Entweder in der gemeinsamen Datei */etc/pam.conf* oder
2. in einer eigenen Konfigurationsdatei unterhalb von */etc/pam.d* für alle Dienste und Anwendungen.

Die zweite Lösung der meisten Distributionen hat den Vorteil, dass Sie nicht für jedes nachinstallierte Programm die Datei */etc/pam.conf* ändern müssen, sondern nur eine zusätzliche Datei in */etc/pam.d* benötigen. Das folgende Listing zeigt das Aussehen des Verzeichnisses */etc/pam.d*, wenn Sie oder die von Ihnen verwendete Linux-Distribution sich für die zweite Lösung entschieden haben:

Listing 5.4 Inhalt des Verzeichnisses */etc/pam.d*

```
user2@linux02:~ >ls /etc/pam.d
chage   gdm             passwd    shadow   sudo      xscreensaver
chfn    gdm-autologin   ppp       squid    useradd
chsh    login           rpasswd   sshd     xdm
cups    other           samba     su       xlock
```

Die Menge der Dateien in diesem Verzeichnis leitet sich aus der Zahl der PAM-fähigen Services ab, die auf einem PC installiert sind. Für die meisten Dienste gibt es eine eigene Konfigurationsdatei, damit das Login feststellen kann, ob sich ein Systemverwalter von einem sicheren Terminal aus anmeldet. Bei SSH macht dies keinen Sinn, besonders wenn die SSH-Konfiguration selbst festlegt, ob sich »root« überhaupt per Secure Shell einloggen darf.

Beim Start legen alle Programme fest, welche Konfigurationsdatei sie verwenden. Sinnvollerweise hat diese Datei den gleichen Namen wie der Dienst selbst. Leider stimmt das jedoch nicht immer, so dass man Netzwerkdienste findet, denen das abschließende »d« fehlt, wie bei »ppp«, oder die abweichend bezeichnet sind, wie »samba«.

Fehlt eine Konfigurationsdatei, verwendet PAM die Datei */etc/pam.d/other*. Da man nicht immer wissen kann, welcher Dienst eventuell diese Datei benutzt, sollte man diese restriktiv einstellen. Welche Meldung PAM bei einem unbekannten Dienst im Syslog hinterlässt, erfahren Sie im Abschnitt 5.4.7 auf Seite 159.

5.4.4 Die Konfigurationsdateien

Generell sind alle PAM-Konfigurationsdateien ähnlich aufgebaut. Ein Beispiel zeigt das nachfolgende Listing. Die erste Spalte erscheint nur, wenn Sie sich für die erste Lösung der PAM-Konfiguration entschieden haben. Die zweite Spalte beschreibt den Aufgabenbereich des Moduls. Die Modulsteuerung legt das Verhalten fest, und der Pfad sagt, wo das Modul liegt und wie es heißt. Einige Module kennen Argumente, die Sie für bestimmte Situationen definieren können.

Listing 5.5 Aufbau einer typischen PAM-Datei

```
# [Dienst]  Modultyp   Modulsteuerung  Modulpfad        Argumente
[ xdm ]     auth       required        pam_unix2.so     nullok
[ xdm ]     account    required        pam_unix2.so
[ xdm ]     password   required        pam_unix2.so     strict=false
[ xdm ]     session    required        pam_unix2.so     debug
[ xdm ]     session    required        pam_devperm.so
[ xdm ]     session    required        pam_resmgr.so
```

Der `Dienst`-Eintrag entfällt, wenn für jeden Dienst eine eigene Datei angelegt ist.

Modultypen

Der `Modultyp` bestimmt über die Management-Funktion, die ein Eintrag erfüllt. Es sind vier Modultypen definiert:

1. **auth:** Module in dieser Kategorie identifizieren Benutzer durch Abfrage von Benutzername/Passwort oder durch biometrische Verfahren, Smartcard mit PIN oder Ähnliches. Die Voraussetzung dafür sind Schnittstellen der angeschlossenen Geräte, wie Smartcard-Leser. In diesen Bereich fallen auch spezielle Module, die eine Benutzerkennung und das Passwort abfangen. Diese Eingaben reichen sie für einen authentifizierten Mount-Prozess des Homeverzeichnisses beispielsweise an einen Samba-Server weiter oder holen ein AFS-Token. Das Andrew File System arbeitet mit Kerberos-Authentifizierung und gewährt Benutzern Zugriff, die ein Zugangsticket (Token) besitzen.

2. **account:** Diese Module verwalten nach der Anmeldung den Zugriff auf Accounts. So kann man beispielsweise den Zugriff auf einen Dienst abhängig von der Uhrzeit oder dem Wochentag steuern.

3. **password:** Diese Module setzt man ein, um Passwort- oder Token-Aktualisierungen zu steuern. Verwendet das `passwd`-Kommando die PAM-Bibliotheken, lässt sich festlegen, welche Passwörter das Programm ändert und akzeptiert. Gleichzeitig können Sie hiermit die Netzwerktransparenz der Passwortänderung ähnlich wie bei NIS einrichten.

4. **session:** Module dieses Typs verwalten Einstellungen für die Sitzung eines Benutzers. Hiermit können Sie eine Abrechnung über die im System verbrachte Zeit installieren. Weiterhin dürfen Sie Limits oder Zugriffsberechtigungen auf UNIX-Devices setzen sowie Verzeichnisse mounten. Benötigen Benutzer beispielsweise zum Einbinden ihrer Homeverzeichnisses ein Passwort, sollte dieser Vorgang im *auth*-Modul stattfinden.

Die Steuerung der Module

Die Spalte Modulsteuerung legt fest, wie PAM sich verhält, wenn ein Modul mit einer Erfolgs- oder Fehlermeldung endet. Hierfür sind vier Standardbedingungen definiert. Diese können Sie bei Bedarf verfeinert aufgliedern. So lassen sich PAM-Module stapeln, d.h. nacheinander ausführen. PAM arbeitet diese »stacking« genannten Stapel in der Reihenfolge der Auflistung ab. Unter bestimmten Bedingungen können weiter unten stehende Module nicht erreicht werden. Von diesem Vorgang der Abarbeitung erfährt das aufrufende Programm nur das zusammengefasste Endergebnis. So meldet PAM den Erfolg mit »success« oder den Misserfolg als »fail«.

1. **required:** Dieses Moduls muß PAM mit dem Status »success« beenden, damit das zusammengefasste Ergebnis aller Module dieses Typs erfolgreich sein kann. Ein Misserfolg dieses Moduls zeigt sich erst, nachdem alle Module dieser Kategorie durchlaufen sind.
2. **requisite:** verhält sich ähnlich wie »required«. Es gibt jedoch die Kontrolle sofort an die Anwendung zurück. Der Rückgabewert ist der des ersten fehlgeschlagenen Moduls mit »required«- oder »requisite«-Steuerung.
3. **sufficient:** Liefert dieses Modul die Statusmeldung »success« zurück, genügt dies für PAM zur positiven Gesamtmeldung. Voraussetzung ist jedoch, dass keine vorher eingetragenen Module mit »required« oder »requisite« fehlgeschlagen sind. Anschließend ruft PAM keine weiteren Module dieses Typs mehr auf. Das kann jedoch zum Problem werden, wenn beispielsweise ein folgendes Modul mit dem gültigen Passwort ein Mount ausführen soll. Liefert ein Modul mit »sufficient«-Steuerung keine Erfolgsmeldung, ruft PAM die folgenden Module auf. Der Misserfolg eines »sufficient«-Moduls bedeutet anders als bei »required« nicht das Fehlschlagen der Gesamtfunktion.
4. **optional:** Bei diesem Modul entscheiden Erfolg oder Misserfolg nicht über den Gesamtrückgabewert der Funktion. Ausnahmsweise geschieht dies nur, wenn alle anderen Module im Stapel keinen endgültigen Erfolg oder Misserfolg melden. Diese Einstellung sollten Sie mit Vorsicht benutzen (siehe Beispiele auf Seite 161).

Jedes Programms oder Dienst, welches auf PAM zurückgreift, ruft bei Bedarf einen der vier Modul-Typen auf. Die PAM-Bibliothek arbeitet nun alle Module, die in der Konfigurationsdatei zur dieser Kategorie vermerkt sind, nacheinander ab. Nach Erreichen des letzten Moduls oder dem vorzeitigen erfolgreichen Abbruch bei »sufficient« nennt sie der aufrufenden Anwendung den Gesamtstatus.

Modulpfade und Argumente

Der `Modulpfad` in der nächsten Spalte der Konfigurationsdatei legt fest, wo PAM nach der entsprechenden Bibliotheksfunktion suchen soll. In seiner Voreinstellung erwartet PAM seine Module in */lib/security*. In diesem Fall reicht die Angabe des Modul-Namens. Andernfalls müssen Sie Pfadnamen – wie bei UNIX üblich – relativ oder absolut angeben. Pfadnamen, die mit »/« beginnen, gelten als absolute Pfade und solche ohne »/« als relativ zu */lib/security*. So können Sie selbst hinzugefügte Module an einer anderen Stelle installieren, um sie später von den voreingestellt installierten zu unterscheiden. So vermeiden Sie bei Updates, dass Sie Module aus dem Auge verlieren und diese nicht mehr korrekt funktionieren. Die optionale letzte Spalte *Argumente* enthält nur bei einigen Modulen einen Eintrag. Argumente geben Sie hier als durch Leerzeichen getrennte Liste an.

Es gibt einfache Flags, wie »nullok« oder »use_first_pass« und Zuweisungen, z.B. »strict=false«. Wenn Sie in einem Argument jedoch Leerzeichen verwenden wollen, müssen Sie das ganze Argument in eckige Klammern einschließen. Eckige Klammern im Argument selbst können Sie durch Backslashes ihrer syntaktischen Funktion berauben.

Generell sind keine Argumente vorgegeben. Die Programmierer der Module können diese bei Bedarf vorsehen. Es gibt jedoch einige von fast allen Modulen verstandene Argumente: »debug« liefert Diagnosemeldungen an den Systemlog-Dienst, »no_warn« unterdrückt diese. Authentifizierungs- und Passwortmodule kennen darüberhinaus »use_first_pass«, welches den Versuch veranlasst, das Passwort des vorhergehenden *auth*-Moduls zu verwenden. Schlägt es fehl, meldet das Modul den Status »fail« zurück. Ähnlich wirkt für Authentifizierungsmodule »try_first_pass«. Das Modul versucht, das Passwort des vorhergehenden Moduls zu verwenden. Wenn dies fehlschlägt, fordert es Benutzer auf, ihr Passwort einzugeben. Hintergründe zeigt das Syslog:

```
Jan 16 15:21:29 rechner03 sshd[1133]: PAM unable to
dlopen(/lib/security/pam_unix2.so)
Jan 16 15:21:29 rechner03 sshd[1133]: PAM [dlerror:
/lib/security/pam_unix2.so: cannot open shared object file:
No such file or directory]
Jan 16 15:21:29 rechner03 sshd[1133]: PAM adding
faulty module: /lib/security/pam_unix2.so
```

Falsch eingetragene Argumente in einer Zeile ignoriert PAM, falsch formatierte Zeilen der Konfigurationsdatei führen jedoch dazu, dass das betroffene Modul eine Fehlermeldung (»fail«) als Statuswert zurückgibt. Die folgenden Zeilen sind ein Beispiel für eine PAM-Fehlermeldung im System-Log. Im Beispiel meldet PAM, dass es ein in der Konfigurationsdatei eingetragenes Modul (hier: *pam_unix2.so*) nicht finden kann. Dadurch kann PAM ein erfolgreiches Login komplett verhindern.

5.4.5 Ein Modul für jeden Zweck

Inzwischen gibt es für PAM fast alle erdenklichen Module. Eine Auswahl konnten Sie bereits in der Abbildung 5.4 der YaST-Modul-Selektion sehen. Für einige Aufgaben gibt es mehr als eine Implementierung. Ein großer Teil der nachfolgend vorgestellten Module ist bereits im Standardpaket enthalten. Spezifische Module, beispielsweise für die LDAP-Authentifizierung oder die Beschaffung von AFS-Tokens, installieren Sie zusätzlich zum Standard-Paket. Das LDAP-Modul ist eigenständig, das AFS-Modul ist Bestandteil des AFS-Pakets. Zusätzlich zu diesen mit dem Default-Paket oder in Zusatzpaketen verbreiteten PAM-Bibliotheken gibt es noch weitere Module für bestimmte Einsatzszenarien. Einige Beta-Module sollten Sie nur mit einiger Vorsicht einsetzen. Das Authentifizieren am Rechner ist eine der sicherheitsrelevanten Stellen, die Fingespitzengefühl erfordern.

»pam_storepw« ist beispielsweise ein Passwort-Caching-Modul. Es arbeitet in der Auth-Kategorie und kann im Stapel mit anderen Authentifizierungsmodulen den Benutzernamen und das Passwort abgreifen und in einem nur für »root« lesbaren Verzeichnis unterhalb von */var/run/pw* speichern:

```
username = hmaier
password = geheim
```

Damit können Sie mit einem aus dem Automounter heraus aufgerufenen Skript passwortgeschützte Verzeichnisse einbinden. So benutzen Sie den Automounter zum Einbinden eines Samba-Homeverzeichnisses:

```
# /etc/auto.smbhome
*       -fstype=smbfs,uid=&,dmask=700,gid=1000,\
credentials=/var/run/pw/& ://samba/homes
```

Dies ist unter Sicherheitsgesichtspunkten aber eher eine Notlösung, da Sie so Passwörter im Klartext ins Dateisystem schreiben. Hier hilft eventuell »pam_mount« weiter. Es ist Bestandteil der SuSE-Distribution ab 9.0. Es löst vielleicht einen Teil der Probleme, die zum Einsatz von »pam_storepw« geführt haben. Es kann verschiedene Arten passwortgeschützter Dateisysteme, wie auch lokale verschlüsselte Verzeichnisse einbinden.

Modul	Einsatzgebiet und Aufgabe
pam_access	stellt eine Art »Access Control List« zur Verfügung. Das Modul erwartet eine Konfigurationsdatei /etc/security/access.conf. Wenn Sie die Lage dieser Datei verändern wollen, teilen Sie dies dem Modul durch das Argument mit. In dieser Datei können Sie Listen der Art »permission : users : origins« pflegen.
pam_afs	ist ein Authentifizierungsmodul. Sie können es für zwei Szenarien verwenden: Entweder authentifiziert ein anderes Modul den Benutzer, dann holt »pam_afs« lediglich das Token vom AFS-Server. Damit erlaubt es dem Benutzer den Zugriff auf das AFS. Oder der »pam_afs« übernimmt beide Aufgaben.
pam_chroot	Dieses Modul deckt Account-, Session- und Authentifizierungskomponenten ab. Es dient dazu, einen normalen Benutzer beim Login zur Erhöhung der Systemsicherheit in einen »Change-Rooted«-Bereich zu versetzen.
pam_cracklib	stellt Routinen zum Festlegen von Passwort-Richtlinien in der Kategorie »Password« zur Verfügung. Es erfordert die zusätzliche Installation des Pakets Cracklib und des dazugehörenden Wörterbuchs. So können Sie erreichen, dass Benutzer nur sichere Passwörter setzen. Einfache Wörter, die ausschließliche Verwendung von Zahlen oder Kleinbuchstaben für Passwörter vermeiden Sie hierdurch.
pam_deny	verhindert generell den Zugriff durch eine entsprechende Rückmeldung an die aufrufende Applikation. Sie können es somit als sicheres Default für »other« verwenden. PAM fällt auf »other« zurück, wenn für einen Dienst keine Konfiguration existiert.
pam_devperm	kann die Zugriffsrechte auf Device-Dateien überprüfen und setzen.
pam_env	kann Umgebungsvariablen steuern. Es erfordert eine Konfigurationsdatei /etc/security/pam_env.conf. Auch hier können Sie die Lage der Datei per Modul-Argument anpassen. Diese Datei kann festlegen, welche DEFAULTs für eine Variable gelten sollen oder wie es diese überschreiben (OVERRIDE) kann.
pam_homecheck	implementiert eine ähnliche Funktionalität wie »pam_devperm«.
pam_lastlog	kümmert sich als Modul der Session-Kategorie um die Datei /var/log/lastlog. Es trägt dort den Benutzer ein. Das Modul kann, wenn das nicht schon die Applikation erledigt, auch anzeigen, wann ein Nutzer zuletzt angemeldet war.
pam_ldap	ermöglicht die Benutzerauthentifizierung anhand einer LDAP-Datenbank. Je nachdem, wie dieses Modul kompiliert wurde, bezieht es seine LDAP-Konfiguration aus /etc/(openldap/)ldap.conf. Weitere Details zur LDAP-Authentifizierung finden Sie im Abschnitt 5.5.
pam_limits	erlaubt Systemverwaltern festzulegen, wie viele System-Ressourcen wie Speicher und CPU-Zeit Benutzern maximal zur Verfügung stehen sollen. Diese Einschränkungen gelten nicht für System-User mit der ID 0. Die Konfigurationsdatei für dieses Modul ist /etc/security/limits.conf.

Tabelle 5.1 PAM - Module (Teil 1)

Modul	Einsatzgebiet und Aufgabe
pam_mkhomedir	legt bei Bedarf ein Homeverzeichnis für den Benutzer an. Das ist beispielsweise für Thin Clients im Kiosk-Mode mit temporären Benutzern sinnvoll.
pam_mktemp	kann als Teil des Session- oder Accountmanagements für angemelete Benutzer ein persönliches Temporärverzeichnis festlegen. Es setzt die Umgebungsvariablen TMPDIR und TMP.
pam_nologin	überprüft die Datei /etc/nologin. Wenn diese existiert, sehen normale Benutzer bis auf den Systemadministrator den Inhalt dieser Datei und dürfen sich nicht anmelden. Das Modul stellt ausschließlich Authentifizierungsfunktionalität zur Verfügung.
pam_permit	liefert immer ein »sucess«. Daher sollten Sie es nur unter sehr speziellen Bedingungen einsetzen.
pam_pwcheck	stellt Hilfsfunktionen in der »password«-Kategorie für das Ändern von Passwörtern zur Verfügung und verwendet hierzu Einstellungen aus der /etc/login.defs. Hier können Sie mit einem Modul-Argument beispielsweise festlegen, welches Crypt-Verfahren (md5, blowfish ...) das Passwort verschlüsselt.
pam_rootok	ist ein Modul der Authentifizierungskategorie. Es kann für bestimmte Dienste, wie su ein Admin-Login ohne Passwort erlauben. So können Root-Benutzer zu einem normalen User werden, ohne dessen Passwort wissen zu müssen.
pam_securetty	legt fest, von welchem Terminal (TTY) sich Systemadministratoren anmelden dürfen. Die Identifikation erfolgt über die Benutzer ID 0. Dieses Modul überprüft, ob die Konfigurationsdatei /etc/securetty als reine Textdatei vorliegt und nicht für jeden schreibbar ist. Die Datei enthält eine Liste von Devices, von denen aus sich »root« anmelden darf. Dieses Modul bedient ausschließlich die Auth-Kategorie von PAM.
pam_unix	ist das Standard-UNIX-Authentifizierungsmodul. Es stellt die Komponenten für Session, Password und Account zur Verfügung. Es benutzt hierfür die Standardaufrufe der Systembibliotheken. Üblicherweise beschafft es seine Informationen aus /etc/passwd und /etc/shadow.
pam_unix2	realisiert eine Erweiterung des Standardmoduls, um beispielsweise auch NIS(+) zur Authentifizierung benutzen zu können. Zu NIS lesen Sie bitte den Abschnitt 5.3.
pam_warn	hat die Aufgabe, Log-Output zu generieren und an den Syslog-Dienst weiterzugeben. Es arbeitet in den Kategorien Authentication und Password.
pam_winbind	wird als Bestandteil der Samba-Suite installiert. Es erlaubt eine Authentifizierung auf Windows-Systemen.

Tabelle 5.2 PAM - Module (Teil 2)

Darüber hinaus gibt es einige zum Teil kommerzielle Module, die mit MySQL, Smartcards mit RSA-Verschlüsselung und weitere Quellen authentifizieren können.

5.4.6 Eine Beispielkonfiguration

Die folgende Datei */etc/pam.d/sshd* im Listing 5.6 zeigt ein typisches Beispiel einer PAM-Konfiguration mit vier hintereinander geschalteten Authentifizierungs-Modulen.

Das erste Modul überprüft, wenn die User ID ungleich null ist, ob eine Datei */etc/nologin* existiert. Es unterbindet in diesem Fall eine weitere Anmeldung, da das Fehlschlagen eines »required«-Moduls zum Gesamtergebnis »fail« beiträgt, das PAM an die Applikation zurückmeldet. Die nächste Zeile versucht, den sich anmeldenden Benutzer anhand der Standard-UNIX-Dateien zu authentifizieren. Gelingt dies, arbeitet PAM keine weiteren Module mehr ab.

Klappt die Anmeldung des Benutzers gegen den LDAP-Server, ruft PAM das letzte Modul auf. Dieses authentifiziert nicht im klassischen Sinne. Es schreibt, wie im letzten Abschnitt dargestellt, Benutzername und Passwort in eine Datei.

Listing 5.6 Aufbau der Beispieldatei */etc/pam.d/sshd*

```
#%PAM-1.0
auth       required     pam_nologin.so
auth       sufficient   pam_unix2.so      set_secrpc
auth       required     pam_ldap.so       use_first_pass
auth       required     pam_storepw.so    use_first_pass
account    required     pam_unix2.so
password   required     pam_pwcheck.so
password   required     pam_ldap.so       use_authtok
password   required     pam_unix2.so      use_first_pass use_authtok
session    required     pam_unix2.so
session    required     pam_limits.so
session    required     pam_env.so
session    optional     pam_mail.so
```

Beim SSH-Dämon sollten Administratoren die PAM-Authentifizierung erlauben, indem sie diese in der Datei */etc/ssh/sshd_config* einschalten:

```
# Set this to 'yes' to enable PAM authentication
# (via challenge-response) and session processing.
# Depending on your PAM configuration, this may
# bypass the setting of 'PasswordAuthentication'
UsePAM yes
```

Das Vorhandensein dieses Eintrags hängt von der SSH-Version ab. Die gezeigte Konfiguration eignet sich für Umgebungen, in denen es nur lokale Administratoren, jedoch keine auf der Maschine selbst eingetragenen Normalbenutzer gibt. Eine solche Situation ist für Net-PCs nicht ungewöhnlich. Zum Debuggen gibt es zwar häufig einen lokalen Eintrag für »root«. Jedoch ist lokales Verwalten großer Benutzerzahlen »vor Ort« wenig sinnvoll. Zusammen mit dem im nächsten Abschnitt vorgestellten LDAP erhalten Sie mit PAM ein mächtiges Werkzeug zur Verwaltung und Administration Ihrer Benutzer.

Zuerst prüft PAM bei der Authentifizierung, ob eine Authentifizierung gegenüber den klassischen UNIX-Dateien Erfolg hat. Dies trifft nur beim Benutzer »root« zu. Da der Root-Benutzer nicht im LDAP gespeichert ist und kein zentrales Homeverzeichnis hat, darf er auch nicht mehr bei den auf »pam_unix2« folgenden Modulen vorbeikommen. Das ist durch die Wahl von »sufficient« sichergestellt.

Entscheidend in dieser Konfiguration ist, dass »pam_unix2« nicht so konfiguriert ist, dass es selbst gegen LDAP authentifizieren kann. Dieses Modul hat eine besondere Stellung, da es die Funktionalität von LDAP und NIS zusätzlich zum klassischen Passwd/Shadow in sich vereinigt. Deshalb sollten Sie überprüfen, welche Eigenschaften voreingestellt sind.

Dies geschieht über die Konfigurationsdatei */etc/security/pam_unix2.conf*. Die Alternative, LDAP gleich zu benutzen, ist hinter den Kommentarzeichen angegeben.

```
auth:      nullok    # auth:      use_ldap nullok
account:             # account:   use_ldap
password:  nullok    # password:  use_ldap nullok
session:   none      # session:   none
```

pam_unix2.so ist ein spezielles Modul, das für SuSE-Linux entwickelt wurde. Es erweitert die Fähigkeiten des Standardmoduls *pam_unix.so* um NIS- und LDAP-Zugriff. Beide Module beherrschen die volle Palette an PAM-Funktionalität. Sie dienen neben der Authentifizierung zusätzlich als Account-, Passwortänderungs- und Session-Modul. Bei Debian finden Sie deshalb ausschließlich das Modul *pam_unix.so*.

Die Accounting-Funktion dieses Moduls prüft anhand der Felder in der Shadow-Datei, ob der Account noch gültig ist oder ob eventuell das Passwort abgelaufen ist. In diesem Fall kann es die Authentifizierung verschieben, bis der Benutzer sein Passwort aktualisiert hat, oder den Benutzer auffordern, sein Passwort zu ändern. Als Session-Modul zeichnet es einfach nur den Benutzernamen und den Diensttyp über den Syslog-Dienst auf. Das Modul *pam_env.so* setzt in */etc/security/pam_env.conf* definierte Umgebungsvariablen. Das optionale *pam_mail.so* darf ohne Konsequenzen fehlschlagen. Es soll Benutzern lediglich mitteilen, ob neue Mail für sie angekommen ist. Da dies jedoch nur für lokal erreichbare Mailfolder klappt, dürfte es eher selten zum Zuge kommen.

5.4.7 Sicherheit und Fallstricke

PAM »bewacht« die verschiedenen Eingänge zu einem Rechner und ist deshalb ein wesentlicher Baustein der Sicherheitsrichtlinien. Bei einer fehlerhaften Konfiguration können sich Benutzer möglicherweise auch ohne ausreichende Authentifizierung anmelden.

Das folgende Beispiel stackt wieder vier Module: Das erste Modul überprüft auf die Existenz der Datei */etc/nologin*. Gibt es diese Datei nicht, liefert es den Status »success«. Selbst wenn nun alle drei folgenden Module fehlschlagen, wird das Gesamtergebnis »success« nicht mehr angezweifelt, und Benutzer können sich auch mit falschem Passwort anmelden. Noch radikaler wäre der Einsatz des »pam_permit«-Moduls, was immer einen Erfolg der Anmeldung garantiert. Der Beispielausschnitt könnte in der Konfiguration für verschiedene Dienste auftauchen. Zum Testen der Auswirkungen verwenden Sie vielleicht das »login« an Text-Konsolen Ihres PC, wo Sie die Auswirkungen Ihrer Einstellungen leicht prüfen können.

```
auth       required    pam_nologin.so
auth       optional    pam_unix2.so      set_secrpc
auth       optional    pam_ldap.so       use_first_pass
auth       optional    pam_storepw.so    use_first_pass
[ ... ]
```

Das erste Beispiel zeigt, wie eine Fehlkonfiguration die Maschine allgemein öffnet. Umgekehrt kann eine Fehlkonfiguration auch komplett verhindern, dass sich Benutzer an Ihrer Maschine anmelden können:

```
auth       required    pam_nologin.so
auth       required    pam_unix2.so      set_secrpc
auth       required    pam_ldap.so       use_first_pass
auth       required    pam_storepw.so    use_first_pass
[ ... ]
```

Die Kontrolleinstellung »required« sorgt dafür, dass Benutzer sowohl in den UNIX-Dateien *passwd* und *shadow* als auch im LDAP bekannt sind. In verteilten Authentifizierungsarchitekturen liegt genau dies sinnvollerweise nicht vor. Systemadministratoren tragen Sie besser nur lokal ein. Normale Benutzer gibt es lokal am besten nie. Im oben gezeigten Beispiel können Sie »perfekt« alle Nutzer von der Maschine aussperren.

Je nach Konstruktion Ihres Systems sollten Sie ein Auge auf die Wirkung des Kommandos su werfen. In großen Umgebungen sollte man verhindern, dass lokale Administratoren in die Homeverzeichnisse beliebiger Nutzer hineinsehen dürfen. Dies verhindern Sie durch eine zusätzlich notwendige Authentifizierung für AFS oder Samba. In diesem Fall benötigen Sie keine Einstellung des su, dass sich Administratoren ohne Angaben eines Passworts in normale zentral verwaltete Benutzer »verwandeln« dürfen. Sie bekommen das Homeverzeichnis nicht automatisch zur Verfügung gestellt.

> **Warnung:** Für alle Dateien und Verzeichnisse mit Bezug zu PAM dürfen nur Systemverwalter Schreibrechte haben. Nur »root« ist Besitzer der Verzeichnisse */lib/security*, */etc/security* sowie */etc/pam.d* und der darin befindlichen Dateien. Auf keinen Fall sollten Sie PAM-Module verwenden, die von Benutzern schreibbare Programmbibliotheken verwenden. So öffnen Sie Angreifern Ziele an verschiedenen Stellen von PAM. Ein Beispiel eines möglichen Trojaners ist das Modul »pam_storepw«. Es kann als Bestandteil oder Ersetzung eines anderen Moduls Passwörter abgreifen, speichern oder weiterschicken. Deshalb sollten Sie PAM-Module von Drittanbietern aus dem Internet nur sehr vorsichtig verwenden und Quellcode auf korrektes Funktionieren prüfen.

Zusätzlich sollten Sie ein Fallback für unkonfigurierte Dienste definieren. Beim Passwortwechsel prüft das im nächsten Beispiel folgende Modul das Passwort anhand der Crack-Bibliothek. Das Beispiel könnte die Konfiguration für »other«, d.h. nicht konfigurierte Dienste sein. Jeder dieser Dienste meldet sich mit einer Warnung beim Syslog. So sehen Sie für jeden Login-Versuch einen Eintrag. Anschließend führt PAM seine Funktion über das »pam_unix2«-Modul aus. Diese Art der Konfiguration erfüllt beide Funktionen. Sie generiert eine Warnung, dass ein Dienst nicht konfiguriert ist, erlaubt aber dennoch eine Anmeldung unter einer gültigen UNIX-UID.

Listing 5.7 Beispiel für eine PAM-Datei */etc/pam.d/other*

```
auth       required    pam_warn.so
auth       required    pam_unix2.so
account    required    pam_warn.so
account    required    pam_unix2.so
password   required    pam_warn.so
password   required    pam_cracklib.so
password   required    pam_unix2.so use_first_pass use_authtok
session    required    pam_warn.so
session    required    pam_unix2.so
```

Eine paranoide Einstellung des Other-Fallbacks könnten Sie auf die folgende Weise erreichen:

Listing 5.8 Das vorige Beispiel in »paranoid«

```
auth       required    pam_deny.so
auth       required    pam_warn.so
account    required    pam_deny.so
account    required    pam_warn.so
password   required    pam_deny.so
password   required    pam_warn.so
session    required    pam_deny.so
session    required    pam_warn.so
```

Diese Einstellung unterbindet das Benutzen unkonfigurierter Dienste komplett. Zusätzlich schreibt PAM für jeden Versuch eine Warnung ins Syslog.

Sie können PAM für Netzwerkdienste verwenden, beispielsweise für die FTP-Authentifizierung. Dann sollten Sie bedenken, dass PAM das Übertragen von Passwörtern und Benutzernamen über das Netz nicht schützt. Dies ist immer Aufgabe der Anwendungen, wie beispielsweise der Secure Shell.

Darum sollten Sie PAM bei Diensten, die von sich aus keine Verschlüsselung bieten, wie das Login über einen Display Manager nur zur lokalen Anmeldung benutzen. Sonst riskieren Sie, dass Angreifer versuchen, Passwörter in Ihrem Netzwerk abzufischen.

5.5 Zentralen Nutzerverwaltung mit LDAP

Der Abschnitt zu PAM hat schon den Bedarf großer Netzwerke an einem Konzept zur zentralen Benutzerverwaltung angesprochen. Lange Zeit galt NIS als Standard. Vor der Entwicklung von PAM war dies auch die einzige Möglichkeit, Benutzer zentral zu verwalten. Dank PAM stehen endlich mehrere Wege offen. Viele Betreiber von Arbeitsplatz-PCs verwenden hierzu hierarchische Datenbanken.

5.5.1 Einführung und Überblick

Zum Datenhunger beim Verwalten von Benutzern kommt Appetit auf zentrales Organisieren von Rechner-Pools. Um solche Daten ebenfalls geeignet abzulegen und komfortabel zugänglich zu machen, eignen sich Datenbanken.

Nach der Zeit relationaler Datenbanken setzen sich inzwischen hierarchische Datenbanken durch. Die X.500-Protokollfamilie definiert dabei einen umfangreichen Verzeichnisdienst. Ein weniger komplexer Abkömmling ist das *Lightweight Directory Access Protocol* (LDAP), der aktuelle Quasistandard für hierarchische Benutzer-Datenbanken. *Directory* (Verzeichnis) bezeichnet im englischen Sprachgebrauch so etwas wie ein Telefonbuch oder einen Katalog. LDAP ist lese-optimiert. Es eignet sich daher besonders für Aufgaben, bei denen Abfragen überwiegen, wie User-Authentifizierung und Konfigurationsaufgaben. Bevor Sie Directories aufsetzen, sollten Sie eine kurze Einführung in das LDAP-Datenmodell und das Protokoll lesen.

5.5.2 Das LDAP-Datenmodell

Das LDAP-Datenmodell unterscheidet sich wesentlich von einem relationalen Datenmodell. Im relationalen Modell erfolgt die Verknüpfung der Daten durch gemeinsame Felder. Die Beziehungen der Daten ergeben sich aus den Datensätzen selbst und sind nicht in der Datenbank abgelegt. Im hierarchischen Modell legen

Sie durch die Gestaltung des Primärschlüssels eines Datensatzes fest, wie die Beziehungen der Datensätze untereinander aussehen. Dieser Abschnitt beschäftigt sich mit dem Aufbau der Datenbasis sowie mit der Ablage der Daten und erklärt das zugrunde liegende Kommunikationsmodell.

Eine hierarchische Datenbank besitzt eine Wurzel. Diese Wurzel ist die höchste Hierarchie-Ebene, unter der sich alles Weitere abspielt. Am besten können Sie dies mit dem Domain Name System vergleichen, über das Sie hier bereits in Kapitel 4, *Linux-Serverdienste: Basics* lesen konnten. Nur die Einzigartigkeit der Wurzel stellt eine eindeutige Zuordnung Ihrer Daten sicher.

Deshalb gibt es im LDAP immer eine einzige als »root« bezeichnete Wurzel. Diese kann man später weder verschieben noch verändern, ohne die Datenbank komplett neu zu initialisieren. Unterhalb von »root« gibt es entweder ein Country-Objekt »c« oder eine Organisation »o«. Ein Country-Objekt darf höchstens einmal existieren. Unterhalb von Country oder Root muss ein Organisationsobjekt »o« stehen. Davon kann es mehrere geben. Unterhalb von »o« folgen Blattobjekte, die Einträge oder Organisationsuntereinheiten »ou«. Einzelne Einträge bezeichnet deren Common Name »cn« . Diese Struktur des LDAP-Baumes entspricht dem X.500-Standard.

Alternativ zur beschriebenen Hierarchie hat sich die Bezeichnung durch Domain Components »dc« durchgesetzt, welche die Wurzel beginnend mit der Toplovel-Domain des Domain Name Service bezeichnet. In den darunter liegenden Hierarchien folgen Second-Level-Domain- und vergleichbar mit den Organizational Units Sublevel-Domain-Namen. So lässt sich ebenso eine (weltweite) Eindeutigkeit eines verteilten Verzeichnisses erreichen. Diese Strukturierung wurde in RFC 2247 mit dem Hintergedanken vorgeschlagen, durch die Ablage von Rechnern in dieser Struktur gleichzeitig den Name Service zu verwirklichen.

Jedes Objekt im Verzeichnis muss einen eindeutigen Namen, den *Distinguished Name* »dn« haben. Der »dn« eines Objekts enthält die Bezeichnungen aller Objekte bis hin zur Wurzel des Baums. Damit ist jedes Objekt im LDAP-Baum eindeutig durch seinen Namen und den vollständigen Pfad zur Wurzel bestimmt.

Beispiel: Der Aufbau der Hierarchie des Verzeichnisses in Abbildung 5.5 orientiert sich gemäß RFC 2247 zunächst einmal am Domänennamen goto.local. Das Objekt dc=goto, dc=local bildet die Basis des Verzeichnisses und unterteilt sich dann in die beiden Teilbäume der Benutzer- (ou=people,dc=goto,dc=local) und der Gruppen-Objekte (ou=groups,dc=goto,dc=local).

Im LDAP-Teilbaum der Benutzer existiert das Objekt cn=saskia,ou=people,dc=goto, dc=local. Jedes Objekt im Verzeichnis ist durch einen eindeutigen Namen, den so genannten »dn« (Distinguished Name), eindeutig festgelegt. Der »dn« des Benutzerobjektes im obigen Beispiel ist dn:cn=saskia,ou=people,dc=goto,dc=local. Das Objekt ist durch Ergänzung des vollständigen Pfades bis zur Wurzel des Baums eindeutig definiert. Irgendwo anders im Baum darf ein weiteres Objekt mit uid=saskia existieren, allerdings wäre hier der »dn« unterschiedlich.

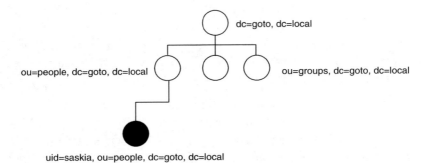

Abbildung 5.5 Beispiel eines LDAP-Verzeichnisbaums

Ein Distinguished Name ähnelt dem Primärschlüssel einer relationalen Datenbank. Häufig verwendet man den *Common Name* »cn« als Teil des eindeutigen Namens, wenn sichergestellt ist, dass die Eindeutigkeit erhalten bleibt, beispielsweise für User-IDs oder Rechnernamen nach dem Domain Name System. Ist der übergeordnete Container für das jeweilige Objekt bereits bestimmt, genügt zur Angabe auch ein *Relative Distinguished Name* »rdn«. Mit ihm braucht man auf tieferen Hierarchieebenen nicht den kompletten, langen »dn« anzugeben.

Einträge in einem Objekt heißen Attribute. Ein Attribut ist der bereits angesprochene Common Name. Weitere Beispiele für Attribute sind Nachnamen, Mail-Adressen, Telefonnummern, Post-Adressen und Verweise auf URLs. Für eine einfache Benutzerverwaltung benötigt ein Linux-Sytem, wenn der Common Name den Realnamen einer Person oder Dienstes bezeichnet, noch eine eindeutige Zeichenfolge, die User-ID.

Beispiel: Der LDAP-Baum des Listings 5.9 zeigt das oben bereits erwähnte Objekt cn=saskia,ou=people,dc=goto,dc=local im detaillierten LDIF-Format (Lightwight Directory Interchange Format), das die per LDAP-Protokoll ausgetauschten Informationen lesbarer darstellt. Ein LDAP-Server speichert die Daten üblicherweise zur effizienteren Bearbeitung in einem binären Format. Das LDIF-Format gibt in jeder Zeile nach dem Attribut-Namen und einem Doppelpunkt sowie einem Leerzeichen den Wert des Attributs aus.

Nach dem bereits erläuterten »dn« folgt eine Aufzählung von Objektklassen des Objekts (Zeile 2-7). Die Objektklassen geben dem Objekt bestimmte Eigenschaften und definieren, welche Attribute für diese Eigenschaft benötigt werden und welche optional sind.

Listing 5.9 Beispiel für ein LDAP-Objekt

```
 1 dn: cn=saskia,ou=people,dc=goto,dc=de
 2 objectClass: person
 3 objectClass: organizationalPerson
 4 objectClass: inetOrgPerson
 5 objectClass: account
 6 objectClass: posixAccount
 7 objectClass: top
 8 uid: saskia
 9 cn: saskia
10 givenName: Saskia
11 sn: Mustermann
12 mail: saskia.mustermann@goto.local
13 userPassword:: efksaodf323KDwekwdpsowwd
14 loginShell: /bin/bash
15 uidNumber: 500
16 gidNumber: 100
17 homeDirectory: /home/saskia
18 gecos: Saskia Mustermann
```

Beispielsweise definiert die Objektklasse *posixAccount* alle für einen Posix- bzw. UNIX-Account notwendigen Attribute wie *uid* (die Benutzerkennung), *userPassword* (das verschlüsselte Passwort des Benutzers), *uidNumber* (die Benutzernummer), *gidNumber* (die Nummer der primären Gruppe), *homeDirectory* (das Benutzerverzeichnis) und die *loginShell* (Shell, die beim Login startet). Diese Attribute des Objekts *dn:cn=saskia,ou=people,dc=goto,dc=de* sollten Ihnen aus der Passwortdatei */etc/passwd* eines UNIX-Systems bekannt vorkommen. Einen analogen Eintrag für die Benutzerin *Saskia* in der */etc/passwd* zeigt Listing 5.10.

Listing 5.10 Auszug aus der Passwortdatei

```
saskia:x:500:100:Saskia Mustermann,,,:/home/saskia:/bin/bash
```

Diese Information soll dem Wert entsprechen, der in der */etc/passwd* im ersten Eintrag steht, sowie Benutzer- und Gruppennummer, ein Homeverzeichnis, eine Login-Shell und eventuell ein Passwort und zusätzliche Daten wie Telefonnummer, E-Mail-Adresse, persönliche Webseite und Büro. Einen Teil dieser Daten kennen Sie aus dem GECOS-Feld der UNIX-Passwortdatei. Abgesehen davon, dass jeder Benutzer dieses Feld lesen kann, verwenden es auch manche Hilfsprogramme. Sendmail greift z.B. darauf zu, um den Absender einer E-Mail-Nachricht anzugeben.

Warnung: Dieses Feld benutzen andere Programme zur Benutzeridentifikation. Üblicherweise stehen hier der volle Name des Benutzers und seine Telefonnummer. Sie sollten bei diesem Feld immer bedenken, dass jedermann es lesen können muss. Deshalb sollte man hier nur solche Informationen angeben, die jeder bedenkenlos lesen darf. Dies gilt ebenso für eine LDAP-Datenbank. Schützen Sie alle Datenfelder, die nicht jedermann einsehen darf.

5.5.3 Das Protokoll

LDAP arbeitet TCP-basiert und verwendet

1. für die unverschlüsselte Client-Server-Kommunikation den Standardport 389 und
2. bei einer SSL- oder TLS-basierten Verschlüsselung den Port 636.

Aus Sicherheitsgründen sollten Sie LDAP-Server und -Clients nur verschlüsselt kommunizieren lassen. Eine unverschlüsselte Datenübertragung ist höchstens innerhalb eines Rechners selbst akzeptabel. Die folgenden Beispiele zeigen, wie der Server bequem auf verschiedenen Adressen und Ports starten kann.

Das Protokoll definiert insgesamt neun Operationen:

Operation	Beschreibung
bind	Verbinden mit einem LDAP-Server
authenticate	Anmeldung mit einer bestimmten ID, sonst erfolgt eine anonyme Bindung
unbind	Verbindung mit dem Server geregelt beenden
abandon	Verbindung mit dem Server (ungeregelt) abbrechen
add	Hinzufügen von Objekten und Attributen
search	Suchen
modify	Ändern von Objekten und Attributen
compare	Vergleich
delete	Löschen von Objekten oder Attributen

Tabelle 5.3 Übersicht der LDAP-Operationen

LDAP erlaubt, Zugriffsrechte auf bestimmte Einträge, Attribute oder Teilbäume seiner Datenbasis zu vergeben (siehe Tabelle 5.4).

Diese Zugriffrechte legen Sie beispielsweise bei OpenLDAP in der Datei *slapd.conf* fest. Diese finden Sie je nach Linux-Distribution zumeist im Verzeichnis */etc/ldap* oder */etc/openldap*. Listing 5.11 zeigt ein Beispiel einer Zugriffsregel.

Rechtetyp	Beschreibung
none	erteilt keine Rechte
compare	erlaubt Vergleiche. Es liefert wahr oder falsch für den Passwort-Check zurück, damit das Passwort zum Vergleichen die Datenbank nie verlassen muss
search	gestattet das Suchen
read	für Lesen ist die Kombination von »compare« und »search«
write	erlaubt das Schreiben
delete	erlaubt das Löschen von Attributen und Einträgen

Tabelle 5.4 Übersicht der LDAP-Rechte

Listing 5.11 Auszug aus der *slapd.conf* zur Definition der Zugriffsrechte

```
 1 [...]
 2 # The userPassword/shadow Emtries by default can be
 3 # changed by the entry owning it if they are authenticated.
 4 # Others should not be able to see it, except the admin
 5 # entry below
 6 access to attribute=userPassword
 7   by dn="cn=ldapadmin,dc=goto,dc=local" write
 8   by anonymous auth
 9   by self write
10   by * none
11 [...]
```

Die Zugriffsregel in Zeile 6-10 besagt, dass das Attribut `userPassword` eines jeden Objekts, sofern es dies aufgrund seiner Objektklassen enthalten darf, vom LDAP-Benutzer mit der dn:cn=ldapadmin,dc=goto,dc=local geschrieben (Zeile 7), vom anonymen Benutzer für die Operation `authenticate` genutzt (Zeile 8) und vom Objekt selbst geschrieben werden darf (Zeile 9). Alle anderen dürfen das Objekt weder schreiben noch lesen (Zeile 10).

5.6 LDAP unter Linux

Systemverwalter können aus mehreren Produkten wählen, die hierarchische Verzeichnisdienste nach dem LDAP-Standard definieren. Das Paket OpenLDAP ist eine freie Implementierung unter der GPL. Es befindet sich in einem ziemlich ausgereiften Entwicklungsstadium, so dass es bereits etliche Firmen und Organisationen im Produktionsbetrieb einsetzen.

5.6.1 Server- und Client-Programme

Der Daemon unter Linux heißt `slapd`. Je nach Distribution finden Sie den Daemon unterhalb des Diensteverzeichnisses */usr/sbin*. Der SuSE-Paketmanager installiert die zentrale Konfigurationsdatei des LDAP-Servers *slapd.conf* unterhalb von */etc/openldap*. Debian verwendet das Verzeichnis */etc/ldap*. Die Datenbankdateien landen üblicherweise unterhalb von */var/lib/ldap*. Dies in der *slapd.conf* festgelegte Verzeichnis können Sie dort jedoch bei Bedarf ändern.

Die Installationsprogramme der Distributionen richten mit dem LDAP-Paket etliche Userspace-Utilities ein. Die beiden Programme `slapadd` und `slapcat` eignen sich für ein direktes Umwandeln von Daten des Lightweight Directory Interchange Format (LDIF) in das datenbankinterne Format und umgekehrt.

Während einer Konvertierung mit diesen beiden Tools sollte der LDAP-Server nicht laufen. Die Werkzeuge `ldapsearch`, `ldapadd`, `ldapdelete` und `ldapmodify` operieren hingegen über die Netzwerkschnittstelle der LDAP-Datenbank. Diese Werkzeuge implementieren die im Abschnitt 5.5.3 zum Protokoll genannten Operationen.

5.6.2 Eine einfache Konfiguration

Einen ersten Eindruck von der Funktionsweise von LDAP soll das folgende Beispiel für eine kleine Benutzerverwaltung geben.

Stellen Sie sich einen LDAP-Server vor, auf dem sich die beiden Benutzer Maria Alcalde und Hermann Maier anmelden sollen. Dieses Setup erfordert keine verschlüsselten Verbindungen, da der LDAP-Server die gesamte Kommunikation über das Loopback-Interface (lo mit der IP-Nummer 127.0.0.1) abwickelt.

Die Serverkonfigurationsdatei */etc/openldap/slapd.conf* könnte wie folgt aussehen. Falls Sie einen alternativen Pfad, beispielsweise mit einer Debian basierten Distribution verwenden, müssen Sie die Pfade entsprechend auf */etc/ldap/* anpassen.

Listing 5.12 Konfigurationsdatei eines LDAP-Servers *slapd.conf*

```
 1 include         /etc/openldap/schema/core.schema
 2 include         /etc/openldap/schema/cosine.schema
 3 include         /etc/openldap/schema/nis.schema
 4
 5 pidfile         /var/run/slapd/slapd.pid
 6 argsfile        /var/run/slapd/slapd.args
 7
 8 access to attr=userpassword
 9     by anonymous auth
10     by self write
11
12 access to attr=objectclass,entry,mail,cn,sn,loginShell,userPassword
```

```
13     by self write
14     by * read
15
16 access to attr=objectclass,entry,uid,mail,cn,sn,uidNumber,\
17               gidNumber,homeDirectory,loginShell
18     by * read
19
20 access to *
21     by users read
22     by anonymous auth
23
24 database        ldbm
25 directory       /var/lib/ldap
26 suffix          "dc=mydomain,dc=local"
27 rootdn          "cn=Manager,dc=mydomain,dc=local"
28 rootpw          geheim
```

Am Anfang des Listings 5.12 legen die Zeilen 1-3 zunächst die notwendigen Schemata mit den Definitionen der benötigten Objektklassen fest. Zeile 5 und 6 bestimmen die Dateien, in denen der slapd zur Laufzeit seine Prozess-ID und seine Argumente ablegt. Die Zeilen 8-22 definieren die Zugriffsrechte auf die Attribute und Objekte in der Datenbasis. Die Zeilen 24-25 legen das Datenbankformat und das Verzeichnis fest, in dem slapd die LDAP-Daten speichert (ldbm). Der Parameter *suffix* in Zeile 26 gibt die Wurzel der Datenbasis, hier »dc=mydomain,dc=local«, an. Die Zeile 27/28 legen das Administratorkonto, welches mit allen Schreib- und Leserechten ausgestattet ist, und das zugehörige Passwort fest.

Nach dem Anlegen der Konfigurationsdatei überprüfen Sie, ob das Datenverzeichnis richtig angelegt ist und die richtigen Rechte gewährt. Sie können den LDAP-Server nicht mit »root«-Rechten laufen lassen. Die Dateien und Verzeichnisse müssen dem LDAP-Benutzer gehören. Anschließend können Sie den Dienst starten:

```
/usr/lib/openldap/slapd -f /etc/openldap/slapd.conf
  -h ldap://127.0.0.1:389 -u ldap -g ldap
```

Die Log-Datei */var/log/messages* nimmt die Fehlermeldungen der Konfigurationsdatei auf und zeigt den Erfolg Ihres ersten Versuchs. Die Datei für die Client-Kommandos und das PAM-Modul *ldap.conf* sollte die folgenden Zeilen enthalten:

```
# LDAP Client-Konfigurationsdatei /etc/(open)ldap/ldap.conf
BASE    dc=domain,dc=local
URI     ldap://127.0.0.1:389
```

Nun verbindet sich das Suchkommando ldapsearch -x schon mit der Datenbank. Solange Sie noch keine Informationen erfasst haben, kann es natürlich auch keine ausgeben.

> **Warnung:** Sie finden die gezeigte Datei je nach Distribution in */etc*, */etc/ldap* oder */etc/openldap*. Leider arbeiten einige Paketbauer nicht sehr exakt. So kann diese Datei an mehreren Stellen vorkommen. Verhalten sich Ihre Client-Kommandos nicht wie gewünscht, überprüfen Sie am besten mit `strace`, welche Datei das jeweilige Kommando aufruft. Zur Sicherheit können Sie von verschiedenen Verzeichnissen auf eine Datei verlinken.

Zum Erfassen der ersten Daten schreiben Sie die Objekte im LDIF-Format in eine Textdatei. Dabei beginnen Sie von der Wurzel, definieren nach und nach die Teilbäume und geben anschließend die Blätter ein.

Listing 5.13 LDIF-Datei zur Definition von zwei Beispielnutzern: user.ldif

```
dn: dc=domain, dc=local
objectClass: organization
o: domain

dn: ou=user, dc=mydomain, dc=local
ou: user
objectclass: organizationalUnit

dn: ou=group, dc=mydomain, dc=local
ou: group
objectclass: organizationalUnit

dn: cn=user, ou=group, dc=mydomain, dc=local
objectClass: posixGroup
objectClass: top
cn: user
userPassword: crypt
gidNumber: 100

dn: uid=malcal, ou=user, dc=mydomain, dc=local
uid: malcal
cn: Maria Alcalde
sn: Alcalde
objectclass: person
objectclass: posixAccount
objectclass: shadowAccount
objectclass: top
userPassword: 21geheim
shadowLastChange: 11472
shadowMax: 99999
shadowWarning: 7
uidNumber: 1001
gidNumber: 100
homeDirectory: /home/malcal
loginShell: /bin/bash

dn: uid=hmaier, ou=user, dc=domain, dc=local
```

```
uid: hmaier
cn: Herbert Maier
sn: Maier
objectclass: person
objectclass: posixAccount
objectclass: shadowAccount
objectclass: top
userPassword: 12geheim
shadowLastChange: 11472
shadowMax: 99999
shadowWarning: 7
uidNumber: 1002
gidNumber: 100
homeDirectory: /home/hmaier
loginShell: /bin/tcsh
```

Sobald Sie eine Datei im LDIF-Format erfasst und überprüft haben, können Sie deren Inhalt mit dem Kommando

```
ldapadd -c -x -D 'cn=Manager,dc=mydomain,dc=local' -W -f user.ldif
```

in die laufende Datenbank übertragen. Hier finden Sie den Datenbank-Manager-Account wieder, den Sie zuvor in der Server-Konfigurationsdatei (siehe Listing 5.12) angegeben haben. Beim Aufruf des Kommandos ldapadd fragt das Programm nach dem Passwort des Datenbank-Manager-Accounts *cn=Manager, dc=mydomain,dc=local*, das Sie ebenfalls in der Server-Konfigurationsdatei festgelegt haben.

Wenn Sie nun ldapsearch -x aufrufen, gibt Ihnen die Kommandozeile bereits die meisten Daten der LDIF-Datei *user.ldif* aus Sie sehen als Anwender die für den anonymen Zugriff freigegebenen Daten. Zum Anzeigen des vollständigen Datensatzes müssen Sie sich mit dem Account des Datenbank-Managers authentifizieren:

```
ldapsearch -x -D 'cn=Manager,dc=mydomain,dc=local' -w 'geheim'
```

Dem Manager gibt ldapsearch alle Objekte und Attribute der Datei *user.ldif* aus.

Normalerweise sind die jeweiligen PAM-Moduln so konfiguriert, dass sie für das Authentifizieren von Benutzern nur die Datei */etc/passwd* nutzen. Nun sollten Sie diese so abändern, dass PAM anhand der frisch eingerichteten LDAP-Datenbank authentifiziert. Das für ein sicheres Netzwerk-Login zuständige PAM-Modul ist */etc/pam.d/sshd*. Dies sollten Sie gemäß Listing 5.14 anpassen.

Listing 5.14 Beispielkonfiguration eines PAM-Moduls: */etc/pam.d/sshd*

```
1 auth      required    pam_nologin.so
2 auth      sufficient  pam_ldap.so
```

```
 3 auth      required  pam_unix2.so    use_first_pass # set_secrpc
 4 account   required  pam_unix2.so
 5 password  required  pam_pwcheck.so
 6 password  required  pam_ldap.so     use_authtok
 7 password  required  pam_unix2.so    use_first_pass use_authtok
 8 session   required  pam_unix2.so
 9 session   required  pam_limits.so
10 session   required  pam_env.so
11 session   optional  pam_mail.so
```

Für die Authentifizierung an dem PC sind die ersten drei Zeilen zuständig. Zuerst überprüft PAM, ob die Datei */etc/nologin* existiert. Ist das der Fall, gibt es den Inhalt der Datei aus und verweigert allen anderen Nutzern außer »root« den Zutritt. Sonst wird das LDAP-Modul aufgerufen und versucht, Benutzer anhand des LDAP-Servers zu authentifizieren. Klappt es, bricht PAM mit einer Erfolgsmeldung an das Konsolen-Login ab und loggt den Benutzer ein. Schlägt die Abfrage bei LDAP fehl, versucht PAM die lokale Authentifizierung mit dem Modul *pam_unix2.so*. Steht der Benutzer in der lokalen Passwortdatei und benutzte er einen gültigen Login, erhält er Zutritt zum PC. Sonst wird er endgültig abgewiesen.

LDAP erlaubt ähnlichwie NIS eine zentrale Passwort-Administration. Dafür müssen Sie dem Name Service Switch die Alternative zu den klassischen Dateien *passwd* und *shadow* mitteilen:

Listing 5.15 */etc/nsswitch.conf*

```
[ ... ]
passwd: files ldap
group:  files ldap
[ ... ]
```

Anschließend sollten Sie den SSH-Server (sshd) und ebenfalls den Name Service Caching Daemon (nscd) neu starten. Zum Test versuchen Sie, sich mit SSH einzuloggen. Dies sollte nun funktionieren, stellt jedoch noch kein Homeverzeichnis zur Verfügung, wenn Sie dieses nicht lokal angelegt oder pauschal über das Netz per NFS gemountet haben.

Die Liste der von LDAP zur Verfügung gestellten Benutzerkennungen können Sie jetzt mit `getent passwd` anzeigen lassen (siehe Listing 5.16).

Listing 5.16 Ausgabe von `getent passwd`

```
rechner02:~ # getent passwd
malcal:x:1001:100:Maria Malcal,,,:/home/malcal:/bin/bash
hmaier:x:1002:100:Herbert Maier,,,:/home/hmaier:/bin/tcsh
```

`getent` gibt in einer Liste zuerst die Benutzer, die in der *passwd* eingetragen sind, und dann die LDAP-Benutzer aus.

> **Warnung:** Alle hier präsentierten Beispiele wurden unverschlüsselt realisiert. Das ist kein Problem, wenn die Maschine über das Loopback-Interface die Kommunikation zwischen LDAP-Server und Client abwickelt. Für den Transport der Daten über das Netz sollten Sie über eine SSL-Verschlüsselung nachdenken. Hierzu müssen Sie die Konfigurationsdatei um Zertifikate ergänzen, die Sie mit Ihrer eigenen Certificate Authority (CA) erstellt oder von Ihrem CA-Anbieter erhalten haben.

Eine weitergehende Beschäftigung mit der Einrichtung von Zertifikaten und dem eventuell notwendigen Aufsetzen einer eigenen CA würde den Umfang und Fokus dieses Kapitels sprengen.

5.7 Der Automounter

Jedem Umsteiger von Windows bereitet der Umgang mit Wechselmedien anfangs Schwierigkeiten. So können Anwender beispielsweise nicht einfach eine CD ohne vorheriges Unmounten auswerfen. Wegen der mechanischen Bauart gelingt das bei Disketten. Sie stellen dann aber häufig beim nächsten Benutzen fest, dass sich keine Dateien auf dem Datenträger befinden. Dabei kommt es nicht darauf an, ob gerade eine Anwendung auf den Wechseldatenträger zugreift.

5.7.1 Überblick

Grafische Desktops wie KDE oder Gnome bieten zwar inzwischen in ihren Menüs bequeme Funktionen zum Einbinden und Lösen von CD-ROMs, Disketten und Netzwerk-Shares. Diese stehen jedoch nicht allgemein in der Konsole zur Verfügung. Damit dies überhaupt funktioniert, muss man die */etc/fstab* bearbeiten:

```
[ ... ]
/dev/cdrecorder  /media/cdrecorder  auto  ro,noauto,user,exec  0 0
/dev/cdrom       /media/cdrom       auto  ro,noauto,user,exec  0 0
/dev/dvd         /media/dvd         auto  ro,noauto,user,exec  0 0
/dev/fd0         /media/floppy      auto  noauto,user,sync     0 0
[ ... ]
```

Entscheidend sind hier die Einträge `noauto` und `user` in der vierten Spalte. `noauto` sorgt dafür, dass Linux nicht gleich beim Hochfahren versucht, das Gerät oder das Netzwerk-Share einzubinden. Die Option `user` erlaubt normalen Benutzern, Datenträger zu mounten. Diese sind aus Sicherheitsgründen sonst vom Mounten ausgeschlossen. Nimmt nun die Zahl der möglichen Mount-Quellen stark zu, weil Sie beispielsweise die Homeverzeichnisse Ihrer Nutzer einbinden wollen, sind Lösungen aus Skripten und vielen Einträgen in der */etc/fstab* nicht effizient.

Dieser Abschnitt beschreibt, wie man bei Linux das Einbinden und Lösen von nicht-dauerhaften Mounts automatisieren kann. Beim Zugriff auf ein vorher definiertes Verzeichnis stößt der Linux-Automounter einen Mount an. Wurde das Verzeichnis schon länger nicht benutzt, gibt der Automounter das Netzwerk-Share oder den Wechseldatenträger wieder frei.

5.7.2 Die Funktionsweise

Der Automounter basiert auf einem virtuellen Dateisystem namens AutoFS. Dieses Dateisystem muss in den Kernel fest einkompiliert sein oder als Modul zur Verfügung stehen. Ob dies bei Ihrem aktuell laufenden Kernel der Fall ist, können Sie beispielweise bei Kerneln der SuSE-Distribution so ermitteln:

```
hmaier@rechner02:~> zcat /proc/config.gz|grep -i autofs
CONFIG_AUTOFS_FS=m
CONFIG_AUTOFS4_FS=m
hmaier@rechner02:~> /sbin/lsmod|grep -i autofs*
autofs4                 8212    0  (unused)
```

Mit dem ersten Kommando stellen Sie fest, wie der Kernel konfiguriert ist. Der Kernel des Beispiels bindet das AutoFS als Modul ein. Mit dem Befehl `lsmod` können Sie anzeigen, ob das Modul bereits geladen ist. Üblicherweise geschieht dies automatisch beim Start des Userspace-Teils des Automounters.

Das Startskript `autofs` des Automounters befindet sich bei den meisten Distributionen im Verzeichnis */etc/init.d*. Sie können mit diesem Skript wie gewohnt den Dienst mit */etc/init.d/autofs start* respektive `rcautofs start` anwerfen.

Anhalten können Sie den Automounter mit `/etc/init.d/autofs stop` bzw. `rcautofs stop`. Die meisten Distributionen spendieren ihrem Startskript die Fähigkeit, mit `/etc/init.d/autofs reload` die Konfigurationsdatei lediglich neu einzulesen ohne den Dienst komplett neu zu starten.

Der Automounter übernimmt dazu die Kontrolle über die konfigurierten Mount-Punkte. In diesen Verzeichnissen kann anschließend kein anderer Prozess mehr Verzeichnisse anlegen. Vorher durch andere Prozesse angelegte oder bereits definierte Verzeichnisse überdeckt er.

5.7.3 Die Konfigurationsdateien

Der Automounter benutzt ein zweistufiges Konfigurationskonzept. Die Datei */etc/auto.master* legt generell fest, welche Verzeichnisse er übernimmt.

```
# Format der Datei:
# Mountpoint     Map              Optionen
/misc            /etc/auto.misc
/users           /etc/auto.users
```

Im Beispiel legen Sie fest, dass der Dienst nach seinem Start die Verzeichnisse /misc und /users besitzt und überwacht. Mit `mount` können Sie dann auch feststellen, ob dieser Dienst korrekt läuft:

```
hmaier@rechner02:~> mount
automount(pid2907) on /misc type autofs (rw,fd=5,pgrp=2907,\
minproto=2,maxproto=3)
```

Für jeden Master-Mountpoint benötigen Sie eine eigene Datei. Diese hat den generellen Aufbau der Form:

```
# Format der Datei:
# Sub-Mountpoint  Dateisystemoptionen  Quelle
cdrom             -fstype=auto,ro      :/dev/cdrom
dvd               -fstype=auto,ro      :/dev/dvd
floppy            -fstype=auto,sync    :/dev/fd0
suse-install      -fstype=nfs,ro       install.mydomain.local:/suse9.0
```

Zuerst kommt der Name des Sub-Mountpoints. Wenn ein Benutzer versucht, in das Verzeichnis /misc/cdrom zu wechseln:

1. legt der Automounter das Unterverzeichnis *cdrom* im Automount-Verzeichnis /misc an und
2. bindet das zugehörige Gerät oder Netzwerkdateisystem nach Eintrag in der Quellspalte ein. Der Automounter reicht alle unter »Dateisystemoptionen« angegebenen Optionen an das `mount`-Kommando weiter.
3. Nach einer gewissen Zeit der Nichtbenutzung hängt Autofs das Verzeichnis wieder aus und löscht den Sub-Mountpoint.

Als Quelle sind lokale Geräte und entfernte Dateisysteme zulässig. Lokale Geräte sprechen Sie über die Device-Datei oder einen Link auf diese Datei an: /dev/fd0 ist der Device-Eintrag für das Standard-Diskettenlaufwerk. /dev/cdrom und /dev/dvd sind oft Links auf das reale Laufwerk, welches beispielsweise als erstes IDE-Gerät am zweiten IDE-Bus mit /dev/hdc bezeichnet ist. SCSI-CD-Geräte erkennen Sie an Device-Namen, wie /dev/srN, wobei N für die Nummer des Geräts steht. Die Zählung beginnt mit 0.

Über das Netzwerk erreichbare Dateisysteme sprechen Sie durch eine Kombination aus Rechnernamen oder IP-Adresse und dem Verzeichnis auf dieser Maschine an, getrennt durch einen Doppelpunkt. So bedeutet das Beispiel *install.mydomain.local:/suse9.0*: Mounte vom NFS-Server namens *install.mydomain.local* das Verzeichnis /suse9.0. Voraussetzung hierfür sind ein korrekt eingerichteter Dienst auf dem Server und ausreichende Zugriffsrechte für den lokalen Rechner, auf dem der Automounter läuft.

Für die Homeverzeichnisse der Benutzer bindet man eleganter nicht den gesamten Dateibaum ein, sondern nur das Verzeichnis des jeweiligen Benutzers:

```
# Format der Datei:
# Sub-Mountpoint Dateisystemoptionen    Quelle
*       -fstype=nfs,rw        home.mydomain.local:/home/&
```

Hierfür kann man auf dem Automounter mit Wildcards arbeiten: Der Stern »*« nimmt alle Anfragen zur Benutzung irgendeines Unterverzeichnisses in /users als gültig an. Der Automounter versucht dann mit der Zeichenkette, die er beim »&« einsetzt, einen NFS-Mount auf den Homeverzeichnis-Server auszuführen. Ist dies erfolgreich, findet der Benutzer »hmaier« sein Homeverzeichnis im lokalen Dateibaum unter /users/hmaier.

Dem Automounter kann man beim Start Optionen übergeben, die nicht Bestandteil dieser Konfiguationsdateien sind. In einigen Distributionen finden Sie diese Optionen im systemweiten Konfigurationsverzeichnis /etc/sysconfig. Die SuSE-Distribution legt bei der Intallation des Automounters dort eine Datei autofs ab. In dieser Datei können Sie beispielsweise einstellen, wie lange der Automounter warten soll, bis er ein nicht mehr benutztes Dateisystem oder Gerät wieder aushängt. Stellen Sie an dieser Stelle »–timeout 60« ein, wartet AutoFS eine Minute. Bei »–timeout 2« untersucht es alle zwei Sekunden, ob ein Gerät wieder frei ist. Ersteres ist sicherlich für Homeverzeichnisse sinnvoll; sehr kurze Zeiten kommen Ihren Benutzern bei Wechsellaufwerken entgegen.

5.7.4 Einsatzgebiete

Der Automounter ist für Sie in erster Linie beim Einsatz von Net-PCs interessant. Diese Geräte arbeiten mit lokalem Benutzerzugriff und unterstützen auch Wechsellaufwerke. Wenn Sie Ihre Benutzer-Homeverzeichnisse per NFS zur Verfügung stellen, unterstützt der Automounter Ihre Benutzerverwaltung sehr sinnvoll. Ebenso bietet sich eine Kombination mit PAM und Samba an, wie im vorigen Abschnitt (siehe 5.4.5) vorgestellt.

In anderen Konfigurationen Ihres Netzwerks, beispielsweise beim Einsatz von AFS für Ihre Benutzer-Homeverzeichnisse, erledigt PAM bereits alle notwendigen Schritte für ihre Verwendung. Stehen an dem PC keine Wechsellaufwerke zur Verfügung oder ist deren Verwendung nicht gewünscht, müssen Sie auf AutoFS verzichten.

Zum Einbinden von USB- oder IEEE1394-Geräten bietet Hotplug eine Alternative für Wechseldatenträger. Hier eignet sich der Automounter weniger, da Administratoren nicht wissen können, als welches SCSI-Gerät sich ein angeschlossener USB-Memory-Stick oder eine IEEE1394-CD-Rom meldet.

Wenn Sie LTSP, PXES oder ThinStations verwenden, benötigen Sie kein AutoFS.

6 Bootkonzepte für Clients

Dieses Kapitel bietet einen Überblick über Einsatz-Szenarien schlanker Endgeräte, über Bootmöglichkeiten und praktischen Lösungen für Thin Clients und netzwerkbasierte Workstations. Es zeigt hier im Buch[1], wie man Bootimages erstellen und im Rechner auf einem EPROM oder als BIOS-Komponente einsetzten kann.

6.1 Einleitung und Überblick

Zwischen voll ausgebauten Arbeitsplatz-PCs und dummen Text-Terminals gibt es ein sehr breites Spektrum von Lösungen. Letztlich entscheidend ist aus Sicht von Unternehmen,

- welche Anwendungen sie zentral zur Verfügung stellen und welche sie lokal laufen lassen wollen,
- wie schlank Endgeräte sein sollen,
- welche Server, Protokolle und Endgeräte-Betriebssysteme sie einsetzen wollen.

Lesen Sie zuerst über die Alternativen Client- und Server-Anwendungen.

6.2 Client- und Server-Anwendungen

Vom Betriebskonzept her unterscheiden sich Anwendungen, die lokal auf Clients laufen (clientbasierte Anwendungen), und Anwendungen, die remote auf Anwendungsservern laufen (serverbasierte Anwendungen).

- **Client-Anwendungen:** PCs können Anwendungen selbst lokal ausführen. Fat PCs laden diese Anwendungen aus eigenen Speichermedien und schlanke Net-PCs von Terminalservern.
- **Server-Anwendungen:** Terminals stellen nur die Ausgaben eines Terminalservers dar und nehmen Tastatur- und Mauseingaben an.

6.2.1 Lokale Anwendungen von Terminalservern

Unternehmen können auf ihren Desktop-PCs lokale Anwendungen von lokalen Festplatten laden oder sie von zentralen Terminalservern beziehen. Lokale Anwendungen von lokalen Platten sind auch mit Zusatzprogrammen für zentrales Verteilen (Jargon: «Ausrollen») und Verwalten der schlimmste Albtraum vieler Administratoren und Kostenträger. Das Laden lokaler Anwendungen von Terminal-

---

1 und in Details auf der Webseite *www.linux-terminalserver.de*

servern gibt Unternehmen alle Vorteile einer zentralen Administration, ohne dass sie in riesige, teure Anwendungsserver investieren müssten. Hierdurch kommen sie auch serverseitig mit Computern mittlerer Preisklasse aus. In jedem Fall sparen Unternehmen, weil sie Betriebssystem- und Anwendungs-Software zentral verteilen und anpassen können. Sie erhöhen gleichzeitig die System-Sicherheit und Zuverlässigkeit, indem sie anfällige, verteilte und diebstahlgefährdete (IDE-)Platten durch zentrale, robuste RAID-Lösungen mit langlebigen SCSI-Platten-Systemen in gesicherten Rechenzentren ersetzen. Außerdem entfallen am Ende des Lebenszyklus die hohen Entsorgungskosten von Spezial-Dienstleistern für das nachhaltige Unlesbar-Machen von Festplatten. Es spart bei der Installation und beim Update erheblich Arbeit, den Benutzer-Arbeitsplätzen die für die jeweilige Arbeit der Anwender erforderlichen Anwendungen auf Terminalservern bereitzustellen. Leider verlangen insbesondere Windows-Varianten aber stets noch lokale Einträge in Verwaltungsdateien wie der Registry, die ein automatisches zentrales Zur-Verfügung-Stellen von Anwendungen erschweren. Im Abschnitt 6.5, *Bootmethoden*, ab Seite 181 und in den weiteren Kapiteln lesen Sie, wie man nicht nur Anwendungen von Terminalservern lädt, sondern auch Engeräte von ihnen bootet.

6.2.2 Serverbasierte Anwendungen

Remote-Applikationen erinnern an die gute alte Zeit der Hosts und Terminals, die immer noch andauert. Hier dienen Endgeräte dazu, die Ausgaben eines Anwendungsservers darzustellen und Tastatur- und Mauseingaben anzunehmen. Typischerweise müssen Unternehmen hier erheblich in Server investieren, während sie bei Endgeräten inzwischen wenig Aufwand treiben müssen. Während im Intel-Umfeld für ein paar Dutzend Anwender noch Zwei- oder Vier-Prozessor-Anwendungsserver mit reichlich Hauptspeicher ausreichen, braucht man für Hunderte von Anwendern schon »Farmen« oder Cluster hoch skalierender Anwendungsserver. Für verschiedene Server-Architekturen gibt es eine überschaubare Auswahl von Protokollen und Endgeräten. Die folgende Tabelle stellt Server, Protokolle und Endgeräte nochmals zusammen.[2]

---

[2] Unternehmen mit einer historisch gewachsenen vielfältigen Serverlandschaft aus Hosts, UNIX/Linux- und Windows-Servern können hier als Zwischenschicht noch Middleware-Server von Tarantella einfügen. Diese Middleware-Server bündeln die Kommunikation mit den verschiedenen Anwendungsservern wie Hosts, UNIX-Servern und Windows-Terminalservern und kommunizieren über Tarantellas proprietäres Adaptive Internet Protocol (AIP) mit den Endgeräten. Damit reduzieren sie die Protokollvielfalt bei den Endgeräten, erhöhen die Systemsicherheit, weil Endgeräte nur noch den Middleware-Server sehen, und können Außenstellen auch über schmalere Bandbreiten anbinden, ohne dort die Arbeitsgeschwindigkeit auszubremsen.

Server	Protokoll	Endgerät
UNIX/Linux mit X.11 Client	X.11	X.11-Server
Windows Terminalserver	RDP	RDP-Client oder Browser
Windows Terminalserver mit Citrix Metaframe	ICA	ICA-Client oder Browser
IBM 370	3270	TN3270-Terminal oder TN3270-Emulation
AS 400	5250	5250-Terminal oder 5250-Emulation
DECT	VT525	VT525-Terminal oder VT525-Emulation

Tabelle 6.1 Einige Server, Protokolle und Endgeräte

In den Kapiteln 9, *Terminaldienste im WAN* und 11, *Windows für Linux Diskless Clients*, finden Sie mehr Details über einige Server und Protokolle. Lesen Sie im nächsten Abschnitt mehr über Endgeräte.

6.3 Betriebssysteme von Endgeräten

Unabhängig davon, wie und von wo Endgeräte booten, kann man auf ihnen unterschiedliche proprietäre, kommerzielle oder standardbasierte, freie Betriebssysteme nutzen. Linux und BSD-UNIX sind in der Praxis ebenso anzutreffen wie verschiedenste Versionen von Microsoft Windows:

- Bei Terminals mit Flash-Speichern (Flashrom Terminals, von der Industrie auch Thin Clients genannt), überwiegen laut IDC im Jahr 2003 Windows-Varianten mit einem schrumpfenden Marktanteil von ca. zwei Drittel gegenüber Linux/BSD mit einem steigenden Marktanteil von einem Sechstel (siehe auch [O'Donnell2003], Tabelle 6, Seite 19).
- Bei Thin Clients, die wie hier im Buch beschrieben von Terminalservern booten, besitzt Linux praktisch einen Marktanteil von 100 Prozent.

6.4 Thin Clients und Fat Clients

Dieser Abschnitt erörtert Möglichkeiten und Vor- und Nachteile von Endgeräten bei lokalen und serverbasierten Anwendungen.

6.4.1 Vollständige Desktop-PCs und Notebooks

Vollständige PCs, im Vergleich zu Terminals englisch Fat PCs oder Fat Clients genannt, booten von einer ihrer Festplatten, laden Anwendungen von lokalen Platten und führen Anwendungen lokal aus. In betrieblichen Umgebungen authentifizieren sie Benutzer möglichst über zentrale Verwaltungs-Datenbanken und speichern Daten auf zentralen Dateiservern. Diese Form der Datenverarbeitung ist in den letzten 20 Jahren unkontrolliert und ungeplant so gewachsen. Leider sind bei ihr die Kosten pro Arbeitsplatz unnötig hoch, insbesondere wenn sie mit Windows-Betriebssystemen laufen. Unternehmensberater sprechen in verschiedenen Studien von 4.000 bis über 10.000 Euro arbeitsplatzbezogener Kosten durch Support, Wartung, Hard- und Software, Updates etc. Diese Kosten enthalten noch nicht einmal den Arbeitsausfall bei Störungen des PC oder der Anwendungen und bei Hilfeversuchen durch Kollegen. Als Ausweg aus dem Administrations- und Support-Aufwand bauen immer mehr Unternehmen auf Terminalserver, gepaart mit schlanken Endgeräten, damit Anwender wieder produktiver arbeiten.

6.4.2 Endgeräte für serverbasierte Anwendungen

Beziehen Nutzer ihre Anwendungen von einem Terminalserver, können und sollten Unternehmen Endgeräte wählen, die keine weiteren Funktionen haben, als Anwendungen lokal darzustellen und Benutzereingaben entgegenzunehmen, also Terminals oder Browser-Geräte. Dies hilft, arbeitsplatzbezogene IT-Kosten zu sparen: Je einfacher ein Endgerät ist und je weniger Funktionen es hat, desto weniger können Anwender »verkonfigurieren«, desto weniger kann »abstürzen« und desto weniger Arbeitszeit geht unkontrolliert verloren. Für Remote-Applikationen können Anwender als Endgeräte Single-Protokoll-Terminals, Multiprotokoll-Terminals, Terminals mit Browsern oder PCs mit Clients für die erforderlichen Kommunikations-Protokolle verwenden:

- ▶ Spezielle Single-Protokoll-Terminals verstehen nur ein Host-Protokoll wie vt100, 5250 oder X.11.
- ▶ Wenn die IT- Landschaft durch weitere Protokolle wie AIP, ICA, RDP heterogener wird, setzen Unternehmen eher auf Multiprotokoll-Terminals, die mehrere Protokolle zur Kommunikation mit verschiedenen Anwendungsservern unterstützen, oder
- ▶ auf webbasierte Anwendungen auf Terminals mit lokalem, Java-fähigem Browser.

Sollen Anwender hingegen auf ihren Endgeräten auch lokale Anwendungen nutzen, müssen ihnen Unternehmen Fat PCs oder Net-PCs zur Verfügung stellen. Bei liebevoller Konfiguration mit nahtloser Desktop-Integration merken Anwender dann gar nicht, ob sie

- ▶ mit Client-Programmen für Protokolle wie AIP, ICA, RDP, VT100, Wyse120, TN5250, TN3270 auf Windows-Terminalservern, UNIX/Linux-Hosts oder Servern
- ▶ oder lokal auf ihrem Fat PC oder Net-PC

arbeiten. Manche Unternehmen nutzen bei einer Umstellung auf serverbasierte Datenverarbeitung die vorhandenen PCs als Terminals weiter. Dazu können Systembetreuer

- über Bootoptionen und Netzwerkboot (wie in diesem Kapitel in den Abschnitten 6.7,*Etherboot* ab Seite 191, 6.8, *PXE und Syslinux*, ab Seite 198 und 6.7.5, *Multiboot*, ab Seite 196 beschrieben) die Anwender direkt auf Terminalserver lenken oder
- die Funktionalität von PCs so einschränken, dass sie sich genauso wie Terminals verhalten. Indem Systembetreuer virtuos mit Skripten oder der Registry etc. zaubern, verhindern sie, dass Anwender lokale Anwendungen ausführen.[3]

6.4.3 Net-PCs

Auf Net-PCs ohne Festplatten führen Unternehmen lokale Applikationen lokal aus, die die Net-PCs von Terminalservern beziehen. Damit kommen die Unternehmen in den Genuß der Administrations-Vorteile zentraler Lösungen, können aber preisgünstige, handelsübliche PCs als Endgeräte verwenden und brauchen keinen riesigen Anwendungsserver. Wie diese Net-PCs booten und Anwendungen laden können, lesen Sie im jetzt folgenden Abschnitt Bootverfahren und detailliert in Kapitel 7, *Linux Net-PCs mit DXS*.

6.5 Bootverfahren im Überblick

Endgeräte können von verschiedenen Quellen booten und ihr Betriebssystem sowie Anwendungen beziehen:

- von eigenen wiederbeschreibbaren Festspeichermedien wie Festplatte, Diskette oder Flash Disk, auch Flashrom genannt,
- von ausschließlich lesbaren Medien wie CD, DVD, oder Flashrom
- über ein Netzwerk von Boot-Servern oder benachbarten Endgeräten.

Vollständige PCs (Fat PCs) verwenden zumeist eigene Laufwerke als Bootquelle. Im Setup-Programm des BIOS können Systembetreuer festlegen, von welcher dieser Quellen die PCs booten. CDs und DVDs als Bootquelle haben den Vorteil, dass Angreifer von außen die Programmdateien nicht hacken können. Festplatten bieten hingegen derzeit noch schnellere Ladezeiten und eine bessere Performance bei zufällig über das Medium verteilten Zugriffen. Da mechanische Bootquellen

---

3 In [Kretschmer2001] ist ab Seite 281 der *Task-Station-Mode* von Uwe Meyer, Karstadt Essen, beschrieben, mit dem man Windows 98 PCs so einrichten kann, dass sie von ihrer lokalen Festplatte nur den Kern von Windows booten, dann sofort den ICA-Client laden und sich Benutzern dann so wie Windows 2000 zeigen. Wyse bietet das Programm Alcatraz, mit dem sich PCs wie Wyse-Terminals verhalten, und Neoware dazu das Programm ThinPC.

sich abnutzen und häufig versagen, nimmt man bei hohen Anforderungen an die Zuverlässigkeit wie in Industrie- und Automotive-Umgebungen und bei Terminals lieber Flashroms. Diese sind inzwischen durchaus erschwinglich.

Zum Booten und Beziehen der Anwendungen von einem Terminalserver gibt es u.a. standardbasierte und proprietäre Lösungen: Auf Standard-Protokollen bauen die hier im Buch beschriebenen Software-Lösungen auf, die Net-PCs von UNIX/Linux-Terminalservern booten und Anwendungen von Linux-Terminalservern beziehen (siehe im Detail Kapitel 7, *Linux Net-PCs mit DXS*).

Beschaffer mögen diese Lösung mit proprietären Alternativen vergleichen wie

- ▶ Hardware-Lösungen wie WEBasDISK, die einen IDE-Port über TCP/IP auf ein Plattenlaufwerk eines anderen PCs im lokalen oder Weitverkehrsnetz umleiten,
- ▶ IBM-iBoot und Linux-Lösungen, die auf dem neuen Internet-Protokoll iSCSI aufsetzen, und
- ▶ Software-Lösungen wie Venturcom BXP, die Net-PCs mit Windows 2000/XP von Boot-Servern booten.

Die nächsten Unterabschnitte werfen einen Blick auf diese Ansätze.

6.5.1 Linux-Bootserver

Linux Bootserver können mit standardisierten quelloffenen Diensten auf Standardprotokollen die gleichen Funktionen bieten wie die sogleich beschriebenen proprietaren Lösungen:

- ▶ Endgeräte wie Terminals oder Net-PCs können von ihnen booten.
- ▶ Endgeräte wie Terminals oder Net-PCs können von ihnen ihr Betriebssystem laden.
- ▶ Endgeräte wie Terminals oder Net-PCs können von ihnen ihr Dateisystem mounten.
- ▶ Net-PCs können von ihnen ihre Anwendungen laden.
- ▶ Terminals können von ihnen Bildschirmdialoge serverbasierter Anwendungen beziehen.

Mehr darüber lesen Sie im weiteren Verlauf dieses Buchs. Beschaffer finden in den nächsten Abschnitten Kurz-Informationen zu den oben genannten proprietären Alternativen.

6.5.2 Kontron WebasDisk

Kontrons WEBasDISK verhält sich aus Sicht des Anwender-PCs wie eine lokale IDE-Festplatte. Daher ist sie unabhängig davon, welches Betriebssystem und welche Anwendungen die User verwenden. Statt auf eine lokale Festplatte greift der PC damit per TCP/IP über das lokale Netz oder ein Weitverkehrsnetz auf ein Laufwerk eines anderen Rechners zu. Dazu kann der PC die Protokolle HTTP oder SMB verwenden.

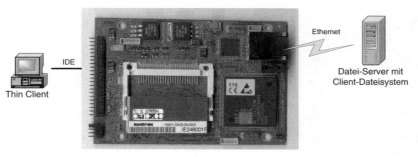

Abbildung 6.1 WEBasDISK

Josef Behammer, Produktmanager Embedded Internet der Kontron Embedded Modules GmbH erklärt dazu Details: «Im Thin Client oder Industrie-PC koppelt man die WEBasDISK-Karte in der Größe einer 2,5-Zoll-Festplatte an die IDE-Schnittstelle an und verbindet sie über einen 10/100Base-T Ethernet-Controller mit einem Server an einem beliebigen Standort. Beim Systemstart bootet der Client über seine virtuelle Festplatte über das Netz und synchronisiert in seinem Compact-Flash-Speicher abgelegte Dateien mit einem Server-Verzeichnis. Die Programme und Daten in einem Client mit WEBasDISK liegen entweder im Flash-Speicher oder auf dem Server. Im laufenden Betrieb greifen Anwendungen über die IDE-Schnittstelle auf Daten wie auf einer lokalen Festplatte zu. Wenn die angeforderten Daten nicht im Flash-Speicher vorhanden sind, wandelt der Net+ARM-Prozessor die Lese- und Schreib-Anforderungen bidirektional in TCP/IP-Pakete für Ethernet-Netzwerke um. Bei einem Ausfall des Netzwerks schaltet das System in einen Emergency-Mode und speichert alle Daten im Flash-Speicher, damit keine Daten verloren gehen. Im aktuellen Produkt WEBasDISK/2 arbeitet ein NET+ARM50TM-Prozessor von NetSilikon. Die Festplattenzugriffe über das Netz dauern mit 500 KByte/Sekunde nur wenig länger als Zugriffe auf lokale Platten. Der Server verwendet das SMB-Protokoll. Auf ihm muss man ein Verzeichnis für den Client-Zugriff freigeben. Wenn die Clients im sogenannten File-Mode betrieben werden, sehen sie dieses Verzeichnis wie ein FAT-Dateisystem.»

Während diese proprietäre Lösung auf den Standards IDE und TCP/IP aufsetzt, verwendet iBoot ebenso wie Ende 2003 entstandene neue Linux-Bootlösungen den neuen Standard iSCSI.

6.5.3 iBoot auf der Basis von iSCSI

iSCSI[4] ist ein neues Internet-Protokoll, das Standard-SCSI-Befehle (Small Computer System Interface) kapselt und über IP-Netze überträgt.[5]

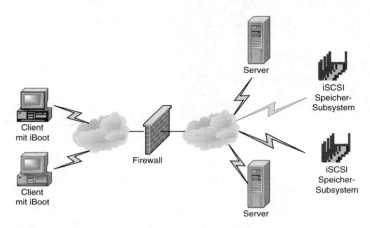

Abbildung 6.2 Beispiel eines IP-Speichernetzes, Quelle: E.Salant

Einsatzbereich von iBoot

iSCSI kennt keine Grenzen für die maximale Entfernung zur Datenübertragungs. Man kann es verwenden, um PCs diskless zu betreiben. iBoot verwendet ein entferntes Plattensystem so wie eine lokale Festplatte. Daher unterstützt es alle PC-Betriebssysteme wie Linux, Windows und DOS. Anwender merken höchstens am Fehlen von Platten-Geräuschen, dass sie ohne lokale Festplatte arbeiten. Wie bei WEBasDISK laufen Anwendungen lokal auf den Anwender-PCs.

Normaler Start eines PCs

Beim Start durchsuchen die Basic Input/Output Services (BIOS) eines PCs den Speicher nach einem ROM-Code. Wenn das BIOS einen findet, lädt es ihn in seinen BIOS-Speicher und führt ihn aus. Die Basic Input/Output Services nutzen dann ihre Festplatten-Lese-Schreibdienste (int 13h), um auf den Master Boot Record (MBR) im ersten Sektor der Festplatte zuzugreifen. Dann übergeben die

---

4 Für diesen Gastbeitrag danken die Autoren Herrn Eliot Salant, IBM Haifa Research Labs, *salant@il.ibm.com*.
5 Freie Linux-Lösungen, die iBoot von IBM ähneln, sind in [Stolzenberger 2004b] beschrieben und erste Praxistests zu iSCSI in [Stolzenberger 2004a].

Basic Input/Output Services die Kontrolle an den Master Boot Record, der den Bootlader ausführt und den Boot-Vorgang fortsetzt. Normalerweise nutzt der Bootlader so lange int 13-Befehle, bis das Betriebssystem so weit geladen ist, dass es seine eigenen Treiber verwenden kann, um den Start des Betriebssystems fortzuführen.

Konzept von iBoot

Das i-Bootkonzept besteht aus zwei Teilen: dem BIOS code und der Konfiguration eines Boot-Images auf einem iSCSI Server. Der BIOS-Code besteht aus mehreren Elementen:

- Initialisierungs-Code,
- int 13h hook-Code,
- SCSI-Schicht,
- iSCSI-Schicht,
- TCP/IP-Stack und
- Ethernet Adapter (NIC) Interface Layer.

Der Initialisierungscode konfiguriert die Umgebung von iBoot und legt dabei die Parameter für das iCSCI-Login wie Ziel-IP-Adresse und Name des Initiators fest. iBoot kann dabei Betriebssysteme auf der Basis von Organisationsregeln Benutzern dynamisch zuweisen.

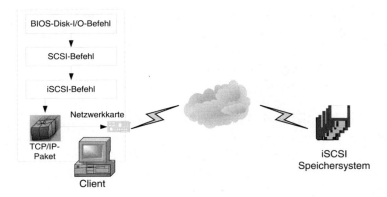

Abbildung 6.3 iBoot-Architektur, Quelle: E.Salant

Der int 13 hook-Code fängt alle BIOS-Festplatten-I/O-Befehle ab, übersetzt das Cylinder, Head, Sector-Format (CHS-Format) in ein Linear Block Array (LBA) und lenkt die Befehle auf die SCSI-Schicht um. Die SCSI-Schicht erzeugt Lese-/Schreib-Befehle und leitet sie zur iSCSI-Schicht weiter.

Die iSCSI-Schicht setzt die SCSI-Befehle in iSCSI-Befehle um und schickt sie zur TCP/IP-Stack-Schicht, welche die Ethernet-Netzwerkkarte nutzt, um Datenpakete zu übertragen. Die Schnittstelle der Ethernet-Karte kann kartenspezifisch sein oder konform mit Intels Universal Network Driver Interface Protocol (UNDI), das zahlreiche Netzwerkkarten unterstützt.

Konfigurieren des Boot-Image von iBoot

iBoot erwartet auf dem iSCSI-System eine bootfähige Version eines Betriebssystems. Als Teil der normalen Betriebssystem-Boot-Folge startet der Master Boot Record (MBR) den Bootlader (bei Linux zumeist LILO oder GRUB), der seinerseits den Betriebssystem-Kern in den Speicher lädt und ihn aufruft. Für einen Remote-Boot von Linux muss der Kernel mit einer RAM-Disk konfiguriert sein, die eine minimale Teilmenge von Treibern enthält, um das Betriebssystem zu booten. In diesen Treibern müssen der iSCSI-Initiator, die Treiber der Netzwerkkarte, die SCSI-Treiber und TCP/IP-Unterstützung enthalten sein. Der Bootlader in der RAM-Disk muss die Remote-Festplatte als Boot-Disk behandeln.

Sobald der Bootlader das Betriebssystem startet, erhält Linux seinen iSCSI-Initiator aus seiner RAM-Disk und nutzt dann diesen Treiber, um den Rest des Betriebssystems zu beziehen. Von jetzt an braucht man int13 nicht mehr, und iBoot hat seine Aufgabe erfüllt.

6.5.4 Start von Windows 2000/XP-PCs von virtuellen Festplatten

Eine weitere proprietäre Lösung hat es auf Windows 2000/XP-Clients abgesehen. Mit Venturcom BXP kann man Windows 2000/XP Client-PCs diskless ohne lokale Laufwerke wie Festplatten, Flash Disks oder bootfähige CDs betreiben, da sie stattdessen über das Netz auf eine virtuelle Festplatte zugreifen. Clients verhalten sich wie fette Windows-PCs ohne die Einschränkungen von Windows-Terminalservern, aber mit der Sicherheit, der Speicherökonomie und den Administrationsvorteilen serverbasierter Lösungen. Alle Anwendungen laufen ohne Anpassung auf dem Prozessor und der Hardware der Client-Maschine, da nur die Festplattenzugriffe auf den Server umgelenkt sind. Da BXP viele ähnlich ausgestattete Client-Maschinen von derselben geschützten virtuellen Festplatte booten kann, braucht man weniger Speicher auf dem Server. Der Caching-Effekt auf dem Server verbessert die Performance ab dem zweiten Plattenzugriff auf den gleichen Bereich. Die BXP Clients benötigen ein PXE BIOS ab Version 99j oder ein Bootrom. Die BXP Server Software läuft auf jedem Windows NT 4.0, Windows 2000 oder XP System (Workstation/Pro und Server). Die Performance hängt vom Netzwerk, dem Prozessor und der Geschwindigkeit der Server-Festplatten ab.

6.6 Bootproms, PXE Boot und BIOS Erweiterungen

Die gleichen Funktionen wie die proprietären Lösungen WEBasDISK, iBoot und Venturcom BXP kann man komplett mit freier, quelloffener Software und offenen Standards erreichen. Die nun folgenden Abschnitte beschreiben daher, wie man Thin Clients und netzbasierte Workstations geeignet darauf vorbereiten kann, ihr Linux-Betriebssystem zu laden. Damit der Administrations- und Finanzaufwand niedrig bleiben, sollten die Lösungen preisgünstig, robust und flexibel sein. Gleichzeitig sollten sie eine breite Auswahl an Hardware unterstützen und nicht auf spezielle Komponenten angewiesen sein.

6.6.1 Verschiedene Bootkonzepte

Da Hardware nicht ewig hält, trifft man nur in wenigen Unternehmen völlig einheitliche Endgeräte an. Statt Endgeräte sehr früh wegen neuer Anforderungen eines neuen Ressourcen-verschwendenden Betriebssystems auszumustern, kann man sie mit den hier beschriebenen Bootkonzepten noch lange als Arbeitsplatzmaschinen weiter nutzen.

Bootsoftware soll keine aufwändig zu konfigurierende oder teurere Spezialhardware voraussetzen, sondern möglichst die Fähigkeiten der eingesetzten Hardware ausnutzen. Eine Bootsoftware muss ähnlich wie das BIOS eines PCs nach dem Ausschalten des Geräts wieder verfügbar sein. Sie sollte sich automatisch ohne besondere Eingriffe von Benutzern im Standardbetrieb aktivieren lassen.

Die nächsten Abschnitte stellen mehrere Ansätze vor, die diese Forderungen erfüllen. Wählen Sie dabei in Ihrer Organisation eine möglichst einheitliche Bootlösung.

Wenn Sie beispielsweise einen Teil Ihrer Clients von einer Flash Disk und alle anderen mittels PXE booten, müssen Sie bei Updates mehr Details berücksichtigen. In einem solchen Fall benötigen Sie DHCP in verschiedenen Einstellungen, NFS nur für die Clients, die aus dem Netz booten, und TFTP in verschiedenen Einstellungen, um den Kernel aus dem Netz zu laden und um die Flash Disks der Clients zu aktualisieren. Es gibt zahlreiche Möglichkeiten, Diskless Clients zu betreiben: Einige Hersteller setzen eine Solid State Disk oder Flash-Speicher für ein Minimalbetriebssystem ein. Alle in diesem Buch in den folgenden Kapiteln vorgestellten Konzepte setzen jedoch auf eine minimale Bootsoftware auf dem Client. Dies erlaubt im Betrieb mehr Flexibilität.

Die Auswahl des Bootkonzeptes entscheidet wesentlich über die Aufgabenverteilung zwischen Client und Server und legt damit mittelbar den Hardware- und Administrationsaufwand für die einzelne Maschine fest. Clients mit Solid State, Flash Disk oder anderem Festspeicher verlagern einige Software und bestimmten Aufwand vom Server weg und erreichen eine gewisse Autonomie. Dadurch erhöht sich jedoch der Kostenaufwand für die nun einzusetzende recht spezielle Hardware. Die Anforderungen an die Ausstattung mit bestimmten Hardwareschnittstellen für die Clients und die Pflege des nun wieder lokal verfügbaren File Systems steigen.

Bei Updates aufgrund von Sicherheitsanforderungen oder beim Einrichten neuer Eigenschaften übersteigt üblicherweise der Speicherplatzbedarf das Speicherangebot der ursprünglichen Hardware. Da man Festspeicher nicht einfach nachrüsten kann, kann diese Lösung langfristig sehr teuer werden. Die theoretisch lange Lebensdauer dieser Geräte endet dann frühzeitig, wenn neue Geräte billiger sind als das Erweitern des Flashrom.

Diese Probleme lassen sich vermeiden, wenn man fast alle Funktionen auf die Serverseite verlagert und man für den Client nur eine Minimal-Installation vorsieht. Wenn Clients nur Code aus einem ROM nutzen, der ihnen erlaubt, einen Server zu kontaktieren und ein Dateisystem über die Netzwerkverbindung zu mounten, bietet dies mehrere Vorteile:

- ▶ Starten alle PCs von einem zentralen Bootserver, so können dabei kaum Fehler auftreten.
- ▶ Man braucht Änderungen nur zentral auf einem Bootserver einzuspielen, und
- ▶ die Kosten für die Softwareadministration sind erheblich niedriger als bei Vor-Ort-Pflege auf vielen verschiedenen Rechnern.
- ▶ Man kann damit PCs auch in Umgebungen betreiben, die für Festplatten oder optische Laufwerke nicht geeignet sind wie in Produktionshallen, in denen Festplatten starken Schwingungen und optische Laufwerke starker Verschmutzung ausgesetzt sind. Zudem kann man damit zwischen Betriebssystemen wechseln, ohne Software neu zu installieren. Damit sinkt die Fehleranfälligkeit der Clients gerade bei steigender Anzahl von Maschinen.

Sehr viele neuere Kompaktrechner und Netzwerkkarten enthalten heute eine eingebaute Preboot Extension (PXE). Dies ist ein proprietäres Bootprom, dessen Lizenzrechte bei Intel liegen.

Auf anderen Rechnern/Netzwerkkarten kann man Bootrom Software auf verschiedenen Wegen installieren:

- ▶ Man installiert oder nutzt Bootroms mit geeigneten Chips auf der Netzwerkkarte mit proprietärer Software von Intel oder von Bootix oder mit quelloffenen Bootlösungen wie Etherboot oder Netboot oder
- ▶ ergänzt das Mainbord BIOS, falls es noch keinen Bootcode enthält, um den zuvor genannten Code.

- In Ausnahmefällen lassen sich bereits vorbereitete Boatloader auf installierten Festplatten oder Disketten nutzen.

Unter Umständen muss man die Bootsoftware noch im BIOS aktivieren. Mit der Installation der Bootsoftware auf den Clients ist üblicherweise die Hardware-Konfiguration abgeschlossen. Bootmedien, wie beispielsweise vorhandene Festplatten, kann man je nach Aufgabenstellung weiter nutzen.[6]

6.6.2 Aufbau und Aufgaben der Bootsoftware

Um auf PCs keine Informationen zu IP-Nummer, Netzmaske oder Hostname fest speichern zu müssen, nutzt man DHCP zur automatischen Netzwerk- und Bootkonfiguration von Clientsystemen. Das ermöglicht ein einfaches Anpassen bei Änderungen in der Netzwerkstruktur. Es erlaubt festspeicherlosen Clients einen leichten Wechsel zwischen verschiedenen Netzen und Betriebsmodi. Die Unterstützung des DHCP gehört zu den Minimalforderungen an eine Bootsoftware. Es reicht jedoch nicht, nur eine IP-Konfiguration zu beziehen. Der Client benötigt auch ein Betriebssystem. Zum Übertragen des Betriebssystemkerns dient in den meisten Fällen das Trivial File Transfer Protocol (TFTP). Etherboot kann alternativ dazu das Network File System (NFS) verwenden. Die Bootsoftware braucht den Client nach dem Start nur mit einer minimalen Netzwerkfähigkeit auszustatten. Die beiden ausführlicher vorgestellten Programme, PXE und Etherboot, benötigen zwischen 16 und 32 kByte Speicher.

Kommerzielle und freie Bootsoftware-Lösungen sind gleichermaßen geeignet.

- Mit PXE (pre-boot execution environment) definiert Intel einen proprietären Standard für Netzwerkadapter. PXE kann sich in einem EPROM auf der Netzwerkkarte befinden oder bei Onboard-Netzwerkkarten als Komponente im Mainboard-BIOS enthalten sein. Rechner mit diesen Netzwerkkarten können über das Netzwerk booten. Viele Hersteller von Netzwerkkarten stellen PXE Roms für ihre Adapter bereit. Sollte eine Netzwerkkarte oder ein Mainboard keinen PXE Bootcode enthalten, können Sie diesen Code zusätzlich mit oder ohne Hardware bei PXE-Lizenznehmern wie Bootix (*www.bootix.com*) erwerben, und als externes EPROM oder als BIOS-Erweiterung installieren. PXE-Code können nur Hersteller anpassen oder verändern.

- Etherboot, ein freies Bootrom-Paket unter der GPL, enthält Treiber für fast alle verbreiteten Netzwerkkarten. Es unterstützt viele Optionen für die Zusammenarbeit mit anderen Bootladern, Dual-Boot-Lösungen und Bootmenüs.

---

[6] Bei Dual-Boot-Lösungen können Anwender beim Start zwischen verschiedenen Betriebsmodi und Betriebssystemen eines Rechners wählen, wie zwischen Windows von der Festplatte oder einer Linux-Umgebung aus dem Netz oder unterschiedlichen Konfigurationen derselben Betriebsumgebung.

Damit aus dem Etherboot-Paket kompilierte Boot-Images in handelsübliche EPROMs oder Flashroms von Netzwerkkkarten passen, sind sie sehr kompakt. Das Lizenzmodell von Etherboot erlaubt beliebig viele Installationen ohne Lizenzgebühren. Da der Source Code offen liegt, kann man diesen bei Bedarf erweitern oder an die Besonderheiten des eigenen Netzwerks anpassen.

▶ Netboot von Gero Kuhlmann ermöglicht es, einen Rechner mit Intel-kompatibler CPU aus dem Netzwerk zu starten. Anders als Etherboot implementiert das Projekt die Netzwerkkartentreiber nicht selbst, sondern setzt auf die Treiber der Hersteller auf. Es schafft zuerst eine Umgebung, welche die mitgelieferten DOS- bzw. NDIS-Treiber des Herstellers laden kann, und startet dann wie Etherboot DHCP- und TFTP. Dadurch kann Netboot jede Netzwerkkarte unterstützen, zu der Hersteller Treiber liefern. Die Netboot- Dateien sind oft deutlich größer als die anderer Bootsoftware-Lösungen.

▶ NILO, der Network Interface Loader, soll Linux, FreeBSD und Windows 95, 98 oder NT4 booten können und den Intel PXE Standard unterstützen. Wie PXE und Etherboot lässt NILO sich in ein EPROM brennen. Die Entwickler bezeichnen NILO als Evolution der Vorläuferprojekte Etherboot und Netboot. Aktuell ist es jedoch sehr still um dieses Projekt.

Kompakte Bootsoftware kann nicht einen beliebigen Kernel direkt starten. PXE lädt daher anstelle des Bootkernels zuerst eine proprietäre Minisoftware. Diese holt ihrerseits den Kernel und die oft benötigte Initial Ramdisk, schreibt ihn in geeignete Speicherbereiche und startet ihn. Bootkernel für Etherboot oder Netboot benötigen spezielle Einstellungen, damit Etherboot/Netboot sie nach dem Kopiervorgang starten können. Daher liefern Netboot und Etherboot hierzu ein Tool für das so genanntes Kernel-Tagging mit.

Wenn Bootsoftware sich nicht auf einem ERPOM oder als BIOS-Komponente unterbringen lässt, kann man Etherboot mit dem GRand Unified Bootloader GRUB kombinieren. Dieser universeller Bootloader unterstützt zusammen mit Etherboot neben dem Multiboot verschiedener Betriebssysteme und Dateisysteme auch das Booten aus dem Netz.

Der nächste Abschnitt beschreibt das Einrichten von Etherboot und der übernächste erläutert, wie das selbst nicht konfigurierbare PXE mit dem Syslinux-Paket zusammenarbeitet, welches dann Multiboot und Menüs erlaubt. Anschließend lesen Sie über Varianten, Clients nachträglich mit der Bootsoftware Ihrer Wahl auszustatten.

6.7 Etherboot

Das Open Source Bootrom Etherboot ermöglicht es, ein Betriebssystem über ein Netzwerk zu booten. in Kapitel 3, *Entwickler, Berater und Multiplikatoren*, konnten Sie bereits auf Seite 48 über Markus Gutsche und Ken Yap lesen. Die General Public License (GPL) erlaubt, Etherboot in einer beliebig großen Anzahl von Installation zu betreiben, wie es Millionen von Anwendern bereits tun. Da Etherboot bereits in vielen Distributionen enthalten ist, viele Server das populäre Etherboot spiegeln und jedes ferngeladene Bootimage sich beliebig oft verwenden lässt, sind keine Nutzerzahlen verfügbar. Einen Anhaltspunkt bieten vielleicht die Statistiken von *rom-o-matic.org*.

6.7.1 Überblick

Etherboot besteht aus mehreren Komponenten:

- **Laderoutinen:** Etherboot benötigt Laderoutinen, damit es vom BIOS direkt, von Diskette, zusammen mit GRUB, als DOS-Executable oder aus einer PXE-Umgebung heraus starten kann.
- **Netzwerkkartentreibern:** Etherboot muss Netzwerkkarten steuern können. Es muss eine IP-Konfiguration per DHCP und anschließend den Kernel per TFTP oder NFS über ein IP-Netz beschaffen. Da es keinen generischen Netzwerkkartentreiber gibt, benötigt man für jede Netzwerkkarte ein eigenes Etherboot-Image oder ein größeres Image, das mehrere Treiber enthält.
- **DHCP/TFTP/NFS:** Diese Protokolle verwendet Etherboot zur IP-Konfiguration und zum Laden des Kernels.
- **Menü und Steuerung:** Für ein Multiboot kann man Etherboot um Routinen erweitern, die ein einfaches Menü ohne die Interaktion mit einem DHCP-Server oder ein komplexes Menü mittels DHCP-Interaktion aufbauen können.

```
Loading ROM image...............
ROM segment 0x0000 length 0x0000 reloc 0x00020000
A20 enabled via BIOS
Etherboot 5.2.2 (GPL) http://etherboot.org Tagged ELF for [PCNET32/PCI]
Relocating _text from: [00010070,00021580) to [01edeaf0,01ef0000)
Boot from (N)etwork or (Q)uit? N

Probing pci nic...
[lancepci]
pcnet32.c: v1.1, 08-23-2003 Written by Timothy Legge (tlegge@rogers.com)
lancepci: Probing for Vendor=1022  Device=2000
PCnet chip version is 0x02621003.
PCnet/PCI II 79C970A at 10C0,lancepci: 00:0C:29:51:F2:87 at ioaddr 10C0
pcnet32 open, csr0 01F3.
Searching for server (DHCP)...
_
```

Abbildung 6.4 Etherboot im Einsatz mit einer AMD PCnet32-Netzwerkkarte

Trotzdem sind die erzeugbaren Boot-Images sehr klein. Sie belegen in einem EPROM je nach gewünschter Funktionalität zwischen 16 und 32 kByte Speicher. Damit passen sie ohne Probleme in handelsübliche Bausteine für Netzwerkkarten, die entweder bereits auf dem Adapter sind oder über Sockel hinzugefügt werden können.

Etherboot können Sie bequem von einer Distribution installieren oder von der Entwicklerseite[7] laden, mit `tar -xpjf etherboot-5.X.Y.tar.b2` entpacken und dann konfigurieren. Beim Entpacken erhalten Sie ein gleichnamiges Verzeichnis ohne die Endung des Packers und Kompressors. In diesem Verzeichnis konfigurieren Sie das Paket.

6.7.2 Konfiguration

Die Optionen für Etherboot stellt man in der Datei *Config* im Source-Verzeichnis des Quellpakets ein. Der Anfang dieser Datei erläutert kurz alle Optionen. Die umfangreiche Dokumentation kann man als Paket von der Etherboot-Homepage laden. Aus- bzw. Abwahl einzelner Optionen entscheiden über den Umfang des später erzeugten ROM-Images.

In der Konfigurationsdatei bestimmt man, wie das Kernel-Image geladen werden soll. Die aktuelle Version von Etherboot erlaubt, zum Laden des Bootkernels anstelle von TFTP alternativ das Network File System zu verwenden, das anschließend für das RootFile System eingesetzt wird. Setzen Sie ausschließlich Clients mit Etherboot ein, können Sie auf dem Bootserver den Dienst TFTP einsparen, wenn Sie NFS einstellen. Damit reduzieren Sie die Komplexität beim Booten und verringern die Ausfallwahrscheinlichkeit. Der Verzicht auf TFTP erhöht die Systemsicherheit, vergrößert jedoch durch der Einbau der NFS-Unterstützung den Code um einige Kilobyte.

Listing 6.1 Ausschnitt aus dem Etherboot *Config* File

```
00 [ ... ]
01 # Select which busses etherboot should support
02 CFLAGS+=       -DCONFIG_PCI -DCONFIG_ISA
03 # For prompting and default on timeout
04 CFLAGS+=       -DASK_BOOT=3 -DBOOT_FIRST=BOOT_NIC
05 # If you would like to attempt to boot from other devices ...
06 # CFLAGS+=     -DBOOT_SECOND=BOOT_FLOPPY
07 # CFLAGS+=     -DBOOT_THIRD=BOOT_DISK
08 # CFLAGS+=     -DBOOT_INDEX=0
09 # If you prefer the old style rotating bar progress display
10 CFLAGS+=       -DBAR_PROGRESS
11 # Enabling this creates non-standard images which use ports 1067 and 1068
12 # for DHCP/BOOTP
```

---

7 siehe Weblinks am Ende des Buchs

```
13 # CFLAGS+=         -DALTERNATE_DHCP_PORTS_1067_1068
14 # Enabling this makes the boot ROM require a Vendor Class Identifier
15 # of "Etherboot" in the Vendor Encapsulated Options
16 CFLAGS+=           -DREQUIRE_VCI_ETHERBOOT
17 [ ... ]
18 # Specify a default bootfile to be used if the DHCP server does not
19 # provide the information.  If you do not specify this option, then
20 # DHCP offers that do not contain bootfiles will be ignored.
21 # CFLAGS+=         -DDEFAULT_BOOTFILE="tftp:///tftpboot/kernel"
22 # Limit the delay on packet loss/congestion to a more bearable value. See
23 # description above.  If unset, do not limit the delay between resend.
24 CFLAGS+=           -DBACKOFF_LIMIT=7 -DCONGESTED
25 # More optional features
26 # CFLAGS+=         -DCAN_BOOT_DISK -DTRY_FLOPPY_FIRST=4
27 # For a serial console, which can run in parallel with FIRMWARE console
28 # CFLAGS+=         -DCONSOLE_DUAL -DCOMCONSOLE=0x3F8 -DCONSPEED=9600
29 # Enable tagged image, generic ELF, Multiboot ELF
30 # or FreeBSD ELF/a.out boot image support
31 CFLAGS+=           -DTAGGED_IMAGE -DELF_IMAGE
32 # CFLAGS+=         -DAOUT_IMAGE -DIMAGE_MULTIBOOT -DIMAGE_FREEBSD
33 # CFLAGS+=         -DAOUT_IMAGE -DAOUT_LYNX_KDI
34 # Download files via TFTP
35 CFLAGS+=           -DDOWNLOAD_PROTO_TFTP
36 # Change download protocol to NFS, default is TFTP
37 # CFLAGS+=         -DDOWNLOAD_PROTO_NFS
38 [ ... ]
```

Die zweite Zeile schaltet ein, welche Busse Etherboot unterstützen soll. Kompilieren Sie ein Image mit genau einem Treiber, tragen Sie hier genau den Bus der Netzwerkkarte ein. Die Zeile 4 bestimmt darüber, ob und wie lange Etherboot eine Abfrage zur Art des Bootens anzeigt. Ebenso legen Sie den Default fest, wenn Benutzer nichts eingeben. Im Beispiel startet Etherboot nach Ablauf der Wartezeit aus dem Netz. Die Meldung zur Auswahl der Boot-Art (Starten aus dem Netzwerk oder von einem lokalen Gerät) stellt man in der Datei *etherboot.h* im selben Verzeichnis wie dem der Konfigurationsdatei ein. Die anschließenden Zeilen bestimmen, was Etherboot tun soll, wenn eine Bootvariante fehlschlägt.

Zeile 10 definiert die Art der Fortschrittsanzeige. Zur Auswahl stehen über den Bildschirm laufende Punkte für jedes erfolgreich empfangene Paket oder ein rotierender Cursor. Möchten Sie in Ihrem Netz Thin Clients unabhängig von einem bereits bestehenden DHCP-Server betreiben, können Sie in Zeile 13 die Default-Port-Nummern ändern. In Zeile 16 schalten Sie ein, dass Etherboot eine DHCP-Antwort nur akzeptiert, wenn die Antwort den String »Etherboot« enthält. Etherboot seinerseits meldet sich gegenüber dem DHCP-Server ebenfalls mit diesem String. Um einen alternativen »Vendor-Code-Identifier« zu senden oder Etherboot auf einen alternativen String reagieren zu lassen, passen Sie die Datei *main.c* an.

In Zeile 21 geben Sie einen Default-Kernel an, den Etherboot zu laden versuchen soll, wenn DHCP diese Option nicht meldet. Ist diese Zeile auskommentiert, ignoriert Etherboot DHCP-Antworten, die die Information nicht enthalten. In belasteten Ethernets kann es zum Verlust von Paketen kommen. In Zeile 24 können Sie das Anfrage-Abwarten-Verhalten von Etherboot festlegen.

Ziele 26 bestimmt, dass Etherboot aus einem per DHCP aufgebauten Menü von der Festplatte booten kann. Dieser Vorgang unterscheidet sich von der Abfrage in Zeile 4. In diesem Fall bricht Etherboot das lokale Booten einfach ab und übergibt die Kontrolle zurück an das BIOS. In dieser Option können Sie aus einem Menü gezielt die lokale Festplatte ansprechen.

In der Zeile 28 können Sie bei Maschinen mit serieller Firmware Console, die Ausgabe von Etherboot auf diese verzweigen. Dieses macht bei aus dem Netzwerk bootenden Computer-Clustern Sinn. Die Zeilen 31 bis 33 entscheiden darüber, welche Kernel-Images Etherboot starten kann. Für alle in diesem Buch vorgestellten Projekte ist die oben gezeigte Einstellung richtig und ausreichend. Die letzten hier gezeigten Zeilen entscheiden, ob NFS oder TFTP den Kernel über das Netz kopieren sollen.

6.7.3 Kompilation

Nachdem Sie die Konfiguration angepasst haben, können Sie den Compiler aufrufen. Die Basis-Images können Sie für alle unterstützten Netzwerkkarten in einem Aufruf erstellen. Hierzu rufen Sie `make` im Quellverzeichnis *src* auf. Sie erhalten dann für jeden Netzwerkkartentyp als Vorlagen für verschiedene Bootmethoden je eine Datei mit dem Standard Image (*.img*) und mit einem komprimierten Image (*.zimg*).

- ***.rom:** ist der Standard. Dieses Image können Sie direkt in ein EPROM brennen oder als zusätzliche BIOS-Komponente hinzufügen.
- ***.pxe:** kann von PXE geladen und ausgeführt werden. So können Sie auch auf PXE-Maschinen ohne Eingriff Etherboot zur Verfügung stellen, wenn Sie beispielsweise mit Menüs arbeiten wollen.
- ***.com:** ist eine DOS-Datei, die ausgeführt werden kann. Diese können Sie auf einer DOS-Diskette bereithalten oder als Boot-Option aus Windows 95/98 heraus ausführen.
- ***.fd0:** ist ein Image, welches direkt in den Bootsektor einer eingelegten Diskette geschrieben wird.

Ein dediziertes ROM-Image, beipielsweise für einen Davicom-Chip *dm9102*, erzeugen Sie durch `make bin/davicom.rom`:

```
rechner02:~/etherboot-5.2.2/src # make bin/davicom.rom
cat bin/rloader.bin bin/start16.bin bin/davicom.img > bin/davicom.rom
/usr/bin/perl ./util/makerom.pl -i'davicom.rom 5.2.2 (GPL) etherboot.org' \
   bin/davicom.rom
```

> Frisch generierte Boot-ROM-Abbilder sollte man zuerst mit einer Bootdiskette testen.

Einzelne Diskettendateien erzeugt man hier im Beispiel durch Aufruf von `make bin/davicom.fd0`. Dies setzt voraus, dass die Diskette bereits im Laufwerk liegt, da sie aus dem Make-Aufruf heraus beschrieben wird.

```
rechner02:~/etherboot-5.2.2/src # make bin/davicom.fd0
gcc -E -Wp,-Wall arch/i386/prefix/floppyload.S | as -o bin/floppyload.o
objcopy -O binary bin/floppyload.o bin/floppyload.bin
rm -f bin/floppyload.o
cat bin/floppyload.bin bin/start16.bin bin/davicom.img > /dev/fd0
```

Der Unterschied zum später eingesetzten ROM-Image liegt im vorgeschalteten Disketten-Bootheader *floppyload.bin*. Genauso unkompliziert generiert man PXE-Images: `make bin/davicom.pxe`. Dieses Image lädt man über den PXE-Bootvorgang (siehe Abschnitt 6.8.2).

6.7.4 MKnbi oder MKelf

Etherboot kann keine Kernel starten, die nicht mit einer speziellen Signatur am Anfang der Kerneldatei ausgestattet sind. Deshalb benötigen Sie ein kleines Programm, welches dem Kernel einen Header verpasst. Dieses Programm können Sie beispielsweise als SuSE-RPM installieren oder von der Etherboot-Homepage beziehen. Generell gehören Etherboot und `mknbi-linux` recht eng zusammen. Sehr weit auseinander liegende Versionen können unter Umständen nicht miteinander harmonieren. Dann lädt der Kernel nicht oder bricht mit einer Fehlermeldung ab.

Das Perl-Skript `mknbi-linux` generiert diesen Header.[8] Als Ergebnis erhalten Sie eine Datei aus dem Header, dem Kernel und falls benötigt, der Initial Ramdisk.

Dieses Programm ruft man so auf:

```
rechner02:~ # mknbi -o bootimg -d /nfsroot/dxs -i rom kernelimage [ramdiskimage]
```

Nach dem Kommando folgen mit `-o` die Ergebnisdatei, mit `-d` das NFS-Root-Verzeichnis und anschließend nach eventuell weiteren Optionen der Kernel und die zugehörige Ramdisk. Die Option `-i` übergibt dem Kernel die Information, dass

---

8 Der Nachfolger heißt `mkelf-linux`.

er seine IP-Konfiguration über die DHCP/BOOTP-Anfrage des Bootroms bezieht. Diese Angabe benötigen Sie je nach Art des Thin Client. Entweder startet der Client aus der Initial Ramdisk eine erneute DHCP-Anfrage oder mountet sein Root File System per NFS direkt vom Bootserver mit der übermittelten IP-Konfiguration.

Etherboot kann neben Linux auch weitere Betriebssysteme, wie z.B. DOS oder FreeBSD, diskless booten. Die Manualpage `man mknbi` enthält dazu eine ausführliche Anleitung.

6.7.5 Multiboot-Anpassungen

Interessant sind die einschaltbaren Anpassungen von Etherboot in Multiboot-Umgebungen, die neben dem klassischen Start aus dem Netzwerk auch Optionen zum Booten von Festplatte, Diskette oder CD-ROM-Laufwerk bereitstellen können. Der Abschnitt 6.7.2 zeigt Optionen, mit denen sich das Verhalten steuern lässt.

- Die Abfrage, ob Sie die Maschine aus dem Netzwerk oder nach der weiteren BIOS-Bootreihenfolge starten wollen, kann vor einer DHCP-Anfrage ins Netz erfolgen. Hier sind Sie unabhängig von einer Netzwerkverbindung, dem DHCP-Server und davon, ob der Client dem DHCP überhaupt bekannt ist. Jedoch fällt dieses Menü sehr einfach aus (Abbildung 6.4). Den Text kompilieren Sie damit jedoch fest in Ihr Rom-Image. Dieses engt Sie bei späteren Anpassungen erheblich ein, da Sie stets den Bootcode jedes Clients austauschen müssen.

- Alternativ können Sie Etherboot aufwändigere Menüs über DHCP-Optionen dynamisch anzeigen lassen. Das setzt voraus, dass die Maschine ans Netzwerk angeschlossen ist und der DHCP-Service korrekt für sie eingerichtet wurde.

Damit sich Benutzer nicht durch unnötig viele Menüs kämpfen müssen, sollte man nur eine dieser Varianten einsetzen.

Die Gestaltung eines Etherboot-Menüs mittels DHCP ist im Abschnitt 4.5.7 in Kapitel 4 im Überblick gezeigt.

6.7.6 Dual-Boot mit Etherboot und Windows-Bootloader

Überwiegen in einer IT-Umbegung noch Windows-Installationen, sollte man neue Konzepte äußerst behutsam einführen und Linux Thin Client Konzepte direkt aus der gewohnten Umgebung heraus starten.

Soll ein Computer neben dem auf Festplatte installierten Microsoft Windows NT oder 2000 als Linux X Terminal oder Linux Net-PC booten, kann man den NT-Loader einsetzen. Dies hilft auch bei Hardwarekonflikten zwischen dem installierten Windows NT und dem EPROM-Code für die Netzwerkkarte. Hierfür kompilieren Sie, wie oben vorgestellt (siehe Abschnitt 6.7.3), Etherboot als ausführbare DOS-Datei.

Soweit Sie nicht auf einen bereits vorhandenen DOS-Bootsektor zurückgreifen können, erzeugen Sie ihn durch Formatieren und Installieren einer Festplatte mit DOS, bevor Sie NT einspielen.[9]

Zusätzlich benötigen Sie die DOS-Systemdateien (*io.sys*, *msdos.sys* oder *kernel.sys*, wenn Sie FreeDOS verwenden). Kopieren Sie diese in das Verzeichnis des NT-Loaders. Wenn Sie die **.com*-Datei über eine *autoexec.bat* aufrufen möchten, sollten Sie ebenfalls die zum gewählten DOS passende *command.com* bereitstellen oder die Etherboot-Datei einfach in diese umbenennen. Wählen Benutzer aus dem NT-Bootmenü den Eintrag für Etherboot aus – diesen können Sie natürlich nach Ihren Vorstellungen benennen – startet der NT-Loader die DOS-Umgebung und aus dieser heraus Etherboot. Wenn Etherboot der Kommandointerpreter ist, sind keine Abbrüche und anderen unerwünschten Benutzereingriffe in die DOS-Umgebung möglich. Das folgende Beispiel zeigt eine angepasste NT-Loader-Datei.

Listing 6.2 NT-Loader mit DOS-Erweiterung

```
[Boatloader]
timeout=30
default=C:\bootsect.dos
[operating systems]
multi(0)disk(0)rdisk(0)partition(2)\WINNT="Win NT Workstation"
multi(0)disk(0)rdisk(0)partition(2)\WINNT="Win NT Workstation,
        [VGA-Modus]" /basevideo /sos
C:\bootsect.dos="DHCP/TFTP (Linux diskless via etherboot)"
```

Die ersten drei Zeilen definieren Einstellungen zum Bootloader selbst. Er wartet 30 Sekunden, bis er den als Default markierten Eintrag aus der Liste der [operating systems] auswählt. Die [operating systems] enthalten Zeile für Zeile Einträge für das Booten verschiedener Einstellungen von NT oder für DOS und Etherboot. Dieses können Sie mit den Einträgen der bekannten Linux Bootloader *lilo* oder *grub* vergleichen. Bei den einfachen Windows-Varianten 95 bzw. 98 können Sie die *.com-Etherboot-Datei einfach über das Bootmenü aufrufen.

Der Windows-2000-Bootloader erleichtert das Aufnehmen von Etherboot in das Bootmenü. Das folgende Beispiel zeigt eine angepasste Konfiguration:

---

9 Hier hilft ein Blick in das Win-NT Multiboot-HOWTO, welches Sie im Netz finden.

Listing 6.3 Win2000-Loader mit Etherboot

```
[Boatloader]
timeout=20
[operating systems]
multi(0)disk(0)rdisk(0)partition(1)\WINNT="Win 2000 Professional"
C:\="Linux via Etherboot-.COM-File booten"
```

Am Windows-2000-Bootloader ändert sich nicht viel. Er lässt sich nur ohne den Umweg über die DOS-Partition vereinfachen, soweit die Startdateien von DOS *io.sys*, *msdos.sys* und der Kommandointerpreter *command.com* vorhanden sind. Mit `autoexec.bat` startet dann einfach die Etherboot-`*.com`-Datei.

6.7.7 Fazit

Etherboot ist ein mächtiges Werkzeug, das vielfältige Einstellungen und Anpassungen erlaubt. Mit den Default-Werten der Konfigurationsdatei bekommt man schnell und einfach ein funktionierendes Standard-Bootrom. Statt Etherboot auf Ihrem System selbst zu erstellen, können Sie die kostenlosen Dienste der Website *Rom-O-Matic.org*[10] in Anspruch nehmen.

Da das Bootimage nur sehr wenige Aufgaben wahrnimmt, ist sein Code kaum fehleranfällig. Nach gründlichen Tests über PXE, Diskette oder DOS sind kaum noch aufwändige Updates der jeweils betroffenen Rechner zu erwarten. Eine Installation muss man dann nur noch erneuern, wenn man Netzwerkkarten austauscht oder die Konfiguration des DHCP durch Verschieben der Portnummern oder Nutzen von Vendor-Code-Identifiern ändert.

Da sich das erzeugte und getestete ROM-Image wie jede andere BIOS-Erweiterung verhält, kann man es als Bootrom auf der Netzwerkkarte oder als Extension-ROM im BIOS des jeweiligen Mainboards auf dem PC installieren. Den Aufwand für das Beschäftigen mit Etherboot können Sie vermeiden, wenn Maschinen bereits eine standardisierte Bootumgebung für den Start aus dem Netzwerk vorsehen. Hiermit beschäftigt sich der nun folgende Abschnitt.

6.8 PXE und Syslinux

PXE und Syslinux können beim Booten ideal zusammenarbeiten:

- Die Pre Boot eXtension PXE ist eine kommerzielle Bootprom-Lösung von Intel auf Basis einer Entwicklung von Bootix (siehe Seite 48).
- Syslinux ist eine allgemeine Lösung zum Booten von Geräten.
- PXElinux ist der spezielle Zweig des Syslinux-Pakets, der mit PXE zusammenarbeitet.

---

10 Siehe Weblinks im Anhang

6.8.1 Überblick

PXE kann festplattenlose PCs über das Netz starten. Dabei implementiert PXE lediglich die Möglichkeit, nach der Initialisierung der Netzwerkkarte mit DHCP und TFTP einen Bootrequest abzusetzen. Da es Kernels nicht direkt laden kann, braucht es für alle weiteren Schritte eine spezielle Umgebung. Hierher rührt auch der Namensanteil *Pre*. Deshalb kann PXE beliebige Betriebssysteme starten und auch mit der Netzinstallation von Microsoft-Betriebssystemen zusammenarbeiten.

PXE ist wie Etherboot an eine Netzwerkkarte gebunden, da es deren Treiber benötigt, um über das Netzwerk zu kommunizieren. Es ist wie Etherboot im EPROM auf der Netzwerkkarte installiert oder bei onboard-Netzwerkadaptern bereits Bestandteil des Mainboard-BIOS. PXE kann man nur so verwenden, wie die Hersteller es liefern, und nicht selbst anpassen.

6.8.2 Syslinux und PXElinux

Um PXE zum Booten von Linux über das Netz einzusetzen, benötigt man eine Gruppe von Bootladern, das auch als Bootloader von CDs, DVDs oder Disketten bekannte Syslinux-Paket von Peter Anvin.[11] Syslinux ist mehrschichtig aufgebaut. Es beinhaltet für alle Bootmedien gleiche Standardroutinen u.a. zum Auslesen von Konfigurationsdateien und zum Anzeigen von Menüs und bunten Begrüßungsbildschirmen. Die einzelnen Zweige des Bootloaders unterscheiden sich durch medienspezifische Routinen. PXElinux ist der spezielle Zweig des Syslinux-Pakets, der mit PXE zusammenarbeitet.

Für die Zusammenarbeit von PXE mit PXElinux muss ein DHCP-Server die IP-Basiskonfiguration und eine Bootdatei mitteilen. Wie Sie den DHCP-Server geeignet konfigurieren und welche weiteren Möglichkeiten dieser Ihnen bietet, lesen Sie in Kapitel 4, *Linux-Serverdienste:Basics*, in Abschnitt 4.5. Weiterhin braucht man einen TFTP-Server für eine Freigabe für das Verzeichnis mit dem PXElinux-Programm, den Kernel- und die Initial Ramdisk Images. Das Einrichten dieses Diensts ist ebenfalls in Kapitel 4, *Linux-Serverdienste: Basics*, im Abschnitt 4.6 beschrieben.

Wenn Sie für Ihre Diskless Clients das Verzeichnis */nfsroot/boot* nutzen, kopieren Sie die Datei *pxelinux.0* in dieses Verzeichnis. PXE lädt `pxelinux.0` über das Netz und startet es. Sobald `pxelinux.0` gestartet ist, gibt PXE die Kontrolle ab. `pxelinux.0` bezieht seine Informationen, wie es sich dem Benutzer gegenüber darstellen und verhalten soll, aus einer Konfiguationsdatei im Unterverzeichnis *pxelinux.cfg*. Die Konfigurationsdatei hat ein spezielles Benennungsschema. Für jeden einzelnen Client können Sie eine gesonderte Konfiguration anlegen. Diese

---

11 Siehe Weblinks im Anhang

bezeichnet man mit der hexadezimalen Darstellung der IP-Nummer des Clients. Beispielsweise stellt *0AEF04E3* die IP-Nummer *10.239.4.227* hexadezimal dar.

pxelinux.0 versucht zuerst, eine Konfigurationsdatei zu laden, die der vollständigen Hexadezimal-Darstellung der eigenen IP-Nummer entspricht. Schlägt dies fehl, zieht PXElinux nacheinander Stelle für Stelle ab und probiert es erneut. Klappt auch dieses nicht, versucht es, eine Datei mit dem Namen *default* zu laden. Der folgende Logfile-Auszug zeigt diese Beschaffung der IP-Adresse durch DHCP:

Listing 6.4 Auszug aus */var/log/messages*

```
dhcpd: DHCPDISCOVER from 00:0d:61:06:97:c3 via eth0
dhcpd: DHCPOFFER on 10.239.4.227 to 00:0d:61:06:97:c3 via eth0
dhcpd: DHCPREQUEST for 10.239.4.227 (10.239.4.179) from 00:0d:61:06:97:c3
dhcpd: DHCPACK on 10.239.4.227 to 00:0d:61:06:97:c3 via eth0
tftpd: Serving /nfsroot/boot/pxelinux.0 to 10.239.4.227:2070
tftpd: Serving /nfsroot/boot/pxelinux.0 to 10.239.4.227:2071
tftpd: Serving /nfsroot/boot/pxelinux.cfg/0AEF04E3 to 10.239.4.227:57217
tftpd: Serving /nfsroot/boot/pxelinux.cfg/0AEF04E to 10.239.4.227:57090
tftpd: Serving /nfsroot/boot/pxelinux.cfg/0AEF04 to 10.239.4.227:56963
tftpd: Serving /nfsroot/boot/pxelinux.cfg/0AEF0 to 10.239.4.227:56836
tftpd: Serving /nfsroot/boot/pxelinux.cfg/0AEF to 10.239.4.227:56709
tftpd: Serving /nfsroot/boot/pxelinux.cfg/0AE to 10.239.4.227:56582
tftpd: Serving /nfsroot/boot/pxelinux.cfg/0A to 10.239.4.227:56455
tftpd: Serving /nfsroot/boot/pxelinux.cfg/0 to 10.239.4.227:56328
tftpd: Serving /nfsroot/boot/pxelinux.cfg/default to 10.239.4.227:56201
tftpd: Serving /nfsroot/boot/boot-n1.msg to 10.239.4.227:56202
```

Abbildung 6.5 Das PXElinux-Bootmenü

Im Beispiel gibt es für den Client keine eigene Datei, und der Prozess führt zum Laden der Default-Konfiguration. Das Beispiel zeigt, wie man für Gruppen von Rechnern oder Subnetzen eigene Konfigurationsdateien benennen müsste. Das brauchen Sie jedoch nur, wenn sich Gruppen von Clients den Benutzern gegenüber unterschiedlich präsentieren sollen.

So könnte eine Gruppe von Maschinen ein anderes Boot-Logo anzeigen als eine andere, oder ein Subnetz startet in seiner Voreinstellung aus dem Netzwerk, und ein anderes Subnetz startet das Betriebssystem von Festplatte.

Abbildung 6.5 zeigt die Zusammenarbeit von PXE und PXElinux. PXE beschafft die IP-Konfiguration und lädt PXElinux, das sich anschließend um alle weiteren Schritte kümmert.

6.8.3 Konfiguration von PXElinux

Die Konfigurationsdatei für PXElinux orientiert sich am Aufbau der Konfigurationen anderer Bootloader. Am Anfang der Datei stehen Optionen des Bootloaders und im zweiten Abschnitt Optionen zum Booten.

Listing 6.5 Die Konfiguration von PXElinux

```
00 display boot-nl.msg
01 prompt 1
02 timeout 200
03 default dxs
04 f1 message
05
06 label dxs
07          kernel dxs
08          append vga=0x317 initrd=initrd-dxs splash=silent \
                apic debug=2 dhcp
09          ipappend 1
10 label dxs-test
11          kernel dxs-test
12          append vga=0x317 initrd=initrd-dxs-test \
                splash=silent apic debug=2 dhcp
13          ipappend 1
14 label etherboot
15          kernel e1000.com
16 label local
17          localboot 0
```

Die erste Zeile legt das Anzeigen einer Message-Datei fest. Diese Message-Datei kann Text enthalten und durch Steuerzeichen Bilder laden.

pxelinux.0 zeigt den hier gezeigten Inhalt der Message-Datei vor dem Prompt auf dem Bildschirm. In der Zeile 01 schalten Sie ein, dass PXElinux auf Benutzereingaben warten soll, bevor es nach einem Zeitintervall von 200 Sekunden (*timeout 200*) das Default-Image lädt, hier laut Zeile 03 dxs. Zeile 04 veranlasst die Bildschirmausgabe der Text-Datei *message*, wenn Benutzer die <F1>-Taste drücken.

```
F1 HELP     dxs -> Linux (Default)    dxstest -> Test-Linux \
   np -> Net.Point
```

Hier kann man mehrere Funktionstasten definieren, die nach Wahl durch die Benutzer weitere Dateien ausgeben. Ab Zeile 06 beginnen die Bootimages. Ein Image leitet man mit dem Wort *label* ein und schließt den Namen des Images an. Wählen Sie möglichst einfache und kurze Namen, da Benutzer diese zum Booten eingeben müssen. Nur beim Default-Image können Benutzer einfach warten oder zum Verkürzen der Wartezeit die <Eingabe>-Taste drücken. Nach der Label-Zeile bestimmt man entweder einen Kernel oder eine PXElinux-Option.

Das Label *dxs* bootet den Kernel mit dem Namen *dxs*. Dieser muss entweder direkt im selben Verzeichnis wie `pxelinux.0` liegen oder durch einen Link vertreten sein. TFTP kann mit Links umgehen, so dass Sie lediglich Links auf Ihre realen Kernel angeben müssen. In Zeile 08 legen Sie die append-Zeile fest. Diese Optionen gibt man dem Kernel mit. In dieser Zeile geben Sie den Namen der Initial Ramdisk an, die der Kernel verwenden soll. Im Beispiel heißt sie einfach *initrd*. Diese Datei muss ebenfalls im selben Verzeichnis liegen oder durch einen Link auffindbar sein. Zeile 09 befiehlt PXElinux, seine IP-Konfiguration über die Kernel-Commandline zu übermitteln. Diese Option ist vergleichbar mit `-i rom` bei `mknbi`. Die Erweiterungen der Kernel-Commandline durch Etherboot oder PXE sind bis auf die letzte Stelle identisch.

Die Zeilen 10, 11 und 12 zeigen ein Alternativ-Label. Wenn Benutzer dieses auswählen, lädt PXElinux einen anderen Kernel (hier mit dem Namen *dxs-test*) und eine andere Initial-Ramdisk. Zeile 14 demonstriert, wie man PXE mit Etherboot zusammen einsetzen kann. Statt eines Linux-Kernels lädt `pxelinux.0` ein für DOS übersetztes Etherboot-Image, im Beispiel ein Image für eine Intel Etherexpress-1-GBit-Karte. Den Zeilen 16 und 17 entnehmen Sie, wie man mit PXElinux das Booten lokaler Geräte einrichten kann.

> Zum Debuggen bei Problemen mit PXE und Syslinux sollten Sie immer einen Blick in das System-Logfile des Bootservers werfen. Hier sehen Sie, ob sich ein Client erfolgreich beim DHCP-Server meldete und ob er eine IP-Adresse zugewiesen bekam. Ebenso sehen Sie die Versuche von TFTP, auf Anfragen des Clients zu reagieren. Sie können erkennen, ob der Pfad, den der Client anfordert, korrekt ist, oder an welcher Stelle der Prozess zum Stehen kommt.

6.8.4 Vergleich von PXE mit anderer Bootsoftware

Ist PXE auf Geräten, die Sie als Thin Clients booten wollen, bereits eingerichtet, sparen Sie damit Aufwand. Sie brauchen keine EPROMs auszuwählen und zu brennen oder das System-BIOS zu ergänzen. Gibt es in Ihrem Netz sowohl Clients mit PXE als auch mit Etherboot, können Sie PXE Etherboot laden lassen. So können Sie dort ohne Eingriff auf den PXE PCs trotzdem Etherboot-Menüs anbieten und Benutzern an allen Endgeräten eine einheitliche Umgebung anbieten.

Leider kann man sich nicht darauf verlassen, dass PXE auf Ihrem modernen Thin Client oder aktuellen Mainboard installiert ist, auch wenn die Onboard-Netzwerkkarte zum Standard gehört. Wenn Sie gezwungen sind, die Bootsoftware nachträglich auf einer Maschine zu installieren, ist Etherboot vorzuziehen, weil die Lizenzen als Open Source kostenlos zur Verfügung stehen, während eine Einzel-Lizenz von PXE bei Bootix schon 16 Euro kostet. Gibt es für Netzwerkkarten jedoch keine Etherboot-Treiber, haben Sie vier Möglichkeiten:

▶ Sie versuchen es mit Netboot. Hierzu benötigen Sie die NDIS-Treiber vom Netzwerkkartenhersteller.

▶ Fragen Sie auf der Etherboot-Mailingliste, ob Ihnen jemand gegen Entgeld und Dauer-Teststellung der Hardware einen Treiber programmiert. So sind bereits sehr viele Linux-Kernel-Treiber auf Etherboot portiert worden. Die Kosten umfassen häufig nicht mehr als zwei bis drei Mann-Tage und Beispielhardware.

▶ Bitten Sie den Distributor des Mainboards oder des Thin Client, Ihnen ein BIOS mit PXE-Erweiterung zur Verfügung zu stellen. Hier lernen Sie die Qualität Ihres Partners kennen. Entweder bedient er Sie kulant kostengünstig oder ohne Berechnung, da für ihn der Aufwand für die PXE-Erweiterung recht klein ist, oder er macht Ihnen ein teures Angebot. Dann sollten Sie vielleicht doch über eine Auftragsprogrammierung nachdenken, die anschließend der Community zugute kommt.

▶ Sie beschaffen PXE-Lizenzen.[12] Planen Sie dann ein Budget von 16 Euro oder im Bildungsbereich von 8 Euro pro Endgerät ein.

PXE erfordert gegenüber Etherboot in jedem Fall einen TFTP-Dienst auf Ihrem Bootserver. Sie müssen dann mindestens drei Basisdienste für Ihre Clietst anbieten. In einer reinen Etherboot-Umgebung könnten Sie sich auf DHCP- und NFS beschränken. Jeder Dienst weniger reduziert die Komplexität Ihrer Bootlösung, senkt den Administrationsaufwand um einen Dienst und erhöht direkt und indirekt die Systemsicherheit.

---

12 beispielsweise über Bootix: *http://www.bootix.com*

PXE selbst bietet keine Eingriffsmöglichkeiten. Sie bekommen es in der jeweils endgültigen Form. Wenn es Teil des Mainboard-BIOS ist, müssen Sie hoffen, dass auch ein Update noch PXE enthält. Sie können darin die Portnummern für DHCP nicht ändern. Andererseits bieten proprietäre Betriebssysteme wie Windows-XP stets Remote-Installationsroutinen, die auf PXE aufsetzen. Die Wahrscheinlichkeit, dass dieses auch mit Etherboot möglich ist, ist wohl niedrig. Analysieren Sie deshalb Ihre Situation oder die Lage bei Ihren Kunden, bevor Sie sich für eine Lösung entscheiden. Spätere Änderungen sind fast immer mit erhöhtem Aufwand möglich.

6.9 Bootsoftware installieren

Dieses Buch lebt in zwei Medien: hier auf dem Papier und im World Wide Web. Lesen Sie auf der Webseite zum Buch *www.linux-terminalserver.de* eine ausführliche Beschreibung, wie man Bootsoftware installieren kann.

Das ist für Leser interessant, die

- ▶ neue Geräte ohne vorinstallierte Bootsoftware nachrüsten wollen oder
- ▶ ältere Maschinen für die Nutzung als Thin Clients umrüsten wollen.

6.10 Marktüberblick Endgeräte

Dieser Abschnitt gibt einen Überblick über Endgeräte für Terminaldienste. Er beginnt mit Endgeräten, die ihre Hersteller als Thin Clients bzw. Terminals vermarkten und geht dann zu Endgeräten über, die Hersteller zwar als PCs vermarkten, die sich aber, wie hier im Buch beschrieben, perfekt als Thin Clients über das Netz bootend lassen.

6.10.1 Flashrom Terminals

Eine kleine Schar von Spezialanbietern und IT-Marktgrößen offeriert spezielle PCs mit Sonderausstattung als *Flashrom Terminals* und benennt sie mit dem Oberbegriff *Thin Clients*, als ob es keine anderen Lösungen für Thin Clients gäbe. Diese *Flashrom Terminals* booten ihr Linux- oder Windows-Betriebssystem vom eigenen Flash-Speicher und beziehen dann ebenfalls aus diesem Kommunikationssoftware wie Browser, Clients für RDP, ICA, AIP und X.11 und Emulatoren wie tn3270 und tn5250. Weitere Anwendungen beziehen sie als Terminaldienste von Linux- oder Windows-Terminalservern oder Hosts. Durch diese Begriffsbildung übersehen diese Hersteller von Flashrom-Terminals den Markt für Terminals, die von einem Bootserver booten, und von Net-PCs, die obendrein auch noch lokale Anwendungen ausführen. Flashrom Terminals unterscheiden sich von aktuellen Büro- und Consumer-PCs zumeist durch ihre

- kleine Bauform,
- langsame Prozessoren und wenig Speicher wie betagte Altgeräte der Pentium- und Pentium II-Klasse,
- das Fehlen von Lüftern und Laufwerken und
- Flashroms zum Booten, für das Betriebssystem und für Kernanwendungen wie Browser, RDP-, ICA-, AIP- und X.11-Clients und 3270/5250-Emulationen.

Fast alle Hersteller von Flashrom Terminals bieten proprietäre Lösungen zum zentralen Verwalten, Inventarisieren und Updaten ihrer Terminals, so NeoWare den ezRemote Manager und Wyse sein Wyse Rapport 4.0. Dies erleichtert das Verwalten von Terminals für Kunden, die einem einzigen Hersteller treu sind. Für Kassen- oder Bankanwendungen gibt es Thin Clients mit Spezial-Peripherie wie Barcode-Lesern, Kartenlesern etc. Gartner und IDC berichten regelmäßig über Verkaufszahlen und Schätzungen für den zukünftigen Markt der Flashrom Thin Clients.[13] Die Gruppe der Hersteller von Flashrom-Terminals ist sehr überschaubar: Die Hersteller ESESIX, Fujitsu-Siemens, HP/Compaq, IBM, IGEL, Neoware, NCD, Sun, Visara, VXL und Wyse haben nach diesem Bericht weit über 82 Prozent des Markts fest im Griff. Spezialdistributoren wie Also-ABC, Avnet (ehemals Raab Karcher) und Centia (ehemals Adtcom) versorgen in Mitteleuropa das Projektgeschäft von Fachhandel und Systemhäusern. In Märkten wie Media Markt, Saturn-Hansa etc. und im Endkunden-orientierten Fachhandel und bei Lebensmittel-Discountern sind sie völlig unsichtbar .

Welcher Anteil der Endgeräte die Kommunikationsprotokolle für Hosts, UNIX/Linux und Windows unterstützt, ist den Autoren bisher nicht aus verlässlichen Statistiken bekannt. Anteile der Betriebssysteme für Flashrom Thin Clients sind oben im Abschnitt Betriebssysteme für Thin Clients zitiert (Seite 179).

Die meisten Flashrom Thin Clients können nur von ihrem eigenen Flash-ROM booten, manche wie von Neoware und anderen Herstellern auch alternativ über das Netz von benachbarten Endgeräten oder Servern. Neugeräte gehen derzeit zu Preisen ab ca. 200 Euro zu Kunden. Neu- und Gebraucht-Geräte wechseln bei Auktionsbörsen wie Ebay ab einem Euro die Besitzer. Websites wie *www.thinplanet.com*, *www.thethin.net* geben einen guten aktuellen Überblick über den Markt. In Europa will sich das European ThinClient Forum (*www.etcf.de*) um die Interessen der Hersteller von Flashrom Thin Clients und der Systemhäuser kümmern. Bei Redaktionsschluss war auf der Website schon ein Anwenderbericht

---

13 So geht Bob O' Donnell in [O'Donnell2003] für 2002 von Ist-Verkäufen weltweit von weit über einer Million verkaufter von der Industrie «Thin Client» genannter Flashrom Terminals aus und schätzt für 2006 den Markt auf fast vier Millionen Einheiten.

von IGEL verfügbar. Flashrom-Terminals lassen sich zentral per Administrationssoftware oder lokal konfigurieren. Wie PCs brauchen sie u.a.

- Netzwerkparameter, also ihre IP-Nummer und Angaben zum Gateway
- Angaben zur Bildschirmdarstellung und
- zu den Eingabegeräten.

Selbstverständlich müssen sie auch wissen, mit welchen Servern sie sich mit welchem Protokoll verbinden sollen.

Ein großer Teil dieses Buchs beschreibt, wie schlanke PCs als Linux Terminals oder Linux Net-PCs über ein Netz booten und dann Anwendungen von Servern beziehen oder lokal ausführen können. Dazu braucht man, wie oben auf Seite 187 ausgeführt, heute keine spezielle Hardware mehr. Praktisch jeder neue PC mit PXE-Netzwerkkarte lässt sich über das Netz von Bootservern starten. Den Autoren ist keine Schätzung oder gar empirische Statistik bekannt, die die Anzahl der PCs nennt, die als Thin Clients von Bootservern starten.

6.10.2 PCs als Terminals für serverbasierte Anwendungen

Sollen die PCs nur Anwendungen darstellen, die auf Servern laufen, reichen betagte Endgeräte mit langsame Prozessoren wie bei Flashrom-Terminals mit ca. 200 MHz Takt und 64 MByte Hauptspeicher aus. Diese kann man zumeist ohne oder mit langsamen Lüftern betreiben, da sie nicht so viel Hitze entwickeln wie aktuelle Desktop-Prozessoren.[14] Praktisch alle PCs mit Pentium- oder vergleichbarem Prozessor lassen sich in Thin Clients verwandeln, indem man die Laufwerke entsorgt und eine Netzwerkkarte mit einem Etherboot-, Netboot- oder PXE-Bootprom einbaut.[15] Die Augen der Nutzer werden es danken, wenn bei dieser Gelegenheit vielleicht auch eine etwas neuere Grafikkarte mit höherer Bildwiederholfrequenz dazu kommt.

6.10.3 PCs als Thin Clients für lokale Anwendungen

Da aktuelle PCs ohne Gamer-Grafikkarten und ohne Laufwerke mit der zehnfachen Taktrate und zehnmal so viel Hauptspeicher wie neue Flashrom-Terminals kaum mehr als diese kosten, kann man Anwendungen günstig auf Net-PCs lokal ablaufen lassen und dadurch auf teure Server-Boliden für Terminalserver verzichten.

---

14 Dirk von Suchodoletz schließt Lüfter an 5 Volt statt an 12 Volt an, damit sie nur langsam und fast geräuschlos arbeiten.
15 Manche Unternehmen lagern gebrauchte Festplatten lieber selbst, als sie teuer so zu entsorgen, dass Diebe die Daten garantiert nicht wiederherstellen können.

7 Linux Net-PCs mit DXS

Für Unternehmen, die bisher voll aufgerüstete Arbeitsplatz-PCs eingesetzt haben, mag es natürlicher sein, Anwendungen auf lokalen PCs mit eigenen Festplatten auszuführen. Mehr Datensicherheit, leichtere Verwaltung, niedrigere Betriebskosten und weniger Geräusch- und Hitzeentwicklung der Endgeräte erreichen Sie jedoch, wenn Sie statt lokaler Laufwerke ausschließlich Netzlaufwerke verwenden. Endgeräte für dieses Betriebskonzept heißen Net-PCs.

Das Kapitel 6 hat einen Überblick über aktuelle Technologien für dieses Konzept gegeben. Verwenden Net-PCs das Betriebssystem Linux, so heißen sie hier Linux Diskless Clients oder Linux Net-PCs. Diese nutzen das Dateisystem des Bootservers und führen im Prinzip alle Anwendungen auf der lokalen Maschine aus.[1] Bei diesem Konzept können Administratoren die Leistungsfähigkeit aktueller Client PCs ausnutzen und benötigen keine teuren Anwendungsserver.

7.1 Einleitung und Überblick

Das Einrichten des ersten Linux Net-PCs erfordert mehr Administrationsaufwand als das Konfigurieren klassischer, mit Laufwerken ausgestatteter PC-Arbeitsplätze. Dieser anfängliche Mehraufwand macht sich jedoch schon bei einer geringen Zahl gleichartiger Rechnerarbeitsplätze bezahlt. Die hier vorgestellte Lösung zielt konsequent auf Skaleneffekte: Sobald ein Prototyp eingerichtet und getestet ist, lassen sich mit sehr geringem Aufwand, der erheblich unter dem für einzelne klassische PC-Arbeitsplätze liegt, sehr viele gleichartige Arbeitsplätze einrichten und insbesondere verwalten oder in Schulungsräumen alternative Schulungsumgebungen bereitsstellen.

Ein abgestufter zweigeteilter Bootprozess mit einen initialisierenden und einem klassischen Teil erlaubt vielfältige Anpassungen: So können Systemverwalter

---

[1] Selbstverständlich können sie auch genauso wie Linux Terminals (siehe Kapitel 8,*Linux X Terminals mit GOto*, und wie Terminals des LTSP Linux Terminal Server Project, siehe *www.linuX Terminalserver.de*) Sitzungen von Hosts sowie von Linux- und Windows-Terminalservern anzeigen. Dazu kommunizieren sie auf Basis von Hostprotokollen oder Protokollen wie X.11, ICA (Citrix) oder RDP (Microsoft) mit Anwendungsservern und sind in diesem Moment nur für Tastatur- und Mauseingaben sowie für die Grafikausgabe da.

- eine breite Hardwarepalette einsetzen, da sich verschiedene Netzwerkadapter automatisch einbinden lassen,
- bereits beim Booten verschlüsselte Verbindungen vor dem Mounten der Dateisysteme aufbauen und
- Probleme leicht aufspüren, da die Initialisierungsumgebung bei Bedarf sehr aussagekräftige Fehlermeldungen und -analysen erstellen kann.

Die offene Architektur des zugrunde gelegten Betriebssystems Linux bietet Systemverwaltern vielfältige Schnittstellen zu anderen Plattformen und ist nicht an bestimmte Anwendungen gekoppelt. Für alle Schritte wendet das Konzept etablierte Standardprotokolle und Applikationen an, die in den meisten Betriebsumgebungen bereits zur Verfügung stehen.

Das hier beschriebene Projekt *Linux Net-PC* (vom seinem Erfinder Dirk von Suchodoletz auch *DXS Diskless X Station* genannt), nutzt wohldokumentierte Programmiersprachen wie Bash und Perl. Diese reichen aus, um aus einer klassischen Linux Workstation einen Net-PC zu machen.

Für die produktive Arbeit der Benutzer ändert sich an Desktops nichts Prinzipielles. Sie sind von der Verantwortung für die Software auf ihren PCs völlig befreit. Nur übereifrige Nutzer, die sich daran gewöhnt hatten, am Arbeitsplatz unerlaubt arbeitsfremde Anwendungen aufzuspielen und einzusetzen, werden dies bedauern. Administratoren können nun sehr viele Endgeräte in einem Zug verwalten und updaten. Thin Clients können dazu beitragen, die Sicherheit der IT-Architektur zu verbessern. Der Server stellt große Teile des Dateisystems nur zum Lesen zur Verfügung. Dies erschwert es Angreifern,

- wichtige Binärdateien wie Programme und Bibliotheken zu manipulieren oder
- zusätzliche Programme, Log-Dateien oder Skripten zu verstecken, um die Systemleistung zu blockieren oder Angriffe einzuleiten, sowie
- schädliche Programme dauerhaft zu installieren, da durch jeden Neustart des Clients alle Bestandteile der flüchtigen Ramdisk verschwinden.

Die Anzahl der zu überwachenden File Systeme sinkt rapide, so dass Systemverwalter mehr Zeit haben, aufwändigere Überwachungssysteme einzusetzen, ohne den Gesamtaufwand erheblich zu steigern. Administratoren können ihr Augenmerk jetzt ganz auf wenige Server fokussieren. Eine gestaffelte Serverarchitektur, (siehe Abschnitt 7.2.5, *Installation per Kopie*, auf Seite 223) kann die Datensicherheit weiter erhöhen. Alle Änderungen beschränken sich bei diesem Konzept auf einen speziell geschützten und nur für Updates verbundenen Installationsserver. Jedes Update vernichtet dann die Folgen möglicher Manipulationen an den Bootservern.

> **Warnung:** Die hier vorgestellte Betriebslösung verschiebt Risiken zu den Servern hin. Systemadministratoren müssen nun verinnerlichen, dass sich Änderungen am Server File System oder die Verfügbarkeit von Applikationen weit über den Server selbst hinaus auswirken. Die Stabilität des gesamten Betriebs hängt nun überwiegend von den Servern ab. Dies betrifft auch Erwägungen zur Systemsicherheit. Einbrüche in die zentralen Maschinen haben nun weiter reichende Auswirkungen, bis hin zur Korrumpierung bzw. Unbrauchbarkeit der Clients.

Das Zentralisieren aller Daten fördert ebenfalls die Datensicherheit. Sobald es keine dezentralen Festplatten mehr gibt, auf denen Benutzer ihre Dateien ablegen können, wird das illegale Verteilen von Daten viel schwieriger, insbesondere wenn man völlig auf lokale Laufwerke verzichtet und USB- und Firewire-Schnittstellen gar nicht erst aktiviert.

Zentrale Server können Sie außerhalb der Bürozeiten vom Netz trennen, so dass Unbefugte über unbewachte Büro-PCs nicht mehr auf Daten zugreifen können. Die Architektur der Diskless Clients zwingt die Benutzer, ihre Daten zentral in ihrem Home-Verzeichnis auf dem Fileserver zu speichern. Dies erleichtert das Austauschen »persönlicher« Endgeräte ohne jegliches Anpassen an Benutzerprofile. Kein Client ist mehr durch lokale Installationen personalisiert. Dies vereinfacht das Administrieren der Hardware erheblich. Neu beschaffte Endgeräte lassen sich schneller in das Netz integrieren, und Benutzer finden an beliebigen Arbeitsplätzen im Netz immer sofort ihre persönlichen Einstellungen vor, ohne dass man diese Profile auf die Ziel-PCs kopieren müsste.

Dies erleichtert es Unternehmen, starre Bürostrukturen zu lockern oder gar in neuen Büroarchitekturen aufzulösen. Eine schnelle Reorganisation nach Projektteams oder Arbeitsgruppen ist auf Basis von Net-PCs kein logistisches Problem, sondern bereits eine eingebaute Möglichkeit. Das Anbinden von Außendienst-Mitarbeitern und Teleworkern erfordert jedoch eine sehr schnelle breitbandige Anbindung. Hier kommen Lösungen mit Linux-Terminals, wie sie das Kapitel 8, *Linux-X Terminals mit GOto*, und das Linux Terminal Server Project LTSP beschreiben, mit weniger Bandbreite aus, insbesondere beim Einsatz von Caching- und Kompressionstechnologien (siehe Seite 313 in Kapitel 9, *Terminaldienste im WAN*).

7.1.1 Idee des Linux Net-PC

Beim Betrieb einer größeren Zahl von Rechnern mit ähnlichen Aufgabenstellungen möchten Administratoren nicht jede Maschine einzeln installieren oder warten. Darüber hinaus wollen sie die Geräte je nach Anwendungszweck möglichst *schlank* halten.[2] Beschaffer wollen Anschaffungskosten und Betriebskosten reduzieren sowie die Energieaufnahme und Lärmabstrahlung der Endgeräte minimieren. Dies schafft ruhigere Arbeitsumgebungen, erhöht die Konzentration und Arbeitsproduktivität der Mitarbeiter und entlastet besonders im Sommer die Klimaanlage.

Diese Fragen standen bei der Entwicklung des Konzepts der Linux Net-PCs im Vordergrund. Lesen Sie zur Entwicklung des Projekts in Kapitel 3, *Entwickler, Berater, Multiplikatoren*, ab Seite 51 und am Ende dieses Kapitels ab Seite 242 über die Universität Göttingen und ab Seite 239 über das Gymnasium Remigianum in Borken.

Nur wenige Standard-Anwendungen benötigen die Rechen- und Grafikleistung einer aktuellen Gamer- oder CAD-Workstation. Am Arbeitsplatz sind ergonomische Fragen oft viel wichtiger. Endgeräte sollten insbesondere in Bibliotheken, Arztpraxen oder Heim-Büros wenig Geräusche erzeugen. Insbesondere bei Verzicht auf Wechsellaufwerke und bei Verwendung von Mobile-Prozessoren mit geringerer Energieaufnahme und Hitzeabstrahlung sind sehr kompakte Bauformen, sogar ausschließlich mit passiven Kühlsystemen möglich.

Diese Anforderungen waren für den Systemberater Karl Heinz Heggen (siehe Seite 63) bei der Auswahl dieser Technologie für die Arztpraxen seiner Kunden entscheidend. Lesen Sie dazu am Ende dieses Kapitels ab Seite 243 über die dermatologische Praxis von Dr. Peter Wolf in Mosbach, und ab Seite 246 über eine Gemeinschaftspraxis mit sieben Sportärzten und zwölf Physiotherapeuten in Freiburg.

Für den reibungslosen und performanten Betrieb von Linux Net-PCs benötigen Organisationen eine leistungsfähige Ethernet-Installation:

▶ Eine 100-Mbit/s-Infrastruktur für die Endgeräte und
▶ je nach Menge der Endgeräte ein Gigabit-Ethernet im Netzwerk-Backbone

Solche Installationen sind inzwischen in vielen Unternehmen und Behörden Standard und erfordern keine zusätzlichen Investitionen.

7.1.2 Einsatzgebiete von Linux Net-PCs

Linux Diskless Clients sind für viele Einsatzgebiete prädestiniert:

▶ als Kassenterminal
▶ als Industrie-Rechner
▶ als Arbeitsplatzrechner im Mehrbenutzerbetrieb mit vielen installierten Applikationen, Authentifizierung und Home-Verzeichnis für verschiedene Benutzer

---

[2] Hierher rührt der Name *Thin Client*.

- als Kiosk-Anwendungen ohne Anmeldung mit einer eingeschränkten Auswahl von Anwendungen. Dazu zählen Recherchesysteme in Bibliotheken, Kioskterminals für Präsentationen oder Internet-Terminals für Veranstaltungen, Kongresse, Messen und I-Cafes.
- als Kurs- und Schulungssysteme für wechselnde Dozenten und Teilnehmer.
- Darüber hinaus sind Linux Diskless Clients eine bequem zu administrierende Plattform für Windows Application Terminals (siehe Seite 348).
- Selbst für vollwertige Grafik-Workstations oder Numbercruncher lassen sich mit Thin Clients durch niedrigere Anschaffungskosten und reduzierten Administrationsaufwand erheblich Kosten sparen. Blade Center[3] als ultrakompakte Bauform für Schrank-PCs bieten eine hohe Rechenleistung bei meistens bescheidener Festplattenausstattung. Für paralleles Rechnen bieten sich hier Diskless-Lösungen besonders an.
- als 3270, 5220 oder X Terminal oder RDP oder ICA Client oder
- als Java Station für plattformübergreifende Anwendungen wie Frontends zum SAP R/3 System

Alle beschriebenen Anwendungen lassen sich auf Basis der hier vorgestellten Lösung verwirklichen.

7.1.3 Entstehungsgeschichte

Die Idee zum Betrieb festplattenloser Linux PCs für lokale Applikationen hat eine längere Geschichte. Erste Erfahrungen sammelte Dirk von Suchodoletz seit 1996 mit einer Eigenentwicklung, wie sie ähnlich vier Jahre später LTSP aufgriff. An der Universität Göttingen begann er mit einer Gruppe von Studierenden, eine Plattform für den allgemeinen Internet-Zugang für alle Studierenden aufzubauen. Die begrenzten finanziellen Mittel schlossen eine Windows-Lösung aus: Das Budget hätte bei einer Beschaffung von Windows PCs nur für sehr wenige Arbeitsplätze gereicht und für den hohen Administrationsaufwand wäre kein Geld da gewesen. Deshalb kam nur eine Linux-Lösung in Frage, die mit leistungsschwächerer Hardware auskam, keine Softwarekosten verursachte und sich mit weniger Aufwand einrichten und betreiben ließ. Während lokale Zugriffe der Benutzer und lokale Anwendungen die Leistungsfähigkeit der bescheiden ausgestatteter PCs überfordert hätten, waren diese PCs für X Terminals eine ideale Plattform. Die ersten festplattenlosen X Terminals begnügten sich mit 486er-Prozessoren, 16 MByte Hauptspeicher und einer 10-Mbit/s-Netzwerkanbindung in einem ungeswichten Ethernet. In diesem Betriebsmodell lag die Last auf den Applikationsservern.

---

3 Dies sind spezielle Rack-Mount-Trägerkomponenten, in denen spezielle Einschub-PCs nebeneinander liegen.

An diesen meldeten sich die Benutzer an und führten Anwendungen aus. Bei einer hohen Zahl von Benutzern wurden dann die Reaktionszeiten immer langsamer. Im Laufe der Zeit entwickelte Dirk von Suchodoletz eine erste Version eines Linux Diskless Clients, der lokalen Benutzerzugriff und das Verwenden lokaler Ressourcen erlaubte. Gleichzeitig automatisierte er die notwendigen Administrations- und Einrichtungsvorgänge immer mehr. Eine vollautomatische Installation sollte nur noch wenige Handgriffe zur Nachbearbeitung im Client-Dateisystem erfordern.

Ein weiteres Merkmal war schon damals eine weitgehende automatische Einrichtung der Hardware der Diskless Clients, so wie Sie dies heute vom Knoppix-CD-Linux gewohnt sind. Letzteres wurde durch die dynamische Weiterentwicklung des Linux-Betriebssystems gefördert. Schließlich waren 2001 alle Distributionen schon recht bedienerfreundlich.

7.1.4 Linux Diskless Clients der dritten Generation

Bei der zweiten Generation hatte Dirk von Suchodoletz die Server- und Client-File-Systeme eng verzahnt, um Veränderungen im Serverdateisystem leicht auf die Clients übernehmen zu können. Administratoren brauchten dann nur für Benutzer interessante Aspekte auf dem Server zu administrieren und konnten sie mit wenig Aufwand sofort den Clients zur Verfügung stellen.

Dieses Vorgehen hatte jedoch auch nachteilige Auswirkungen. Nicht alle Teile des Dateisystems ließen sich direkt vom Server übernehmen. Ein Skript klonte zwar relativ schnell das nur einhundert Megabyte große Root-Dateisystem nach Änderungen aus dem Serverdateisystem. Spezialanpassungen erforderten aber immer wieder weitere manuelle Eingriffe.

Auf dem Server, der in erster Linie nur DHCP-, TFTP- und NFS-Dienste leistet, sind etliche Softwarepakete installiert, die nichts mit dem Serverbetrieb selbst zu tun haben. Ein notweniges Update der Serverkomponenten konnte somit unnötig mit Bedürfnissen der Clients kollidieren.

Die enge Verzahnung von Server- und Client-Dateisystem erforderte zudem eine homogene Hardware. So brauchte der Server die gleiche Prozessorarchitektur wie die Clients. Selbst Kleinigkeiten wie eine an i686 angepasste C-Bibliothek führte auf Clients, die diese Fähigkeiten nicht unterstützten, zu schwer nachvollziehbaren Problemen. Zudem war es nicht möglich, verschiedene Versionen der Umgebung für Diskless Clients parallel zu installieren. Durch zahlreiche Anpassungen und verschiedene Kernel umfasste das Paket der zweiten Generation zuletzt um die 100 MByte.

Deshalb verfolgte Dirk von Suchodoletz seit 2003 einen völlig neuen Ansatz. Die dritte Generation seiner Net-PCs vermeidet diese Nachteile. Da es heute nicht mehr so wichtig ist, mit Plattenspeicher sparsam umzugehen, braucht er den Server nicht mehr doppelt als NFS-Dienstleister und XDMCP Host zu nutzen. Daher kann er die Client- und Server-Dateisystems komplett aufspalten und voneinander abgrenzen. Dies hat einige Vorteile:

- Jede beliebige Software- und Hardware-Plattform, die einen NFS-Export von Dateibäumen erlaubt, lässt sich als NFS-Server einsetzen.
- Der Server benötigt unabhängig von der gewünschten Funktionalität der Clients nur eine minimale Softwareausstattung.
- Verschiedene Produktions- und Testversionen von Linux Net-PCs lassen sich komplett unabhängig auf einem Server zusammenfassen. Die verschiedenen Installationen können Sie für verschiedene Clients separat freischalten oder Nutzern in einem Etherboot- oder PXE/Syslinux-Bootmenü zur Auswahl anbieten.
- Die Auflösung von Abhängigkeiten zwischen dem Server- und dem Client-Dateisystem vereinfacht die Administration.

Die Möglichkeiten moderner Softwarepaketverwaltungssysteme unterstützen dieses Konzept. So erlaubt der RedHat Packet Manager (RPM) durch die Angabe des Parameters »–root=Verzeichnis« eine komplette komfortable Linux-Installation in ein Unterverzeichnis eines bereits bestehenden Systems. Da die Paketdatenbank im neuen Dateisystem liegt, beeinflussen sich die Serverinstallation und die Neuinstallation nicht. Der Administratoren können durch einen Aufruf von *chroot Verzeichnis* in das neu installierte Root-Dateisystem wechseln und dies durch Beenden der speziellen Shell wieder verlassen. Dieses Konzept lässt sich mit dem »Sandboxing« vieler klassischer UNIX-Dienste vergleichen, die zur Erhöhung der Sicherheit in einem eigenen, dem Root-Dateisystem nachgebildeten Minisystem arbeiten.

Das in der Praxis nicht erreichbare Ziel distributionsunabhängiger Linux Diskless Clients verfolgt Dirk von Suchodoletz inzwischen nicht mehr, da sich einige sehr distributionsspezifische zentrale Komponenten nicht übergreifend behandeln lassen. Stattdessen erleichtert die dritte Generation durch ein klar strukturiertes Konzept Anpassungen für andere Distributionen. So ist derzeit eine Portierung auf Debian in Arbeit. Neuentwicklungen sind inzwischen nur noch als Anpassungen an spezielle Bedürfnisse erforderlich.

Die folgenden Abschnitte beschreiben die Ergebnisse dieser Entwicklung. Sie erläutern Unterschiede zum 1999 von James Mc Quillan initiierten Linux Terminal Server Project (LTSP)[4], so dass Sie entscheiden können, welche Thin Client Lösungen für Ihre IT-Umgebung am ehesten in Frage kommen. Sie erklären, wie Sie Linux Diskless Clients auf Basis des hier vorgestellten Projekts installieren können. Schritt-für-Schritt-Anleitung beschreiben Wege zum Aufsetzen ihrer Rechner-Pools und vermitteln Grundlagen, wie Sie Ihre eigene Lösung einrichten können.

7.1.5 Andere Projekte mit Linux Thin Clients

Die Entwicklung der PC-Technik schreitet rasend schnell voran. Linux erfordert nicht zwingend immer die allerneueste und schnellste verfügbare Technik. Einfach ausgestattete PCs und Desknotes mit aktuellen Leistungsdaten gibt es bereits ab 300 Euro.

Dies ermöglicht Administratoren, die Leistungspotenziale der Clients zu nutzen. Sobald sich Benutzer auf einer lokalen Maschine anmelden, steht ihnen eine Maschine allein zur Verfügung. Benutzer haben aus traditionellen PC-Umgebungen ein Gefühl dafür, wie viel Last ihr PC verkraftet. Hier bekommen sie nicht weniger Leistung als bei traditionellen PCs. Gleichzeitig sinkt die Last auf den Servern beträchtlich. Die Betreiber benötigen nun lediglich Bootserver und keine Applikationsserver.

Benutzer führen Applikationen lokal aus. Ihnen stehen die Prozessorleistung und Speicher eines PCs exklusiv zur Verfügung. Damit sinkt die Peak-Belastung, die einzelne User auf einem gemeinsamen Server in Anspruch nehmen könnten. Sollten spezielle Applikationen besondere Leistungen erfordern, erlaubt das Konzept ein transparentes Verlagern auf geeignete Applikationsserver.

Linux-Net-PCs, die Anwendungen lokal ausführen, unterscheiden sich deutlich von den anderen Projekten mit Thin Clients, bei denen Linux X Termianals die Anwendungen von Terminalservern beziehen wie GOto Gonicus Terminal Office, PXES, ThinStation und LTSP:

▶ Die Leistungsanforderungen an die Clients unterscheiden sich: Linux X Terminals kommen mit leistungsarmen hochintegrierten Lösungen beispielsweise auf Basis des Via-Geode-Prozessors mit integrierter Grafik klar. Sie benötigen zwischen 32 und 64 MByte lokalen Arbeitsspeicher, für einige lokal ausgeführte Applikationen 128 MByte oder mehr. Linux Net-PCs benötigen je nach geplanten Anwendungen die Leistungsfähigkeit einer klassischen Workstation, wie sie im Standalone-Betrieb für identische Aufgaben eingesetzt werden würde.

---

4 in einem Bonus-Kapitel auf der Webseite *www.linuX Terminalserver.de* beschrieben

- Linux Net-PCs erfordern für ihren Betrieb nur einen oder mehrere Bootserver. Applikationsserver benötigen Sie nur für sehr spezielle Anwendungen. Linux X Terminals benötigen neben dem Bootserver einen oder mehrere Applikationsserver. Ausnahme ist nur der Betrieb im eingeschränkten Kiosk-Mode, wenn z.B. ein Webbrowser lokal zur Verfügung steht. Die Applikationsserver müssen die durch die Zahl der Clients vorgegebene Benutzerzahl verkraften können.
- Linux X Terminals fühlen sich noch mit einer 10-Mbit/s-Anbindung wohl. Für Linux Net-PCs sollten Sie ein leistungsfähiges geswitchtes Ethernet mit 100 Mbit zu jedem Client vorsehen.
- Der Platzbedarf auf dem Bootserver ist für Linux X Terminals deutlich niedriger als für Linux Net-PCs. Für letztere müssen Sie mit bis zu 8 GByte für eine Vollinstallation rechnen.
- Die lokale Ausgabe von Sound ist auf Diskless X Stations einfacher: Sie funktioniert analog zu einer klassischen Workstation. Für LTSP und ähnliche Projekte benötigen Sie spezielle Protokolle zum Transport von Sound vom Server zur jeweiligen Arbeitsstation. Es gibt zwar mehrere Implementierungen für X.11, jedoch kein einheitlich genormtes Protokoll. Das Network Audio System (NAS) gehört zu den älteren Protokollen. In jüngerer Zeit gesellen sich hier die Audio-Dienste von KDE und Gnome hinzu. Sowohl der *artsd* als auch der *esd* (Enlightment Sound Daemon) können Audiodatenströme über das Netz transportieren. Bei allen allen Verfahren muss die jeweilige Sound-verarbeitende Applikation mit dem jeweiligen Dienst zusammenarbeiten können. Eine gewisse Abhängigkeit von der jeweiligen Applikation und deren Erwartungen an die Audioschnittstelle bleibt bestehen.
- Ähnliches wie für die Soundausgabe gilt für das Verwenden lokaler Schnittstellen und Laufwerke. Viele Clients besitzen vielleicht kein Disketten-, CD-ROM- oder DVD-Laufwerk. Vorhandene Laufwerke können Sie bei Diskless X Stations ebenso einfach einbinden wie an einer klassischen Linux-Workstation. Für X Terminals benötigen Sie spezielle Protokolle, die serielle Schnittstellen oder USB über TCP/IP weiterleiten können. Hier muss man mit komplexen Problemen rechnen, da man diese auf die Benutzersitzung auf dem Server abbilden muss. Das im nächsten Kapitel beschriebene GOto-Projekt zeigt, wie Sie bei X Terminals auf Laufwerke zugreifen können.

Jedoch besitzen beide Lösungen auch mehrere Gemeinsamkeiten. Sie schliessen einander nicht aus, sondern können sogar parallel auf einem Bootserver arbeiten. So können Sie verschiedene Systeme ohne besonderen Aufwand testen oder in Ihrem Netzwerk unterschiedliche Clients betreiben.

- Beide Lösungen benötigen einen oder mehrere Bootserver. Der Bootserver stellt je nach Anforderung die Dienste DHCP, TFTP und NFS zur Verfügung. TFTP können Sie unter Umständen weglassen, wenn Sie ausschließlich Etherboot mit NFS-Unterstützung einsetzen.
- Sowohl Linux Net-PCs als auch die Applikationsserver für Linux X Terminals benötigen einen Fileserver, der die Homeverzeichnisse der Benutzer bereitstellt. In einigen Ausnahmefällen können Sie auf diesen verzichten, wenn Sie mit anonymen User IDs, z.B. für Demonstrationszwecke oder Recherchesysteme in Bibliotheken, arbeiten. Wenn der Bootserver in sehr kleinen Installationen zusätzlich die Homeverzeichnisse zur Verfügung stellen soll, gehören diese in eine eigene Partition mit Quotas, damit Benutzer den Server nicht durch »Zumüllen« abschießen können. Für höhere Datensicherheit und leichteres Backup empfiehlt sich einen gesonderten File Server für Anwendungsdaten der Nutzer.
- Linux Net-PCs können Sie wie jede normale Linux-Workstation auch als X Terminals einsetzen. Es genügt, eine Variable im Konfigurationsserver geeignet zu setzen, um statt des Logins der lokalen Maschine das Login eines Applikationsservers oder eine Serverliste anzubieten.

7.2 Installation

Für den Betrieb von Linux Net-PCs benötigt man mindestens einen Bootserver. Dieser stellt je nach Bootimplementierung (Etherboot, PXE oder andere) die Dienste DHCP, TFTP und NFS zur Verfügung. Je nach Betriebsart Ihrer Clients benötigen Sie zusätzlich einen Server für die Homeverzeichnisse der Benutzer und eine Authentifizierungsinstanz. Für Letztere können Sie NIS oder besser LDAP einsetzen. Die folgenden Abschnitte setzen die Kenntnis dieser Dienste und Bootkonzepte voraus. Falls sie ihnen nicht vertraut sind, sollten Sie zuerst die Kapitel 5, 4 und 6 lesen.

7.2.1 Der Bootserver

Nur das Bereitstellen des Dateisystems für die Clients per NFS belastet den Bootserver. Dieser Dienst sollte die Grundlage Ihrer Designentscheidung bilden. Die NFS-Leistung des Servers bestimmt maßgeblich das subjektive Arbeitsempfinden an den Clients. Die Dienste DHCP und TFTP treten nur kurz in Erscheinung und beeinflussen die Gesamtlast kaum. Das Kapitel 4 beschreibt ausführlich in Abschnitt 4.2.3, wie Sie die Leistung des Bootservers auslegen sollten.

Je nach geplantem Software-Umfang auf den Clients benötigen Sie für das Linux-Betriebssystem und die enthaltenen Applikationen bis zu 8 GByte Festplattenplatz. Dieser enthält die statischen Daten, die sich nur durch Installation oder Update ändern. Für ein leichteres Backup sollten Sie diesen Bereich vom Serverbetriebssystem und von den dynamischen Daten abgrenzen. Für Logfiles des Servers und je nach Konfiguration aller Clients sollten Sie eine eigene Partition vorsehen, ebenso für die Temporärverzeichnisse aller Clients.

Der Bootserver darf durchaus auf einer anderen Architektur als Linux basieren, solange er die genannten Dienste und den beschriebenen Platz bereitstellen kann. So können Sie durchaus Ihre vorhandenen AIX-Maschinen, SUN-Solaris-basierten Server oder 64-bit-Opterons als Bootserver einsetzen. In diesen Fällen steht lediglich eine der beiden nachstehend vorgestellten Installationsoptionen zur Verfügung.

Fehlen Erstinstallationsprogramme zum Aufsetzen des Client-Dateisystems, können Sie die notwendigen Installationsschritte auf einer anderen Maschine ausführen und das Ergebnis anschließend auf den Bootserver kopieren. So können Sie einen leistungsschwachen Installationsserver mit einem leistungsstarken Produktionsserver kombinieren. Geschickt ist der Einsatz eines gesonderten Installations-PCs als geschützte Vorlage Ihres Bootservers. Die genaue Vorgehensweise erläutert der übernächste Abschnitt. So können Sie die Sicherheit erhöhen. Den Installationsserver binden Sie nur zum Abgleichen über ein internes Netz ein. So schützen Sie Ihre Systemvorlage vor Manipulation und überspielen dem Bootserver regelmäßig eine aktuelle Kopie.

Mit dem Ende des autonomen PCs stellen Sie an den Server und das Netzwerk erhöhte Anforderungen. Fällt ein Server aus, ist nicht nur ein Einzelplatzsystem oder ein Dienst, wie File- und Druckserver betroffen, sondern im Extremfall stehen alle Diskless PCs. Dieses Problem bekommt man nur mit einer sauberen Planung der Anforderungen und durch Serverredundanz in den Griff.

7.2.2 Das Installationspaket

Das Installationspaket der Linux Net-PCs enthält nur wenige Dateien. Auf der obersten Ebene befinden sich die Installationsskripten:

- *dxs-inst* erlaubt eine Neuinstallation von Grund auf aus Softwarepaketen im RPM-Format.
- Das Skript *d2dl* erlaubt das »Klonen« eines vollinstallierten SuSE-Linux von einem beliebigen PC in das NFS-Unterverzeichnis für die Clients.
- Das Skript *mkinitrd* erweitert das Standard-SuSE-Skript zum Erstellen der Initial-Ramdisk. Beide Installationsskripten rufen es auf. Sie benötigen es auch nach jedem Kernel-Update, um die passende Ramdisk zu generieren.

Das Unterverzeichnis *dxs-specific* enthält alle Dateien, die beim Aufsetzen der Linux-Net-PC-Umgebung zusätzlich in den Client-Dateibaum kopiert werden. Hierzu ist ihre zukünftige Lage im Dateisystem in gleichlautenden Unterverzeichnissen abgebildet:

```
server2:~/ld-v3 # find dxs-specific/
dxs-specific/
dxs-specific/bin
dxs-specific/bin/runvmware
dxs-specific/etc
dxs-specific/etc/modules.conf.local
dxs-specific/etc/sysconfig
dxs-specific/etc/sysconfig/machine-setup.default
dxs-specific/etc/init.d
dxs-specific/etc/init.d/boot.hwsetup
dxs-specific/etc/init.d/boot.servconf
dxs-specific/etc/init.d/startgui
dxs-specific/etc/init.d/dhclient-script
dxs-specific/etc/init.d/boot.ld
dxs-specific/etc/init.d/halt.ld
dxs-specific/usr
dxs-specific/usr/share
dxs-specific/usr/share/dxs
dxs-specific/usr/share/dxs/VMware
[ ... ]
dxs-specific/usr/share/dxs/ICAClient
[ ... ]
dxs-specific/usr/share/vmware
dxs-specific/boot
dxs-specific/boot/pxelinux.0
dxs-specific/boot/pxelinux.cfg
dxs-specific/boot/pxelinux.cfg/default
```

Die Bootskripten *boot.ld*, *boot.servconf*, *boot.hwsetup* sind unterhalb von *etc/init.d* abgelegt. Hier befinden sich ebenfalls das Shutdown-Skript *halt.ld*, das Skript zur Client-Konfiguration via DHCP (*dhclient-script*) und weitere, die nur unter bestimmten Umständen zum Einsatz kommen, wie *startgui*. Abschnitt 7.3.4 behandelt die Aufgabe und Funktionsweise der einzelnen Skripten.

Unterhalb von *dxs-specific/etc* finden Sie eventuell zusätzliche Konfigurationsdateien und das Unterverzeichnis *sysconfig* mit der Datei *machine-setup.default*. Diese Datei enthält Vorgaben für alle wesentlichen Konfigurationsparameter. Das Verzeichnis *dxs-specific/usr/share/dxs* enthält einige unter bestimmten Umständen benötigte Konfigurationsvorgaben wie zur Konfiguration des Citrix ICA-Clients oder von VMware.

Im Verzeichnis *dxs-specific/boot* befinden sich die Dateien zum Booten mit PXE und Syslinux. Das Programm *pxelinux.0* kann ein Menü anzeigen, das dann den Kernel und die Ramdisk lädt. Dieses Programm konfiguriert man im Unterverzeichnis *pxelinux.cfg*. Hier finden Sie als Konfigurationsbeispiel die Datei *default*. Der Abschnitt 6.8.2 enthält eine ausführliche Anleitung.

7.2.3 Installation generell

In jeder Linux-Distribution unterstützen verschiedene Software-Werkzeuge die Administratoren beim Installieren, Updaten und Löschen von Programmpaketen. So verwenden z.B. die SuSE- und RedHat-Distribution den RedHat Package Manager (RPM) *rpm*; Debian und davon abgeleitete Distributionen greifen auf *apt-get* zurück. Einige grafische Installer, wie z.B. YaST[5] benutzen dabei die genannten Kommandozeilen-Werkzeuge.

Die zu installierende Software muss in einem bestimmten vom Installations-Tool vorgegebenen Packformat vorliegen. Dies ist für die meisten Standardpakete wie das Basissystem, alle zentralen Dienstprogramme, Services (Web-, Samba-, FTP-, Name-Server) kein Problem, da die Linux-Distributoren sie in passender Form bereitstellen.

Ein wesentlicher Vorteil beim Verwenden vorbereiteter Softwarepakete liegt im späteren Komfort: RPM legt eine Datenbank an und verzeichnet in ihr, welche Dateien es wohin installiert hat. Das nachstehende Beispiel zeigt, wie Sie feststellen, welche Pakete installiert sind:

```
server2:~/ld-v3 # rpm -qa |less
gpg-pubkey-9c800aca-39eef481
ghostscript-fonts-other-7.07.1rc1-37
saxident-1.1-848
man-pages-1.60-18
YaST-trans-en_US-2.8.5-5
dhcp-tools-1.5-32
eject-2.0.13-95
glib2-2.2.3-21
libart_lgpl-2.3.14-21
libnetpbm-1.0.0-517
[ ... ]
```

Das erleichtert es den Administratoren, bei Updates keine Dateileichen zu hinterlassen: `rpm -U Paket-Neu.rpm`. Ebenso können sie prüfen, ob ein Paket korrekt und vollständig installiert ist: `rpm -V Paket.rpm`. Mit Sicherheitsprüfungen lässt sich erkennen, ob Dateien ungewollt oder böswillig verändert wurden.

Paketmanager wie RPM ermöglichen komplette Installationen in Unterverzeichnisse eines bestehenden Linux-Systems. Der einzige Unterschied zur klassischen Installation besteht z.B. bei RPM in der Angabe eines vom Root-Verzeichnis abweichenden Pfades. Für eine Installation in das Verzeichnis */nfsroot/dxs* geben Sie den Befehl *rpm –root=/nfsroot/dxs -ivh packet.rpm* ein. Damit generiert RPM automatisch seine Paketdatenbank relativ zum neuen Root-Verzeichnis. Wechselwirkungen mit dem Serverdateisystem schließen Sie so aus. So können Administra-

---

5 Yet another Setup Tool, entwickelt als Installations-und Konfigurations-Tool für SuSE-Linux

toren quasi beliebig viele Installationen einrichten. Dies erlaubt den gleichzeitigen Betrieb von Produktions- und Testumgebungen auf einem einzigen Server. Freigaben z.B. für NFS tragen Sie in */etc/exports* ein. Diese könnten beispielsweise das gesamte Unterverzeichnis */nfsroot* abdecken:

```
# Freigabe für ein Subnetz
/nfsroot 10.8.4.0/255.255.255.0(ro,no_root_squash)
# oder alternativ unter Verwendung des DNS-Namens
/nfsroot *.mydomain.local
```

Wenn Sie mehr zu NFS und seinen Freigaben wissen möchten, lesen Sie bitte in Kapitel 4 den Abschnitt 4.3. Das Verwenden des Paketmanagers der gewählten Distribution erleichtert eine zentralisierte Softwareverwaltung für eine homogene Arbeitsumgebung auf den Clients. Falls Sie Software einfach aus einem TAR-Ball installieren oder Programme, ihre Bibliotheken und Daten in die jeweiligen Verzeichnisse kopieren, ignoriert RPM bei sie Updates und der Überblick über die zu installierten Dateien geht verloren.

> **Lizenz-Warnung:** Das Installieren und netzwerkweite Verbreiten von Open-Source-Software bereitet in diesem Setup keine besonderen Probleme. Jedoch müssen Sie bei lizenzpflichtiger Software selbst Vorkehrungen treffen, um keine Lizenzvereinbarungen zu verletzen. Eine Verbreitung lizenzpflichtiger Software über viele Arbeitsstationen erfordert erheblichen Inventarisierungsaufwand. Lizenzmanager der Softwarehersteller können hier nicht immer Abhilfe schaffen, weil sie selten auf die hier beschriebenen Umgebungen vorbereitet sind.

7.2.4 Erstinstallation

Eine der beiden Möglichkeiten, das Betriebssystem für die Linux Net-PCs einzuspielen, besteht darin, das Skript für die RPM-Installation aufzurufen. Da das Projekt direkt auf der SuSE-Linux-Distribution aufsetzt, benutzt die Installationsroutine die Basispakete von SuSE-Linux. Sie will dabei diese Pakete an einer bestimmten Stelle im Dateisystem des Servers zur Verfügung stellen.

Das Installationsskript ruft den RedHat Packet Manager RPM direkt auf, der in einer aktuellen Version auf dem Bootserver installiert sein muss.

Um die Installationsroutine für eine andere Linux-Distribution anzupassen, müssen Sie das Skript ändern. Ihrer Portierung betrifft mindestens die Pfade zu den Installationspaketen, deren Zusammenstellung und für einige Distributionen den Paketmanager. Debian-basierende Linux-Versionen verwenden hier ein von RPM abweichendes Konzept.

Das Installationsprogramm *dxs-inst* befindet sich auf der obersten Dateiebene des Unterverzeichnisses *ld-v3.versionsnummer*. Dieses Skript erzeugt in einem leeren Verzeichnis eine komplette Verzeichnisstruktur, die NFS später an die Clients exportiert. Es definiert Grundpakete, die bereits alleine einen Client-Betrieb erlauben. Diese sind um weitere Paketgruppen erweiterbar, die z.B. die Basisprogramme und -bibliotheken der grafischen Oberfläche sowie verschiedene Benutzeroberflächen installieren.

Sie rufen das Installationsskript im obersten Verzeichnis des Installationsverzeichnisses auf. Nach einigen Fragen für die NFS-Freigabe steht Ihnen die Auswahl der Paketgruppen zur Verfügung:

```
server:~/ld-v3 # ./dxs-inst

Welcome to version dxs-v3-0.5.4c of mk_dxsfs.sh! See installation.log
for errors. Please answer the following questions: (Enter takes defaults)

Which network do you want to use for DXS? (A.B.C.0)
* [ 10.239.4.0 ]
Which netmask should be used? (255.B.C.0)
* [ 255.255.255.0 ]
Using 10.239.4.0/255.255.255.0 !
Which dxs root path should be used?
* [ /nfsroot/dxs ]
Where automount home directories from? (A.B.C.D:/home-dir)
* [ 10.239.4.179:/home ]
Please select package groups for installation!
Do you want to include ...
    dhclient component (for system configuration via dhcp) (y/n)? [n]: y
    XFree86 base system (y/n)? [n]: y
    XFree86 extended (Xnest, VNC, ...) (y/n)? [n]: y
    software development (y/n)? [n]:
    lan analysis (y/n)? [n]:
    graphic basics (y/n)? [n]: y
    kde3 graphical user interface (y/n)? [n]: y
    kde3 extended (some more kde progs) (y/n)? [n]: y
    gnome graphical user interface (y/n)? [n]:
    hardware and software emulators (y/n)? [n]:
Set debug level
Set default runlevel

This script sets up the basic File System structure for diskless
X stations now. Please enable the NFS-Share /nfsroot/dxs in your
servers /etc/exports file, i.e.:
/nfsroot/dxs    10.239.4.0/255.255.255.0(ro,no_root_squash,async)
/tmp/dxs        10.239.4.0/255.255.255.0(rw,no_root_squash,async)

... and (re)start your nfs server.
[ ... ]
```

In der derzeitigen Version arbeitet das Skript lediglich kommandozeilenorientiert. Es deckt bei weitem nicht alle Konfigurationsmöglichkeiten ab, sondern bietet lediglich die Grundlage für eine Erstinstallation. So erwartet es unterhalb des Pfads */data/suse-install* eine eingehängte DVD oder ein eingehängtes NFS mit der SuSE-Distribution Version 9. Sie können diesen Pfad im Skript natürlich ändern. Mit der SuSE-Linux 8.2 arbeitet das Skript nur eingeschränkt.

Das Skript erfragt mehrere Voreinstellungen wie die Parameter für die NFS-Freigabe. Es verändert Ihre */etc/exports* nicht direkt, sondern schlägt vor, wie die Datei aussehen sollte. Nach dem Anpassen der */etc/exports* müssen Sie den NFS-Dienst selbst neu starten. Die DHCP- und TFTP-Server verändert es nicht. Eine Beispieldatei für DHCP liegt dem Installationspaket bei. Die Datei müssen Sie ebenso anpassen wie die für Ihren TFTP-Server. Ausführliche Anleitungen hierzu finden Sie in Kapitel 4.

dxs-inst installiert Software so weit wie möglich über den Paketmanager. Beim Einrichten kopiert es einige spezielle Skripten und Konfigurationsdateien aus dem Unterverzeichnis *dxs-specific*. Dies stellt eine größtmögliche Kompatibilität zum traditionellen Vorgang des Aufsetzens eines Linux-Systems sicher. Softwarepakete wählen Sie wie bei der klassischen Installation in Paketgruppen, da eine Einzelabfrage aufgrund der teilweise schwer aufzulösenden Paketabhängigkeiten[6] und der hohen Zahl der Pakete (bis zu mehreren tausend) nicht praktikabel erscheint. Viele Pakete machen nur gemeinsam mit einer Gruppe anderer Pakete Sinn, da man beispielsweise für die grafischen Benutzeroberflächen KDE und Gnome jeweils etliche Programme und Bibliotheken installieren muss.

Diese Paketgruppen sind nach ihrem Anwendungszweck gegliedert: So benötigen Sie mindestens ein Basissystem bestimmter Funktionalität. Dies enthält alle Programme und Bibliotheken für einen erfolgreichen Start des Diskless Client. Wirklich interaktiv damit arbeiten können Sie nicht. Für bestimmte Anwendungen, wie Compute-Cluster, benötigen Sie häufig nicht mehr.

Darüber hinaus können Sie Pakete für Serverdienste, Grafikprogramme, verschiedene grafische Benutzeroberflächen oder zur Netzwerkanalyse hinzufügen. Diese Paketgruppen hat Dirk von Suchodoletz durch probeweise Installation zusammengestellt. Alternativ könnten Sie aus den Paketvorschlägen der jeweiligen Distribution selbst Paketzusammenstellungen extrahieren oder selbst experimentieren.

Die Palette der zur Auswahl gestellten Pakete können Sie jederzeit im Installationsskript erweitern. Generell sollte es immer möglich sein, Pakete mit dem Be-

---

6 Einzelne Programme greifen auf bestimmte dynamisch gelinkte Bibliotheken zurück oder benötigen Dienste und Programme, die andere Pakete zur Verfügung stellen.

fehl `rpm -root=/installationsverzeichnis -ivh paket.rpm` manuell nachzuinstallieren, unabhängig von der Paketauswahl des Basisskriptes.

7.2.5 Installation per Kopie

In vielen Fällen ist eine Installation von Grund auf so aufwändig wie eine klassische Installation. Diesen Aufwand können Sie reduzieren, wenn in Ihrem Netz bereits ein SuSE-Linux vollständig installiert ist. Diesen PC können Sie für Ihre Net-PC-Installation als Vorlage verwenden.

Das Konzept verwendet das Programm `rsync`. Es ermöglicht durch seine einfache Konfiguration ein perfektes Synchronisieren von Daten und Verzeichnissen. `rsync` kann sowohl auf dem lokalen Dateisystem als auch netzwerktransparent arbeiten. Beim Kopieren von Daten über das Netz kann es die Übertragung automatisch mit der Secure Shell absichern. Damit Sie keine lange Befehlskette eingeben müssen, übernimmt `d2d1` diese Aufgabe für Sie. So können Sie die Synchronisation automatisieren. Dieses Skript wird im folgenden Abschnitt erklärt. Es übernimmt dabei eine ähnliche Aufgabe wie `dxs-inst`.

`rsync` vergleicht die Dateien bzw. Verzeichnisse auf dem Quell- und Zielrechner oder -verzeichnis miteinander. Dabei beachtet es sowohl die Größe als auch die Erstellungszeit einer Datei. Wenn sich zwei Dateien voneinander unterscheiden, verwendet `rsync` einen speziellen Algorithmus, der nur den Unterschied zwischen den zwei Dateien überträgt. Dieses Verfahren steigert die Synchronisationsgeschwindigkeit erheblich. Stimmt beispielsweise 1 MByte einer 5 MByte-Datei nicht mit der anderen Datei überein, überträgt es lediglich die 1 MByte abweichender Daten.

Da es bei einer Erstinstallation alle Dateien kopieren muss, weil diese noch nicht auf dem Zielrechner existieren, haben Sie bei der Erstinstallation durch `rsync` noch keine Vorteile gegenüber einer klassischen Kopie durch `cp` oder `scp` sondern erst bei späteren Updates. Das Skript `d2d1` setzt rsync mit einem der beiden folgenden Aufrufe ein:

```
rsync -avx --delete --exclude-from=/tmp/f2excl.tmp Quelle Ziel
rsync -avxe ssh --delete --exclude-from=/tmp/f2excl.tmp Host:Quelle Ziel
```

Die hier verwendeten rsync-Optionen haben folgende Funktionen:

rsync-Option	Erklärung
-a	fasst die Optionen recursive (-r — kopiert Unterverzeichnisse), links (-l – kopiert symbolische Links), permissions (-p – behält die gesetzten Dateirechte bei), times (-t – behält Zeiten bei), groups (-g – erhält Gruppenrechte), mit owner (-o – bleiben Besitzrechte unverändert) und devices (-D – behält Gerätedateien bei; nur root) zusammen. Diese Option sollten Sie auf jeden Fall benutzen, da Sie sonst die Rechte für Ihre Net-PCs unter Umständen mühsam selbst korrigieren müssen.
-v	steht für Verbose und zeigt auf dem Bildschirm an, welche Datei gerade kopiert wird.
-x	sorgt dafür, dass rsync die Grenzen eines Dateisystems nicht überschreitet. Das ist wichtig, wenn auf der Quellmaschine per NFS Verzeichnisse von anderen Servern gemountet sind, die Sie nicht automatisch mitkopieren wollen.
-e	sagt rsync welches Remote-Shell-Kommando es ausführen soll. Diese Option benötigen Sie nur beim Kopieren über das Netz. Am besten verwenden Sie hier SSH. Alternativ könnten Sie auch RSH einsetzen, welches aber auf jegliche Verschlüsselung verzichtet.
-z	Für langsame (WAN-)Verbindungen möchten Sie u.U. eine Kompression nach GZIP einschalten, um die Übertragungszeiten zu reduzieren. Im LAN spielt dies sicherlich eine geringere Rolle, da die Kompression beide Maschinen zusätzlich belastet.
–delete	löscht Dateien, die auf dem Quellsystem nicht mehr vorhanden sind, auch auf dem Zielsystem. Diese Option sollten Sie mit Vorsicht einsetzen, da Sie bei falscher Angabe von Pfaden ganze Installationen löschen können.
–exclude-from	erlaubt Ihnen, eine Datei anzugeben, die ihrerseits eine Liste von Dateien und Verzeichnissen enthält, die Rsync nicht behandeln soll.

Tabelle 7.1 rsync-Optionen

Die letzte beschriebene Option stellt einen wesentlicher Vorteil von rsync gegenüber reinen Kopierbefehlen dar. Wenn Sie einfach Verzeichnisse oder Dateien mittels `cp` oder `scp` ausschließen wollen, müssen Sie den Kopiervorgang in viele Einzelschritte zerlegen.

Im Folgenden sehen Sie die Ausgabe des Skripts `d2d1`. Die Abfragen einer kompletten Neu-Installation sind naturgemäß ähnlich, so dass Dirk von Suchodoletz darüber nachdenkt, in zukünftigen Versionen der Installation von Linux Net-PCs beide Skripten in einem zusammenzufassen.

```
server2:~/ld-v3 # ./d2d1
Welcome to version d2d1-v3-0.1b of mk_dxsfs.sh! See installation.log
for errors. Please answer the following questions: (Enter takes defaults)

Which dxs root path should be used?
* [ /nfsroot/dxs ]
```

```
Which source should be used for rsync?
format [server:]/path (without trailing / or *)
* [ / ]
```

Die erste Abfrage bestimmt wieder das Zielverzeichnis. Dies ist das zukünftige Rootverzeichnis der Clients. In der zweiten Abfrage geben Sie die Quelle an, die kopiert werden soll. Wenn Sie einfach nur das Dateisystem der lokalen Maschine kopieren wollen, weil Sie erst einmal auf einer klassischen Workstation eine Testinstallation einrichten, genügt die Angabe des voreingestellten Pfades /. Sie können so eine bestehende Client-Umgebung für eine Experimental-Installation kopieren. In diesem Fall geben Sie den Pfad zur bestehenden Umgebung an, beispielsweise */nfsroot/dxs*.

Wenn rsync sowohl auf der Quell- als auch auf der Zielmaschine installiert ist, kann man damit ein komplettes Rootverzeichnis über das Netz kopieren. Dann geben Sie vor dem Pfad den Rechnernamen oder die IP-Nummer der Maschine an, die die Daten liefern soll. rsync fragt Sie direkt aus dem Skript heraus nach dem «root»-Passwort der Quellmaschine. Sie kommen nicht umhin, einen Administrator-Account mit weitgehenden Rechten einzusetzen, da Sie sonst einige Dateien vom Quellsystem nicht lesen dürften.

Das Skript `d2d1` übernimmt für Sie das Erzeugen der Exclude-Liste. Derzeit trägt es die Dateien:

```
[ ... ]
echo -e "/boot/initrd*\n/etc/init.d/boot.local*\n/usr/share/vmware/*\n\
/tmp/*\n/root/*\n/nfsroot\n/proc/*\n/tftpboot\n/users/*\n/home/*\n\
/var/log/*\n/dev/pts/*\n/dev/log /dev/shm/*\n/vmware\n/u/*\/users/*\n\
*lost+found*\n/mnt/*\n/media/*" >/tmp/f2excl.tmp
[ ... ]
```

zum Ausschluss vom Kopiervorgang in die Liste ein. Sie können diese Liste jederzeit verändern und an Ihre Bedingungen anpassen. Die vorliegende Version des Skripts geht davon aus, dass Ihre Quellmaschine sowohl alle Pakete enthält, die Sie auf Ihren Clients zur Verfügung stellen wollen, als auch keine lokalen Normalbenutzer eingerichtet hat. Fast alle Systemdateien werden mittels rsync vom Quellserver in das Zielverzeichnis kopiert.

7.2.6 Updates und Ergänzungen

Nachdem Sie einen kompletten, Ihren Wünschen entsprechenden Client-Dateibaum erzeugt haben, werden Sie diesen spätestens dann erweitern wollen, wenn Sie neue Software hinzufügen wollen oder Sicherheitsupdates einspielen müssen. Wie Sie dann vorgehen, hängt von der Art der Erstinstallation ab.

Wenn Sie zuvor direkt aus den Softwarepaketen Ihres Linux-Distributors installiert hatten, führen Sie das Update mit dem Paketmanager aus. Bei RPM würden Sie z.B. ein neues Kernel-Release mit

```
rpm -U -root /nfsroot/dxs k_deflt-2.4.21-144.i586.rpm
```

einspielen. RPM löscht sodann Ihren alten Kernel innerhalb Ihres Client-Baums und spielt den neuen ein. Anschließend müssen Sie mit `mkinitrd -1 -b /boot -d ram0 /nfsroot/dxs` eine passende Ramdisk generieren.

> **Warnung:** Das Austauschen eines Kernels oder die parallele Installation eines zusätzlichen Kernels neben dem bestehenden erfordert immer das Neugenerieren der Initial-Ramdisk, da sonst die Kernelmodule nicht zum geladenen Kernel passen. Der Bootvorgang würde in einem sehr frühen Stadium hängen bleiben.

Alternativ können Sie auch verschiedene Kernels nebeneinander installieren und mit PXE/Syslinux- oder Etherboot-Menüs eine Auswahl anbieten. In diesem Fall rufen Sie den Paketmanager so auf:

```
rpm -i -root /nfsroot/dxs k_deflt-2.4.21-166.i586.rpm.
```

Nun installiert RPM den neuen Kernel parallel zum bereits vorhandenen und legt automatisch den Link von *vmlinuz* und *initrd* auf den neuen Kernel.

7.3 Funktionsweise

Nach der Installation wird Sie die Funktionsweise interessieren. Dazu zählen das Konzept der Aufteilung des Dateisystems in statische und dynamische Bereiche, die geeignete Methode, diese Bereiche den Clients zur Verfügung zu stellen und der Ablauf des Bootvorgangs. Lesen Sie zuerst, wie Sie Net-PCs nach Ihren Vorstellungen einrichten können.

7.3.1 Konfiguration

Bisher kann man Net-PCs nur per DHCP konfigurieren. Etliche Parameter bestimmen, welche Dienste auf Net-PCs laufen und wie sie booten. Die Strukturen für eine alternative Einrichtung durch Dateien oder LDAP sind bereits geschaffen, jedoch noch nicht implementiert. DHCP-Optionen können das Konfigurieren der Diskless Clients sowohl für Software- als auch für Hardwareeinstellungen steuern. Hierfür lassen sich vordefinierte und user-spezifische Optionen verwenden (siehe Abschnitt 4.5 zu DHCP). Weitere Erklärungen finden Sie in der Beispieldatei *dhcpd.example* des Installationspakets.

An der Stelle von IP-Listen können auch Hostnamen oder Full Qualified Domain Names (FQDN) stehen, wenn der DHCP-Server diese korrekt in IP-Nummern auflösen kann. Allen genannten Optionen muss man den Identifikationsstring *option* voranstellen, z.B. `option start-x "indirect";`.

DHCP-Option	Nummer	Datentyp	Erklärung
language	222	String	Einstellung der Standardsprache
start-x	223	String	Bestimmt das Verhalten des X-Servers
start-snmp	224	String	Bestimmt, ob SNMP gestartet wird (yes|no)
start-sshd	225	String	Bestimmt, ob SSH gestartet wird (yes|no)
start-xdmcp	226	String	Bestimmt, ob und welcher Display Manager gestartet wird (yes(kdm)|kdm|gdm|xdm|no)
start-cron	227	String	Bestimmt, ob CRON gestartet wird (yes|no)
crontab-entries	228	String	Erlaubt es, *crontab*-Einträge zu generieren
start-rwhod	229	String	Bestimmt, ob der RWHO-Dienst gestartet wird (yes|no)
start-printdaemon	230	String	Bestimmt, ob und welcher Druckservice aktiviert wird
tex-enable	232	String	Bestimmt, ob bestimmte Zusatzverzeichnisse für LaTeX gemountet werden
netbios-workgroup	233	String	Setzt den Arbeitsgruppennamen für Windows-Netzwerke
vmware	243	String	Bestimmt über das Laden der Kernel-Module für den Betrieb von VMware (Image_Name(yes)|yes|no)
hw-mouse	252	String	Hardwaredefinition der Maus für XF86Config und gpm
hw-graphic	253	String	Hardwaredefinition der Grafikkarte (Modul)
hw-monitor	254	String	Hardwaredefinition des Monitors (Maximalfrequenzen und Auflösung)

Tabelle 7.2 Benutzerdefinierte DHCP-Optionen

Alle hier verwendeten Bezeichner für die frei wählbaren DHCP-Optionen können Sie auch anders benennen und am Anfang der jeweiligen Konfigurationsdateien wie im Abschnitt 4.5 (DHCP) zuordnen. Werden bestimmte Variablen nicht gesetzt, kann man Voreinstellungen (Defaults) nutzen. Diese kann man in der Datei *machine-setup.default* oder alternativ in der Datei *dhclient.conf* und deren Einrichtung in der Datei *boot.ld* vorbelegen.

Die Datei *dhclient.conf* sollte die Definitionen der user-definierten DHCP-Variablen erhalten, damit das von ihr angegebene Skript */etc/init.d/dhclient-script* diese sinnvoll in die Datei *machine-setup* eingetragen kann. Andernfalls würden diese Variablen mit *option-222* statt mit ihrem gewählten Namen in der Datei */var/lib/dhcp/dhclient-leases* eingetragen werden.

language soll die Standardsprache der Konsole (und X) festlegen. Diese Variable ist zweigeteilt aufgebaut: Der erste String definiert die Tastatureinstellung, der zweite die entsprechenden LOCALE- Umgebungsvariable. *start-x* stellt ein, wie sich der X Server auf dem Client verhält. Möglich sind eine direkte Verbindung auf den eigenen Display Manager: *direct* oder *yes*. Für eine direkte Verbindung auf den Chooser des eigenen Display Managers verwenden Sie *indirect*. In beiden Fällen stellen Sie die Datei */etc/inittab* des Clients so ein, dass sie einen X Server mit der entsprechenden Option startet.

Grafische Oberflächen bzw. Window-Manager wie KDE, Gnome, Icewm starten Sie im Kiosk-Mode ohne Umweg über ein grafisches Login mit `kde`, `gnome`, `icewm` Ähnliches gilt für das Starten von VMware (`vmware`) oder Citrix-Metaframe (`citrix`) ohne Windowmanager und grafische Login-Aufforderung. Dies setzt voraus, dass die erforderlichen Pakete installiert und passend lizenziert sind. Starten Sie eine grafische Oberfläche oder ein Programm wie VMware direkt, benutzt die DXS-Umgebung das Skript `startgui`. In diesen Fällen erfolgt in der */etc/inittab* ein Eintrag, der `xinit` das Skript `startgui` im Runlevel 5 ausführen lässt.

Die Variablen *start-snmp*, *start-sshd*, *start-cron*, *start-rwhod* kennen die booleschen Werte *yes*, *no* sowie *may* zum Steuern der Runlevel. Diese Einträge werten `boot.servconf` und `boot.hwsetup` aus. Bei *yes* werden sowohl alle notwendigen Verzeichnisse konfiguriert als auch die notwendigen Einträge im Runlevel-Unterverzeichnis als symbolische Links angelegt. *may* sorgt dafür, dass man den Dienst bei Bedarf starten kann, d.h., man erzeugt alle notwendigen Verzeichnisse und Dateien, trägt aber keinen Link ins Runlevel-Unterverzeichnis ein. Die Angabe von *no* verhindert einen späteren Start eventuell, da unnötige Konfigurationsdateien und Verzeichnisse aus der Ramdisk gelöscht werden, um Platz zu sparen und einen sauberen Überblick zu gewährleisten.

start-printdaemon entscheidet darüber, ob und welchen Druckdienst (*cups*, *lpd*, *no*) der Runlevel startet, wobei derzeit nur die Optionen CUPS und LPD möglich sind. `boot.servconf` generiert die entsprechende Konfigurationsdatei für CUPS im Client-Modus. Die Optionen *hw-mouse*, *hw-graphic*, *hw-monitor* definieren getrennt durch Leerstellen die Einstellungen für Maus, Monitor und Grafikkarten. Die Mausvariable ist zweigeteilt und nimmt im ersten Teil das Protokoll (ps/2, MouseMan ...) und im zweiten Teil die Schnittstelle (ohne führendes /dev - psaux, ttyS0, input/mice ...) auf. Die horizontalen und vertikalen Maximalfrequenzen des Monitors[7] und die maximale Bildschirmauflösung (640x480, 800x600, 1024x768, ...) trägt man ebenfalls getrennt durch Leerzeichen in *hw-graphic* ein, wenn die Auto-Konfiguration nicht funktioniert oder man von dieser abweichende Werte einstellen will. Die verwendeten Werte sollten den Einträgen in der Datei `boot.hwsetup` entsprechen, da sonst keine sinnvolle Konfiguration erstellt wird. hw-graphic legt das XFree86-Modul[8] für die Grafikkarte und die Farbtiefe in Bit (8, 15, 16, 24) fest. So können Sie die automatisch konfigurierten Werte überschreiben.

7.3.2 Schreibbare- und schreibgeschützte Verzeichnisbäume

Das Client-Dateisystem liegt in einem eigenen Unterverzeichnis des Server-Dateibaums und enthält damit keine für den Server sicherheitsrelevanten Dateien. Um die Performance zu erhöhen, sollten Sie hierfür eine eigene Partition auf einer separaten Festplatte oder einem RAID mounten. So trennen Sie am besten das Client- und das Serverdateisystem.

Deshalb ist es kein Sicherheitsproblem, das gesamte Client-Root-File System freizugeben. Trotzdem sollten Sie diesen Export nur lesbar erlauben, damit Clients sich nicht gegenseitig Konfigurationsdateien überschreiben, Device-Rechte ändern oder Sockets löschen können und Angreifer keine Programme oder Konfigurationen für die Clients auf dem Server ändern können.

Die Verzeichnisse mit den Standardapplikationen wie */(s)bin*, */opt* und */usr* können Sie generell unproblematisch zum Lesen freigeben, da Client-Maschinen nur lesend auf sie zugreifen. Größeren Aufwand verursachen die Verzeichnisse mit dynamischen Dateien wie */etc* und */var*. Ein Spezialverzeichnis wie */dev* brauchen Sie nicht zu exportieren, wenn Sie auf den Device File System Daemon setzen. Dies empfiehlt sich jedoch nur, wenn Sie eigene Kernels bauen und einsetzen. Im Normalfall müssen Sie diese Verzeichnisse, wie auch */etc* und */var*, für jeden Client gesondert behandeln. Das bedeutet, dass Sie */dev* nicht einfach für alle Clients gemeinsam per NFS exportieren können, sondern dieses Verzeichnis in die Ramdisk des Clients legen.

---

[7] in XF86Config-Syntax: 10-64 kHz für horizontal, 50-75 Hz für vertikal
[8] Auf den Einsatz der alten X Server sollten Sie verzichten. Module siehe XFree Version 4 Beschreibung

Abbildung 7.1 Bootender Net-PC

Alle Daten, die Sie statisch bereitstellen, in erster Linie also das Root-File-System, z.B. *nfsroot/dxs* bindet der Client read-only per NFS ein. Hier könnten Sie auch andere Netzwerkdateisysteme, wie Samba (SMB)[9] oder AFS (Andrew File System) als Alternative vorsehen. Bereiche des Dateisystems, welche auch beschreibbar sein sollen, müssen Sie gesondert behandeln. Dynamische Daten wie Konfigurationsdateien, Logfiles, Sockets und Ähnliches legt der Client in seinen Arbeitsspeicher (TempFS oder Ramdisk). Diese Aufteilung vermeidet die oben genannten Probleme beim Betrieb mehrerer Clients aus einem einheitlichen Dateisystem: Die gemeinsam genutzten Verzeichnisbäume sind bis auf bestimmte Ausnahmen, wie das */tmp*-Verzeichnis, nur lesbar und damit nicht von Dritten manipulierbar.

Das */tmp*-Verzeichnis ist zu Beginn des Betriebs eines Clients noch völlig leer. Hier können sich neben den Sockets von Programmen verschiedenen temporären Dateien auch Daten von Benutzern und bestimmten Prozessen ansammeln. Der Umfang dieser Daten kann so groß werden, dass eine alleinige Ablage in einer Ramdisk nicht geraten scheint. Entweder erhält jeder Client einen eigenen Anteil eines schreibbaren NFS-Bereichs auf dem Server, oder man wählt eine Kombination aus Ramdisk und NFS. Ersteres verursacht bei großen Installationen mit vielen Clients viel Administrationsaufwand beim Anlegen von Verzeichnissen und beim Eintragen der notwendigen Freigaben. Die zweite Lösung generiert innerhalb des Ramdisk-*/tmp* ein Unterverzeichnis, an das man ein gemeinsames Server-Share mounten darf. Dies setzt jedoch spezielle Konfigurationen einiger Programme und die Aufklärung der Benutzer voraus. Normalerweise verwendet

---

9 Dann sind einige Anpassungen notwendig, damit es alle wichtigen UNIX-Dateitypen, wie Devices und Sockets unterstützt.

VMware das Verzeichnis /tmp für seine temporären Dateien und Verzeichnisse, jedoch können Sie dies zentral umkonfigurieren (siehe Kapitel 12). Für Programme, wie k3b, den komfortablen CD- und DVD-Brenner der KDE-Suite, müssen Benutzer selbst einen alternativen Pfad zu /tmp festlegen, damit sie genügend Platz für zwischenzeitlich angelegte CD- und DVD-Images haben.

Unter diesen Voraussetzungen kann man die notwendigen Verzeichnisse mit NFS (/etc/exports) so aufteilen:

```
# Basis-Verzeichnis (Root File System der Clients)
/nfsroot/dxs     192.168.15.0/255.255.255.0(ro,no_root_squash)
# Erweiterung des /tmp fuer bestimmte Userbeduerfnisse (viel Platz!)
/tmp/dxs         192.168.15.0/255.255.255.0(rw,no_root_squash)
```

Diese NFS-Freigabe erlaubt es Clients des Class-C-Subnetzes 192.168.15.0, das Verzeichnis /nfsroot/dxs nur lesend einzubinden. Das Verzeichnis /tmp/dxs stellt ihnen der Server auch beschreibbar zur Verfügung. In dieser Lösung kann man sowohl Kernel-NFS-Server als auch die Userspace-Implementation einsetzen. Setzen Sie Kernel-NFS ein, muss sich der gesamte exportierte Bereich über eine einzige Partition erstrecken, da zusammengesetzte Verzeichnisse nicht exportiert werden können. Für weitergehende Erklärungen konsultieren Sie am besten Abschnitt 4.3 in Kapitel 4, *Linux-Serverdienste: Basics*.

7.3.3 Alternativen und zukünftige Entwicklungen

Da Sie mit NFS-Freigaben sowohl beschreibbare als auch ausschließlich lesbare Teile des Verzeichnisbaums unterhalb einer gemeinsamen Wurzel einhängen, entstehen einige Probleme: Nicht alle Unterbäume eines beschreibbaren Verzeichnisses wie /etc[10] oder /var[11] müssen beschreibbar sein und damit einen Platz in der Ramdisk belegen. Teilweise brauchen diese Verzeichnisse so viel Speicherplatz, dass dies die Kapazität einer kleinen Ramdisk schnell überfordern und unsinnigerweise teuren Arbeitsspeicher verbrauchen würde.

Als Lösung bieten sich transluzente Dateisysteme an: Diese lassen ein nur lesbares Dateisystem durch ein darübergelegtes beschreibbares durchscheinen, solange keine gleichnamige Datei im oberen Dateisystem angelegt wurde. Ein transluzentes Dateisystem kann alle unveränderten Dateien aus dem NFS-Import verwenden, ohne ihnen Platz in der Ramdisk einräumen zu müssen. Gewaltige »Link-Parks«, die alle potenziell veränderbaren Dateien in die Ramdisk auslagern, lassen sich so vermeiden. Die Verzeichnisstruktur bleibt einfach und transparent.

---

10 hier z.B. weite Bereiche unterhalb von /etc/opt
11 hier z.B. /var/lib/rpm für die RPM-Datenbank und /var/adm für statische Administrationsskripten

Im besten Fall bekommen Anwender von den geschichteten Dateisystemen nichts weiter mit.

Inzwischen versuchen neue Ansätze von Linux-Dateisystemen, diese Funktionalität anzubieten[12], jedoch ist der Status zumeist mit »Alpha« gekennzeichnet, so dass ein produktionsstabiler Einsatz für Lösungen mit Linux Net-PCs noch nicht zu empfehlen ist.

Hier gibt es mehrere Alternativen:

- Entweder arbeiten Sie mit großen Gruppen symbolischer Links von Dateien und Verzeichnissen[13] aus dem nur lesbaren Bereich in den beschreibbaren Bereich oder
- Sie versuchen das Problem für Verzeichnisse durch geeignete Verknüpfungen auf Mount-Ebene zu lösen. Hierzu verwenden Sie die Option »–bind« des Mount-Kommandos, das die aktuellen Kernel-Linien ab 2.4 zur Verfügung stellen. Das folgende Beispiel in der Tabelle 7.3 zeigt, wie Sie durch geeignete Mounts alle Teile des Root-Verzeichnisses mit einem Bereich aus der Ramdisk überdecken.

Quelle	Ziel	Quelle	Ziel
/ram/tmp	/tmp	/ram/root	/root
/ram/dev	/dev	/ram/var	/var
/ram/etc	/etc	/ram/media	/media

Tabelle 7.3 Einhängen schreibbarer Verzeichnisse in das Root-FS

Dieses Verfahren »verdeckt« jedoch Dateien und Verzeichnisse, die sich vorher an dieser Stelle befanden. Dies stellt für das Speicherplatzproblem keine Schwierigkeiten dar, da es nur um Bereiche auf dem Server geht. Jedoch müssen Sie alle noch benötigten Dateien vorher kopieren, da Sie sonst nicht mehr an diese herankommen. Befinden sich im überdeckten Verzeichnis große Unterverzeichnisse mit viel statischem Inhalt, können Sie diese wiederum mit einem Bind-Mount an einem anderen Platz im Verzeichnisbaum zwischenparken (siehe Tabelle 7.4 auf Seite 233).

Die gesicherten Unterverzeichnisse können Sie nach dem Wiederaufbau der benötigten Verzeichnisstruktur in der Ramdisk mit einem »Move-Mount« wieder an ihren alten Platz hängen, z.B.: `mount -move /ram/tmp/var/adm /var/adm.`

---

12 siehe z.B. die Entwicklungen von Bernhard Wiedemann auf
    http://translucency.sourceforge.net
13 den besagten »Link-Parks«

So können Sie eine platzsparende Verzeichnisstruktur generieren, die den meisten Bedürfnissen der auf dem Client gestarteten Programme und Dienste entgegenkommt. Gleichzeitig stellt sich das Dateisystem aus Benutzersicht fast identisch mit einer klassischen Linux-Installation dar. Als Nichtadministrator werden Benutzer den Unterschied noch nicht einmal merken, da sie in den meisten der eben behandelten Bereiche des Dateisystems keinerlei Schreibrechte haben. Auch für Administratoren stellen sich die meisten Standardvorgänge nicht anders als auf Linux-Workstations dar.

Quelle	Ziel
/etc/opt/gnome/gconf	/ram/tmp/etc/opt/gnome/gconf2
/etc/X11/xkb	/ram/tmp/etc/X11/xkb
/etc/opt/kde3/share/icons	/ram/tmp/etc/opt/kde3/share/icon
/var/adm	/ram/tmp/var/adm
/var/lib/texmf	/ram/tmp/var/lib/texmf
/var/lib/rpm	/ram/tmp/var/lib/rpm

Tabelle 7.4 Parken großer Unterverzeichnisse zum späteren Wiedereinbinden

Die Installation, Updates oder Bugfixes kann man sowieso nur sinnvoll auf dem Server oder einem speziell ausgezeichneten Client einspielen.

Dieser Client könnte alternativ in VMware virtuell zusätzlich auf dem Server[14] laufen. Derzeit verbirgt das Projekt die Zusammensetzung des Client-Dateisystems ein wenig. Das Mount-Kommando listet nicht alle eingebundenen Verzeichnisse auf, da dies lang und unübersichtlich wäre. Stattdessen erfahren Sie die realen Mounts durch `cat /proc/mounts`.

7.3.4 Die Bootprozedur

Die hier vorgestellten Linux Net-PCs initialisiert man wie beim Kernel-Start neuerer Linux- Distributionen. Vor dem eigentlichen Mounten des Root File Systems und dem Ausführen des `init` führt der Kernel eine minimale Ramdisk-Umgebung aus. Diese übernimmt Konfigurationsaufgaben wie das Laden spezieller Kernelmodule für Dateisysteme oder RAID-Festplatten, damit alle Treiber für das anschließend einzubindende Root-File System zur Verfügung stehen.

---

14 was aber die Verfügbarkeit von VMware für diese Plattform voraussetzt

Der initiale Teil

Einen ähnlichen Ansatz strebt das Linux-Net-PC-Projekt an. Die Vorteile der Zweiteilung der Bootprozedur liegen in der Vereinfachung des Kernels und des Debuggings. Die Linux-Distributoren binden nur solche Elemente fest in den Kernel ein, welche das System zum Start benötigt. Alle weiteren kann der Kernel bei Bedarf nachladen. Dies verschlankt den Kernel erheblich gegenüber einer Ausgabe, die z.B. alle Netzwerkkartentreiber enthält, wovon man üblicherweise nur genau einen einsetzt.

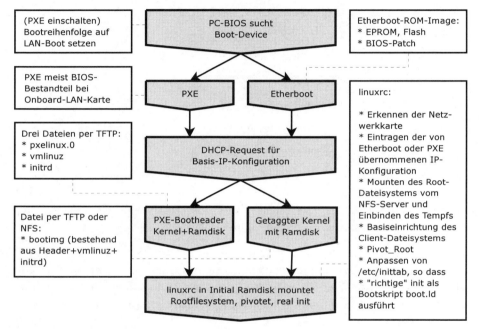

Abbildung 7.2 Der erste Teil der Bootprozedur

Eine Initial-Ramdisk arbeitet ähnlich wie die klassische Bootprozedur von Linux-Systemen. Anstatt jedoch als ersten Prozess init aufzurufen, führt sie ein Shellskript aus. Im Linux-Net-PC-Projekt ermittelt dies das notwendige Kernelmodul der Netzwerkkarte und lädt es. Nach dem Laden konfiguriert es die erste Netzwerkkarte mit den IP-Daten, die das Skript von der Kernel-Command-Line ausliest. Etherboot oder PXE haben zuvor die IP-Konfiguration in die Kernel-Command-Line geschrieben. Etherboot übernimmt die Aufgabe, wenn der Kernel mit mknbi oder mkelf mit der Option »-i rom« getaggt wurde. Für PXE tragen Sie in die Konfigurationsdatei die Zeile »ipappend 1« ein.

Nachdem das Skript den Portmapper gestartet hat, bindet es das Root-Dateisystem per NFS ein. Im nächsten Schritt baut dieses das Dateisystem geeignet auf und verlegt dazu einige Bereiche, wie das Konfigurations-, Root- und Temporärverzeichnis und weitere in die Ramdisk. Sie sind damit ganz normal beschreibbar. Der Server bekommt hiervon nichts mit, da die Schreibvorgänge nur auf dem Client stattfinden. Dies ist zwingend erforderlich, da beispielsweise Konfigurationsdateien nur selten für alle PCs identisch sind.

Statische Bereiche bleiben read-only über NFS benutzbar. Dazu gehören üblicherweise Applikationen, ihre statischen Daten und ihre Bibliotheken. Im vorletzten Schritt hängt das Bootskript das neu aufgebaute Dateisystem anstelle des zuerst eingebundenen Minisystems der Initial-Ramdisk als Root-Dateisystem um. Das Kommando `pivot_root` führt dies so genannte »Pivoting« aus. `pivot_root` ist Bestandteil des Skripts `linuxrc2`, welches aus `mkinitrd` heraus geschrieben wird. Am Ende des ersten Teils der Bootprozedur startet das Skript `linuxrc2` das klassische `init` aus dem endgültig vorbereiteten Root-File System. Damit sind alle Aufgaben der Initialisierung beendet.

Wesentlicher Bestandteil der Ramdisk der Linux Net-PC sind die Skripten `linuxrc` und `linuxrc2`. Sie liegen nicht als eigenständige Dateien vor, sondern werden erst durch das Skript `mkinitrd` in die Ramdisk geschrieben. Gemeinsam mit ihnen packt `mkinitrd` alle notwendigen Programme zum Ablauf beider Skripten, wie `tar` und `sed` in die Ramdisk. Hinzu kommen noch notwendige Bibliotheken und Kernelmodule für die Netzwerkkarten. Am Ende umfasst die Initial-Ramdisk etwa fünf Megabyte. PXE holt die Ramdisk separat, nachdem es den Kernel kopiert hat. Etherboot kopiert beide als gemeinsames Paket über das Netz. `mknbi` oder `mkelf` schnüren dann beide zusammen. Per TFTP oder NFS dauert das Übertragen weniger Megabyte von Kernel und Ramdisk nur wenige Sekunden.

Sie müssen nicht gesondert auf die Bootskripten achten: Sie sind immer im Skript zum Erstellen der Ramdisk enthalten. So stellt `mkinitrd` sicher, dass im `linuxrc` der richtige Pfad zum Mounten des Root-Dateisystems vom NFS-Server eingetragen ist.

Der klassische Teil des Bootvorgangs

Nach dem Aufruf von `init` als erstem Prozess startet die gewohnte Bootprozedur mit ihrem Runlevel-System. Dessen Verhalten steuern Sie wie gewohnt mit Start-Stopp-Skripten unterhalb des Verzeichnisses */etc/init.d* und der dazugehörigen Links in den Unterverzeichnissen für jeden Runlevel. Dies macht man jedoch nicht direkt, sondern mittelbar über Konfigurationsoptionen. `boot.servconf` trägt später Links in die vorher leeren Unterverzeichnisse ein.

Da der Startvorgang festplattenloser Maschinen von dem einer Workstation abweicht, verwendet das Linux-Net-PC-Projekt nicht das klassische Boot-Skript /etc/init.d/boot. Stattdessen tauscht linuxrc2 im initialen Bootvorgang dieses Skript in der /etc/inittab gegen /etc/init.d/boot.ld aus. Dies übernimmt mehrere Spezialaufgaben. Es ist direkt für den festplattenlosen Start angepasst und enthält deshalb keine überflüssigen Komponenten, wie z.B. einen Festplattenkonsistenz-Check.

Um fast alle anderen Runlevel-Skripten direkt von der SuSE-Distribution übernehmen zu können, schaltet das Linux-Net-PC-Projekt zwei weitere Skripten vor. Diese sollen erreichen, dass die Startumgebung möglichst genauso wie die Startumgebung einer Linux-Workstation mit eigener Festplatte aussieht. /etc/init.d/boot.hwconfig und /etc/init.d/boot.servconf richten Software und Hardware ein. Damit diese garantiert vor anderen Bootskripten aus /etc/init.d/boot.d laufen, erstellt boot.ld die benötigten Symlinks. Weiterhin beschafft das Bootskript die zum Betrieb notwendigen Daten, entweder per DHCP, LDAP oder aus dem importierten Dateisystem. Die Art der Beschaffung kann man z.B. über die Kernel-Command-Line regeln, die sich auch zum Übertragen des gewünschten Debug-Levels «missbrauchen» lässt. Das Bootskript legt die beschafften Konfigurationsdaten in der Datei machine-setup im Verzeichnis /etc/sysconfig ab, das einige Distributionen zum Einrichten der PCs verwenden. boot.servconf wertet sie danach aus.

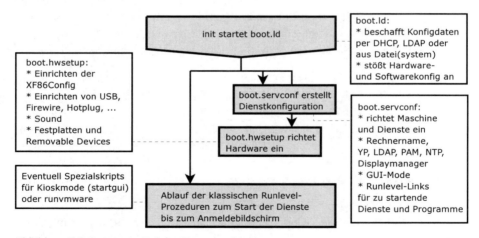

Abbildung 7.3 Der zweite Teil der Bootprozedur

In den Linux-Distributionen muss man diese Lösung an die dort verwendeten Bootkonzepte anpassen. Die Runlevel-Verzeichnisse selbst bleiben beim Mounten und Einrichten des Root-Dateisystems noch leer. Erst boot.servconf füllt sie.

Einrichtung der Services

Nachdem das initiale Bootskript `boot.1d` die Konfigurationsparamter beschafft und in die Datei */etc/sysconfig/machine.setup* geschrieben hat, stößt es `boot.servconf` an. Dies liest zuerst *machine.setup.default* und anschließend *machine.setup*. Hierdurch können Sie verschiedene Default-Werte einstellen, die Sie nicht über Konfigurationsvariablen verteilen müssen. Da die Default-Einstellungen anschließend eventuell überladen werden, werden alle aktuell beschafften Konfigurationsparameter an deren Stelle wirksam.

Wenn nicht anders angegeben, liegen die meisten im Folgenden beschrieben Dateien und Konfigurationen im Verzeichnis */etc*. Anschließend kümmert sich das Skript nacheinander um die Einrichtung der Begrüßung, *issue*, des lokalen Profils *SuSEconfig/profile*, der Tastatur- und der Spracheinstellung. Ebenso setzt es mehrere IP- und DNS-bezogenen Daten. Nachdem die grundlegenden Dateien eingerichtet sind, konfiguriert es nacheinander alle Dienste. Das Skript stellt hierzu fest, ob die Runlevel-Prozedur einen Dienst starten soll oder irgendwann einmal starten könnte. Dann richtet es Konfigurationsdateien ein, legt eventuell noch benötigte Verzeichnisse an und korrigiert Dateibesitzer. Falls ein automatischer Start gewünscht ist, legt es in den Verzeichnissen */etc/init.d/rc.3* und *5* Links auf das zum Dienst gehörende Startskript an. Bei diesen Schritten versucht das Skript zu überprüfen, ob alle notwendigen Dateien für den Start eines Dienstes vorhanden sind.

Wesentlich für grafische Arbeitsplätze ist die Einrichtung der Display Manager, die dieses Skript ebenfalls einrichtet. Es schreibt alle Konfigurationseinträge aus `boot.servconf` heraus, so dass Sie diese Datei ändern müssen. Dieses Verfahren hat den Vorteil, dass es immer eine funktionierende Datei zur Einrichtung der Display Manager anlegt.

Einrichtung der Hardware

Eines der Ziele dieses Projektes ist das Unterstützen unterschiedlicher Hardware. Damit man nicht für jeden einzelnen PC ein eigenes Root-Dateisystem mit den entsprechenden Einstellungen generieren muss, verwendet das Projekt zwei Konfigurationswege: Es übermittelt zentrale Vorgaben, wie die Auswahl des notwendigen Grafiktreibers, die Monitorauflösung, die Maus oder das Laden bestimmter Kernelmodule mit einer vorgegebenen Konfiguration, und fügt eine auf dem SuSE-Tool `hwinfo` aufgesetzte »automatische Hardware-Erkennung« ein. Vorgegebene Konfigurationsoptionen entnimmt das Skript ebenso wie `boot.servconf` aus der Datei *machine.setup*.

Das Shell-Skript `boot.hwsetup` richtet die PC-Hardware ein. Es erstellt die X-Server-Konfiguration *XF86Config*, und falls der grafische Betriebsmodus eingestellt wurde, erweitert es *fstab* und konfiguriert den Automounter (*auto.misc*) durch erkannte Laufwerke. Gleichzeitig lädt es benötigte Kernelmodule z.B. zur Soundausgabe und richtet nacheinander die USB- und IEEE1394-Schnittstellen sowie die Scanner ein.

Herunterfahren des Clients

Generell ist das Ausschalten eines Diskless Clients deutlich gefahrloser als das einer klassischen Linux-Workstation. In den meisten Fällen haben Sie keine Festplatten gemountet, deren Daten Sie vor dem Ausschalten noch zurücksichern müssen. Diese besondere Konstellation berücksichtigt das Skript *etc/init.d/halt.ld* zum Herunterfahren eines PC analog zum `boot.ld`.

Damit Skripten das Halt-Kommando oder das Wechseln in die Runlevel 0 oder 6 korrekt aufrufen, verlinkt `boot.ld` es mit den Runlevel-Aufrufen in »rc0.d« und »rc6.d«, sowie mit *etc/init.d/halt*.

Verschiedene Betriebsarten

Das Einrichtungsskript `boot.servconf` legt den Betrieb des Clients im grafischen Modus fest, indem es die */etc/inittab* dynamisch anpasst. Es konfiguriert dazu die DHCP-Daten, die Auswahl des Window-Managers und dessen eventuell notwendige Konfiguration bzw. den Start bestimmter Programme über `startgui`.

Im klassischen Betriebsmodus durch Ausgabe eines grafischen Logins bzw. eines Hostchoosers starten `init` und */etc/inittab* den X Server. Eine DHCP-Variable kann stattdessen den Display Managers und ein grafisches Login auswählen. Wenn Sie einen Kiosk-Modus auswählen, startet das Gerät direkt einen der grafischen Desktops, den Sie in der Variable `start-x` definieren.

7.4 Fehlersuche und Debugging

Auf festplattenlosen Systemen gestaltet sich die Fehlersuche etwas komplizierter, da bereits fast alles, insbesondere die Netzwerkkonfiguration, funktionieren muss, bevor z.B. ein Logservice starten kann. Das Server-Logfile ist eine gute Informationsquelle. Wenn Sie auf dem Thin-Client den Secure-Shell-Daemon (`sshd`) starten, können Sie ein Teil der Fehler gerade bei der Konfiguration des XFree86 auch remote suchen.

Das Bootskript `boot.servconf` sollte die Thin Clients so vollständig wie möglich konfigurieren, damit man eine möglichst klare Struktur der PC-Einrichtung erhält. Bestimmte host- oder devicespezifische Dateien sollte man im gemeinsamen Root-Dateisystem möglichst vermeiden, da man diese bei Anpassungen oder Updates häufig vergisst und damit leicht Fehler verursacht.

Um das Suchen von Fehlern zu erleichtern, verewigt sich jedes Einrichtungsskript in den von ihm angelegten Dateien. Ein Beispiel dafür zeigt die /etc/resolv.conf:

```
# /etc/resolv.conf - file generated by
#      /etc/init.d/boot.d/S00boot.servconf:
#      Tue Feb  3 22:13:08 CET 2004 - (c)dirk@goe.net
search ruf.uni-freiburg.de uni-freiburg.de dxs.local
nameserver 132.230.200.200
nameserver 132.230.4.201
```

Um das Debugging in den ersten Bootschritten zu vereinfachen, enthalten die Start- und Konfigurationsskripten Debug-Meldungen, die man über die Kernel Command Line einschalten kann. Die Debug-Meldungen erklären je nach fehlgeschlagenem Befehl, worin die Probleme bestehen könnten und wie man Abhilfe schaffen könnte. Verschiedene Logdateien enthalten weitere Informationen, die die Programme während des Bootvorgangs und der Einrichtung der Hard- und Software schreiben: /var/log/*.log. Sie können insgesamt drei Debug-Level definieren:

- ▶ 0 – generiert überhaupt keinen Debug-Output, versucht, so viele Kernelausgaben wie möglich zu unterdrücken, und schreibt keine Logdateien.
- ▶ 1 – produziert mäßigen Output und setzt die Meldungen des Kernels auf Normalmaß. Es schreibt Logdateien mit wenig Output.
- ▶ 2 – sorgt für ein »geschwätziges« System und generiert viele Ausgaben.

Das Debugging schaltet man über die Kernel-Commandline mit `debug=N`, mit N als Debug-Level, ein.

7.5 Anwenderberichte

Nicht nur Entscheider wird interessieren, welche Erfahrungen unterschiedliche Anwender mit Linux Net-PCs gemacht haben. Lesen Sie hier exemplarisch vom Einsatz in den Bereichen Bildung und Gesundheit. Während im Bildungsbereich die enorme Erleichterung der Administration im Vordergrund steht, sind für Ärzte Fernwartung, geräuschlose Arbeitsstationen und schlüssige Konzepte für Sicherung, Integration multimedialer Daten und Windows-PCs wichtige Kriterien.

7.5.1 Gymnasium Remigianum Borken

Das allgemeinbildende Gymnasium Remigianum Borken in D-46325 Borken will seine Schüler zum Abitur führen. Im Jahr 2003 bildeten dort 80 Lehrer ca. 1300 Schüler der Jahrgangsstufen 5 bis 13 aus. Das Gymnasium hat in den letzten 24 Jahren stets serverbasierte IT-Strukturen genutzt, zuletzt Linux-Terminaldienste mit Linux-X Terminals und Linux Net-PCs. Bereits 90 Prozent der Lehrer verwenden für ihre Arbeit Computer. Im normalen Schulalltag setzt etwa ein Drittel der Lehrer die IT mehr oder weniger sporadisch, abhängig vom jeweiligen Fachunterricht, ein. Die Schulverwaltung ist vollständig EDV-basiert.

Aufgrund von Befragungen dürften Schüler die Computer ähnlich intensiv wie Lehrer nutzen. Alle Schüler, die das Fach Informatik gewählt haben, nutzen Computer in der Schule und die anderen, je nach Fachunterricht, zu ca. 30 Prozent.

Im Unterricht sind die wichtigsten Anwendungen:

- Browser (Konqueror, Mozilla und Explorer) und E-Mail mit KMail
- OpenOffice, Latex und Word zur Textverarbeitung und
- OpenOffice und Excel zur Tabellenkalkulation
- Programmiersprachen wie Java, Python, tcl/tk
- Algebra-Programme (Maple 9.0 unter Linux und Windows, Derive unter Win98)
- Schaltungssimulation (Klogic)
- Zeichenprogramme wie xfig und gimp
- Messwerterfassung (unter Win98, weil bisher hierfür geeignete Linux-Applikationen fehlen)

Die Schulkonferenz und die Schulleitung des Gymnasiums Remigianum beschließen über die IT-Infrastrukturen. Der Kern der Fachschaft Informatik setzt sie in enger Absprache mit dem EDV-Amt der Stadt Borken um.

Abbildung 7.4 Fachschaft Informatik: Günter Niehues, Detlef Schulz und Dirk Hoppenau vom Gymnasium Remigianum

Da keine Planstellen für das Einrichten und Pflegen der Schul-IT zur Verfügung stehen, pflegt die Fachschaft Informatik die IT-Struktur und den IT-Betrieb ehrenamtlich neben der normalen Unterrichtstätigkeit. Somit muss sie auf besonders wartungsarme Lösungen Wert legen.

Entwicklung der IT-Struktur

Das Gymnasium Remigianum hat schon relativ früh serverbasierte Lösungen genutzt und dabei immer wieder zwischen serverbasierten Anwendungen und lokalen Anwendungen gewechselt.

Von 1970-1989 arbeiteten die Schüler an Zeichen-Terminals auf Motorola-68xxx-basierten Systemen mit dem UNIX-Dialekt OS-9 von Microware. In der letzten Ausbaustufe standen an drei mit ARCNet vernetzten Zentraleinheiten insgesamt 36 Arbeitsplätze zur Verfügung. 1990 begann für das Gymnasium das PC-Zeitalter, aber von Anfang an mit verwaltbaren Lösungen: Bis 1996 booteten bis zu 30 Diskless PC's der Prozessorfamilien 286/386/486 von Novell Netware-Servern und nutzten diese außerdem als Dateiserver für Anwendungen und Nutzerdaten. Anwendungen führten sie auf Windows 95/98 lokal aus. Diese Hardwareplattform war danach immer noch gut genug für das Anzeigen serverbasierter Anwendungen: Von 1999 bis 2002 arbeiteten die Schüler mit Diskless Clients in Anlehnung an das Linux Terminal Server Project (*www.ltsp.org*). Dazwischen experimentierte die Fachschaft immer wieder mit Windows-98-Rechnern und lokalen Installationen. Seit 2002 arbeitet das Gymnasium mit Linux-Terminalservern und Linux Net-PCs von Dirk von Suchodoletz, zuerst in der Version 2, mittlerweile in der Version 3. Derzeit stehen ein Fileserver, Applikationserver, mehrere Firewall-Rechner und ca. 50 Diskless Clients zur Verfügung.

Die Endgeräte sind Diskless AMD und Intel PCs. Die Server sind etwas leistungsfähiger, z.B. Fileserver mit RAID-5. Die Server sind über einen Gigabit Ethernet Backbone vernetzt und die Clients über 100 MBit-Ethernet.

Wege zu Terminaldiensten

Nach den Erfahrungen der Fachschaft ist es mit vertretbarem Aufwand nicht möglich, auf einer etwas größeren Anzahl von Rechnern lokale Windows-Installationen für wechselnde und insbesondere nicht kooperative Benutzer wie Schüler einigermaßen funktionsfähig und konsistent zu halten. Daher kamen in den bisherigen vier Lösungsgenerationen stets nur administrierbare Alternativen in Betracht. Die Einrichtung war jeweils problemlos, da die Fachschaft Erfahrungen mit ähnlichen Systemen hatte. Die Fachschaft hat immer wieder lokale Windows-Installationen getestet, aber keine wirklich handhabbaren und vor allem für begrenzte Schul-Etats finanzierbaren Alternativen gefunden. Insbesondere hätten alle auf kommerziellen Softwarelösungen basierenden Lösungen die engen Budgets gesprengt. Heute nutzen Schüler das System im Informatik-Unterricht im Linux-Betrieb und in anderen Fächern je nach Vorlieben der jeweiligen Lehrer auch mit Windows 98. Die Version 3.0 des Linux-Net-PC-Systems auf der Basis von SuSE-9.0 ist sehr stabil, solange Anwender auf Linux arbeiten.

Es war nicht leicht, einen einigermaßen sinnvollen Betrieb für die Lehrer zu verwirklichen, die wie zu Hause auf Windows- und nicht mit Linux-Software arbeiten wollen oder wegen der verwendeten Anwendungsprogramme nicht arbeiten können. Statt auf Dual-Boot-Systemen arbeiten diese jetzt mit Windows

98 auf VMWare auf Linux-Hosts. Die geringere Stabilität im Vergleich zum reinen Linux-Betrieb stört weniger, da die Windows-Nutzer an mehr oder weniger regelmäßige Abstürze gewöhnt sind.

Abbildung 7.5 Unterrichtsraum des Gymnasiums Remigianum

Zukünftige Projekte und Bewertung

Die Fachschaft möchte sich frühzeitig, vorsichtig und vorausschauend mit anderen Linux-Distributionen wie Debian, linux-from-scatch, gentoo ... vertraut machen, um nach der Übernahme von SuSE durch Novell nicht in eine von ihnen befürchtete neue Lizenz- und Kostenabhängigkeit zu geraten.

Der Zeitaufwand zum Aufsetzen des Net-PC-Systems Version 2 betrug 2002 noch etwa zwei bis drei Arbeitstage. Der Zeitaufwand zum Release-Wechsel auf die Version 3 hat sich dann aber auf wenige Stunden reduziert, da sich wichtige Einstellungen wie z.B. die DHCP-Einträge direkt übernehmen ließen. Eine komplette Neueinrichtung der Version 3 der Net-PCs erfordert einen Arbeitsaufwand von höchstens einem Arbeitstag

Der jährliche Arbeitszeitbedarf zum Betrieb von 50 Net-PCs ist außerordentlich gering. Wenn das Linux Terminal Server System eingerichtet ist, funktioniert es einfach, sicher und ohne Probleme. Hierfür fällt praktisch kein Aufwand mehr an. Die noch notwendigen Tätigkeiten beschränken sich auf die normale Administration: Einrichten und Löschen von Benutzern, Software-Update, Datensicherung usw.

7.5.2 Universität Göttingen

Wie eingangs ab Seite 24 in Kapitel *1, Überblick über das Buch*, und weiter ab Seite 51 in Kapitel *3, Entwickler, Berater und Multiplikatoren*, beschrieben, startete Dirk von Suchodoletz sein Linux Thin Client Projekt bereits im Jahre 1996 in der Universitätsbibliothek als von einer Krankenkasse gesponsortes studentisches Selbsthilfe-Projekt für die Studenten der Universität Göttingen, denen die Universität bis dahin Zugänge für Internet-Dienste vehement verwehrt hatte. Seine

Freude an Lebensqualität und die innovative Informatiker-Triebkraft Faulheit motivierten Dirk von Suchodoletz, zentrale Boot- und Administrationslösungen zu erforschen und zu implementieren. Anfang 2004 ist sein anfangs kleines Studentenprojekt auf über 400 zentral administrierte Internet-Arbeitsplätze für mehrere Tausend Benutzer angewachsen.

Abbildung 7.6 Linux-Terminals in der Universitätsbibliothek Göttingen

Inzwischen setzt Dirk von Suchodoletz seine Projekte an der Universität Freiburg fort. Dort galt es zunächst, Schulungsräume variabel zentral einzurichten und zu verwalten, so dass Dozenten jeweils auf ihre jeweiligen Schulungen zugeschnittene Umgebungen vorfinden und Studenten in freien Übungszeiten aus mehreren Angeboten wählen können. Da bei dieser Installation VMWare eine große Rolle spielt, ist sie ab Seite 374 in Kapitel 11, *Windows für Linux Diskless Clients*, beschrieben.

7.5.3 Dermatologische Praxis Dr. Wolf, Mosbach

Dr. Peter Wolf betreibt mit seinen fünf Teilzeit-Arzthelferinnen in Mosbach eine dermatologische Facharztpraxis. Hier betreut er Hautkranke aus einer Region mit weitem ländlichem Einzugsgebiet und bietet u.a. Allergietests, Venentests, apparative Therapie (UV-, Kälte- und Lasertherapie), Wundversorgung, Haut-OP und Venenverödung.

Er hat ganz klare Anforderungen an seine IT:

▶ **Patientenarchiv:** Der Kern der Informationstechnik seiner Praxis ist das papierlose Patientenarchiv: Befunde und Berichte muss er selbst flexibel auch mit neuen Arbeitsmethoden und Verfahren wie elektronischer Archivierung von Fremdbefunden und grafischen eigenen Befunden automatisierbar selbst erstellen können, und zwar ohne Systembruch durch Diktat und Delegation an Schreibkräfte.

- **Patienteninformation:** Hier gilt es, Informationstexte über Krankheiten und Behandlungsmethoden und anatomische oder schematische Darstellungen über Krankheitszusammenhänge zu erstellen, am Bildschirm Patienten zu zeigen, zu archivieren und zu drucken.
- **Praxisaushänge oder Plakate:** Für die Information von Patienten müssen als PDF- oder Word-Dokumente angebotene Informationsmittel betrachtet, bearbeitet, archiviert und gedruckt werden.
- **Eigeninformation:** Informationen über Arzneimittel, Therapieverfahren, Dosierungen, wie sie zunehmen als Arzneimitteldatenbank, Allergendatenbank, dermatologischer Diagnosenkatalog und Abrechnungskommentar auf CDs zur Verfügung stehen und Abrechnungsdaten etc. müssen erfasst, archiviert sowie an jedem Arbeitsplatz (in der Praxis und am Heimarbeitsplatz) verfügbar sein und zusammen mit Krankenblättern betrachtet werden können.
- **Praxisablauforganisation:** Das System muss dabei helfen können, Praxisstandards zu erstellen, zu archivieren und zu drucken.

Abbildung 7.7 Dr. Peter Wolf

Die ihm von MultiData angebotene Lösung mit Diskless Linux Clients und Linux-Terminalservern sagte ihm spontan zu wegen

- des geräuschlosen Betriebs im Sprechzimmer,
- der Fernkonfigurierung aller Arbeitsplätze über den Server durch Multi Data und
- der Möglichkeit, in jedem Sprechzimmer am Linux-Arbeitsplatz auch Inhalte von Windows-Programmen abbilden zu können.

Dr. Wolf hatte bereits einmal versucht, das rein textorientierte UNIX-System für das Praxisverwaltungsprogramm DAVID in ein grafikfähiges System zu erweitern. Ein Systemhaus hatte dazu das frühere SCO-UNIX-System mit seriellen Terminals zu einem bunten Netzwerk aus einem Linux-Server mit SuSE Linux 7.0 und mehreren Netzwerk-Clients upgegradet: zwei Linux-PCs mit grafischen Benutzeroberflächen, zwei Windows-Arbeitsplätzen, drei seriellen Terminals und einem per

Modem verbundenem Windows-Rechner am Heimarbeitsplatz. Dabei hat er die vorhandene sternförmige Verkabelung mit einfachen Datenkabeln für ein sternförmiges Netz mit einem 10 Mbit-HUB verwendet. Dann machte ihn Karl Heinz Heggen von Multi Data (siehe Seite 63) auf die grafikfähige Weiterentwicklung DAVID-X von DAVID-classic aufmerksam.

Über diese grafikfähige Praxislösung hinaus wollte Dr. Wolf Fotos und eingescannte Fremdbefunde in jedem Sprechzimmer betrachten können, grafische Befunde drucken können und Windows-Datenbanken auch an Linux-Arbeitsplätzen nutzen.

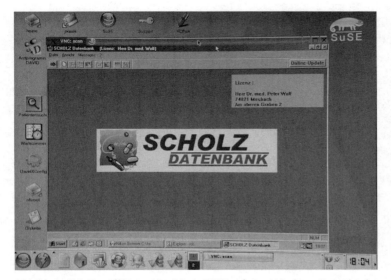

Abbildung 7.8 Zugriff Linux Net-PC via VNC auf eine Windows-Datenbank

Er beauftragte die Multi Data GmbH, diese Software-Version auf geräuschlosen grafikfähigen Linux-Arbeitsplätzen einzurichten, den Heimarbeitsplatz über ISDN anzubinden und durch Fernwartung die Stabilität des Systems sicherzustellen. Dabei sollte Multidata von allen Arbeitsplätzen einen Zugriff auf Windows-PCs ermöglichen, um die dort installierten medizinischen Geräte, Scanner und Informationsdatenbanken einzubinden. Die vorhandene Hardware und Vernetzung sollte die Firma so weit wie möglich weiterverwenden. Inzwischen hat er seine Ziele komplett erreicht. In der Einarbeitungszeit mussten er und eine erfahrene Mitarbeiterin den Umgang mit verschiedenen Viewern unter Linux und Windows und mit der englischsprachigen Dokumentation des neuen Scan-Programms für die komplexen Einstellmöglichkeiten am Scanner (wie Auflösung, Dateiformat, Komprimierung und Zielort für das Speichern) erlernen. Dr. Wolf sucht noch ein übersichtlicheres Scannerprogramm mit deutscher Menüführung und deutschem

Handbuch. Nicht so glücklich war das Beibehalten der alten Netz-Infrastruktur, bei der ihm das Booten der Netzwerk-Clients zu lange dauert, so dass er diese jetzt im Dauerbetrieb laufen lässt. In weiteren Ausbauschritten will er einen zentralen Netzwerkdrucker mit einfacher Handhabung verschiedener grafischer und Text-Dokumente beschaffen und für die Korrespondenz OpenOffice.org einsetzten.

7.5.4 Gemeinschaftspraxis Freiburg

Dr. Dieter Heinold praktiziert in einer Praxisgemeinschaft (*www.sport-ambulanz.de*) am Stadtrand von Freiburg zusammen mit sechs weiteren Sportärzten und zwölf Physiotherapeuten. Die Praxis benötigt ca. 20 stabil vernetzte geräuschlose Bildschirmarbeitsplätze zum Zugriff auf teils gemeinsam, teils getrennt verwaltete Patientendaten.

Auf Empfehlung von Karl Heinz Heggen, Multi Data (siehe Kapitel 3, *Entwickler, Berater und Multiplikatoren*, Seite 63) wählte Herr Dr. Heinold für die Praxis kleine, kostengünstige und geräuschlose diskless betriebene Linux Clients der zweiten Generation der Linux Net-PCs von Dirk von Suchodoletz aus und ließ die Praxis dafür komplett neu vernetzen.

Er und seine Kollegen haben sich in Schulungen und mehrwöchiger Erprobung mit der Handhabung und den sehr komplexen Steuerungs- und Einstellmöglichkeiten der für sie neuen Software DAVID von Data Vital (siehe Seite 63) vertraut gemacht. Wie jede Umstellung erforderte dies viel persönlichen Einsatz. Die Umstellung und Datenübernahme auf DAVID dauerte laut Dr. Heinold zwei Tage länger als geplant, weil der alte Softwareanbieter kurz vor der Umstellung die bis dahin funktionierende Export-Schnittstelle deaktiviert habe und sich dadurch die Patientendaten nur auf zeitraubenden Umwegen hätten wiedergewinnen lassen.[15] Inzwischen steigt die Zufriedenheit mit der neuen Lösung mit zunehmender Kenntnis der Anwendungsmöglichkeiten. Die den Bedürfnissen angepasste Infrastruktur aus Linux Thin Clients und Linux Terminal Servern funktioniert einwandfrei. Im naher Zukunft will die Praxisgemeinschaft die Arbeitsplätze individueller ausgestalten, digitales Röntgen und Ultraschall anbinden und sich mit anderen Praxen (auch mit anderen Softwaresystemen) vernetzen. Für die Zukunft wünscht sich Dr. Heinold von Data Vital eine bessere Unterstützung von Praxisgemeinschaften. Deren Software DAVID sei derzeit noch sehr auf Einzelpraxen ausgerichtet.

---

15 Der alte Softwareanbieter führt dazu auf Anfrage aus, er erstelle seit Beginn seiner Tätigkeit jedem Kunden, der dies wünsche, einen Datenexport gemäß den Bestimmungen der Kassenärztlichen Bundesvereinigung (KBV). Dies laufe so, dass der Kunde einen Export anfordere und er diese Dienstleistung erbringe. Aufgrund der technischen Komplexität des Exportvorganges könne dies nicht vom Kunden selbst vorgenommen werden. Sein ehemaliger Kunde habe einen solchen Export nicht angefordert.

8 Linux X Terminals mit GOto

Dieses Kapitel beschreibt die Grundideen serverbasierter Datenverarbeitung mit Thin Clients und erklärt im Detail, wie Unternehmen und Behörden eine solche Thin-Client-Umgebung mit der freien Software GOto auf Basis von GNU/Linux einrichten und nutzen können.

Das hier vorgestellte Thin-Client-Projekt GOto (Gonicus Terminal Office) basiert auf dem Konzept der X Terminals und der Möglichkeit, Linux ohne lokale Festplatte über das Netz zu booten. Als X Terminal dient preisgünstige Standard-PC-Hardware, die den Linux-Kernel über eine Netzwerkkarte lädt und anschließend Linux über das Netzwerk-Dateisystem NFS bootet.

Wie schon in Kapitel 2, *Einführung Linux-Terminaldienste* erläutert, unterscheidet sich dieser Ansatz konzeptionell nicht von den UNIX-basierten Konzepten vom Anfang der neunziger Jahre. Was lässt diese Konzepte heute wieder attraktiv erscheinen? Die Antwort ist recht einfach:

▶ Das Linux-Betriebssystem ermöglicht es, diese Umgebungen überwiegend mit freier Software aufzubauen.

▶ Mit sehr guten, stabilen und gegen »Schädlinge« resistenten nativen Linux-Büroanwendungen mit dem Aussehen und Verhalten vergleichbarer Windows-Anwendungen können Unternehmen erheblich (Lizenz-)Kosten sparen und ihre Sicherheit verbessern.

▶ Mehrere alternative Linux-Desktops können die Oberfläche verschiedener Windows-Varianten nachbilden.

Am Ende dieses Kapitels finden Sie Erfahrungsberichte von Unternehmen und öffentlichen Einrichtungen, die GOto einsetzen: von einem mittelständischen Hersteller von Kochgeschirr aus Arnsberg, einer Versicherungsagentur mit Hauptsitz in Darmstadt und einem Institut der Bundesforschungsanstalt für Landwirtschaft in Mariensee bei Hannover. Die Anwendungsbeispiele belegen die Praxistauglichkeit und Wirtschaftlichkeit solcher Thin-Client-Umgebungen.

Der folgende Abschnitt führt Sie zunächst in die Grundlagen des Thin-Client-Konzepts ein, bevor Sie im Abschnitt 8.2 die speziellen Eigenschaften des GOto-Projekts kennen lernen. Die weiteren Abschnitte dieses Kapitels erläutern dann Schritt für Schritt die Installation und den Betrieb von Linux-X Terminals nach dem GOto-Konzept.

8.1 Grundlagen des Thin-Client-Konzepts

Die Thin Clients booten über das Netzwerk das Linux-Betriebssystem und bieten entweder einen text- oder grafikorientierten Login auf einem Anwendungsserver an. Leistungsstarke Anwendungsserver führen Applikationen aus, welche die Thin Clients am Bildschirm darstellen und von denen sie Benutzereingaben annehmen (siehe Abbildung 8.1).

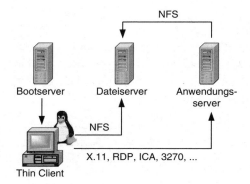

Abbildung 8.1 Das Thin-Client-Prinzip

Voraussetzung sind ein Boot-, ein Datei- und ein Anwendungsserver. Auf Standard-PC-Hardware bootet ein schlankes Linux-Betriebssystem und bietet dann einen Login auf einem Anwendungsserver. Der Anwendungsserver kann dabei entweder text- oder grafikorientiert arbeiten. Im ersten Fall könnten sich Benutzer beispielsweise direkt von der Text-Konsole des Linux Thin Clients auf einem Mainframe (z.B. IBM iSeries/zSeries) oder UNIX-Server einloggen (siehe hierzu Kapitel 1, *Mit Linux Diskless Clients auf Hosts*, ab Seite 385). Im zweiten Fall startet lokal auf dem Thin Client ein X-Server, der sich dann per X.11-Protokoll mit einem Anwendungsserver im Netz verbindet.

> **Hinweis:** Boot-, Datei- und Anwendungsserver können in kleinen Einrichtungen auch real oder virtuell auf einem einzigen Rechner laufen. Dies schränkt die Erweiterbarkeit der Lösung ein (siehe den Punkt »Skalierbarkeit« auf Seite 252).

An den Prozessor und Prozessortakt sowie an den Arbeitsspeicher der Standard-PC-Hardware der Clients stellt das Konzept nur bescheidene Mindestanforderungen. Die CPU sollte mindestens 166 MHz schnell getaktet sein, und ab 64 MByte müssen Anwendungen nicht so viel Hauptspeicher auslagern (swappen).

> **Hinweis:** Achten Sie darauf, das Linux und XFree86 die Netzwerkkarten und die Grafikkarten Ihrer Thin Clients unterstützen. Diese Unterstützung variiert mit den Versionen von Linux und XFree86. Zumeist bieten die Distributoren hierzu verläßliche Informationen. Allgemeine Informationen zu den unterstützten Grafikkarten finden Sie auf der Webseite von XFree86 (*www.xfree86.org/current/Status.html*) und Informationen zu den vom Linux-Kernel unterstützten Netzwerkkarten im Kernel-Quellcode (*www.kernel.org*).

Die erste Hürde ist das Laden des Betriebssystem-Kernels in den Arbeitsspeicher des Thin Clients. Gegenüber einem Boot von einem lokalen Laufwerk hat das Booten über das Netz via Etherboot oder PXE den Vorteil, dass sich sich hier alle Details zentral pflegen lassen (siehe Abschnitt 6.6 auf Seite 187).

Während des Bootvorgangs muss der Linux-Kernel die Netzwerkkarte erkennen, sie per DHCP konfigurieren und anschließend das Root-Dateisystem (/) vom Bootserver holen. Da alle Thin Clients dasselbe Root-Dateisystem verwenden, dürfen sie dieses auf dem Bootserver nur lesen. Veränderliche Zwischen-Daten wie die Inhalte von /tmp und /var speichern Thin Clients in ihrer Ramdisk oder auf einem speziell für sie zugewiesenen Speicherbereich auf dem Bootserver.

> **Tipp:** Anwendungsdaten haben nichts auf Endgeräten oder Bootservern zu suchen, sondern nur auf Dateiservern.

Dies sichert einen einheitlichen Softwarestand und schnellen Support direkt am Server statt vor Ort bei den Benutzern. Beim seltenen Ausfall von Thin Clients können Benutzer sofort ohne nennenswerten Arbeitszeitverlust an einem Austausch-System weiterarbeiten.

Die Zentralisierung bietet Vorteile:

- **Roaming Profiles:** Indem Unternehmen die erforderlichen Anmelde- und Anwendungsdaten zentral für Zugriffe bereithalten, können alle Benutzer unabhängig von ihrem physikalischen Arbeitsplatz auf ihr Benutzerprofil und ihre Daten zugreifen:
    - Dazu speichern Unternehmen die Benutzerdaten sowie -profile auf Dateiservern und
    - stellen sie von dort einer Gruppe (Farm) von Anwendungsservern zur Verfügung.

Diese zentrale Ablage der relevanten Informationen stellt Benutzern an ihren Thin Clients immer ihre persönliche Arbeitsumgebung zur Verfügung, so dass sie auch beim Wechsel ihres physikalischen Arbeitsplatzes die ihnen vertraute EDV-Arbeitsumgebung vorfinden.

▶ **Die Software-Verteilung entfällt:** Da Systemverwalter neue Applikationen und Updates lediglich zentral auf den Anwendungsservern installieren, lässt sich leicht ein einheitlicher Software-Stand verwirklichen, ohne Applikationen aufwändig auf alle Clients im Netzwerk verteilen zu müssen.

▶ **Lange Investitionszyklen:** Unternehmen können Thin Client Hardware sehr lange nutzen, da sie – abgesehen von Lüftern – keine mechanisch beanspruchten Teile haben und es bei ausreichender Bildschirm-Auflösung und -Wiederholfrequenz keinen Grund gibt, sie zu erneuern. Da Applikations-Server die Rechenleistung für die Applikationen erbringen und nicht die Thin Clients, lassen sich Performance-Engpässe durch Beschaffen weiterer bzw. leistungsfähigerer Applikationsserver an zentraler Stelle beseitigen. Neue Endgeräte sind hierzu nicht notwendig.

▶ **Einfacher Austausch defekter Thin Client Hardware:** Da Thin Clients weder Anwendungsprogramme noch Benutzerdaten speichern, sondern alle Informationen über das Netz vom Boot- bzw. von File-Servern beziehen, kann man defekte Thin Clients binnen weniger Minuten ersetzen und in Betrieb nehmen. Dies minimiert die Ausfallzeiten für Anwender der Thin Clients.

▶ **Datensicherung:** Da Unternehmen alle Daten ausschließlich auf Dateiservern speichern, brauchen die Administratoren nur die Daten auf diesen Servern regelmäßig zu sichern. Gegen den Ausfall von Platten der Anwendungsserver reicht es, geklonte Reserve-Platten bereitzuhalten und sie bei Bedarf als Ersatz zu verwenden.

8.2 Besonderheiten des GOto-Projekts

Cajus Pollmeier hat das GOto (Gonicus Terminal Office; siehe Abschnitt 3.3.2 zu Cajus Pollmeier und GOto ab Seite 54) für den Einsatz in Unternehmen und Behörden entwickelt. Sowohl GOto als auch das zugehörige Web-Frontend GOsa (GONICUS System Administration) sind als Open Source unter der GPL lizenziert. Download-Quellen sind u.a. *http://freshmeat.net/projects/goto* und weiter *http://freshmeat.net/projects/gosa*.

Das GOto-Projekt hat seinen Ursprung im Jahr 1997/98. Der Hersteller von Kochgeschirr Berndes (www.berndes.com) baute damals seine Unternehmens-IT konsequent auf Linux X Terminals mit Linux-Anwendungsservern auf (siehe Anwenderbericht im Abschnitt 8.10.1 auf Seite 288). Im Jahr 2000 stellte Cajus Pollmeier die Benutzer- und Konfigurationsverwaltung von GOto auf LDAP um und begann mit der PHP-Programmierung des Web-Frontend GOsa für die komfortable Administration der Umgebung. Mittlerweile stehen die Versionen 2.0 von GOto und GOsa zum Download bereit. An der weiteren Entwicklung haben Programmierer aus Österreich, Spanien und Italien mitgewirkt.

Wichtige Eigenschaften des GOto-Konzepts sind die einfache zentrale Administration und die Skalierbarkeit. Auch im Linux-Bereich weniger versierte Administratoren sollen die Thin Clients konfigurieren und die Benutzer verwalten können. Deshalb speichert das GOto-Konzept sämtliche Benutzer- und Konfigurationsdaten in einem zentralen LDAP-Verzeichnisdienst (siehe Abschnitt 5.5 ab Seite 162). Das Web-Frontend GOsa ermöglicht ein komfortables Managen der Gesamtlösung.

Abbildung 8.2 Hauptmenü des Web-Frontends *GOsa*

Der LDAP-Verzeichnisdienst bietet über das GOto-Projekt hinaus vielfältige Integrationsmöglichkeiten für zentrale IT-Dienste: Zum Beispiel können Fax-, Mail-, Proxy- und Samba-File-Server ihre Konfigurationsdaten aus dem LDAP-Verzeichnisdienst entnehmen. Das Web-Frontend *GOsa* (siehe Abbildung 8.2) ermöglicht dann ein komfortables Steuern der Gesamtlösung.

Zusätzlich zu den allgemeinen Vorteilen des Thin-Client-Ansatzes (siehe Abschnitt 8.1) bietet GOto/GOsa weitere strategisch entscheidende Eigenschaften:

- **Automatische Hardware-Erkennung und -Inventarisierung:** Das GOto-Image des Linux-Betriebssystem, welches die Thin Clients über das Netz booten, ist auf einer sehr breiten Auswahl von Standard-PC-Hardware lauffähig. Das aktuelle GOto-Image verwendet dazu die bewährte Hardware-Erkennung der von Klaus Knopper entwickelten Knoppix-CD (*www.knoppix.org*). Das System ermittelt beim ersten Boot, welche Hardware installiert ist, und speichert diese Informationen dann im LDAP-Verzeichnisdienst. Dies spart wiederholte Hardware-Erkennung bei jedem Bootvorgang und inventarisiert damit automatisch die Thin Client Hardware. Administratoren können damit bei inhomogenen PC-Zoos die Folgen von Umstellungen leichter vorhersehen.
- **Skalierbarkeit:** Durch das Speichern der Benutzerdaten und -profile auf einem Dateiserver benötigen die Anwendungsserver keine individuellen Daten. Diese führen lediglich die einzusetzenden Applikationen aus. Sind Programme parallel auf mehreren Anwendungsservern installiert, kann GOto die Thin Clients auf diese Anwendungsserver verteilen. Reicht die Leistung der vorhandenen Anwendungsserver nicht aus, können die Betreiber einfach einen weiteren Applikationsserver durch Klonen hinzufügen und in die Farm integrieren.
- **Verfügbarkeit:** Das Verteilen der Benutzer auf mehrere Anwendungsserver erhöht die Verfügbarkeit des Gesamtsystems. Fällt ein Anwendungsserver aus, brauchen die Anwender ihre dadurch betroffenen Thin Clients nur neu zu booten. Beim Neustart verbinden sich die GOto-Thin-Clients automatisch mit einem der verbliebenen Server.

  Benutzerdaten und -profile müssen jedoch für die Anwendungsserver jederzeit verfügbar sein. Deswegen müssen die Systemverwalter eine Hochverfügbarkeit der File-Server sicherstellen. Hier bieten freie Clustering-Lösungen der Boot- und Dateiserver durch Redundanz und Überwachungssoftware ausreichende Sicherheit (siehe *www.linux-ha.org*, z.B. Linux FailSafe oder Heartbeat).
- **Load-Balancing:** Die Verteilung der Thin Clients auf mehrere Anwendungsserver sorgt ganz nebenbei auch für eine Lastverteilung. Die Thin Clients suchen sich nicht einen beliebigen verfügbaren Anwendungsserver aus, sondern verbinden sich mit dem, der aktuell am wenigsten durch Systemlast und Benutzer ausgelastet ist.

8.3 Allgemeine Voraussetzungen

Die folgenden Abschnitte erläutern einige Voraussetzungen und Grundlagen von GOto.

> **Hinweis:** Die Installation und Konfiguration einer kompletten ThinClient-Umgebung mit Boot-, Datei- und Anwendungsservern ist komplex. Für eine insgesamt einsatzfähige Umgebung benötigt man neben den Diensten von DHCP, TFTP und NFS u.a. den Nameservice eines LDAP-Servers und einen Webserver für GOsa. Linux-Administratoren erfahren in den Beispielen und Hinweisen dieses Kapitels, wie sie so eine Linux Thin-Client-Umgebung geschickt aufbauen.

8.3.1 Etherboot und PXE

Um den Betriebssystem-Kern in den Arbeitsspeicher des Thin Clients zu laden, benötigt man ein geeignetes Netzwerk-Bootverfahren.

Die meisten ältere Netzwerkkarten werden durch proprietäre Bootproms der Hersteller von Netzwerkkarten oder selbst gebrannte Bootproms mit der freien Software Etherboot netzwerk-bootfähig. In den letzten Jahren hat sich Intels Pre-eXecution-Environment (PXE) als Industrie-Standard für den Netzwerkboot etabliert. Aktuelle Netzwerkkarten und Mainboards mit integrierter Netzwerkkarte vieler Hersteller unterstützen diesen Standard und ermöglichen damit einen Netzwerkboot ohne zusätzliche Bootproms. Aufgrund des drastischen Preisverfalls bei Netzwerkkarten mit 100 Mbit ist es meist günstiger, neue PXE-fähige Netzwerkkarten zu beschaffen, als für alte Karten Bootproms nachzurüsten. Vor dem Neukauf von PC-Hardware für Thin Clients sollte man prüfen, ob die Onboard-Netzwerkkarten PXE-bootfähig sind, damit man keinen Aufwand hat, das BIOS nachträglich um PXE oder Etherboot zu erweitern oder zusätzlich bootfähige Netzwerkkarten zu beschaffen.

> **Tipp:** Man muss den PXE-Netzwerkboot im BIOS des Rechners explizit aktivieren und die Bootreihenfolge (Netzwerk/PXE, Diskettenlaufwerk, CD-ROM, Festplatte etc.) richtig einstellen.

8.3.2 Netzwerkinfrastruktur

Da die Thin Clients und die Anwendungsserver sämtliche Ein- und Ausgaben über das Netzwerk austauschen, muss das Netzwerk sehr leistungsfähig sein.

Auch bei sehr vielen Thin Clients ist eine vollständig geswitchte Netzwerkumgebung mit 100 Mbit meist ausreichend performant. Die Server sollten Sie dabei möglichst mit Gigabit-Netzwerkkarten anschließen. Bei kleinen Installationen unter 50 Thin Clients reichen 10-100 Mbit switched oder hubbed. Die tatsächlich benötigte Netzwerkperformance hängt von vielen Faktoren, wie z.B. den eingesetzten Applikationen und dem Netzprotokoll, ab (siehe Seite 313 in Kapitel 9, *Terminaldienste im WAN*).

8.3.3 Der Boot-Kernel

Für das GOto-Projekt kompiliert man den Kernel mit allen notwendigen Netzwerkkartentreibern und den Optionen *IP-Autoconfig* und *Root filesystem on NFS*. Die initiale Ramdisk (initrd) enthält lediglich die Splashscreens, um einen grafischen Bootvorgang wie von Windows zu ermöglichen. Eine initiale Ramdisk ist ein minimales Linux-System, welches ggf. zusätzliche Treiber und Bootskripts enthält, die der Kernel ausführt, bevor man auf das eigentliche Dateisystem auf der lokalen Festplatte oder auf dem Bootserver zugreifen kann. Dies könnte beispielsweise das Laden eines speziellen Treibers für einen Festplatten-Controller sein, ohne den man nicht auf die Festplatte zugreifen könnte.

> Prinzipiell sollte man für das Erstellen eigener Boot-Kernel die Standard-Kernel-Quellen von *ftp.kernel.org* verwenden, und zwar seit Ende 2003 die Version 2.4.21. Bei älteren Versionen wird es für schwierig, zusätzliche Patches, wie z.B. den weiter unten aufgeführten »NFS Swap Patch«, einzufügen.

Für die Stabilität des Betriebs der Thin Clients ist der sogenannte »NFS Swap Patch« (*www.sourceforge.net/projects/nfs-swap*) wesentlich. Normalerweise besitzen Linux-Systeme eine spezielle Partition auf der Festplatte als Auslagerungsdatei (SWAP), um Programm- oder Datensegmente auf die Festplatte auszulagern, wenn der physikalische Arbeitsspeicher (RAM) sich dem Ende zuneigt. Ist weder freier Arbeitsspeicher noch Platz in der Auslagerungsdatei vorhanden, muss der Kernel den Programmen, die zusätzlichen Speicher anfordern wollen, diesen Wunsch verweigern und sie beenden. Bei den Thin Clients gibt es keine Festplatte für eine Auslagerungsdatei. Zum Vermeiden temporärer Speicherengpässe legt man mit dem »NFS Swap Patch« die Auslagerungsdatei auf ein NFS-Laufwerk. Dadurch kann der zentrale Bootserver die Auslagerungsdateien der Thin Clients speichern.

8.4 Installation und Konfiguration des Bootservers

Der Bootserver muss grundlegende Dienste zum Booten und Betreiben der Thin Clients zur Verfügung stellen:

▶ **einen Nameserver** zur Vorwärts- und Rückwärtsauflösung von Rechnernamen und IP-Adressen,

▶ **einen LDAP-Server** für die Benutzer- und Konfigurationsverwaltung,

- **einen Webserver** und das Frontend GOsa zur komfortablen Administration der LDAP-Daten,
- **einen TFTP-Server** zum Übertragen des Linux-Kernels zum Thin Client,
- **einen DHCP-Server** zum dynamischen Zuweisen von Netzwerkparametern und
- **einen NFS-Server** für den Zugriff auf das Image des Thin Client und die Verzeichnisse der Benutzer.

Die nächsten Abschnitte erläutern die Verwendung dieser Dienste.

8.4.1 Nameserver

GOto und *GOsa* benötigen eine funktionierende Vorwärts- und Rückwärtsauflösung von Rechnernamen und IP-Adressen.

Der Abschnitt 4.4 ab Seite 92 führt kurz in das Thema Namensauflösung ein und gibt Tipps und Hinweise zur Konfiguration des DNS-Servers *bind*.

8.4.2 LDAP-Server

Der zentrale LDAP-Server ist eine wichtige Grundlage für die Installation und den Betrieb einer Thin-Client-Umgebung auf Basis von GOto. Lesen Sie hier, wie Sie OpenLDAP-Server für GOto und GOsa konfigurieren und das LDAP-Verzeichnis initialisieren.

Die Installation und Grundkonfiguration von OpenLDAP können Sie im Abschnitt 5.5 ab Seite 162 nachlesen.

> **Hinweis:** Ist bereits ein LDAP-Server im Netzwerk vorhanden, können Sie diesen selbstverständlich nutzen.

Falls Sie das Debian-Paket von GOsa bereits installiert haben, können Sie das Kopieren der LDAP-Schemata überspringen.

Anderenfalls laden Sie das Archiv *gosa-2.0.1.tar.gz*[1], packen es aus und kopieren die erweiterten LDAP-Schemata nach */etc/ldap/schema*:

```
bs-1:/usr/src # tar -xvzf gosa-2.0.1.tar.gz
bs-1:/usr/src # cp -r gosa-2.0.1/contrib/goschema /etc/ldap/schema/
```

Editieren Sie anschließend die Datei */etc/ldap/slapd.conf*, und ändern sie diese wie im folgenden Listing 8.1. Damit der LDAP-Server die neuen Objektklassen kennt, müssen Sie die zusätzlichen LDAP-Schemata für GOto/GOsa einbinden. Des Weiteren müssen Sie die Zugriffsberechtigungen durch *access*-Regeln konfigurieren.

---

[1] Download zum Beispiel von *ftp://oss.gonicus.de/pub/gosa/gosa-2.0.1.tar.gz*

Listing 8.1 LDAP-Konfigurationsdatei /etc/ldap/slapd.conf

```
 1  # This is the main ldapd configuration file. See
 2  # slapd.conf(5) for more info on the configuration options.
 3
 4  # Schema and objectClass definitions
 5  include         /etc/ldap/schema/core.schema
 6  include         /etc/ldap/schema/cosine.schema
 7  include         /etc/ldap/schema/inetorgperson.schema
 8  include         /etc/ldap/schema/openldap.schema
 9  include         /etc/ldap/schema/nis.schema
10  include         /etc/ldap/schema/misc.schema
11
12  # These should be present for GOsa
13  include         /etc/ldap/schema/goschema/samba.schema
14  include         /etc/ldap/schema/goschema/pureftpd.schema
15  include         /etc/ldap/schema/goschema/gohard.schema
16  include         /etc/ldap/schema/goschema/goto.schema
17  include         /etc/ldap/schema/goschema/gosa.schema
18  include         /etc/ldap/schema/goschema/gof
19  include         /etc/ldap/schema/goschema/gofax.schema
20  include         /etc/ldap/schema/goschema/goserver.schema
21
22  # Schema check allows for forcing entries to
23  # match schemas for their objectClasses's
24  schemacheck            on
25
26  # Password hash default value
27  password-hash          CRYPT
28
29  # Search base
30  defaultsearchbase      dc=goto,dc=local
31
32  # Where the pid file is put. The init.d script
33  # will not stop the server if you change this.
34  pidfile         /var/run/slapd.pid
35
36  # List of arguments that were passed to the server
37  argsfile        /var/run/slapd.args
38
39  # Read slapd.conf(5) for possible values
40  loglevel        0
41
42  # The backend type, ldbm, is the default standard
43  database        ldbm
44  cachesize       2000
45  mode            0600
46
47  # The base of your directory
48  suffix   "dc=goto,dc=local"
49
50  # administrator account
51  rootdn   "cn=ldapadmin,dc=goto,dc=local"
52  rootpw   gototest
```

```
53
54 # Indexing
55 index    default                                          sub
56 index    uid,mail                                         eq
57 index    gosaMailAlternateAddress,gosaMailForwardingAddress eq
58 index    cn,sn,givenName                                  eq,sub
59 index    objectClass                                      pres,eq
60 index    uidNumber,gidNumber,memberuid                    eq
61 index    gosaSubtreeACL,ou,gosaObject,gosaUser            eq
62
63 # Where the database file are physically stored
64 directory       "/var/lib/ldap"
65
66 # Save the time that the entry gets modified
67 lastmod off
68
69 # The userPassword/shadow Emtries by default can be
70 # changed by the entry owning it if they are authenticated.
71 # Others should not be able to see it, except the admin
72 # entry below
73 access to attribute=userPassword,pwdLastSet,pwdMustChange, \
                        pwdCanChange,shadowMax,shadowExpire
74        by dn="cn=ldapadmin,dc=goto,dc=local" write
75        by anonymous auth
75        by self write
76        by * none
77
78 # Let servers write last user attribute
79 access to attribute=gotoLastUser
80        by * write
81
82 # Enable write create access for the terminal admin
83 access to dn="ou=incoming,dc=goto,dc=local"
84        by dn="cn=terminal-admin,dc=goto,dc=local" write
85        by dn="cn=ldapadmin,dc=goto,dc=local" write
86
87 access to dn=".*,ou=incoming,dc=goto,dc=local"
88        by dn="cn=terminal-admin,dc=goto,dc=local" write
89        by dn="cn=ldapadmin,dc=goto,dc=local" write
90
91 # The admin dn has full write access
92 access to *
93        by dn="cn=ldapadmin,dc=goto,dc=local" =wrscx
94        by * read
```

Die Zeilen 5-10 lesen die Standard-Schemata und die Zeilen 13-20 die erweiterten GOsa-Schemata ein, damit der LDAP-Server die zusätzlichen Objektklassen kennt. Zeile 24 besagt, dass beim Einfügen neuer Objekte in das LDAP-Verzeichnis stets alle Syntax-Vorgaben der Schemata-Definitionen überprüft werden. Dies ist wichtig, damit nicht versehentlich falsche Daten in den Verzeichnisdienst geschrieben werden können. Zeile 27 setzt den Algorithmus für die Speicherung von Benutzerpasswörtern, und Zeile 30 gibt die Standard-Suchbasis für LDAP-Anfragen an. Zeile 34 und Zeile 37 sollten Sie so belassen, damit das Start-Stopp-Skript */etc/init.d/ldap* den Server korrekt steuern kann. Die Zeile 40 beeinflusst, wie viele Debugging-Informationen OpenLDAP in die Logdateien schreibt. Die Zeilen 43-45 setzen das so genannte LDAP-Backend, welches hier im Beispiel das tatsächliche Verzeichnis mit dem Datenbankformat *ldbm* speichert. Die Zeile 48 legt das *suffix*, d.h. die Wurzel des Verzeichnisses fest, für das dieser LDAP-Server zuständig ist. Die Zeilen 51-52 legen den Account des LDAP-Administrators und dessen Passwort fest. Die Zeilen 55-61 steuern die Indizes, die OpenLDAP für die Optimierung von Suchanfragen generiert. Zeile 64 setzt das Verzeichnis, in dem der LDAP-Server seine Daten speichert. Mit Zeile 67 lässt sich steuern, ob OpenLDAP zu jedem Objekt speichern soll, wer und wann dieses zuletzt verändert hat. Die Zeilen 73-94 setzen die Schreib- und Leserechte für den LDAP-Administrator und den *terminal-admin*. Der *terminal-admin* ist der Benutzer, mit dem die X Terminals ihre Konfiguration im LDAP speichern werden.

> **Warnung:** Die rudimentäre Konfiguration der Zugriffsberechtigungen im obigen Beispiellisting 8.1 ist nur für die erste Inbetriebnahme von GOto gedacht. Abhängig von den Daten, die Sie mit GOsa im LDAP verwalten, müssen Sie ggf. zusätzliche Regeln hinzufügen, um das Auslesen relevanter Informationen durch beliebige Anwender zu unterbinden. Möchten Sie beispielsweise Samba-Accounts mit GOsa administrieren, müssen Sie hier auch für die Attribute *lmPassword* und *ntPassword* analog zu userPassword entsprechende *access*-Regeln einfügen.

Zum Initialisieren der für GOsa und GOto notwendigen Datenbasis im LDAP müssen Sie nun das folgende Listing 8.2 anpassen und unter */root/goto.ldif* speichern.

Im GOsa-Quell-Archiv finden Sie als Grundlage eine Beispieldatei namens *demo.ldif*. Diese legt die notwendige Struktur für das LDAP-Verzeichnis, die notwendigen Systembenutzer für GOto/GOsa und die Standard-Einstellungen für GOto an, so dass Sie später mit nur wenigen Mausklicks GOto in Betrieb nehmen können.

Listing 8.2 Initiale LDAP-Baumstruktur *goto.ldif*

```
1 dn: dc=goto,dc=local
2 objectClass: dcObject
3 objectClass: organization
4 description: Base object
5 dc: goto
6 o: GOTO test organization
7
8 dn: ou=systems,dc=goto,dc=local
9 objectClass: organizationalUnit
```

```
10 ou: systems
11
12 dn: ou=configs,ou=systems,dc=goto,dc=local
13 objectClass: organizationalUnit
14 ou: configs
15
16 dn: ou=terminals,ou=systems,dc=goto,dc=local
17 objectClass: organizationalUnit
18 ou: terminals
19
20 dn: ou=gofax,ou=systems,dc=goto,dc=local
21 objectClass: organizationalUnit
22 ou: gofax
23
24 dn: ou=servers,ou=systems,dc=goto,dc=local
25 objectClass: organizationalUnit
26 ou: servers
27
28 dn: ou=people,dc=goto,dc=local
29 objectClass: organizationalUnit
30 ou: people
31
32 dn: ou=groups,dc=goto,dc=local
33 objectClass: organizationalUnit
34 ou: groups
35
36 dn: ou=apps,dc=goto,dc=local
37 objectClass: organizationalUnit
38 ou: apps
39
40 dn: ou=gosa,ou=configs,ou=systems,dc=goto,dc=local
41 objectClass: organizationalUnit
42 ou: gosa
43
44 dn: ou=incoming,dc=goto,dc=local
45 objectClass: organizationalUnit
46 ou: incoming
47
48 dn: cn=terminal-admin,dc=goto,dc=local
49 objectClass: person
50 cn: terminal-admin
51 sn: Upload user
52 description: GOto Upload Benutzer
53 userPassword:: e2tlcmJlcm9zfXRlcmlpbmFsYWRtaW5AR09OSUNVUy5MT0NBTAo=
54
55 dn: cn=default,ou=terminals,ou=systems,dc=goto,dc=local
56 objectClass: gotoTerminal
57 cn: default
58 gotoXMethod: query
59 gotoRootPasswd: tyogUVSVZlEPs
60 gotoXResolution: 1024x768
61 gotoXColordepth: 16
62 gotoXKbModel: pc104
63 gotoXKbLayout: de
```

```
 64 gotoXKbVariant: nodeadkeys
 65 gotoSyslogServer: bs-1
 66 gotoSwapServer: bs-1:/export/swap
 67 gotoLpdServer: bs-1:/export/spool
 68 gotoNtpServer: bs-1
 69 gotoScannerClients: as-1.goto.local
 70 gotoFontPath: inet/as-1:7110
 71 gotoXdmcpServer: as-1
 72 gotoFilesystem: bs-1:/home /home nfs \
        exec,dev,suid,rw,hard,nolock,fg,rsize=8192 1 1
 73
 74 dn: cn=admin,ou=people,dc=goto,dc=local
 75 objectClass: person
 76 objectClass: organizationalPerson
 77 objectClass: inetOrgPerson
 78 objectClass: gosaAccount
 79 uid: admin
 80 cn: admin
 81 givenName: admin
 82 sn: GOsa main administrator
 83 lmPassword: 10974C6EFC0AEE1917306D272A9441BB
 84 ntPassword: 38F3951141D0F71A039CFA9D1EC06378
 85 userPassword:: dGVzdGVy
 86
 87 dn: cn=administrators,ou=groups,dc=goto,dc=local
 88 objectClass: gosaObject
 89 objectClass: posixGroup
 90 gosaSubtreeACL: :all
 91 cn: administrators
 92 gidNumber: 999
 93 memberUid: admin
 94
 95 dn: cn=as-1,ou=servers,ou=systems,dc=goto,dc=local
 96 objectClass: goTerminalServer
 97 objectClass: goServer
 98 goXdmcpIsEnabled: true
 99 macAddress: 00:B0:D0:F0:DE:1D
100 cn: as-1
101 goFontPath: inet/as-1:7110
102
103 dn: cn=bs-1,ou=servers,ou=systems,dc=goto,dc=local
104 objectClass: goNfsServer
105 objectClass: goNtpServer
106 objectClass: goLdapServer
107 objectClass: goSyslogServer
108 objectClass: goCupsServer
109 objectClass: goServer
110 macAddress: 00:B0:D0:F0:DE:1C
111 cn: bs-1
112 goExportEntry: /export/goto/terminals \
        10.99.2.0/255.255.255.0(ro,async,no_root_squash)
113 goExportEntry: /export/goto/spool \
        10.99.2.0/255.255.255.0(rw,sync,no_root_squash)
114 goExportEntry: /export/goto/swap \
```

```
            10.99.2.0/255.255.255.0(rw,sync,no_root_squash)
115 goExportEntry: /home \
            10.99.2.0/255.255.255.0(rw,sync,no_root_squash)
116 goLdapBase: dc=goto,dc=local
```

Die Zeilen 1-46 legen die Struktur im LDAP-Verzeichnis fest. Die Zeilen 48-53 definieren den Benutzer *cn=terminal-admin,dc=goto,dc=local*, den die Terminals zum Schreiben Ihrer Hardware-Konfiguration im LDAP nutzen. Das Objekt *cn=default, ou=terminals,ou=systems,dc=goto,dc=local* in den Zeilen 55-72 definiert die Standard-Einstellungen für neue X Terminals. Der Benutzer in den Zeilen 74-85 ist der LDAP-Benutzer, den das Web-Frontend GOsa für den Zugriff auf den LDAP-Server für die Administration verwendet. Die Zeilen 87-93 definieren die Gruppe *cn=administrators,ou=groups,dc=goto,dc=local*, deren Mitglieder volle Administrationsrechte in GOsa haben. Die Zeilen 95-101 legen den Anwendungsserver fest und die Zeilen 103-116 legen den Bootserver und dessen wesentliche Parameter für die Terminals fest.

Stoppen Sie nun den LDAP-Server unter Debian mit

```
bs-1:/root # /etc/init.d/slapd stop
```

und initialisieren Sie die LDAP-Datenbank mit dem obigen Befehl `goto.ldif`. Dazu löschen Sie zunächst eventuell vorhanden Daten mit

```
bs-1:/root # rm -f /var/lib/ldap/*
```

und rufen anschließend

```
bs-1:/root # slapadd -l /root/goto.ldif
```

auf.

> **Warnung:** Der Befehl *slapadd* überschreibt Ihr gesamtes LDAP-Verzeichnis mit den im LDIF enthaltenen Objekten. Möchten Sie stattdessen diese Objekte einem vorhandenen LDAP-Verzeichnis hinzufügen, so müssen Sie den Befehl *ldapadd* (siehe `man ldapadd`) verwenden.

Nun können Sie den LDAP-Server wieder mit

```
bs-1:/root # /etc/init.d/slapd start
```

starten. Zum Testen des LDAP-Servers installieren Sie spätestens jetzt die

```
bs-1:/root # apt-get install ldap-utils
```

und rufen danach den Befehl

```
bs-1:/root # ldapsearch -x
```

auf. Dieser sollte Ihnen nun alle Objekte im LDAP-Baum ausgeben (siehe Listing 8.3).

Listing 8.3 Aufruf und Ausgabe von *ldapsearch*

```
bs-1:/root # ldapsearch -x
version: 2

#
# filter: (objectclass=*)
# requesting: ALL
#

# goto, local
dn: dc=goto,dc=local
objectClass: dcObject
objectClass: organization
description: Base object
dc: gonicus
o: GOTO test organization

# terminal-admin, goto, local
dn: cn=terminal-admin,dc=goto,dc=local
objectClass: person
cn: terminal-admin
sn: Upload user
description: GOto Upload Benutzer
[...]
```

8.4.3 Apache und GOsa

Das vollständig in PHP programmierte Web-Frontend *GOsa* benötigt für die Administration des LDAP-Verzeichnisses einen Webserver. Dieser Abschnitt erläutert die Konfiguration von *GOsa* zusammen mit dem verbreiteten Webserver *Apache*.

Fertige Pakete von *GOsa* sind unter *ftp://oss.gonicus.de/pub/gosa* für Debian Woody erhältlich. Für andere Distributionen finden Sie dort das Quell-Archiv, das Sie nur zu übersetzen und manuell zu installieren brauchen. Für RPM-Distributionen, wie SuSE und RedHat, enthält das Quell-Archiv die notwendige spec-Datei zum automatischen Erstellen eines RPM. Freunde der Debian-Distribution können das Quell-Archiv mit `dpkg-buildpackage` übersetzen und paketieren.

Für die Installation auf Debian müssen Sie in der Datei */etc/apt/sources.list* die folgende Zeile hinzufügen:

```
deb ftp://oss.gonicus.de/pub/gosa/debian ./
```

Danach rufen Sie zur Installation

```
bs-1:/root # apt-get update
```

und anschließend

```
bs-1:/root # apt-get install gosa
```

auf. Das Programm *apt-get* installiert *GOsa* und alle dazu benötigten Pakete (*apache*, *php* etc.) automatisch auf Ihrem System (siehe Listing 8.4).

Listing 8.4 Installationsverlauf von *GOsa*

```
bs-1:/root # apt-get install gosa
Reading Package Lists... Done
Building Dependency Tree... Done
The following extra packages will be installed:
  apache apache-common imagemagick libcurl2-ssl liblcms libmagick5 libmcrypt4
  libmhash2 libmm11 libwmf0.2-2 mkntpwd php4 php4-cgi php4-curl php4-gd
  php4-imap php4-ldap php4-mcrypt php4-mhash php4-mysql tllib1 wwwconfig-common
The following NEW packages will be installed:
  apache apache-common gosa imagemagick libcurl2-ssl liblcms libmagick5
  libmcrypt4 libmhash2 libmm11 libwmf0.2-2 mkntpwd php4 php4-cgi php4-curl
  php4-gd php4-imap php4-ldap php4-mcrypt php4-mhash php4-mysql tllib1
  wwwconfig-common
0 packages upgraded, 23 newly installed, 0 to remove and 2  not upgraded.
Need to get 5217kB/6384kB of archives. After unpacking 20.2MB will be used.
Do you want to continue? [Y/n]
```

Während der Installation von GOsa fragt das Programm *apt-get* einige Optionen ab.

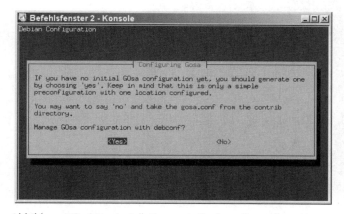

Abbildung 8.3 GOsa-Installation und -Konfiguration: Allgemein

GOsa kann man entweder interaktiv mit *debconf* oder manuell durch Kopieren und Editieren der Datei */etc/gosa/gosa.conf* konfigurieren. Währen Sie mit GOsa erste Erfahrungen sammeln, sollten Sie *debconf* eine Konfiguration erstellen lassen.

Sie können diese später an Ihre Bedürfnisse anpassen. Wählen Sie also bitte im obigen Dialog *Yes*.

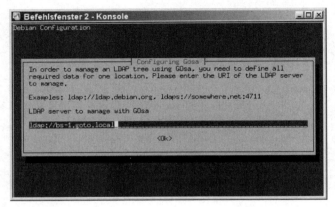

Abbildung 8.4 GOsa-Installation und -Konfiguration: LDAP-Server

Zunächst muss *GOsa* wissen, auf welchem LDAP-Server es die Konfigurationsdaten speichern soll. Dieser ist hier in URL-Syntax einzugeben. Stellen Sie dazu dem Rechnernamen bzw. der IP-Adresse des LDAP-Servers die Zeichenfolge *ldap://* voran, z.B. *ldap://bs-1.goto.local* (siehe Abbildung 8.4).

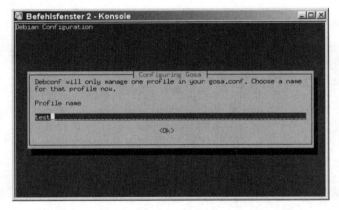

Abbildung 8.5 GOsa-Installation und -Konfiguration: Profil

GOsa kann mehrere so genannte Profile verwalten, um im LDAP-Server mit GOsa vollkommen unterschiedliche Teilbäume zu administrieren. Beim Login von *GOsa* können Sie dazu ein konfiguriertes Profil auswählen. Die interaktive Konfiguration via *debconf* legt nur ein einziges Profil an, dem Sie hier einen beliebigen Namen, z.B. »test«, geben können (siehe Abbildung 8.5). Für mehrere Profile müssen Sie später die Konfigurationsdatei editieren.

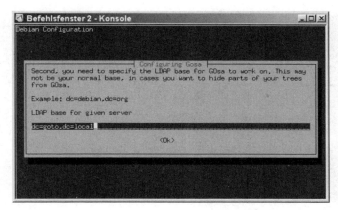

Abbildung 8.6 GOsa-Installation und -Konfiguration: LDAP-Basis

Hier geben Sie die Basis des Teilbaums im LDAP-Server an, der die mit *GOsa* zu verwaltenden Daten enthält, hier im Beispiel ist das die Basis *dc=goto,dc=local* (siehe Abbildung 8.6), die der Konfiguration des LDAP-Servers im vorherigen Abschnitt entsprechen muss.

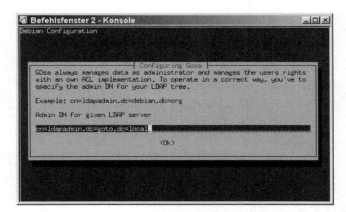

Abbildung 8.7 GOsa-Installation und -Konfiguration: LDAP-Administrator

Nun müssen Sie noch den *Distinguished Name* (DN) der LDAP-Administratorin eingeben. Diese Benutzerin muss volle Schreib- und Leserechte auf den Teilbaum des LDAP-Servers besitzen, den Sie mit GOsa administrieren wollen. Passend zur obigen Konfiguration des LDAP-Servers geben Sie hier bitte *cn=ldapadmin, dc=goto,dc=local* ein (siehe Abbildung 8.7).

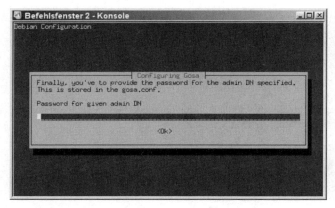

Abbildung 8.8 GOsa-Installation und -Konfiguration: Passwort des LDAP-Administrators

Zuletzt erfassen Sie bitte das Passwort des soeben eingetragenen LDAP-Administrators *cn=ldapadmin,dc=goto,dc=local* (siehe Abbildung 8.8). Im vorigen Abschnitt wurde dieses auf »gototest« gesetzt.

Damit ist die Installation von *GOsa* abgeschlossen. Sie sollten nun in einem Browser prüfen, ob alle Systemeinstellungen für *GOsa* richtig gesetzt sind. Öffnen Sie dazu die URL *http://bs-1.goto.local/gosa/setup.php* (siehe Abbildung 8.9).

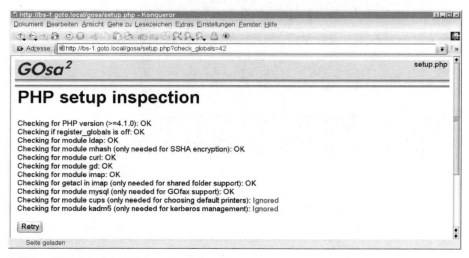

Abbildung 8.9 Test der PHP-Umgebung für *GOsa*

Sollten Sie hier Fehlermeldungen sehen, überprüfen Sie bitte die installierten Pakete und die PHP-Einstellungen in */etc/php/apache/php.ini*.

Ansonsten kommen Sie durch Aufruf von *http://bs-1.goto.local/gosa/* zum Login von *GOsa* (siehe Abbildung 8.10).

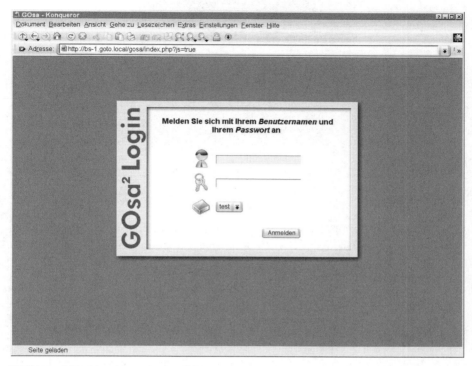

Abbildung 8.10 Anmeldemaske von *GOsa*

Sofern Sie die Passwörter in der Datei *goto.ldif* nicht geändert haben, können Sie sich nun mit dem Benutzernamen »admin« und dem Passwort »tester« anmelden.

> **Hinweis:** *GOsa* ist vollständig internationalisiert und unterstützt derzeit die Sprachen Englisch (Standard), Spanisch und Deutsch. Sollte Ihr Webbrowser nicht automatisch die von Ihnen gewünschte Sprache anzeigen, müssen Sie in Ihrem Webbrowser die bevorzugte Sprache für mehrsprachige Webseiten einstellen. Beim Webbrowser *Mozilla* öffnen Sie dazu den Einstellungsdialog (im Menü unter *Bearbeiten • Einstellungen*) und stellen dort unter *Navigator • Sprachen* die von Ihnen gewünschte Sprache ein (siehe Abbildung 8.11).

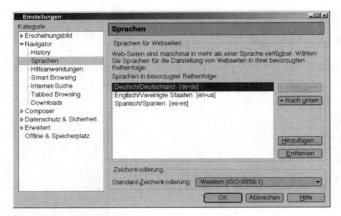

Abbildung 8.11 Spracheinstellung beim Mozilla-Webbrowser

8.4.4 TFTP

Die Thin Clients benötigen das TFTP-Protokoll, um mit dem Bootprom der Netzwerkkarte den initialen Kernel vom Bootserver zu laden. Deswegen müssen Sie auf dem Bootserver einen TFTP-Server installieren und konfigurieren.

Eine Anleitung dazu finden Sie im Abschnitt 4.6, *Das Minimal-FTP (TFTP)*, ab Seite 113.

8.4.5 DHCP

Spätestens jetzt sollten Sie auf dem Bootserver Sie den DHCP-Server installieren (siehe Abschnitt 4.5, *Dynamic Host Configuration Protocol*, ab Seite 100).

Das folgende Listing 8.5 zeigt ein Konfigurationsbeispiel für GOto. In dieser DHCP-Konfiguration werden den X Terminals die grundlegenden Netzwerkeinstellungen übermittelt und weitere Informationen für das Starten des Netzwerkbootvorganges übergeben.

Listing 8.5 DHCP-Beispielkonfiguration für *GOto*: */etc/dhcpd.conf*

```
1  subnet 10.99.2.0 netmask 255.255.255.0 {
2    option broadcast-address 10.99.2.255;
3    option subnet-mask 255.255.255.0;
4    option routers 10.99.2.1;
5    option domain-Nameservers 10.99.2.10;
6    option domain-name "goto.local";
7
8    use-decl-host-names on;
9
10   # PXE Terminals
11   group {
12     # TFTP server IP address
```

```
13      next-server 10.99.2.10;
14      # Name of the bootstrap program
15      filename "/tftpboot/pxelinux.0";
16
17      host ws-020 {
18         hardware ethernet 00:08:74:4C:13:FA;
19         fixed-address ws-020; }
20      host ws-021 {
21         hardware ethernet 00:08:74:4C:13:F9;
22         fixed-address ws-021; }
23      host ws-022 {
24         hardware ethernet 00:10:DC:B0:2E:48;
25         fixed-address ws-022; }
26   }
27 }
```

Die *subnetz*-Deklaration (Zeilen 1-27) schränkt alle Einstellungen auf das Subnetz 10.99.2.0/255.255.255.0 ein. Die Zeilen 2-6 definieren Netzwerkeinstellungen wie Netzwerk, Gateway und Broadcast. Unterhalb einer Subnetz-Deklaration kann man Gruppen bilden (Zeilen 10-26), um einer Rechner-Gruppe die gleichen Einstellungen zu übergeben. Hier sehen Sie eine Gruppe der PXE-bootfähigen Terminals und der (TFTP-)Bootserver und den Namen der zu ladenden Datei */tftboot/pxelinux.0*. Die Zeilen 17-26 und weisen den Terminals (*fixed-address*) anhand der MAC-Adresse (*hardware ethernet*) feste Namen zu. Laut Zeile 8 setzen die Thin Clients ihren Rechnernamen (hostname) anhand des *host*-Eintrags in den Zeilen 17, 20 und 23 selbst.

Eine genaue Beschreibung der Parameter finden Sie ab Seite 100 im Abschnitt 4.5, *Dynamic Host Configuration Protocol*.

8.4.6 PXE

PXE-Boot-Roms können per TFTP nur kleine Dateien von max. 32 kByte laden. Deswegen müssen sie zunächst ein spezielles Ladeprogramm (*pxelinux.0*) übertragen und ausführen, welches danach den viel größeren Kernel lädt. Für einzelne Endgeräte oder Gruppen kann man spezielle Konfigurationsdateien vorsehen. Das Ladeprogramm sucht daher eine spezielle Konfigurationsdatei, und wenn es keine findet, sucht es die nächst allgemeinere Konfigurationsdatei: Die Suche startet im Unterverzeichnis *pxelinux.cfg*, das im selben Verzeichnis wie das Ladeprogramm *pxelinux.0* liegen muss. Zunächst wandelt *pxelinux.0* die dem Terminal zugewiesene IP-Adresse in das hexadezimale Format und sucht eine Konfigurationsdatei mit diesem Namen. Existiert diese nicht, entfernt *pxelinux.0* jeweils die letzte hexadezimale Ziffer und sucht eine Gruppen-Konfigurationsdatei mit diesem verkürzten Namen. Diesen Vorgang wiederholt es gegebenenfalls bis zur letzten Ziffer. Findet es keine auf der IP-Adresse basierende Konfigurationsdatei, versucht *pxelinux.0*, die Datei *default* zu öffnen.

Beispiel: Der DHCP-Server weist dem Terminal die IP-Adresse *10.99.2.21* zu. Also sucht *pxelinux.0* nach den folgenden Konfigurationsdateien:

```
pxelinux.cfg/0A630215
pxelinux.cfg/0A63021
pxelinux.cfg/0A6302
pxelinux.cfg/0A630
pxelinux.cfg/0A63
pxelinux.cfg/0A6
pxelinux.cfg/0A
pxelinux.cfg/0
pxelinux.cfg/default
```

Die Konfigurationsdatei ist ähnlich wie */etc/lilo.conf* aufgebaut (siehe Listing 8.6).

Listing 8.6 PXE-Konfigurationsdatei

```
1 prompt=0
2 default=linux
3 label linux
4       kernel bzImage-2.4.22-ltsp-2
5       append init=/linuxrc rw root=/dev/ram0 initrd=initrd-2.4.22-ltsp-2.gz
```

Die Parameter *prompt=0* und *default=linux* verlangen, ohne weitere Nachfrage den Kernel *label linux* zu laden. Zu jedem in der Konfigurationsdatei definierten Kernel, der durch das Schlüsselwort *label* eingeleitet wird, gibt es zwei weitere Optionen: *kernel* und *append*. Die erste Option legt den Dateinamen des zu ladenden Kernels fest. Dieser muss sich im selben Verzeichnis wie die Datei *pxelinux.0* befinden. Die zweite Option übergibt dem Kernel auf der Kommandozeile etliche Parameter.

Weitere Informationen zu PXE und Syslinux finden Sie ab Seite 187 im Abschnitt 6.6, *Bootproms, PXE Boot und BIOS-Erweiterungen*.

Das offizielle Debian-Paket *syslinux* enthält den PXE-Bootloader *pxelinux.0*. Quellen und Binärpakete für andere Distributionen finden Sie auf der Webseite[2] von *syslinux*.

Bei Debian installiert man das Paket mit:

```
bs-1:/root # apt-get install syslinux
```

Anschließend erzeugen Sie einen symbolischen Link von */tftpboot/pxelinux.0* auf die Datei */usr/src/syslinux/pxelinux.0*:

```
bs-1:/root # mkdir /tftpboot bs-1:/root # ln -s /usr/lib/syslinux/pxelinux.0 /tftpboot/pxelinux.0
```

---

2 *http://freshmeat.net/projects/syslinux*

> Das TFTP-Protokoll erlaubt das Laden beliebiger Daten, ohne dass sich Benutzer mit einem Benutzernamen und einem Passwort authentifizieren müssen. Da dies eine Sicherheitslücke darstellen kann, sollte die Konfiguration des TFTP-Dienstes den Download auf ein bestimmtes Verzeichnis, zum Beispiel */tftpboot*, beschränken (siehe Seite 113 im Abschnitt 4.6, *Das Minimal-FTP (TFTP)*).

Deswegen müssen Sie den PXE-Bootloader *pxelinux.0* in das Verzeichnis */tftboot* kopieren bzw. verlinken. Letzteres ist zu empfehlen, damit beim Update des Pakets *syslinux* automatisch eine Aktualisierung in */tftboot* erfolgt.

8.4.7 NFS konfigurieren

Der NFS-Server muss den Thin Clients das Root-Dateisystem und einen Auslagerungsbereich zur Verfügung stellen. Ausführliche Hinweise zur Installation und Konfiguration des NFS-Servers finden Sie ab Seite 83 im Abschnitt 4.3, *Das Network File System*.

Um dafür das Basis-Verzeichnis der GOto-Installation (*/export/goto/terminals*) sowie das Verzeichnis für die Druck- (*/export/goto/spool*) und Auslagerungsdateien (*/export/goto/swap*) freizugeben, ergänzen Sie die Datei */etc/exports* um die folgenden Einträge:

Listing 8.7 */etc/exports*

```
# /etc/exports: the access control list for filesystems which may be
#               exported to NFS clients.  See exports(5).

/home                 10.99.2.0/255.255.255.0(rw,sync,no_root_squash)

/export/goto/terminals 10.99.2.0/255.255.255.0(ro,async,no_root_squash)
/export/goto/spool     10.99.2.0/255.255.255.0(rw,sync,no_root_squash)
/export/goto/swap      10.99.2.0/255.255.255.0(rw,sync,no_root_squash)
```

Diese Ergänzung gibt die Benutzerverzeichnisse */home*, das Thin Client Image (*/export/terminals*), einen Spoolbereich für Druckdaten (*/export/spool*) und ein Verzeichnis für die Auslagerungsdateien der Thin Clients (*/export/swap*) frei.

> **Hinweis:** Die Freigaben in */etc/exports* müssen den Attributen *goExportEntry* im LDAP-Objekt *cn=bs-1,ou=servers,ou=systems,dc=goto,dc=local* entsprechen (siehe Listing 8.2). *GOsa* benötigt diese Informationen im LDAP, um den Thin Clients diese Freigaben zuordnen zu können.

8.4.8 Installieren und Konfigurieren von GOto

Zum Installieren von GOto braucht man nur das GOto-Image zu entpacken. Laden Sie das Paket von *ftp://oss.gonicus.de/pub/goto/goto-2.0.tar.gz* und gehen Sie dann bitte wie folgt vor:

```
bs-1:/root # mkdir -p /export/goto/swap
bs-1:/root # mkdir -p /export/goto/spool
bs-1:/root # cd /export/goto
bs-1:/root # tar -xvzf goto-2.0.tar.gz
```

Dies packt das GOto-Image im Verzeichnis */export/terminals* aus. Sämtliche Einstellungen für den Betrieb liegen im LDAP-Verzeichnisdienst und werden über GOsa administriert oder als Kernel-Argumente dem Kernel beim Booten übergeben (siehe Abschnitt 8.4.6).

8.5 Konfiguration des Anwendungsservers

Wie bereits auf Seite 27 in Kapitel 2, *Einführung Linux-Terminaldienste*, gezeigt, lässt sich jeder Linux-Rechner mit grafischer Benutzeroberfläche mit wenigen Eingriffen in einen Anwendungsserver verwandeln.

8.5.1 Einrichten der NFS-Laufwerke

Die Anwendungsserver sollten die Benutzerverzeichnisse unter */home* vom Dateiserver per NFS beziehen.

Fügen Sie dazu in der Datei */etc/fstab* wie folgt eine Zeile ein:

```
bs-1:/export/home /home defaults 0 0
```

Anschließend können Sie das Verzeichnis vom Dateiserver mounten:

```
bs-1:/root # mount /home
```

Prüfen Sie den Erfolg mit dem Befehl `df` (Disk Free):

```
bs-1:/root # df
Filesystem           1K-blocks      Used Available Use% Mounted on
/dev/hda7              3937220   3535532    201684  95% /
/dev/hda8              7028588   4483096   2188452  68% /usr
bs-1:/export/home     52482648  27536052  22280612  56% /home
```

Ist das NFS-Laufwerk erfolgreich verbunden, zeigt Ihnen `df` nicht nur den Status der lokalen Festplattenpartitionen, sondern auch den Status des NFS-Laufwerks an.

8.5.2 Konfiguration des Display Managers

Der Display Manager läuft auf einem Anwendungsserver und wartet auf eingehende Verbindungen von den X-Servern der Thin Clients. Sobald eine Verbindung aufgebaut wurde, zeigt der Display Manager einen Login-Dialog an, über den sich Benutzer am Anwendungsserver anmelden.

Es gibt viele verschiedene Display Manager für Linux. Die prinzipielle Funktionsweise aller Display Manager ist dabei gleich. Die drei geläufigsten sind:

- **xdm:** Der X-Display Manager des X-Window-Systems.
- **kdm:** Der KDE-Display Manager des KDE-Desktop-Systems.
- **gdm:** Der Gnome-Display Manager des Gnome-Projekts.

Jedes X-Window-System enthält den *xdm*, den Urvater aller Display Manager. *kdm* und *gdm* sind neue Varianten des alten *xdm*. Sie bieten ein modernes, der jeweiligen Desktop-Umgebung KDE bzw. Gnome angepasstes Design (siehe Abbildung 8.12).

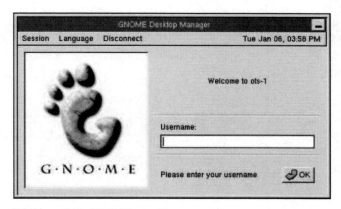

Abbildung 8.12 GDM-Display Manager

Ausführliche Hinweise zur Konfiguration des Display Managers finden Sie ab Seite 119 im Abschnitt 4.8, *Display Manager*. Dort finden Sie im Abschnitt 4.8.4, *Tipps zur Fehleranalyse*, auch Hinweise für den Fall, dass der Display Manager wider Erwarten nicht starten will.

8.6 Konfiguration der Thin Clients

Neue Thin Clients muss man im Name-Service und im DHCP eintragen. Zunächst geben Sie dem neuen Thin Client einen Rechnernamen und eine IP-Adresse. Diese tragen Sie in die Zonendateien für *goto.local* und *2.99.10.in-addr.arpa* des Nameservers *bind* ein.

> **Hinweis:** Falls Sie die Zonendateien modifizieren, vergessen Sie nicht, die Serial-Nummer der Zonendateien zu erhöhen und anschließend *bind* mit `bs-1:/root # rndc reload` neu zu starten, damit dieser die Zonendateien neu einliest.

Nun benötigen Sie die MAC-Adresse des neuen Thin Clients. Dann legen Sie in der DHCP-Konfigurationsdatei */etc/dhcp3/dhcpd.conf* einen neuen *host*-Eintrag an und tragen dort die MAC-Adresse und den Rechnernamen des neuen Thin Clients ein (siehe Eintrag für *ws-022* in Listing 8.5 auf Seite 268). Starten Sie anschließend den DHCP-Server mit

```
bs-1:/root # /etc/init.d/dhcpd3 restart
```

neu.

Nun können Sie den neuen Thin Client einschalten. Er sollte nun per PXE den Kernel übertragen und anschließend Linux booten. Beim ersten Bootvorgang startet einmalig die automatische Hardware-Erkennung. Diese Informationen legt das X Terminal beim Booten dann in einem speziellen Bereich (*ou=incoming,dc=goto, dc=local*) im LDAP-Verzeichnis ab, damit GOsa das neue Terminal erkennen und dem Administrator zur weiteren Bearbeitung anzeigen kann. Das Terminal wartet nun darauf, dass die Administratoren die Thin-Client-Konfiguration mit GOsa vervollständigen und den Thin Client aktivieren.

GOsa zeigt nun den neuen Thin Client in der Liste der Terminals als neues Terminal *ws-022* (siehe Abbildung 8.13). Um Details zu prüfen, wählen Sie diesen Eintrag aus und gehen dann auf *Bearbeiten*.

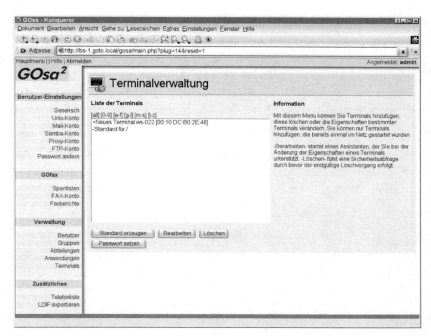

Abbildung 8.13 Einrichten neuer Terminals mit *GOsa*

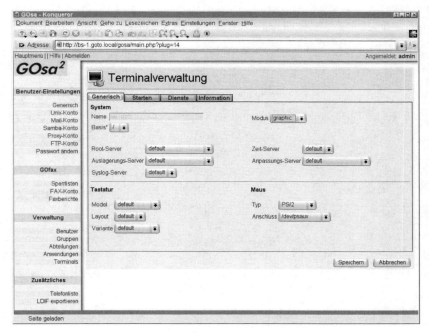

Abbildung 8.14 Konfiguration von Terminals mit *GOsa*: Generisch

Nun öffnet GOsa die Detailansicht des Terminals *ws-022* (siehe Abbildung 8.14). Sie sehen zunächst eine Seite mit einem Karteireiter *Generisch*. Die Tabelle 8.1 erklärt die Parameter. Beim Wert *default* sind die Einstellungen der Vorlage (Template) übernommen. Diese Vorlagen sehen Sie als Einträge der Form *-Standard für ...* in der Liste der Terminals (siehe Abbildung 8.13). Sie können diese Vorlagen wie jedes andere Terminal direkt über GOsa konfigurieren.

Da der Thin Client auf die Aktivierung wartet, müssen Sie hier unbedingt den Modus von *disable* auf *graphic* oder *text* ändern. Alle anderen Einstellungen können Sie aus der Vorlage übernehmen. Die Tabelle 8.1 erläutert die Optionen in diesem Dialog im Detail. Wählen Sie nun die Seite mit dem Karteireiter *Starten*.

Parameter	Beschreibung
Name	Rechnername des Terminals.
Basis	Gibt die Stelle im LDAP-Baum an, an der Sie das Terminal einsortieren wollen. Sie können mit GOsa Abteilungen (Teilbäume) anlegen und so im LDAP eine Hierarchie aufbauen.
Modus	Gibt an, ob und wie das Terminal (grafik- oder text-orientiert) booten soll. Mögliche Werte sind: *disabled*, *graphic* und *text*.
Root-Server	Rechnername und Verzeichnis des Servers, der den Terminals das Root-Dateisystem per NFS zur Verfügung stellt.
Auslagerungs-Server	Rechnername und Verzeichnis des Servers, der den Terminals einen Auslagerungsbereich per NFS zur Verfügung stellt.
Syslog-Server	Rechnername des Servers, der die Systemmeldungen der Terminals per *syslog* entgegennimmt und protokolliert.
Zeit-Server	Rechnername des Servers, der den Terminals die Zeitsynchronisation per *NTP* ermöglicht.
Anpassungs-Server	Wird in GOto Version 2 nicht mehr verwendet.
Modell	Gibt das Modell der Tastatur, zum Beispiel *pc104* oder *macintosh*, an.
Layout	Gibt das länderspezifische Tastatur-Layout an, zum Beispiel *de* für deutsch oder *us* für amerikanisch.
Variante	Gibt die Variante des Tastatur-Layouts an. Dies ist im deutschen Sprachraum beispielsweise *nodeadkeys*.
Typ	Gibt den Typ der Maus an, beispielsweise *PS/2*, *Microsoft* oder *Logitech*.
Anschluss	Gibt das Gerät an, an dem die Maus angeschlossen ist, zum Beispiel */dev/psaux* oder */dev/ttyS0*.

Tabelle 8.1 Parameter für Terminals: Generisch

Sie gelangen nun zur Seite mit den Terminal-Einstellungen für den Bootvorgang und das Laden spezieller Kernelmodule (siehe Abbildung 8.15).

Abbildung 8.15 Konfiguration von Terminals mit *GOsa*: Starten

Hier müssen Sie im Regelfall keine Änderungen vornehmen. Die folgende Tabelle 8.2 erklärt Ihnen die Einstellmöglichkeiten in diesem Dialog.

Parameter	Beschreibung
LDAP-Server	Gibt an, welchen LDAP-Server und welche Basis die Thin Clients zum Speichern der Konfigurationsdaten nutzen.
Boot-Kernel /*tftpboot* an.	Gibt den Dateinamen des zu ladenden Kernels im Verzeichnis
Angepasste Optionen	Definiert zusätzlich zu übergebende Kernelargumente.
Boot-Modus	Gibt an, ob der Thin Client grafisch booten soll oder nicht.
Kernel-Module	Hier können Sie zusätzliche Module eintragen, die der Kernel des Thin Clients laden soll, z.B. für die Unterstützung von CD-Brennern.
Automount Geräte	Lokale Laufwerke, die das Terminal beim Zugriff automatisch mounten soll. Das GOto-Image erkennt Geräte wie Diskettenlaufwerk oder CD-ROM meist automatisch und trägt diese hier ein. Benutzergruppen wie *floppy* regeln die Zugriffsberechtigung der Benutzer.
Zusätzliche fstab-Einträge	Hier können Sie Einträge der /*etc/fstab* des Thin Clients hinzufügen, um z.B. Festplattenpartitionen zu mounten.

Tabelle 8.2 Parameter für Terminals: Starten

Hinweis: GOsa speichert die Parameter *Boot-Kernel*, *angepasste Optionen* und *Boot-Modus* zwar im LDAP, trägt diese jedoch nicht automatisch in die jeweiligen Konfigurationsdateien auf dem Bootserver ein. Hierzu müssen Sie auf dem Bootserver Skripts hinterlegen, die diese Informationen aus LDAP auslesen und in die jeweiligen Dateien unter */tftpboot/pxelinux.cfg/* eintragen. Die künftige Version 2.1 von GOsa und GOto automatisiert auch diesen Schritt.

Gehen Sie nun zur nächsten Seite mit dem Karteireiter *Dienste*. Hier finden Sie die Einstellungen zur Grafikkarte und zum Monitor sowie den zu kontaktierenden Anwendungsserver. Des Weiteren können Sie hier für den Thin Client die Unterstützung für lokale Drucker und Scanner aktivieren (siehe Abbildung 8.16).

Abbildung 8.16 Konfiguration von Terminals mit *GOsa*: Dienste

Die Tabelle 8.3 erläutert die Einstellmöglichkeiten dieses Dialogs.

Parameter	Beschreibung
Verbindungs-methode	Gibt an, wie der Thin Client seinen Anwendungsserver findet. Mögliche Werte sind: *show chooser* (es wird ein Auswahldialog angezeigt), *direct* (der unter XDMCP-Server angegebene Anwendungsserver wird konnektiert) oder *load-balanced* (der Thin Client ermittelt den Anwendungsserver im Netz, der momentan am wenigsten ausgelastet ist, und verbindet sich mit ihm).
XDMCP-Server	Gibt den Anwendungsserver explizit an, sofern die Verbindungsmethode auf *direct* gesetzt ist.
Schriften-Server	Gibt den Server für Bildschirmschriften (Fonts) an, zum Beispiel: *inet/as-1:7110*.
Treiber	Gibt den XFree86-Treiber für die Grafikkarte des Terminals an. Dieser sollte in der Regel durch die automatische Hardware-Erkennung richtig ausgewählt sein.
Auflösung	Hier können Sie die Bildschirmauflösung des Terminals explizit setzen. Dies ist bei LCD-Displays wichtig.
Farbtiefe	Hier wählen Sie die Farbtiefe und damit die Anzahl der gleichzeitig darstellbaren Farben aus.
HSync	Gibt den Bereich der horizontalen Frequenzen an, die der Monitor darstellen kann. Überprüfen Sie diese Werte unbedingt anhand der Herstellerangaben Ihres Monitors. Falsche Werte können den Monitor zerstören.
VSync	Gibt den Bereich der vertikalen Frequenzen (Wiederholfrequenz) an, die der Monitor darstellen kann. Überprüfen Sie diese Werte unbedingt anhand der Herstellerangaben Ihres Monitors. Falsche Werte können den Monitors schädigen.
Druckdienst bereitstellen	Aktiviert die Unterstützung für lokale Drucker (parallel, seriell und USB) und startet den lokalen Druckserver CUPS.
Spool-Server	Rechnername und Verzeichnis des Servers, der den Terminals einen Speicherbereich für temporäre Druckdaten per NFS zur Verfügung stellt.
Bilderfassungsserver bereitstellen	Aktiviert die Unterstützung für lokale Scanner (SCSI, USB).
Model	Hier können Sie einen der vom Scanner-Modul SANE unterstützten Scanner auswählen.

Tabelle 8.3 Parameter für Terminals: Dienste

Wenn Sie abschließend auf die Seite mit dem Karteireiter *Information* wechseln, sehen Sie eine detaillierte Auflistung der von GOto automatisch erkannten Hardware (siehe Abbildung 8.17).

Abbildung 8.17 Konfiguration von Terminals mit *GOsa*: Information

Für Administratoren ist der Eintrag *Letzte Anmeldung* wichtig. Der Anwendungsserver kann beim Einloggen der Benutzer den Namen des Terminals im LDAP eintragen, so dass die Administratoren diese Informationen hier in GOsa sehen können. Damit kann der Support schnell feststellen, an welchem Terminal Benutzer gerade arbeiten.

8.7 Lokale Peripherie

GOto unterstützt lokale Peripherie der Terminals wie

- Disketten und CD-ROM-Laufwerke,
- Drucker,
- Scanner,
- USB-Massenspeicher (Memory-Sticks, digitale Kameras) und
- Festplatten

Berechtigte Benutzer können sie zusammen mit Anwendungen des Anwendungsservers direkt nutzen. GOto erkennt diese Geräte im Regelfall automatisch und lädt die notwendigen Treiber. Damit nicht alle Benutzer auf diese Geräte zugreifen können, regeln UNIX-Gruppen den Zugriff auf die einzelnen Gerätegruppen. Beispielsweise können Mitglieder der Gruppe *floppy* auf Diskettenlaufwerke zugreifen. So können Administratoren unabhängig von konkreten Endgeräten leicht festlegen, wer welche lokalen Geräte nutzen darf.

> **Hinweis:** GOto kann nur solche Geräte erkennen und unterstützen, für die unter Linux ein entsprechender Treiber existiert.

8.7.1 Disketten und CD-ROM-Laufwerke

GOto erkennt beim Booten von Terminals deren Disketten- und CD-ROM-Laufwerke sowie Festplattenpartitionen automatisch, konfiguriert sie im Automounter und legt sie im LDAP im Attribut *gotoAutoFs* ab.

```
dn: cn=ws-025,ou=terminals,ou=systems,dc=goto,dc=local
gotoAutoFs: floppy1 -fstype=auto,sync,nodev,nosuid,umask=000,quit,rw :/dev/floppy
gotoAutoFs: win1 -fstype=ntfs,sync,nodev,nosuid,umask=000,quit,ro :/dev/hda2
```

Wenn Sie das Konqueror-Modul *kio-fish*[3] als Verknüpfung auf den Desktop legen, können Benutzer mit dem Konqueror bequem auf Disketten- und CD-ROM-Laufwerke zugreifen.

8.7.2 Drucker

Das *Common UNIX Printing System* (CUPS) ist eine plattformunabhängige Drucklösung für UNIX-Umgebungen (*http://www.cups.org*). Es basiert auf dem *Internet Printing Protocol* (IPP) und erlaubt auch anderen Betriebssystemen wie Windows XP, Druckdienste zu nutzen.

Der zentrale CUPS-Server auf dem Boot- oder Anwendungsserver findet die lokalen CUPS-Server der Terminals im Netzwerk durch so genannte Broadcasts, die er in regelmäßigen Abständen an alle Rechner im lokalen Netz sendet. Die Terminals melden ihre lokalen Drucker an den zentralen CUPS-Server, so dass dieser stets alle Drucker im lokalen Netz kennt. Der Anwendungsserver fragt den zentralen CUPS-Server, welche Drucker zur Verfügung stehen. Damit sehen die Anwender am Anwendungsserver auch die lokalen Drucker an den Terminals. Der Drucker *sales* in Abbildung 8.20 auf Seite 283 ist beispielsweise ein Netzwerkdrucker, und *marketing* ist ein lokal an das X Terminal *ws-022* angeschlossener Drucker.

Zum Einrichten eines Druckers muss CUPS den notwendigen Druckertreiber und die Eigenschaften des Druckers, z.B. Speicher, Papierfächer und Duplexeinheit, kennen. Dies beschreibt die *Postscript Printer Description* (PPD). Viele Drucker-Hersteller liefern bereits PPD-Dateien, um das Einbinden ihrer Drucker zu

---

3 *http://freshmeat.net/projects/kio_fish*

erleichtern. Die Webseite *http://www.linuxprinting.org* enthält PPD-Dateien für viele Drucker, auch für Nicht-Postscript-Drucker.

Ist die Unterstützung für lokale Drucker in GOsa aktiviert, starten Terminals einen lokalen CUPS-Server. Diesen können die Administratoren bequem über das zugehörige Web-Frontend konfigurieren. Heißt ein Terminal beispielsweise *ws-022*, so können Sie mit einem beliebigen Webbrowser unter der URL *http://ws-022:631* den lokalen Drucker einrichten. Der CUPS-Server beinhaltet zwar einen eigenen Webserver für die Konfiguration, dieser horcht aber nicht auf den Standard-Port 80, sondern auf Port *631*, damit der CUPS-Server parallel mit dem Webserver, z.B. Apache, betrieben werden kann.

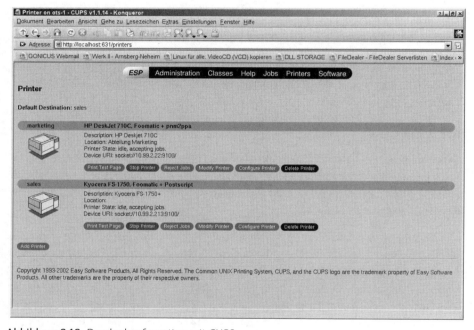

Abbildung 8.18 Druckerkonfiguration mit CUPS

Neue Drucker legt man bequem über den Punkt *Add Printer* an. Das Web-Frontend von CUPS führt Sie anschließend Schritt für Schritt durch die Eingabe der notwendigen Konfigurationsparameter.

Bevor Sie CUPS-Drucker nutzen können, müssen Sie sicherstellen, dass das Drucksystem, zum Beispiel von KDE, richtig konfiguriert ist. Dazu gehen Sie in einem beliebigen KDE-Programm auf den Menüpunkt *Drucken*. Klicken Sie auf *Systemoptionen*, und stellen Sie unter *CUPS-Server* den Rechner *as-1.ltsp.local* ein (siehe Abbildung 8.19).

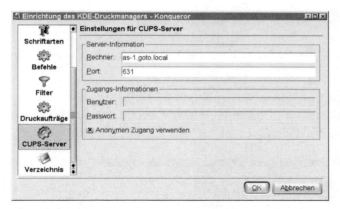

Abbildung 8.19 Druckerkonfiguration mit KDE und CUPS

Schließen Sie nun den Dialog *Systemoptionen*. Jetzt sollte der Druckdialog die mit dem CUPS-Web-Frontend eingerichteten Drucker anzeigen (siehe Abbildung 8.20).

Abbildung 8.20 Drucken mit KDE

Der Druckdialog bezieht automatisch alle in CUPS konfigurierten Drucker. Wenn Sie also später Drucker unter CUPS hinzufügen oder löschen, so wirken sich diese Änderungen unmittelbar auf den Druckdialog aus.

8.7.3 Scanner

Zum Unterstützen lokal angeschlossener Scanner startet GOto auf den Terminals die SANE-Software (Scanner Access Now Easy, *www.sane-project.org*), die viele SCSI- und USB-Scanner ansteuern kann. In GOsa müssen Sie die Scanner-Unterstützung für das Terminal aktivieren und den richtigen Scannertyp auswählen (siehe Abbildung 8.16).

Damit Applikationen auf dem Anwendungsserver auf die Scanner an den Terminals zugreifen können, müssen Sie das Paket *libsane* mit `apt-get install libsane` installieren und die Rechnernamen der Terminals mit angeschlossenem Scanner in der Datei */etc/sane.d/net.conf* eintragen.

Auf dem Anwendungsserver können Sie dann mit einem beliebigen Programm, welches SANE unterstützt, zum Beispiel *OpenOffice* oder dem KDE-Programm *kooka* (siehe Abbildung 8.21), den Scanner am Terminal direkt ansprechen.

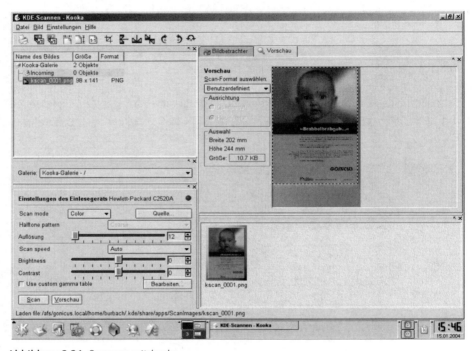

Abbildung 8.21 Scannen mit *kooka*

Beide Applikationen finden anhand der Datei */etc/sane.d/net.conf* die im lokalen Netzwerk verfügbaren Scanner und öffnen gegebenenfalls einen Auswahldialog, in dem Anwender den gewünschten Scanner auswählen können.

Hinweis: Die Terminals geben die Scanner nicht für das gesamte Netzwerk, sondern nur für die Rechner frei, die im Attribut *gotoScannerClients* im LDAP hinterlegt sind.

Diese Freigabe setzt man im Default-Eintrag für die Terminals (siehe auch Listing 8.2 auf Seite 258):

```
dn: cn=default,ou=terminals,ou=systems,dc=goto,dc=local
gotoScannerClients: as-1.goto.local as-2.goto.local
```

Hier erlauben die Terminals beispielsweise den Zugriff auf die Scanner von den beiden Anwendungsservern *as-1* und *as-2*.

8.8 Lokale Anwendungen

Auch wenn es dem eigentlichen Thin-Client-Konzept widerspricht, so gibt es dennoch Situationen, in denen lokale Anwendungen sinnvoll sind. Thin Clients führen lokale Anwendungen selbst direkt aus. Damit die Thin Clients überhaupt Programme über das Netzwerkdateisystem NFS vom Bootserver laden können, muss man diese vorab im Thin Client Image installieren.

Wenn Sie von Ihrem lokalen X Terminal aus auf dem Anwendungsserver eingeloggt sind und aus dieser Sitzung heraus eine lokale Anwendung auf Ihrem derzeit eigenen X Terminal starten, dann möchten Sie die Bildschirmausgabe des lokalen Clients auf dessen Monitor sehen.

Oft müssen Anwendungen lokal gestartet werden, damit diese Zugriff auf lokale Peripherie bekommen, zum Beispiel zur Handheld-Synchronisation oder zur Wiedergabe von Audio- oder Video-Streams.

Kontakt- und Termininformationen der Groupware synchronisiert man mit Handhelds häufig über die Infrarot- oder die USB-Schnittstelle des Thin Client. Damit Benutzer ihre Termine direkt von ihrem Endgerät aus abgleichen können, können sie das KDE-Programm *kpilot* zum Synchronisieren von Palm-Handhelds lokal auf dem Thin Client ausführen, der mit dem dort angeschlossenen Handheld direkt kommunizieren kann.

Um auf dem Thin Client lokale Programme zu starten, müssen sich Benutzer auf dem Thin Client anmelden können und Zugriff auf ihre Benutzerdaten haben, damit lokale Anwendungen nicht nur auf die lokale Peripherie zugreifen, sondern auch Benutzerdaten lesen und schreiben können.

Zum Starten lokaler Anwendungen müssen folgende Voraussetzungen erfüllt sein:

- ▶ Auch auf dem Thin Client müssen die Benutzer-Konten existieren.
- ▶ Auch von den Thin Clients muss das Benutzerverzeichnis */home* erreichbar sein.
- ▶ Man muss SSH für die Benutzer so konfigurieren, dass sie auf dem Thin Client ohne Eingabe eines Passworts ihre Anwendungen starten können.

Zum Anlegen der gleichen Benutzerkonten gibt es zwei Möglichkeiten:

- Entweder trägt man sie wie auf dem Anwendungsserver in der Datei */etc/passwd* des Thin Clients ein oder
- man lässt den Thin Client diese per *NIS/NIS+* bzw. LDAP beziehen.

Das Verzeichnis mit den Benutzerverzeichnissen (meist */home*) müssen Sie genauso wie beim Anwendungsserver verbinden. Danach können sich Benutzer am Thin Client anmelden und auf ihre Daten zugreifen.

Um Programme auf dem Thin Client zu starten, müssen die Benutzer sich auf dem Thin Client einloggen, die Bildschirmausgabe umlenken und dann erst das Programm starten. Damit hier keine Passwortabfrage nötig ist, sollte der Login auf dem Thin Client zum Beispiel per *Secure Shell* (SSH) durchgeführt werden.

Wenn Sie von Ihrem Thin Client eine Terminalserver-Sitzung auf dem Anwendungsserver gestartet haben, können Sie aus dieser heraus Programme, die Sie lokal ausführen wollen, mit dem Skript *srunlocal* (siehe Listing 8.8) aufrufen. Beispielsweise startet der Aufruf

```
as-1:   $ srunlocal /usr/X11R6/bin/xclock
```

auf dem Thin Client das Programm *xclock*. Das folgende kleine Skript *srunlocal* (siehe Listing 8.8) sorgt dafür, dass das Programm auf dem Thin Client gestartet und die Darstellung auf den lokalen Bildschirm umgeleitet wird.

Listing 8.8 Das Skript *srunlocal*

```
1 #!/bin/bash
2
3 CLIENT=`echo $DISPLAY|cut -d: -f1`
4
5 xhost +$CLIENT
6 ssh -o "StrictHostKeyChecking=no" \
7     -o "UserKnownHostsFile /dev/null" \
8     -o "BatchMode yes" \
9    $CLIENT "export DISPLAY=:0; $*"
```

Das Shell-Skript ermittelt zunächst anhand der *DISPLAY*-Variablen das X-Terminal, das die Benutzer zur Darstellung der Bildschirmausgabe nutzen, und weist dies der Variable *CLIENT* zu (Zeile 3). Anschließend erlaubt der Befehl *xhost* in Zeile 5 dem X Terminal das Öffnen von Fenstern auf dem aktuellen Bildschirm. Danach findet durch das Skript ein Login auf dem X Terminal per *ssh* statt (Zeilen 6-9), wobei die *DISPLAY*-Variable hier so gesetzt wird, dass das Programm auf dem X Terminal die Ausgabe direkt zum lokalen X-Server schickt und anschließend das als Kommandozeilenparameter übergebene Programm startet (Zeile 9). Die Optionen in den Zeilen 6-9 für *ssh* sind wichtig, damit das Programm *ssh* nicht-interaktiv arbeitet.

Damit der SSH-Login automatisch, d.h. ohne Abfrage eines Benutzerpassworts funktioniert, müssen entsprechende Schlüssel generiert werden, die ein passwortloses, aber trotzdem sicheres Authentifizieren ermöglichen. Die Benutzer müssen einmal folgende Kommandos ausführen:

```
as-1:~ $ ssh-keygen -tdsa -N "" -f ~/.ssh/id_dsa
as-1:~ $ cat ~/.ssh/id_dsa.pub >> ~/.ssh/authorized_keys2
```

Der erste Aufruf generiert einen Schlüssel, der den Benutzer identifiziert. Der zweite Befehl kopiert diesen Schlüssel in die Liste der autorisierten Schlüssel, das sind die Schlüssel, denen ein Login (ggf. ohne Passwort) erlaubt ist. Beim SSH-Login auf das X Terminal schickt nun der Anwendungsserver eben jene Schlüssel zur Identifikation mit. Das X Terminal, welches auf dasselbe Benutzerverzeichnis und damit auf die gleichen Schlüssel zugreift, findet diese Identifikation in seiner Liste der autorisierten Schlüssel und lässt den Login zu.

8.9 Weiterentwicklung und Ausblick

Derzeit arbeitet das Entwicklerteam von GOto und GOsa am Release 2.1 der Software, die voraussichtlich im Frühjahr/Sommer 2004 erscheinen wird. Das Team integriert in GOsa derzeit viele Anregungen zur Vereinfachung der Verwaltung großer Umgebungen wie komfortable Filterfunktionen und Suchmasken, die es Administratoren erleichtern, auch bei mehreren hundert oder tausend Benutzerkonten den Überblick zu bewahren. Neu ist auch die Möglichkeit, Dienste wie DHCP und DNS (BIND) mit GOsa zu verwalten. GOsa speichert die Konfigurationsdaten dieser Dienste im LDAP-Verzeichnisbaum. Die Dienste (DNS, DHCP etc.) können diese Konfigurationsdaten entweder online nutzen, d.h. bei jeder Anfrage die Informationen aus dem LDAP auslesen, oder sämtliche Konfigurationsdaten beim Start des Dienstes einlesen und in eine eigene Konfigurationsdatei zwischenspeichern. Letzteres hat den Vorteil, dass die Dienste nicht auf die Verfügbarkeit des LDAP-Servers angewiesen sind. GOsa kann jedoch die Dienste automatisch neu starten, sobald sich die Konfigurationsdaten im LDAP ändern.

Derzeit arbeiten Entwickler an einem Framework für GOsa und LDAP, das im Zusammenspiel mit Linux-Terminalservern den Benutzern individuell Anwendungen zuweisen und dabei die Konfiguration automatisch verteilen bzw. generieren soll. Dies ist für den Einsatz in Unternehmen und Behörden interessant, in denen nicht alle Benutzer alle Anwendungen starten dürfen. So lassen sich Anwendungen bequem per GOsa zuweisen. Zusätzliche anwendungsbezogene Skripts auf den Anwendungsservern, die beim Login des Benutzers ausgeführt werden, sofern dieser die Anwendung zugewiesen hat, können die komplette Konfiguration jener Anwendung anhand der Daten im LDAP erledigen. Beispielsweise kann die Konfiguration eines E-Mail-Clients (Benutzername, E-Mail-Adresse, Mailserver, Signatur etc.) aus den bereits im LDAP vorhandenen Daten generiert werden. So steht die Anwendung den Benutzern bereits beim ersten Start vollständig vorkonfiguriert zur Verfügung.

8.10 Anwenderberichte

8.10.1 Berndes Haushaltstechnik

Die Heinrich Berndes Haushaltstechnik GmbH & Co. KG, (*www.berndes.com*), ist ein innovativer mittelständischer Hersteller von Kochgeschirr mit Standorten in Arnsberg, den Vereinigten Staaten (Charlotte, North Carolina), China (Hongkong, Shanghai) und Singapur sowie einer weltweiten Vertriebsorganisation. Berndes ist der führende Anbieter von Kochgeschirr im Bereich Aluminiumguss in Deutschland.

Abbildung 8.22 Zentrale von Berndes in Arnsberg bei Nacht

Ebenso innovativ wie die Produkte ist die IT-Struktur. Lars Kloppsteck, Sohn des Inhabers und Leiter der dreiköpfigen IT-Abteilung, hält viel von Open-Source-Lösungen, da sie es ihm ermöglichen, flexibel und kostengünstig neue Anforderungen kurzfristig umzusetzen.

Abbildung 8.23 Lars Kloppsteck

Er sieht dies jedoch nicht ideologisch. Letztlich ist es ihm egal, auf welcher Betriebssystem-Plattform seine Anwendungen laufen, sofern sie seinen Zielen für die IT-Infrastruktur von Berndes entsprechen:

- niedrige Betriebskosten
- hohe Flexibilität
- hohes Sicherheitsniveau
- hoher Investitionsschutz

Ausgangslage

Als Lars Kloppsteck im Jahr 1997 die Leitung der IT-Abteilung übernahm, fand er dort Midrange-Server (IBM AS/400) mit Text-Terminals und unvernetzte Windows-PCs vor. Die Mainframes unterstützten die Fertigung und die kaufmännische Abwicklung, und die PCs dienten als Schreibmaschinen. Da er zuvor die Geschäftsstelle Hongkong mit Linux ins Internet gebracht hatte, lag es nahe, Linux auch in der Zentrale in Arnsberg einzusetzen.

Berndes beauftragte damals mehrere Unternehmen, Konzepte für ihre künftige IT-Struktur auszuarbeiten: eines mit Linux-Terminalservern und Thin Clients und ein zweites mit Windows-Workstations und einigen zentralen Windows-Servern. Auf Basis dieser Konzepte entschied sich die Berndes-IT mit Rückendeckung der Geschäftsleitung mutig für die Linux-Lösung, obwohl sich Linux auf dem Desktop damals noch in einem sehr frühen Stadium befand.

Der Weg zu Linux-Terminaldiensten

Vor Ort fand Lars Kloppsteck als IT-Partner die Firma Delta Internet, die zunächst als lokaler Internet-Provider begonnen hatte und nach und nach Unternehmen ihr Linux-Knowhow als Dienstleistung zur Verfügung stellte. Damals betreute Alfred Schröder, heute Geschäftsführer der Gonicus GmbH (*www.gonicus.de*) in Arnsberg, das Projekt. Er unterstützte Berndes dabei, sowohl die Server als auch die Arbeitsplätze auf offenen Plattformen aufzubauen. Heute greifen bei Berndes die Anwender mit über 80 Linux Thin Clients, 5 Windows Workstations und 20 Notebooks für Fachanwendungen auf eine IBM AS/400 und für Büroanwendungen auf Linux-Anwendungsserver zu. Zur Dateihaltung dient ein Linux-Datei-Servercluster. Für Controlling-Anwendungen sowie für Makro-intensive Excel-Tabellen steht zudem ein Windows-Terminalserver mit Citrix Metaframe zur Verfügung.

Jetzige Struktur

Als Standard-Distribution verwendet Berndes Debian Woody, da es sich als stabil, leicht zu verwalten und administrieren erwiesen hat. Während kommerzielle Hersteller von Linux- Distributionen die Versionen von Kernel und Anwendungen stets gemeinsam mit einer neuen Version ihrer Distribution aktualisieren, verzichtet Debian auf jegliche Bündelung. So können Anwender ihre eigene Update-Politik verfolgen und auch große Versionssprünge vollziehen.

Berndes hat bereits Ende 1998 mit Linux-basierten Thin Clients als Büro-Desktops gearbeitet. Die Linux-Terminaldienste OTS von Delta Internet bzw. später GOto von Gonicus ähneln nur teilweise denen des zwei Jahre später in den USA entstandenen LTSP-Projekts. Insbesondere die Verwaltung der Benutzer und Geräte ist anders organisiert. Heute booten 80 Thin Clients ihren Linux-Kernel via PXE/TFTP, bekommen ihr Betriebssystem per NFS und ihre Konfiguration per LDAP. Das web-basierte Administrations-Tool GOsa von Gonicus administriert die gesamte Umgebung. Anwender greifen auf ihre host-basierten Applikationen mit einer freien 5250-Emulation (tn5250) zu. Für Büroarbeiten nutzen sie derzeit noch StarOffice 5.2 und für Internet und Mail Mozilla auf KDE 1 und teilweise KDE 2. Als Client-Hardware dienen sowohl kostengünstige Noname-PCs als auch Markengeräte von Fujitsu-Siemens (Netterm, Scovery) ab Pentium und Pentium II. Einige Anwender greifen mit einem Citrix-ICA-Client auf Microsoft Project und Microsoft Office auf einem Windows NT 4 Server mit Citrix Metaframe 1.8 zu.

Berndes verfolgt dabei eine sehr strikte User-Policy: Anwender können nur an einem einzigen Endgerät eingeloggt sein. Sollten sie sich doch einmal an einem zweiten Gerät einloggen, beendet dies ihre erste Benutzersitzung. Dafür sorgen spezielle Skripts beim Anmelden der Benutzer noch vor dem Start der Benutzeroberfläche KDE. Weiterhin setzen diese Skripte die Desktop-Einstellungen wieder auf den Berndes-Standard. Dies reduziert den Aufwand der Benutzerbetreuung erheblich.

Der Kern der Datenverwaltung ist ein Fileserver-Cluster auf der Basis von Debian Woody mit zwei Knoten und einer externen Speichereinheit (RAID). Darauf laufen Dienste wie NFS, eine SAMBA-basierte Datenhaltung, eine SQL-Datenbank, Druckdienste mit CUPS, DHCP, LDAP und Bootdienste. Die Linux-Clients booten mit den Bootdiensten dieses File-Clusters. Anwendungen beziehen die Thin Clients von einer Farm von Linux-Anwendungsservern. Intranetdienste, deren Verfügbarkeit nicht so elementar wie die der Dateidienste ist, betreibt Berndes auf einem separaten Server.

In der demilitarisierten Zone von Berndes arbeitet ein Kommunikations-Cluster mit zwei Linux-Servern. Die beiden Server überwachen sich gegenseitig mit der

Steuersoftware Heartbeat und übernehmen im Fehlerfalle die Dienste des anderen. Die Maildienste besorgt Postfix, das hervorragend mit dem IMAP-Server Cyrus zusammenarbeitet. Viren bekämpft Amavis mit einer kommerziellen Antiviren-Lösung von Kasperski. Der Spamfilter SpamAssassin filtert über 99 Prozent der Spams heraus. Webdienste für externe Zugriffe stellt Apache 1.3.26 mit PHP und den Datenbanken MySQL und PostgreSQL bereit. Auf dem Kommunikations-Cluster laufen weiterhin der DNS-Server für die Berndes-Domänen und ein Fax-Server. Die Software GOfax leitet eingehende Faxe an die Mitarbeiter per E-Mail weiter.

Die gesamte Benutzeradministration einschließlich der Mail-, Proxy- und Fax-Dienste geschieht hier über das Web-Frontend GOsa.

Das weltumspannende Berndes-VPN verbindet die internationalen Standorte mit der Zentrale in Arnsberg. Dazu setzt Berndes auf Linux-basierten Routern die Software FreeS/WAN (*www.freeswan.org*), eine freie Implementierung des IP-SEC-Standards ein.

Bewertung

Berndes genießt die Vorteile eines offenen Systems mit offenen Schnittstellen. Dadurch ist die IT sehr flexibel und kann alle Anwendungen leicht jederzeit ändern. Insbesondere ist Berndes völlig unabhängig von spezifischen Plattformen und Betriebssystemen.

Das Sicherheitsniveau ist sehr hoch. Sowohl die Investitionen als auch die Gesamtkosten sind sehr niedrig. Es gibt keine fremdbestimmten Update-Zwänge. Die IT-Abteilung ist mit drei Mitarbeitern auf den Betrieb der Berndes-EDV ausgerichtet. Projekte führt Berndes zusammen mit externen IT-Dienstleistern wie Gonicus durch, die ihr IT-Fachwissen punktuell einbringen können. Für mittelständische Unternehmen wie Berndes rechnet es sich nicht, teure IT-Spezialisten fest einzustellen.

Lars Kloppsteck erstellt zwar keine detaillierte TCO-Rechnung, jedoch ist es für ihn offensichtlich, dass er durch die einfache zentrale Administration, kostengünstige Endgeräte und den Verzicht auf teure Software-Lizenzen sehr viel spart.

8.10.2 Henkel KG, Darmstadt

Die 1948 als Verlag gegründete Henkel KG (*www.henkel-kg.de*) agiert bundesweit als Versicherungsagentur. Henkel beschäftigt 450 Mitarbeiter, davon 350 im Außendienst. Das Inkassovolumen mit 350.000 Versicherungsverträgen für die private Vorsorge beträgt 58 Milionen Euro. Als größter Vertriebspartner der Nürnberger Versicherungsgruppe erwirtschaftet die Henkel KG 30 Prozent des gesamten Familienschutz-Umsatzes dieses Konzerns. Alle Innendienstler, 70 in der Darmstädter Hauptverwaltung und 30 in den 13 Niederlassungen im Bundesgebiet, nutzen die IT-Infrastrukturen der Henkel-KG.

Abbildung 8.24 Hauptverwaltung der Henkel-KG in Darmstadt

Desktop-Anwendungen

Da Henkel für seine eigene Software eine zentrale IBM iSeries (AS/400) einsetzt, ist die tn5250-Emulation die wichtigste Desktop-Anwendung. Zwei weitere Anwendungen sind durch den Partner Nürnberger Versicherung vorgegeben: ein RDP-Client (rdesktop) für die Anbindung an einen Windows-Terminalserver, auf dem die Windows-basierte Angebots-Software der Nürnberger Versicherungsgruppe (www.nuernberger.de) läuft und die Terminalemulation x3270 für die Anbindung an den Großrechner dieser Versicherung. Außerdem nutzen die Anwender StarOffice, Mozilla, KMail, KNotes, Gimp und den Acrobat Reader.

Jörg Schwab bringt Henkel mit Linux voran

Der 36-jährige Systemadministrator Jörg Schwab ist seit Dezember 1995 für die gesamte IT-Technik der Henkel KG verantwortlich. Zu seinen Aufgaben gehören das Überwachen, Warten, Reparieren und Beschaffen aller Systeme (außer der IBM AS/400) und zahlreiche Programmiertätigkeiten zur Automatisierung von Abläufen, z.B. Linux-Skripten. Mit Linux sammelt er seit 1996 eigene Erfahrungen und hat diese seitdem in diversen Schulungen vertieft. Zusammen mit dem EDV-Leiter Herrn Richard Brückner war er damals maßgeblich an der Entscheidung beteiligt, die neue IT-Struktur von Henkel mit Linux-Terminalservern und Thin Clients aufzubauen.

Von der Wang zur AS/400

Im Jahre 1983 setzte Henkel erstmalig Wang Server für selbst entwickelte Anwendungen ein. Von 1989 bis zum Jahre 2000 lief die gesamte Henkel-eigene Software auf einer zentralen WANG VS8400. In der Hauptverwaltung in Darmstadt waren 70 Textterminals und etwa 10 PCs mit Windows 3.11/95 und WLOC-Karten über eine proprietäre sternförmige Netzwerkverkabelung an diesen Großrechner angeschlossen. Einige dieser Windows PCs konnten sich per Modem oder ISDN-Karte bei einem Internet-Provider einwählen. Eine zentrale Interneteinwahl war wegen der proprietären Netzwerkverkabelung nicht möglich. Die bundesweiten Niederlassungen waren mit PCs mit den Betriebssystemen DOS, Windows 3.11 und Windows 95 ausgestattet, die über Datex-P mit der Zentrale in Darmstadt verbunden waren. Ausdrucke wurden zentral in Darmstadt erstellt und dann auf dem Postweg in die Niederlassungen verschickt. Dies war entsprechend zeit- und kostenintensiv.

Abbildung 8.25 Jörg Schwab im Serverraum der Henkel KG

Es war klar, dass die Wang, die viele Jahre gute Dienste geleistet hatte, nicht ewig weiter betrieben werden konnte. Deswegen begann Henkel bereits im Jahre 1997 damit, die Wang-Anwendungen auf eine eigens dafür angeschaffte IBM AS/400 (Modell S10) zu portieren und an die Euro-Umstellung und an den Jahrtausend-Wechsel anzupassen. Im Jahre 1999 dachte man bei Henkel bereits über den Einsatz von Linux-Terminalservern nach, jedoch gab es Zweifel an der Praxistauglichkeit einer solchen Lösung. Henkel musste lange nach einem Referenzobjekt suchen, das den eigenen Anforderungen entsprach.

Pinguine auf dem Vormarsch

Im Herbst 2000 stieß Jörg Schwab in der Erstausgabe der Zeitschrift *Linux Enterprise* (siehe [Schroeder2000]) auf einen Bericht über die Linux-Terminalserver-Umgebung der Firma Berndes. Da Berndes ebenso wie Henkel eine IBM AS/400 einsetzte, besuchten der EDV-Leiter Richard Brückner und Jörg Schwab die Firma Berndes in Arnsberg und ließen sich die EDV-Landschaft zeigen. Sie waren von der Linux-Terminalserver-Lösung mit Thin Clients begeistert und waren sich bereits auf ihrer Heimreise sicher, dass sie für Henkel ebenfalls diesen Weg beschreiten wollten. Den IT-Verantwortlichen bei Henkel war klar, dass ein solches Projekt nicht ohne externe Unterstützung zu verwirklichen war. Deswegen suchten und fanden sie einen geeigneten Linux-Dienstleister. Gemeinsam starteten sie im Frühjahr 2001 mit Gonicus ihr Migrationsprojekt.

Während bereits seit 1997 Henkel-Mitarbeiter an der Portierung der Anwendungen von der Wang auf die IBM AS/400 arbeiteten, erneuerte Henkel im ersten Schritt im Mai 2001 die Netzwerk-Infrastruktur und baute parallel zur alten Verkabelung ein vollständig geswitchtes Glasfaser-Netz mit 100 MBit/s bis zu den Arbeitsplätzen.

Im nächsten Schritt hat Gonicus die Server-Landschaft (Datei-, Boot- und Anwendungsserver) konzipiert und aufgebaut und dazu in der Darmstädter Zentrale mehrere Linux-Server und Linux Thin Clients auf Basis von GOto eingesetzt. Benutzerkonten und die Konfiguration der Thin Clients administriert die Henkel-IT seitdem über das Web-Frontend GOsa, welches die Informationen zentral in einer LDAP-Datenbank speichert (siehe Abschnitt 8.2 auf Seite 251).

Zwei Terminalserver sind mit je zwei 733 MHz-Pentium-III-Prozessoren und je einem GByte RAM ausgestattet. Als Terminals dienen PCs mit Standardkomponenten (Prozessor: 233-750 MHz-AMD- Duron, Pentium II und III) mit jeweils 128 MByte Arbeitsspeicher. Ein zentraler CUPS-Printserver versorgt die Netzwerkdrucker.

Damit sich die Benutzer leicht zurechtfinden und ihre Arbeit effizient erledigen können, waren das Anpassen und Vorkonfigurieren der Benutzeroberfläche KDE an die Bedürfnisse der Benutzer ebenso wichtig wie die abteilungsweise Schulung von Key-Usern, die sowohl die neue Desktop-Umgebung als auch die neue Henkel-Software auf der AS/400 als Erste testen durften. Diese Key-User haben dann jeweils vor der abteilungsweisen Umstellung ihre Kolleginnen in den Abteilungen geschult.

In den Niederlassungen stehen vollwertige, automatisch remote installierbare Linux-Workstations (Kickstart), die eine Software-Verteilung auf dem aktuellen Stand hält. Statt durch ISDN-Direkteinwahl sind die Niederlassungen mittlerweile kostengünstig über ein Virtual Private Network (VPN) an die Zentrale in Darmstadt angebunden. Damit haben die Linux-Workstations Zugriff auf die zentralen Serversysteme in Darmstadt. Druckjobs bringt die Zentrale nicht mehr selbst auf Papier, sondern sendet sie direkt von der IBM AS/400 an die jeweiligen Drucker in den Niederlassungen.

Gründe für die Entscheidung

Zentrale Administrierbarkeit, hohe Verfügbarkeit und niedriger Support-Aufwand waren wesentliche Pluspunkte der Wang-Umgebung bei Henkel. Eine neue Lösung sollte ähnliche Eigenschaften haben und mit dem gleichen Personalaufwand verwaltbar sein. In der Fachliteratur wurde Jörg Schwab auf die Möglichkeiten und Vorteile von Thin Clients aufmerksam. Henkel zog keinen anderen Ansatz in Erwägung, da es für Linux die leistungsstarke tn5250-Emulation gibt. Wegen der Hauptanforderung des Zugriffs auf die AS/400, kamen viel teurere, unflexiblere Windows-Lösungen nicht in Frage. Unabhängig von der Entscheidung, Thin Clients oder vollwertige Linux PCs einzusetzen, war Linux die erste Wahl, da sich hier alle Ziele bei voller Entscheidungsfreiheit über Updatezyklen ohne teure Zusatzsoftware verwirklichen ließen und keinerlei Anlass bestand, undokumentierte Virenkulturen zu nutzen oder sich der willkürlichen Lizenzpolitik von Microsoft zu unterwerfen.

Probleme, Erfahrungen, Ausblick und neue Projekte

Die Gesamtmigration verlief insgesamt recht problemlos. Schwierigkeiten bereiteten anfangs die aktiven Netzwerkkomponenten in Darmstadt. Aus Kostengründen hatte Henkel in der Hauptverteilung keine Glasfaser-Switches, sondern herkömmliche Kupfer-Switches und Medienkonverter eingesetzt. Letztere waren leider vom Hersteller fehlerhaft ausgeliefert worden. Erst nach langwieriger Fehleranalyse und Testphasen tauschte der Hersteller diese aus.

Abbildung 8.26 Henkel-Mitarbeiterinnen bei ihrer Arbeit an Linux Thin Clients

Die gesamte Hauptverwaltung in Darmstadt setzt ausschließlich Linux Thin Clients an Linux-Terminalservern ein, mit Ausnahme voll ausgestatteter Linux PCs der Administratoren, die neue Anwendungen zentral einrichten können. Die Programmvielfalt und die Performance lassen keine Wünsche offen. Die Applikationen auf den Anwendungsservern starten wesentlich schneller als lokal von Benutzer-PCs, da sie sich bereits im Arbeitsspeicher des Terminalservers befinden. Der Administrationsaufwand der Linux-Terminalserver-Umgebung ist im Vergleich zu den beiden Windows-Terminalservern sehr gering. Obwohl nur ca. 20% aller Benutzer auf die Windows- Terminalserver zugreifen, ist der Administrationsaufwand dort größer als für das gesamte Linux-System. Henkel will bald das Linux-Betriebssystem und Linux-Anwendungen updaten, z.B. auf aktuelles Netscape statt der Version

4.7. Solche normalen Updatezyklen sollten keine generellen System-Probleme mit sich bringen.

Henkel möchte in Zukunft mit Open-Source-Software und eigener Programmierung ein eigenes Dokumenten-Management-System aufbauen und bestehende Software, die momentan nur unter Windows läuft, durch Linux-Programme ablösen.

8.10.3 Institut für Tierzucht, Mariensee

Das Institut für Tierzucht in Mariensee (www.tzv.fal.de) unter Leitung von Prof. Dr. sc. agr. Dr. habil. Dr. h.c. Franz Ellendorff ist Teil der Bundesforschungsanstalt für Landwirtschaft (www.fal.de) mit Hauptsitz in Braunschweig, einer Einrichtung des Bundesministeriums für Verbraucherschutz, Ernährung und Landwirtschaft (BMVEL, www.verbraucherministerium.de).

Abbildung 8.27 Blick auf das Hauptverwaltungsgebäude des Instituts für Tierzucht in Mariensee

Das Institut gliedert sich in vier Forschungsbereiche:

- **Züchtung und genetische Ressourcen** unter Leitung von Direktor und Prof. Dr. Dr. h.c. Eildert Groeneveld
- **Funktionelle Genetik und Bioregulation** unter Leitung von Direktor und Prof. Dr. Roland Großmann
- **Prozess- und Produktqualität, Umwelt** unter Leitung von Prof. Dr. Stefan Schwarz
- **Biotechnologie** unter der Leitung von Prof. Dr. med. vet. Heiner Niemann

Die IT des Instituts ist dem Forschungsbereich Züchtung und genetische Ressourcen angegliedert. Dr. Groeneveld koordiniert neben seiner Forschungsarbeit und der Tätigkeit als Forschungsbereichsleiter die IT in Absprache mit den anderen Bereichen. Für die Administration und die intensive »Turnschuh«-Betreuung der

Arbeitsplatz-IT von ca. 130 Mitarbeitern und etwa 40 Gastwissenschaftlern stehen ihm eine Vollzeit- und zwei Teilzeitmitarbeiterinnen zur Verfügung.

IT-Prioritäten der Forschungsbereiche

Dr. Groeneveld trieb schon in den 80er Jahren die internationale Vernetzung des Standorts über den DFN voran, nutzt seit Anfang der 90er Jahre UNIX/Solaris-basierte IT-Strukturen und betreibt seine Notebooks seit frühen Linux-Versionen mit diesem freien Betriebssystem. Für die Infrastrukturdienste des Standorts wie Mailserver, Fileserver, Druckserver und ein halbes Dutzend Workstations nutzt er auf UNIX/Linux-basierte Systeme. Die Linux-Server stellen die o.g. Infrastruktur-Dienste für eine große Zahl von Windows-PCs zur Verfügung, die an Messplätzen und zur Textverarbeitung ihren Dienst tun. Seit Anfang dieses Jahrtausends experimentierten Dr. Groeneveld und sein Team mit Linux-Terminaldiensten und setzen diese an vereinzelten Arbeitsplätzen ein. Ihnen fehlten jedoch die Ressourcen, Linux-Terminaldienste für das gesamte Institut einzuführen.

Abbildung 8.28 Dr. Groeneveld (links) und Helmut Lichtenberg im Serverraum des Instituts

Dr. Großmann erwähnt, dass für viele Aufgaben bisher nur Windows-Anwendungen zur Verfügung stehen, was den Arbeitsfluss durch häufige Programm- und Rechnerabstürze störe. Seine Mitarbeiter, Patrick Aldag und Sandra Kriegelstein, nennen Beispiele: Für das Steuern von Pipettier-Robotern für hochsensitive Analyseverfahren gibt es nur Windows-Software genauso wie für das Erstellen von Postern, wo es bisher kein UNIX/Linux-Pendant zu Corel Draw und Sigma Plot[4] gibt, und die Firma Zeiss denke auch auf Drängen nicht daran, UNIX/Linux-Software für ihre Mikroskope anzubieten. Dr. Großmann freut sich über die komplette Glasfaser-Vernetzung des Instituts, durch die die ständigen Netzausfälle bei Coax-Ethernet der Vergangenheit angehören.

---

4 Zentraler Druckserver ist mittlerweile ein Linux-basierter CUPS-Server, der neben den vielen Netzwerkdruckern auch den DIN-A0-Plotter ansteuert.

Für den Mitte 2002 aus Celle nach Mariensee gekommenen Prof. Schwarz ist das problemlose Erstellen und Austauschen von Dokumenten in Microsofts Word-Format und das Einbinden von Corel-Draw-Grafiken besonders wichtig. Erst wenn seine Forschungs- und Publikationspartner ebenfalls andere Dateiformate verwenden, würde er das auch tun. Zwischen seinen beiden Windows-Desktop-Rechnern in seinem Büro in Mariensee und seinem Home-Office in Celle tauscht er Daten per CD und Mail aus.

Terminaldienste aus Anti-Terror-Geld

Seit dem 11. September 2001 setzt das Bundesministerium des Inneren (BMI, www.bmi.bund.de) auf Softwarevielfalt als IT-Strategie für die Bundesverwaltungen. Das Ziel ist die Herstellerunabhängigkeit der IT. Deswegen hatte es das Bundesamt für Sicherheit in der Informationstechnik (BSI, www.bsi.bund.de) beauftragt, geeignete Pilotprojekte zur Förderung und zum Einsatz freier oder Open Source Software (OSS) durchzuführen.

Als Dr. Groeneveld Ende 2001 von diesem Programm erfuhr, sah er darin eine Chance, durch Terminaldienste gleichzeitig die Sicherheit und die Herstellerunabhängigkeit zu steigern sowie den Support-Aufwand an den Desktops zu begrenzen. Er stimmte sich mit der Institutsleitung ab und bewarb sich beim BSI um eine Teilnahme an den Pilotprojekten.

Das BSI hat das Institut für Tierzucht als eines von drei OSS-Pilotprojekten ausgewählt und im Frühjahr 2002 das Projekt »OSS-Migration des Instituts für Tierzucht« ausgeschrieben. Die finanziellen Förderung der Projekte durch das BSI hatte das Ziel, »Monokulturen« im Software-Einsatz und damit die Anfälligkeit gegenüber Schadsoftware zu verringern, den Einsatz von Standards und offenen Schnittstellen zu fördern, damit die Verwendung alternativer Produkte zu erleichtern und dadurch letztlich die Verfügbarkeit der Informationsverarbeitung zu erhöhen. In diesem Rahmen wurde die bereits unter Linux bestehende Serverlandschaft einer Sicherheitsüberprüfung unterzogen und auf Basis von Debian/GNU-Linux weitgehend umstrukturiert. 40 Windows-Arbeitsplätze sollten auf Thin Clients und Linux-Terminaldienste migriert werden. Den Zuschlag für diese Ausschreibung erhielt die Bietergemeinschaft von Gonicus GmbH und Credativ GmbH. »Sportlich« war dabei der Zeitrahmen für das gesamte Projekt von nur knapp 3 Monaten (August-Oktober 2002) von der Konzeptionierung, Implementierung bis hin zur Schulung der Projektteilnehmer.

Da das IT-Team um Dr. Groeneveld bereits Erfahrungen mit Linux-Terminaldiensten hatte, lag der Schwerpunkt der Auftragnehmer beim Einbinden von Arbeitsplätzen mit besonderen Anforderungen, die bisher zumeist mit spezieller Windows-Software gelöst wurden. Beispiele hierzu sind die bereits erwähnte Steuerung des

Pipettier-Roboters, das Bearbeiten der Bilddaten des Computer-Tomographen, die Analyse von Tierlauten, das Einbinden des Gen-Sequenzers und das Erstellen von Kontrollvideos im Hühnerstall, da das Institut für Tierzucht seine Linux Thin Clients nicht nur an Büro- und Laborarbeitsplätzen, sondern auch im Hühner- oder Sauenstall einsetzt.

Da es häufig keine native Linux-Software gab, die den Anforderungen gerecht wurde, mußte das Institut an den jeweiligen Arbeitsplätzen die DOS- und Windows-Fachanwendungen zur Verfügung stellen. So weit es möglich war, wurden die Anwendungen auf dem Windows-Terminalserver mit Citrix Metaframe installiert, sonst auf einem DOS-Emulator oder VMWARE.

Das Institut für Tierzucht setzt drei Linux-Anwendungsserver (jeweils P4 2,2 GHz mit 1,5 GByte RAM) mit Debian Woody, KDE 3.1 und OpenOffice 1.0. ein. Die GOto-Software verteilt die Linux X Terminals der Institutsmitarbeiter automatisch lastabhängig auf diese Server.

Das Nachrüsten der Glasfaser-Netzwerkkarten der vorhandenen Standard-PCs mit Bootix-Bootproms machte die Endgeräte der Institutsmitarbeiter PXE-bootfähig. Durch den Betrieb der bisherigen PCs als Thin-Clients blieben die lokalen Festplatten der PCs unverändert, so dass Anwender während der Umstellungsphase auch weiterhin ihre lokal gehaltenen Daten und Anwendungen nutzen konnten.

Damit alle Mitarbeiter am PC über den Linux-Terminalserver-Client auch ihnen vertraute Microsoft-Büroprogramme nutzen können, beschaffte das Institut zwei Windows-2000-Terminalserver (jeweils 2 Xeon 2,4 GHz mit 6 GByte RAM) und die dafür notwendige Software, zwei Microsoft Windows 2000 Terminal Server mit 150 Zugriffs- und Client Access Lizenzen sowie Citrix Metaframe XPs mit 70 Lizenzen.

Bewertung durch die Forschungsbereiche

Die vor Ort interviewten Forschungsbereichsleiter bewerten das Projekt nicht ganz einheitlich.

Prof. Schwarz hat in seinem Forschungsbereich nur zwei Arbeitsplätze im Bürobereich auf Linux-Terminaldienste umgestellt. Auf diesen laufen alle Anwendungen stabil und zufrieden stellend. Jedoch will er derzeit keine weiteren Arbeitsplätze auf Linux migrieren, da viele der in seinem Forschungsbereich genutzten Spezialprogramme (Software für DNA- und Proteinanalyse, Cluster-Analyse, Fragmentmustervergleiche, etc.) nicht auf Linux laufen.

Für Prof. Schwarz macht es keinen Sinn, Textverarbeitungsprogramme und Zeichenprogramme, wie z.B. OpenOffice.org, zu erlernen, die er nur institutsintern verwenden kann, da keiner seiner Kooperationspartner diese Programme besitzt und verwendet. »Die Zeit zum Erlernen solch neuer Programme ist sicherlich dann sinnvoll investiert«, erläutert er, »wenn zu erkennen ist, dass die Forschungs- und Publikationspartner kompatible Programme besitzen und nutzen.« Weiter ergänzt er: »Vielfach gibt es auch von Seiten der Veranstalter von Fachtagungen ganz klare Hinweise, Präsentationen ausschließlich in einem bestimmten Format, beispielsweise. Powerpoint 98, zu erstellen. Wir müssen uns an diese Vorgaben halten, auch wenn es vielleicht schönere, leistungsfähigere Zeichenprogramme gibt.«

Dr. Großmann und zwei seiner Mitarbeiter, Patrick Aldag und Sandra Kriegelstein, loben den Gewinn an Stabilität. Windows-Anwendungen laufen auf Windows 98 als Gast von VMWare Workstation auf Diskless Linux Hosts wesentlich stabiler als auf PCs mit nativem Windows 98. Dies verbessert nach der Erneuerung des Netzwerks die Arbeitssituation weiter. Sein Team steht einer Umstellung weiterer Arbeitsplätze auf Linux-Terminaldienste positiv gegenüber. Um auch dort Windows-Anwendungen als Gast nutzen zu können, müssten u.a. weitere Lizenzen von VMWare beschafft werden.

Abbildung 8.29 Dr. Roland Großmann (rechts) und seine Mitarbeiter Sandra Kriegelstein und Patrick Aldag

Dr. Groeneveld und sein IT-Team freuen sich über die Entlastung durch die Terminaldienste. Nur so können sie mit unzureichender Personaldecke den stetig wachsenden Serviceaufgaben und -anfragen einigermaßen gerecht werden. Die erhöhte Sicherheit der Serverinfrastruktur hält zahlreiche Angriffe von außen ab. Die Betreuung der Thin Clients bezieht sich im Wesentlichen nur noch auf Hardware-Probleme. Sie hoffen, in Zukunft sich verstärkt darauf konzentrieren zu können, für die Kollegen neue Programme zu entwickeln oder einzurichten.

9 Terminaldienste im WAN

Wenn Unternehmen mehr als einen Bürostandort haben oder ihre Mitarbeiter vom Home-Office oder mobil arbeiten, benötigen sie zumindest für einen Teil ihrer Mitarbeiter sichere Weitverkehrszugänge. Dieses Kapitel gibt einen Überblick über freie und kommerzielle Lösungen und deren Sicherheit, Kosten und Nutzen.

9.1 Einleitung und Überblick

Die Anbindung von Endgeräten ist mit dem X.11-Protokoll theoretisch auch über WAN-Verbindungen möglich. Da die Programmierer von X.11 leider nur an Grafikausgabe auf Workstations im LAN gedacht haben, ist es äußerst geschwätzig und braucht völlig unnötig viel Bandbreite. Zum Glück gibt es seit Jahren mehrere Möglichkeiten, X-Sessions auch über schmalbandige Kommunikationswege zu nutzen:

- **LBX** – Low Bandwith X,
- **VNC** – Virtual Network von von AT&T Laboratories Cambridge, ehemals ORL, the Olivetti Research Laboratory
- **Tarantella** – Middleware von Tarantella
- **Citrix Metaframe for UNIX** – Independant Computing Architecture (ICA) für UNIX,
- **Nomachine NX** – intelligentes Caching und Komprimieren von X.11 zusammen mit dem X-Ray Session Management für X.11

9.2 X.11

Während Kapitel 4, *Linux-Serverdienste: Basics*, ab Seite 115 grundlegende Informationen zum UNIX/Linux-Grafikserver X.11 und zum XFree86-Projekt vermittelt, geht es hier ausschließlich um das Verhalten von X.11-Anwendungen im LAN und WAN.

9.2.1 X.11 im LAN und WAN

X-Programme kommunizieren über das sehr flexible X.11-Protokoll mit einem X-Server, um ihre grafische Ausgabe auf einem Bildschirm darzustellen und von ihm die Maus- und Tastatureingaben der jeweiligen Nutzer entgegenzunehmen. X.11 kann Daten über so genannte *UNIX Domain Sockets* lokal oder remote über ein Netzwerk, heute in erster Linie TCP/IP, übertragen. Solange X-Programme einen solchen funktionierenden X11-Übertragungsweg nutzen können, ist es für sie völlig unerheblich, wo sich der X-Server befindet und wie weit er entfernt ist. Programmierer, die Ihre Anwendungen nur lokal oder im schnellen LAN testen, merken oft nicht, wie schlecht sich ihre Programme über WAN-Verbindungen verhalten. Schuld sind häufig auch unzulänglich programmierte Toolkits/Basislibraries wie Qt oder GTK/GTK+, die von den Xlibs völlig abstrahieren.

X.11 bietet dem X-Client-Programm und dem X-Server die Möglichkeit, Fragen und Antworten miteinander auszutauschen. Es schreibt jedoch nicht vor, wie solche Frage-Antwort-Spiele auszusehen haben. X11 überträgt einfach alles, was ihm der X-Client und der X-Server auftragen. Es kann nichts dafür, wenn GUI-Programmierer zu viele überflüssige Fragen und Antworten in ihre Programme einbauen.

Beispiel So können Programmierer ein animiert aufklappendes Menü

- entweder nach jeder Pixelzeile fragen, ob es die Zeile geschrieben hat, und auf eine Anwort warten
- oder das Menü zeilenweise mit einer Pixelzeile pro 1000stel Sekunde aufbauen und ganz am Ende fragen, ob es damit fertig ist.

Während sich die zweite Variante auf die wirklich notwendige Frage und Antwort beschränkt, erzeugt die erste Variante so viele Runden (Fach-Jargon: *round trips*) von Frage und Antwort, wie Pixelzeilen gemalt werden. Solche unnötigen Frage-Antwort-Runden verursachen viel sinnlose Wartezeit, da das X-Programm immer auf Anworten warten muss. Nutzer spüren das auch bei großer Bandbreite als verzögerte Reaktionen des Mauszeigers oder ruckelige Animationen. Bei relativ langsamen Verbindungen über Modems oder ISDN mit hoher *Latenz-Zeit* kann so eine Anfrage-Antwort-Runde eine Viertelsekunde dauern.

Solange Programmierer ihre Applikationen nicht für X.11 bezüglich der Bandbreite optimieren, ist man bei X.11-WAN-Verbindungen auf Workarounds angewiesen, wie sie das *LBX-Projekt* versucht hat und Gian Filippo Pinzaris *NX* (siehe Seite 313) jetzt endlich funktionsfähig anbietet. Alternativen dazu sind andere Transportwege wie die von VNC, Tarantella oder Metaframe for Unix, das Citrix bisher nicht für Linux auf den Markt bringt.

9.3 Kompression, LBX und X.fast

Nicht alle Projekte sind auf Anhieb erfolgreich. Das gilt auch für Open-Source-Projekte:

- **Kompression** – Man kann X über *ssh* mit eingeschalteter Kompression verwenden (`ssh -X -C ...`): Dann gehen zwar weniger Bits über die Leitung, aber immer noch genauso viele Roundtrips.
- **Low Bandwith X** – Das vom XFree86-Pionier Keith Packard initiierte Low Bandwith X-Projekt versucht, den Datenverkehr von X.11 zu verschlanken. Keith Packard bedauert, dass es die Leistung kaum verbessern konnte, weil es nach seinem Design-Ziel mit dem eigentlichen X-Protokoll kompatibel bleiben sollte[1].
- **X.fast** – Ob es dem vom X-Consortium in Zusammenarbeit mit dem W3-Konsortium gelingt, die erfolglose Baustelle LBX unter dem neuen Namen X.fast zum Erfolg zu führen, bleibt abzuwarten. Die Konsortien wollen dabei das X-Protokoll für die Übertragung über das Netz durch drei Kompressionsebenen sowie ein vom Browser und vom WWW-Server unabhängiges Caching optimieren.

9.4 VNC

VNC heißt ausgeschrieben Virtual Network Computing. Sie können es vielleicht am besten als grafische Fernbedienung auffassen. VNC erlaubt Ihnen den Zugriff auf einen gemeinsamen Desktop von verschiedenen Rechnern aus, die sogar unterschiedliche Betriebssysteme verwenden können. VNC löst das Problem, indem es den kompletten grafischen Desktop einer Maschine in einem Fenster auf einem anderen Rechner darstellt. Ein VNC-Server unter Linux ist im Grunde ein doppelter Server. Zum einen stellt er einen vollwertigen X-Server dar – nach dem Start können Sie ihn in der Regel über die Adresse *localhost:1* ansprechen. Zu sehen bekommen Sie jedoch an dieser Stelle nichts. Der Server läuft ohne Ausgabe.

Ein Bild des grafischen Desktops auf diesem X-Server erhalten Sie erst, wenn Sie den VNC-Client starten. Der Name der Applikation lautet *vncviewer*. *vncviewer* ist ein normales grafisch orientiertes Programm, das unter X.11 läuft. Diesem Programm gegenüber tritt der Server als VNC-Server auf. Er überträgt den Desktop-Inhalt als Bildinformation, die der Client sodann im Fenster darstellt.

9.4.1 VNC-Server einrichten und anpassen

Wenn Sie zunächst einmal die Voreinstellungen Ihres VNC-Servers testen möchten, rufen Sie einfach das Skript `vncserver` auf. Dieses übernimmt den eigentlichen Start des Servers `Xvnc` mit Standard-Parametern. Hierbei sollten Sie die Ausgabe des Server-Startskripts beobachten: Es liefert Ihnen eine Display-Nummer (:1, :2, ...), über die Sie später mit dem Client auf den VNC-Server zugreifen können.

---

[1] siehe *http://keithp.com/ keithp/talks/lbxpost/paper.html*: »An LBX Postmortem«

Der doppelte Server stellt zum einen einen vollwertigen X-Server dar und öffnet einen weiteren Port für den VNC-Client-Zugriff. Deshalb belegt er unter Linux zwei TCP-Ports. Den X.11-Port können Sie jedoch, wie oben erläutert, nicht benutzen. Die Grafikausgabe erfolgt über den VNC-Port. Hierfür gilt folgende Zuordnung:

VNC-Display	TCP-Port	X11-Display	TCP-Port
:0 (1. Display, wenn kein X11 läuft)	5900	:0 (1. Display, Standard)	6000
:1 (2. Display, wenn X11 läuft)	5901	:1 (2. Display oder Xnest)	6001
:2 (weiterer VNC-Server)	5902	:2 (3. Display ...)	6002
...	5903	...	6003

Tabelle 9.1 Standard-Ports für VNC- und XFree86-Server

Aus Sicherheitsgründen definieren Sie ein Passwort für den Zugriff auf den VNC-Server: Beim Erststart des Servers übernimmt das Programm vncserver die Passwortabfrage. Zu späteren Zeitpunkten können Sie zu diesem Zweck das Kommando vncpasswd aufrufen. Das VNC-Passwort ist komplett unabhängig von irgendwelchen System- oder Accountpasswörtern. Das Startskript sowie vncpasswd legen es verschlüsselt in der Datei .vnc/passwd ab.

Das Standard-Benutzerinterface, das Sie mit VNC installieren, ist nicht besonders spannend. Es startet sehr schnell, da einfach nur ein xterm und der alte Window-Manager twm geladen werden. Beide sind im Minimalumfang von XFree86 enthalten, weshalb Sie zumindest keine Probleme wegen fehlender Programme erleben. Der VNC-Server führt nach dem Start das Skript .vnc/xstartup aus, das nach der Installation die nachstehend gezeigten Zeilen enthält:

```
#!/bin/sh
xrdb $HOME/.Xresources
xsetroot -solid grey
xterm -geometry 80x24+10+10 -ls -title "$VNCDESKTOP Desktop" &
twm &
```

Diese Einträge können Sie beliebig an Ihre eigenen Vorstellungen anpassen. Hier können Sie beispielsweise ein Startskript für einen der grafischen Desktops, wie Gnome oder KDE eintragen. Alternativ genügt auch ein Window-Manager, wie Windowmaker . Dieses Skript können Sie mit der *Xsession* des XDM vergleichen (siehe hierzu Kapitel 4).

9.4.2 VNC-Clients einrichten und anpassen

Nachdem Sie den VNC-Server erfolgreich gestartet haben, wird es Zeit für einen ersten Test. Dazu greifen Sie zuerst einmal lokal auf die laufende VNC-Sitzung zu. Hierfür starten Sie in einem Konsolenfenster Ihres Desktops das Programm `vncviewer localhost:1`. Unter Umständen müssen Sie die beispielhaft verwendete :1 eventuell durch die richtige Display-Nummer ersetzen. Diese Info liefert Ihnen das Server-Startskript.

Nachdem Sie das gesetzte VNC-Passwort korrekt eingegeben haben, erscheint ein neuer grafischer Desktop in einem eigenen Fenster. Der VNC-Server führt nach seinem Start das Skript *.vnc/xstartup* aus. Diese Datei sollten Sie an die eigenen Bedürfnisse anpassen. Sie finden sie im eigenen Homeverzeichnis. Wenn Sie `vncviewer` ohne Argument starten, fragt es Sie nach dem zu kontaktierenden Server zusammen mit der Display-Nummer.

Im Gegensatz zu X.11 ist VNC in der Lage, mehrere Clients auf einen Server zu verbinden. Sie erreichen dies am einfachsten, wenn Sie den Server in der Betriebsart »always shared« starten. Diese Option geben Sie beim Kommando-Aufruf mit an. Andernfalls würde automatisch der laufende Client beim Start eines neuen Clients beendet werden:

```
vncserver -geometry 1000x750 -depth 8 -alwaysshared
```

Dieser Aufruf realisiert eine Auflösung des Server-Desktops von 1000x750 Bildpunkten und eine Farbtiefe von 8 Bit. Die Bildauflösung können Sie nach Belieben wählen. Wenn Sie auf dem Zielsystem mit dem `vncclient` zwei nebeneinander liegende Bildschirme von 1024x768er Auflösung füllen wollen, können Sie den Server alternativ mit `-geometry 2400x1000` starten.

Der VNC-Client steht alternativ auch als Java-Applet zur Verfügung. Dieses kann in fast jedem Browser-Fenster ablaufen. Somit können Sie recht einfach von fast überall eine Desktop-Sitzung auf einer entfernten Maschine einleiten oder wiederaufnehmen. Die Netzwerkanforderungen des klassischen VNC sind recht hoch. Es gibt jedoch Implementierungen, die mit Kompression arbeiten. Sie funktionieren damit über sehr geringe Bandbreiten (wie ISDN-Verbindungen) noch akzeptabel. Empfinden Sie die Reaktionszeiten Ihres VNC-Clients als inakzeptabel, können Sie versuchen, einen sehr kleinen Desktop mit etwa 600x400 Punkten zu verwenden. Die Zahl der zu übertragenden Bildpunkte ist dann bedeutend geringer.

Im Gegensatz zu einer X.11-Sitzung, die mit dem Abschalten des Remote-Displays automatisch geschlossen wird, kann eine VNC-Sitzung ewig »weiterleben«. Auch wenn sich alle VNC-Clients abgemeldet haben, bleibt der VNC-Server aktiv. Als freundlicher Nebeneffekt laufen alle im VNC-Server gestarteten Programme weiter. So kommen Sie bei der erneuten Verbindung zu dem Zustand zurück, in dem Sie den Client geschlossen haben. Trotzdem sollten Sie allein schon aus Sicherheitsgründen alle offenen Dateien sichern, bevor Sie den Client schließen. Bei einem unbeobachteten Absturz des VNC-Servers wären Ihre offenen Sitzungen verloren.

9.4.3 Sicherheit von VNC-Clients erhöhen

VNC können Sie zwar durch ein Passwort vor unberechtigtem Verbindungsaufbau schützen, jedoch erfolgt die eigentliche Übertragung des grafischen Desktops unverschlüsselt. Dieses ist für die meisten Netze inakzeptabel. Sie sollten deshalb einen Verschlüsselungstunnel verwenden.

Hierzu starten Sie den VNC-Server mit der zusätzlichen Option *-localhost*. Diese verhindert, dass Verbindungen von entfernten Rechnern aufgebaut werden dürfen. Damit trotzdem ein Remote-Zugriff erfolgen kann, tunneln Sie den VNC-Port über die Secure Shell (SSH). Hierzu benötigen Sie wiederum die Port-Nummer des VNC-Servers. Sie lässt sich leicht aus der Display-Nummer ermitteln, indem Sie zu dieser 5900 addieren. Das sahen Sie bereits in der Tabelle 9.1 auf Seite 304.

Wenn Ihr VNC-Server *vncserver01.mydomain.local* heißt, lautet das notwendige SSH-Kommando auf dem Client wie folgt:

```
ssh -L 5901:vncserver01.mydomain.local:5901 vncserver01.mydomain.local
vncviewer localhost:1
```

SSH fragt wie üblich nach dem Passwort. Anschließend starten Sie den *vnc-viewer*, der sich an das Tunnelende auf dem Client hängt. Der Viewer sieht dieses Tunnelende als lokal laufenden VNC-Server und spricht dazu Port 5901 an. Inzwischen geht das Ganze auch einfacher durch den Aufruf von:

```
vncviewer -via vncserver01.mydomain.local :1
```

9.4.4 Integration von VNC in KDE 3

Ein Bestandteil von KDE 3 ist der VNC-Server *krfb*, der primär für den Remote-Support gedacht ist. Benutzer können den krfb starten, um es beispielsweise Kollegen oder den Administratoren zu ermöglichen, sich über einen VNC-Client mit ihrem Desktop zu verbinden. Dadurch können die Administratoren genau sehen, was sich auf dem Desktop der Benutzer befindet, und können bei der Problemanalyse und -behebung optimal helfen. Darüber hinaus ist es mit VNC möglich, Tastatur und Maus remote zu bedienen. Damit kann die Benutzerbetreuung eines Unternehmens den Anwendern nicht nur die Problembehebung zeigen, sondern auch kleine Schulungen vornehmen. Damit gehört der »Turnschuh-Support« ebenfalls der Vergangenheit an.

Möchten Sie Ihren Desktop für andere freigeben, so müssen Sie zunächst das Programm krfb starten. Im KDE-Startmenü befindet sich dieses Programm normalerweise unter *System • Arbeitsfläche freigeben*. Nach dem Start erscheint der folgende Hauptdialog von `krfb` (siehe Abbildung 9.1).

Abbildung 9.1 Hauptdialog von `krfb`

Bevor jemand anderes auf Ihren Desktop zugreifen kann, müssen Sie diese Person erst einladen. Diese Einladung enthält zum einen die IP-Adresse Ihres Thin Clients und zum anderen ein Passwort. Diese müssen Sie der anderen Person entweder persönlich, z.B. telefonisch, oder per E-Mail mitteilen.

> Bitte beachten Sie, dass bei der Übermittlung der Einladung per E-Mail das Passwort evtl. durch Dritte eingesehen werden kann, die sich dann mit Ihrem Desktop verbinden könnten.

Abbildung 9.2 Erstellung einer persönlichen Einladung mit krfb

Wenn Sie die persönliche Einladung auswählen, erscheint ein neuer Dialog, der Ihnen die Informationen anzeigt, die Sie der entfernten Person mitteilen müssen (siehe Abbildung 9.2): die IP-Adresse und das für diese Verbindung gültige Passwort. Der entfernte Benutzer kann dann mit diesen Informationen einen VNC-Client starten und sich auf Ihren Desktop aufschalten. Dies kann zum Beispiel der TightVNC-Client (*www.tightvnc.com*) für Windows sein. Nach dem Start des Clients gibt der entfernte Benutzer die IP-Adresse ein und initiiert den Verbindungsaufbau.

Abbildung 9.3 Bestätigung der neuen Verbindung mit krfb

Zur Sicherheit weist krfb Sie darauf hin, dass jemand versucht, sich auf Ihren Desktop aufzuschalten, und erwartet nun eine weitere Bestätigung (siehe Abbildung 9.3). Hier können Sie außerdem bestimmen, ob der Administrator nur zuschauen darf oder Tastatur und Maus fernbedienen kann.

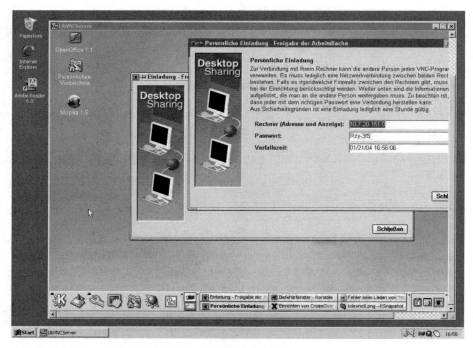

Abbildung 9.4 VNC-Client TightVNC unter Windows NT 4

Nachdem Sie mit *Verbindung akzeptieren* die Aufschaltung erlaubt haben, fragt der VNC-Client des entfernten Benutzers nach dem Passwort. Nach korrekter Eingabe wird die Verbindung aufgebaut, und der entfernte Anwender sieht Ihren Desktop als Fenster auf seinem Rechner (siehe Abbildung 9.4).

Die von krfb erstellten Einladungen haben nur eine Gültigkeitsdauer von einer Stunde und können über die Option *Einladungen bearbeiten* vorzeitig wieder gelöscht werden (siehe Abbildung 9.5).

Abbildung 9.5 Bearbeiten von Einladungen mit krfb

Auch KDE liefert einen eigenen VNC-Client mit: krdc. Über diesen können Sie sich mit einem beliebigen VNC-Server verbinden. Geben Sie dazu die IP-Adresse und die Display-Nummer, z.B. 10.7.20.151:1, ein, und wählen Sie die zur Verfügung stehende Bandbreite aus (siehe Abbildung 9.6).

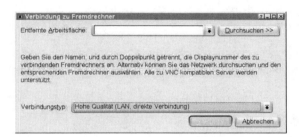

Abbildung 9.6 Der VNC-Client krdc von KDE

Gemäß des von Ihnen gewählten Verbindungstyps wählt der Client ein Komprimierungsverfahren aus. Diese Verfahren sind teilweise verlustbehaftet, sind also für die Dauernutzung nicht geeignet, jedoch für die gelegentliche Remote-Administration äußerst nützlich.

9.4.5 Nutzen und Grenzen von VNC

Manchmal wollen Sie vielleicht einfach nur eine weitere grafische Sitzung in einem Fenster auf Ihrem laufenden Desktop öffnen. Hierzu bietet Ihnen das in Abschnitt 4.7 kurz erwähnte Programm `Xnest` die Möglichkeit. Es läuft unter X.11 als Client in einem normalen Fenster, bietet selbst aber wieder Serverfähigkeiten an. Mit

```
Xnest :1 -query localhost
```

können Sie eine weitere XDMCP-Session auf der lokalen Maschine starten. Da bereits ein X-Server aktiv ist – nämlich der Desktop, an dem Sie bereits sitzen –

müssen Sie den nächste freien Port wählen. Dieses verläuft analog zu dem, wie es für VNC beschrieben wurde: Port 6000 ist der Standardport für den ersten X-Server, der mit :0 bezeichnet wird. Die Addition der Display-Nummer ermittelt den jeweils gültigen Port. Im beschriebenen Fall wird der zweite Server auf Port 6001 gestartet.

9.5 Tarantella

Tarantella ist eine kommerzielle Middleware-Lösung, die zwischen Applikationsservern (Mainframes, UNIX/Linux- und Windows-Servern einerseits und einer großen Auswahl von Desktop-Geräten andererseits vermittelt. Dazu

- kommunizieren Tarantella-Server so wie native Clients mit Applikationsservern mit deren Protokollen X.11, VT, ANSI und Microsoft RDP,
- komprimieren und verschlüsseln die Sitzungen in ihr eigenes Adaptive Internet Protocol (AIP), das bei schmalbandigen Verbindungen stärker komprimiert als bei breitbandigen, und
- kommunizieren ihrerseits im AIP-Format mit Java-fähigen Browsern oder speziellen AIP-Clients auf Endgeräten.

Da Tarantella auf UNIX- und Linux-Servern läuft, kann man es auf wenig ausgelasteten Linux-Terminalservern mitbetreiben oder gesonderte Linux-Middleware-Server einrichten.

9.5.1 Kundennutzen von Tarantella

Tarantella erleichtert das Bereitstellen von Anwendungen im Intranet über LAN- und WAN-Verbindungen und über das Internet:

- **Endgeräte-Vielfalt** – Unternehmen mit heterogenem Server-Umfeld können nahezu beliebige Endgeräte verwenden, ohne sich auf diesen um heterogene Client-Software kümmern zu müssen.
- **WAN-fähig** – Unabhängig von der Server-Struktur können Unternehmen auf Linux-basierte Endgeräte migrieren und für Windows nicht mehr verwendbare PCs auch in geografisch verteilten Umgebungen noch jahrelang als Linux-Terminals einsetzten.
- **Sicherheit** – Da Anwender nur den Tarantella-Server sehen, brauchen Unternehmen keine weiteren Ports zu öffnen und können Angriffsversuche auf schwach abgesicherte Windows-Server schon weit vorher am Tarantella-Server abfangen.
- **Web-Enabler** – Da Tarantella auf den Endgeräten nur Java-fähige Browser erwartet, können Unternehmen damit jede Anwendung web-fähig machen.

9.5.2 Tarantella auf Servern und Clients einrichten

Zum Schnuppern bietet Tarantella auf seiner Website *www.tarantella.com* eine auf 30 Tage beschränkte und nochmals um 30 Tage verlängerbare Demo-Version. Diese installiert man wie die Vollversion. Tarantella benötigt einen Webserver. Dazu richtet seine Standard-Installation Apache und Tomcat ein. Die Server-Installation ist bei Tarantella und in Kapitel *Linux-Server für Windows-Anwendungen* des Standardwerks *Linux im Windows-Netzwerk (www.linuxbu.ch)* detailliert beschrieben. Die Endgeräte können Tarantella-Clients oder Java-fähige Browser verwenden:

▶ Anwender können Tarantella-Clients direkt vom Tarantella-Server oder von der Website von Tarantella beziehen. Die Installation des Tarantella-Clients auf Linux-Endgeräten ist als komprimiertes Shellskript automatisiert.

▶ Java-fähige Browser laden beim Aufbau der ersten Verbindung vom Tarantella-Middleware-Server die für Tarantella erforderlichen Java-Klassen. Sollte die Java Virtual Machine oder Java-Laufzeit-Umgebung noch nicht eingerichtet sein, muss diese nachinstalliert werden, z.B. von *java.sun.com*.

9.5.3 Login und Betrieb

Benutzer verwenden in der Voreinstellung ihren Linux-Account zum Anmelden. Desktops oder Anwendungen starten sie wie in anderen Umgebungen über deren Icon.

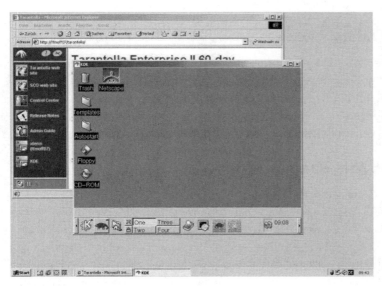

Abbildung 9.7 KDE im Tarantella-Client

Menü-verwöhnten Administratoren bietet Tarantella grafische Konfigurationstools, unter anderem:

- einen Array-Manager zum Einstellen von Lizenzschlüsseln, Farmen, Ports und Anmeldeverhalten,
- eine komplexe eigene Benutzerverwaltung zum Einrichten und Pflegen von Benutzern und Gruppen und
- einen Objekt-Manager zum Zuordnen von Anwendungen zu Gruppen und Nutzern.

9.5.4 Drucken

Während Unternehmen im LAN zumeist bewährte Netzwerkdrucker einsetzen, benötigen sie bei WAN-Verbindungen zusätzliche Unterstützung, damit Druckjobs die Arbeit an den Endgeräten nicht blockieren. Tarantella-Server können hier auch die Aufgabe von Print-Servern übernehmen und Druckdaten komprimieren und verschlüsseln. Dazu richtet Tarantella einen virtuellen PDF-Drucker ein, der Druckjobs in Druckdateien in Adobes PDF-Format umwandelt und diese via AIP zu Tarantella-Clients überträgt. Die Tarantella-Clients können die PDF-Druckdateien dann an lokale Drucker übergeben. Wollen Unternehmen bei sehr schmalbandigen Anbindungen von Außenstellen auch noch die Breite des Druck-Streams begrenzen, können sie zusätzlich die kommerzielle Drucklösung Thinprint von Thinprint (*www.thinprint.de*) einsetzen.

9.5.5 Mehr Informationen

Tarantella bietet auf seiner Website *www.tarantella.com* einen Admin Guide, Know-how-Datenbanken und Newsgroups. Die Basisinstallation, das Einrichten von Benutzern und Anwendungen und das Zuordnen von Linux- und Windows-Anwendungen zu Benutzern bringt das oben bereits genannte Standardwerk *Linux im Windows-Netzwerk* (*www.linuxbu.ch*) auf den Punkt.

9.6 Citrix Metaframe for Unix

Offiziell bietet Citrix sein Metaframe for Unix nur für IBM AIX, HP UX und Sun Solaris an. Dieses bietet viele Merkmale des Metaframe für Windows für die UNIX-Welt. Citrix hat das angeblich schon öfter auf IT-Messen gesichtete Metaframe for Linux bisher nicht freigegeben. Angesichts seiner besonderen Beziehungen zu Microsoft ist dies in nächster Zeit erst zu erwarten, wenn smarte Lösungen wie Nomachine NX zu erfolgreich werden. Bis dahin müssen Unternehmen statt Linux eine der oben genannten UNIX-Varianten als Terminalserver einsetzen, wenn sie die zahlreichen Vorteile von Citrix Metarframe for Unix nutzen wollen.

9.7 Schlankes X.11 mit Nomachine NX

Schmalbandige Internet-Anschlüsse und Latenzprobleme behindern ausgenommen das Bandbreiten-Traumland USA bisher die Verbreitung von Linux-Terminaldiensten im WAN. Nomachine NX will hier durch Caching, Eliminieren unnötiger Dialoge zwischen X-Programm und X-Server und durch Kompression Abhilfe schaffen.[2]

Wenn das X-Programm und der X-Server auf verschiedenen Rechnern laufen, kommunizieren sie über TCP/IP-Netze, auf demselben Rechner hingegen überbrücken sie die kurzen Wege mit *Unix domain sockets*, speziellen temporären Dateien auf dem lokalen System. X-Programme wissen nicht, wo sich der für sie gerade zuständige X-Server befindet. Deswegen können Sie ihr Verhalten auch nicht von der Entfernung zum X-Server abhängig machen. X kennt ca. 160 vordefinierte Nachrichten wie *requests=Anfragen*, *reply=Antworten*, *events=Ereignisse* und *errors=Fehlermeldungen*. Der X-Nachrichtenaustausch in Frage und Antwort (round trip) stellt auf dem Bildschirm u.a. Fenster, Mausbewegungen und Text dar.

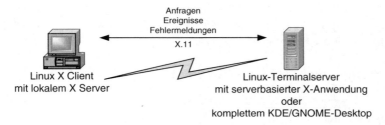

Abbildung 9.8 Kommunikation zwischen dem X-Programm auf einem Linux-Terminalserver und einem X-Server auf einem Linux Client via X.11

Bei langsamen WAN-Verbindungen wie über GSM-Modems mit 9,6 kBits/s müssen Anwender bei den meisten heutigen X.11-Programmen zu lange warten, bis sich deren Fensterinhalte aufbauen, da die überwiegend verwendeten Toolkits Qt (für KDE) und GTK/GTK+ (für GNOME) auf die lokale Darstellung der Anwendungen oder sehr hohe Bandbreiten ausgerichtet sind.

---

2 Die Autoren haben bei Redaktionsschluss noch keine praktischen Erfahrungen mit eigenen NX-Servern gesammelt. Bitte warten Sie noch ein paar Tage, bevor Sie sie nach eigenen Erfahrungen mit NX fragen. Dieser Abschnitt kann daher nur auf Demos, Manuskripten wie [Pfeifle2004], [Pinzari2003] und [Qualano2003a..e] und Interviews mit Anwendern und Entwicklern aufbauen.

> X-Programme senden X-Servern Anweisungen und Anfragen. X-Server senden an die X-Programme Antworten, Fehler und Benutzereingaben. Wenn Programmierer von Anwendungen oder von Toolkits ihre Nachrichten-Abfolge für den X-Server umständlich und weitschweifig formuliert haben, verbringen X-Programme die meiste Zeit damit, auf Antworten des X-Servers zu warten. So können Programmierer ein Menü langsam aufklappen lassen, indem sie nach jeder Pixelzeile eine Fertigmeldung vom X-Server erwarten oder indem sie eine Geschwindigkeit für das Malen der Zeilen vorgeben und erst am Ende auf eine Anwort lauschen. Bei der ersten Methode mit vielen Roundtrips erleben Nutzer ruckelnde Animationen, insbesondere bei langsamen WAN-Verbindungen.

Verzögerte Reaktionen stören schon im LAN und erwiesen sich bisher als Hindernis, um Linux-Terminaldienste im WAN direkt über X.11 zu nutzen. Während Keith Packard die Weiterentwicklung seines Low-Bandwith-X-Projekts LBX (siehe Seite 302) mangels Erfolg eingestellt hat und X-Programmierern empfiehlt, in ihre Programme weniger Frage-und-Anwort-Folgen (Jargon: geschwätzige round trips) einzubauen, hat Gian Filippo Pinzari mit der Division Nomachine (*www.nomachine.com*) seiner römischen Firma Medialogic (siehe Seite 59) auf der Grundlage des DXPC-Projekts (*www.vigor.nu/dxpc/*) von Kevin Vigor das X.11-Protokoll so erweitert, dass es auch für Fernstrecken geeignet ist.

9.7.1 Plattformen und Arbeitsweise von NX

Pinzaris Protokoll-Erweiterung NX lässt das bisherige X.11 unangetastet und verwendet drei Diät-Techniken:

- **Differenzielle Übertragung** – Speichern und Wiederverwenden (Cachen) bereits zuvor übertragener Daten, so dass NX Daten bei ihrem zweiten Auftreten nicht nochmals über die Leitung schickt, sondern beim Empfänger aus dem Cache nimmt.
- **Reduzieren der X Round-trips** – NX überträgt nur sehr wenige Frage-Anwort-Dialoge.
- **Kompression** – NX komprimiert den gesamten verbliebenen X-Verkehr.

NX belässt dabei alle Komponenten vorhandener X-Systeme so wie sie sind. Einsetzbar ist es bisher mit Linux- und Solaris-Terminalservern und Clients mit Linux, Windows, Mac OS X, Solaris sowie Sharp Zaurus, HPiPAQ, Sony Playstation 2 und gehackten X-Boxen von Microsoft.

NX schaltet zwei *Proxies* (Stellvertreter) zwischen das X-Programm auf dem Linux-Terminalserver und den X-Server auf dem Linux- oder Windows-Client, um unnötigen X-Verkehr zwischen X-Programm und X-Server einzusparen:

- **Linux-Terminalserver** – Auf dem Linux-Terminalserver täuscht der NX-Proxy der X-Anwendung vor, er sei der zuständige X-Server und spricht mit ihr X.11. Das Programm *nxagent* übersetzt auf dem NX-Proxy des Linux-Terminalservers das X-Protokoll in das NX-Protokoll und dient als bildschirmloser *Schatten-X-Server*. Der NX-Proxy auf dem Linux-Terminalserver leitet dann alle empfangenen Daten der Applikation per NX-Protokoll an den NX-Proxy auf dem Linux-/Windows-Client weiter.

- **NX-Proxy-zu-Proxy-Verbindung** – Auf dem Verbindungsabschnitt vom NX-Proxy auf dem Linux-Terminalserver zum NX-Proxy auf dem Linux-/Windows-Client-PC braucht NX wenig Bandbreite: Es cacht alle übertragenen Nachrichten und überträgt nur Unterschiede, eliminiert unnötige Frage-Antwort-Spiele und komprimiert den restlichen Datenverkehr.

- **Linux-/Windows-Client-PC** – Der NX-Proxy auf dem Linux-/Windows-Client-PC verbindet sich mit dem X-Server auf diesem Client, der ihn wie eine ganz normale X.11-Anwendung wahrnimmt. Der X-Server stellt Benutzern die Ausgaben des X-Programms auf dem Bildschirm des Linux-/Windows-Client-PCs dar. Auf dem Linux-/Windows-Client sprechen der NX-Proxy und der X-Server wieder das ganz normale X-Protokoll über schnelle UNIX Domain Sockets.

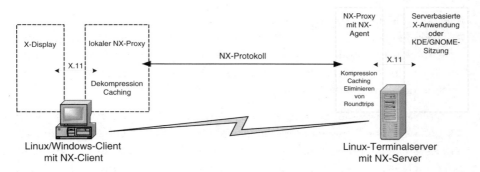

Abbildung 9.9 Zusammenarbeit von NX und X auf dem Linux-Terminalserver und dem Linux-/Windows-Client

Linux-/Windows-Clients können NX im Vollbild- oder Fenstermodus darstellen:

- Im Vollbildmodus überdeckt eine Sitzung des Terminalservers den ganzen Bildschirm des Linux-/Windows-Clients, und

- im Fenstermodus können Benutzer die Größe des Fensters selbst festlegen und dort entweder einen kompletten Desktop des Linux-Terminalservers oder nur eine Anwendung dieses Servers darstellen.

9.7.2 Sicherheit durch SSL

Nach außen hin zeigt NX nur eine einfache Schnittstelle. Terminalserver brauchen für NX-Clients keinen separaten *Daemon* und auch keinen zusätzlichen TCP/IP-Port. Wollen NX-Clients eine Terminalsitzung aufbauen, kontaktieren sie den Secure-Shell-Daemon (sshd) des NX-Servers.

Die Secure-Shell SSH erlaubt im WAN ein sicheres Einloggen und Arbeiten auf dem Terminalserver. Der Aufbau von NX-Verbindungen ist stets über den standardisierten *Secure Socket Layer* (SSL) verschlüsselt. Damit sind NX-Server so sicher wie die SSH-Installation auf dem Terminalserver. SSH erlaubt es, Befehle remote auszuführen. Sobald NX-Clients eine SSH-Verbindung zum NX-Server aufgebaut haben, führen sie die *nxshell* aus, die ihrerseits die eigentliche NX-Session aufbaut.

9.7.3 Kooperationen, Projekte und Lizenzen

Pinzari arbeitet im Augenblick an der Unterstützung für virtuelle Sitzungen und das Wiederaufnehmen dieser Sitzungen. Seit zwei Jahren kommuniziert er mit Michael Kropfberger (siehe Seite 60), und beide tauschen sich über die im Folgenden beschriebenen X-Ray-Technologien und die Möglichkeiten von standardisierter Multimedia-Unterstützung für X.11 aus.

Alle Kern-Elemente der NX-Eigenentwicklungen durch die Medialogic-Division Nomachine stehen als Freie Software unter der GPL-Lizenz und sind für Kommandozeilen-Profis ohne kommerzielle Erweiterung nutzbar. Die kommerziellen Versionen des NX-Servers von Nomachine betten die Freie Software von Nomachine in bequem administrierbare Menü-Umgebungen ein.

Kostenlose Test-Versionen dieser Server sind verfügbar. Mit den kostenlosen NX-Clients können Anwender NX-Sitzungen über eine grafische Oberfläche starten. Kurt Pfeifle und weitere Entwickler im KDE-Projekt arbeiten mit Unterstützung von NoMachine an einer nahtlosen Integration von NX in den KDE-Desktop. *KNX* soll noch in 2004 als nativer KDE-Client Zugriff auf NX- und KNX-Server erlauben.

9.7.4 Demo-Tour

Medialogic bietet mehrere Möglichkeiten, NX kennen zu lernen:

▶ eine Demo-Tour mit einem NX-Client auf einem Demo-System in Rom,
▶ zeitlich begrenzte Teststellung von NX-Servern und
▶ spezielle Entwicklerlizenzen.

Die Redaktion hat bisher nur das RedHat-basierte kleine Demo-System in Rom[3] mit dem Windows-Client von NX Nomachine auf einem PC mit Windows 2000, 800 MHz-Intel-Prozessor und 256 MByte RAM getestet. Der NX-Client lässt sich unkompliziert von *nomachine.com* laden und Windows-typisch installieren und sodann mit einem Demo-Account nutzen. Bei einem Kurztest hat die Redaktion dieses Buchs auf Medialogics NX-Linux-Terminalserver Büroanwendungen und Internet-Verbindungen erprobt.

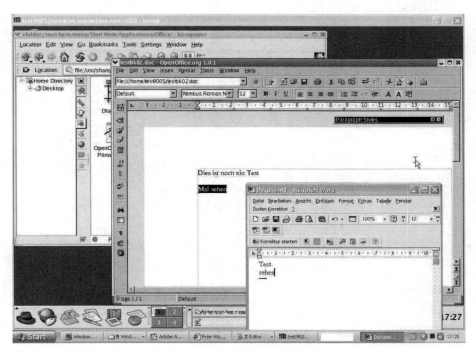

Abbildung 9.10 NX-Client mit Büroanwendungen auf Windows XP

Das Fenster des NX-Clients fügt sich nahtlos in den Windows-Desktop ein und verträgt sich gut mit gleichzeitig offenen Windows-Anwendungen wie Word 2000. OpenOffice.org brauchte beim ersten Start 14 Sekunden und beim zweiten

---

3 laut Webseite *www.nomachine.com/testdrive.php* ein 1,7 GHz-AMD mit 512 MByte RAM

Start weniger als 4 Sekunden, was für eine gute Zusammenarbeit der beiden Caches von NX auf dem entfernten Terminalserver und dem lokalen Client spricht. Mit 14 Sekunden war selbst der erste Start von OpenOffice.org gegenüber der lokalen Ausführung auf einem Desktop-PC schon sehr schnell, was die Vermutung nahe legt, dass vorher schon ein anderer Anwender dieses Programm gestartet hatte. Der Mauszeiger folgte Mausbewegungen mit nur sehr kleiner Verzögerung. Eingaben zeigte der Client ohne störende Verzögerungen am Bildschirm an.[4]

In Abbildung 9.10 stellt der NX-Client im Ganzbildschirm-Modus auf dem lokalen PC mit Windows XP eine Terminalserver-Sitzung des NoMachine-Demoservers dar. Geöffnet ist ein Startfenster von Red Hat Linux und das Textprogramm von OpenOffice.org. Zusätzlich läuft auf dem Windows PC ein lokales Microsoft Office 2000 im Fenster.

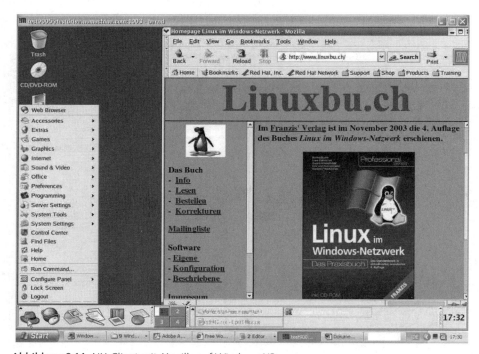

Abbildung 9.11 NX-Client mit Mozilla auf Windows XP

Auch der Browser Mozilla startete deutlich schneller als auf einem Linux-Vergleichssystem mit 2,4-GHz-Pentium-Prozessor und reagierte dann eigentlich wie

---

[4] Diese Reaktionen fühlten sich schneller an als bei einer Sitzung des gleichen Client-PCs auf einem lokalen Windows 2000 Terminalserver. Exakte Vergleichsmessungen sind noch auf der To-Do-Liste.

ein lokaler Browser. Offensichtlich nutzt Medialogic für das Demo-System eine recht schnelle Internet-Anbindung.

9.7.5 NX-Einsatz-Szenarien

Da NX-Clients u.a. für die verbreiteten Client-Plattformen Windows, Linux und Mac OS X frei zur Verfügung stehen und Nomachine seine Lösung unabhängig von der Benutzerzahl lizenziert, setzen bereits heute Unternehmen NX für sanfte Migrationsprojekte ein. Für Linux-Terminaldienste in WAN-Umgebungen kann es eine ernst zu nehmende kostengünstige Alternative zu Tarantella werden, soweit dessen besondere Dienste wie Farming, Session Resume etc. nicht gefordert sind.

Für James Burnes, Internet Security Engineer aus Denver, Colorado, USA, hat NX das Potenzial, für Remote-Applikationen ein ähnlicher offener Standard wie bisher HTML zu werden. NX ist für ihn sowohl im Sicherheits-Engineering als auch im System-Engineering ein Schritt voran. Im Interview mit der Redaktion dieses Buchs erklärt er die Sicherheits- und Effizienzvorteile von X.11 zusammen mit NX gegenüber derzeitigen Web-Anwendungen: »Web-Anwendungen als Frontend zu Unternehmens-Backend-Legacy-Anwendungen haben aus mehreren Gründen meist viele Sicherheitslöcher. Viele davon rühren aus dem Versuch, im eigentlich zustandslosen Protokoll http dennoch Zustände zu verfolgen. Die weiteren Sicherheitsschwächen kommen daher, dass HTML-Quellcode der ganzen Welt ausnutzbare Sicherheitslöcher offen zeigt und solche Sicherheitslöcher bei komplexen Handlungsmöglichkeiten sehr wahrscheinlich sind.« NX halte hingegen Remote-Anwender außerhalb des Gateways und begrenze deren Handlungsmöglichkeiten auf die Aktionen, die das Programm vorsehe. »Weder ein Benutzer noch sonst jemand im Netz kann das Gateway überwinden. Da der gesamte Network-Layer-Verkehr am Gateway endet, verhindert dies alle Exploits am Host.« Da NX davon profitiere, dass X.11 von Anfang an für den Remote-Zugriff konzipiert ist, erlaube es eine Migration weg von Monokulturen wie Microsoft und riesigen Remote-Zugriffslösungen wie Citrix Metaframe hin zu einer ausgefeilteren Fenster-Architektur. »Die wichtigste Eigenschaft von NX ist, dass es für Remote-Lösungen vernünftige grafische Benutzerschnittstellen erlaubt. Es kann Dialog-Hilfskonstruktionen mit einer Markup-Sprache, die eigentlich für Hypertext-Anfragen gedacht ist und Java braucht, wenn ihre Benutzerschnittstelle an ihre Grenzen kommt, durch viel schlankere Lösungen leicht ausstechen.« Als ideale Arbeitsplatz-Ausstattung betrachtet James Burnes einfache Hypermedia-Browser, die nicht als Anwendungsplattform überfordert werden, zusammen mit NX-Clients. Diese Lösung hält er für sicher und sehr performant.

Im Abschnitt 9.9, *Anwenderberichte NX*, dieses Kapitels ab Seite 325 lesen Sie von Unternehmen, die mit NX ihre Internet-Kommunikation auf eine sicherere

Monokultur-freie Plattform stellen, und von weiteren Unternehmen, die damit Administratoren den WAN-Zugriff auf UNIX- und Linux-Server ermöglichen.

9.8 X-Ray: Multimedia Session Management

X.11 kennt bisher kein Session-Management. Michael Kropfberger will das mit X-Ray ändern.[5]

Unabhängig davon, mit welcher grafischen Oberfläche und welchem Betriebssystem Benutzer arbeiten, sollten sie sich aus Sicherheitsgründen aus der laufenden Sitzung abmelden, wenn sie sich von ihrem Desktop-Arbeitsplatz entfernen. Ihre Arbeitsumgebung müssen sie beim nächsten Mal mühsam wiederherstellen, indem sie Anwendungen starten, die zuletzt bearbeiteten Dokumente öffnen, alle zugehörigen Fenster anpassen und den Cursor an den aktuellen Teilabschnitt ihres Dokuments bringen.

9.8.1 Grafisches Session Management

Bei einem Session-Management-System kann man einfach die grafische Ausgabe zum lokalen Thin Client abschalten und die Applikationen auf dem Server weiterlaufen lassen. Bei einer Wiederaufnahme der Arbeitssitzung – auch von einer beliebigen anderen Arbeitsstation aus (*User Roaming*) – können Benutzer ihre Arbeit genau dort fortgesetzen, wo sie diese davor beendet hatten.

Dies leisten mehrere kommerzielle Lösungen wie Citrix Metaframe, Tarantella oder SunRay, aber auch freie wie VNC. X-Ray beschreibt einen neuen Ansatz, der Thin Clients nicht nur zum Ausgeben von Pixeln verwendet, sondern auch deren beschleunigte Grafikhardware nutzt. Dafür erweitert es X.11/XFree86 unter Open-Source, so dass es X.11-Kommandos und -Objekte wie *LineDraw*, *DrawRect*, *copypixwin* direkt an die gerade aktive Session sendet. Das ermöglicht natürlich eine weitaus performantere Darstellung als mit z.B. VNC. Auf dem Thin Client kann ein beliebiger X-Server laufen, der die X.11-Kommandos optimal auf die vorhandene Grafikhardware abbildet.

Da X-Ray das standardkonforme X.11-Protokoll verwendet, gibt es keinerlei Probleme mit Firewalls. Zur Verbesserung der Leistung lassen sich auch Kompressionsprogramme für XFree86-Sessions wie ML-View zwischenschalten, die Sitzungen auch über langsamere Leitungen zügig abwickeln können. Bei diesen neuen Arbeitsformen gewinnt der Begriff *User Roaming* noch mehr an Bedeutung, wenn Mitarbeiter ihre Arbeit auf dem Bürorechner unterbrechen und sich von ihrem Heimarbeitsplatz aus wieder mit ihrer alten Session verbinden.

---

5 Sie lesen hier Michael Kropfbergers Kurzbeschreibung seines Projekts X-Ray.

XNest

XNest, welches bereits in Abschnitt 4.7 beschrieben wurde, bietet eine Art Proxy-Schicht zwischen dem echten X-Server und den gestarteten Applikationen. Die Applikationen verbinden sich für ihre Ausgabe mit einem laufenden XNest, das wiederum mit einem echten X-Server verbunden ist, um dort (selbst als Applikation getarnt) die grafische Ausgabe der Applikationen zu erledigen.

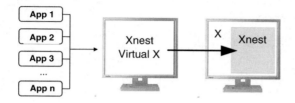

Abbildung 9.12 XNest als Proxy-X-Server für Applikationen leitet deren Ausgabe an den echten X-Server weiter.

Anwendungen können auf diesem XNest ihre GUI anzeigen, und XNest verhält sich wie der darunter liegende echte X-Server, gibt also dessen Farbtiefen und Visuals (siehe Abbildung 9.13) direkt weiter. Da XNest ebenfalls lokal und parallel zu den Applikationen läuft und nur die endgültigen X.11-Kommandos über das Netz zum echten X-Server geschickt werden, leidet die Performance kaum.

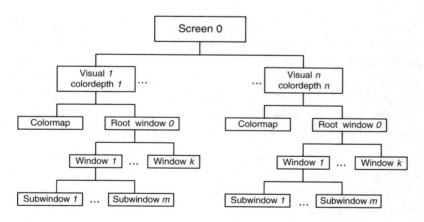

Abbildung 9.13 Ein X-Server bietet mehrere Visuals in unterschiedlichen Farbtiefen an.

X-Ray

Bei einem praxistauglichen Session-Management-System sollen alle Applikationen auch ohne Ausgabe-Client weiterlaufen. Da diese Anwendungen durchgehend von einem funktionierenden X-Server abhängen, kann man einfach die gesamte X.11-Kommunikation zu einem Thin Client verdoppeln, sonst aber einfach virtuell am Server laufen lassen.

Da diese beiden Instanzen auf der Server- und der Thin-Client-Seite als erweitertes XNest laufen, müssen die beiden darunter liegenden X-Server komplett identische Farbtiefen, Visuals, Fonts und Fontserver anbieten. Es muss also auf allen Geräten der gleiche X-Server laufen. Dieser kann aber ein beliebiger Server wie XFree86 oder auch Hummingbirds eXceed sein.

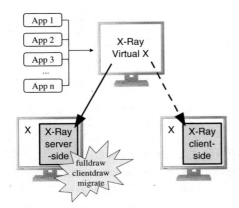

Abbildung 9.14 X-Ray zeichnet auf der Serverseite und – falls vorhanden – auch auf der Thin-Client-Seite

Ist ein Thin Client mit der X-Ray-Session verbunden, kann man entweder alle X.11-Kommandos auf beide Displays schicken (*fulldraw*), oder man reduziert die doppelte Kommunikation auf ein Minimum wie Fensterverwaltung, sendet aber alle Zeichenbefehle wie *drawpixel*, *drawline* nur noch zum angeschlossenen Thin Client. Falls jetzt die Netzwerkverbindung zum Thin Client abbricht, ist dies nicht weiter schlimm. Sobald man einen X.11-konformen *Redraw-Event* an alle Applikationen sendet, zeichnen sich diese neu.

Um sich komplett von der serverseitigen Instanz abzunabeln, wird per *migrate* die gesamte Kommunikation nur noch zum Thin Client geschickt. Wenn nun aber die Netzwerkverbindung abbricht, weiß die Serverseite absolut nichts mehr über laufende Applikationen, und die gesamte Session ist verloren.

Die Performance-Messungen in Abbildung 9.15 zeigen die Überlegenheit gegenüber VNC beim allgemein bekannten x11perf Benchmark. Sie veranschaulichen auch, dass das reine XNest nur marginal schneller als X-Ray im *clientdraw*-Modus ist. Die erste Grafik zeigt einen Schnitt über alle existierenden X.11-Befehle, und die zweite Grafik beschränkt sich auf reine Pixeloperationen, wo natürlich VNC noch weiter abfällt.

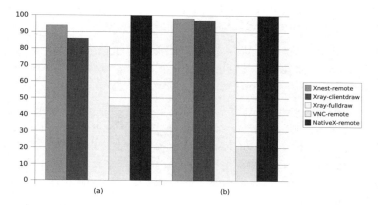

Abbildung 9.15 x11perf Benchmark auf einem 100 MBit/s-Netzwerk: (a) Alle Zeichenoperationen; (b) 100(x100), 300(x300) und 500(x500) Pixelzeichenoperationen.

9.8.2 Multimedia Session Management

All diese Anforderungen an ein grafisches Session-Management-System können (und müssen) auch an die Audioausgabe für Systemklänge des installierten Desktop-Themes, die Lieblings CD als mp3 oder ogg-vorbis oder einfach Internet-Radio gestellt werden.

Bei Linux bieten */dev/dsp* und */dev/mixer* eine Soundkarten-unabhängige und einheitliche Schnittstelle für alle Arten von Soundausgabe, angefangen von CD-Qualität (44,1 kHz und 16 Bit-Stereo-Samples) bis hin zur Radioqualität mit 11 kHz und 8 Bit Mono. Diese Ebene arbeitet immer mit Raw-Audiosamples, bei denen jegliche Komprimierung wie mp3 bereits dekodiert wurde.

Die bisherigen Audio-Forwarding-Programme wie NAS, EsounD, Rplay, afwd, oder KDE aRts können die folgenden Anforderungen leider (noch) nicht oder nur teilweise erfüllen:

▶ Audiodaten können ohne Benutzereingriff von einem Thin Client zu einem anderen (im laufenden Betrieb) migrieren und dabei alle Qualitätseinstellungen wie Sample-Rate und 8 vs. 16 Bit Mono/Stereo-Samples ebenfalls wiederherstellen.

▶ Diese Migration muss zu beliebigen Rechnern zu beliebiger Zeit und beliebig oft erfolgen.

▶ Mehrere Benutzer teilen sich *ein* serverseitiges Sounddevice */dev/dsp*, das es dann auf alle angeschlossenen Thin Clients zu verteilen (multiplexen) gilt.

- Auch wenn gerade kein Thin Client an die Session angeschlossen ist, müssen die Audioapplikationen »stumm« weiterspielen können.
- Audioapplikationen sollten einfach mit einem Standard-/dev/dsp- und -/dev/mixer-Device arbeiten können und nicht auf extra Plugins angewiesen sein.

Weitere mögliche Features wären Aufnahmemöglichkeiten über einen Rückkanal (z.B. Video-Telefonie per Mikrofon im Thin Client) oder eine On-the-fly-Komprimierung der Audiodaten nach z.B. mp3 oder ogg-vorbis.

Alle diese grundsätzlichen Anforderungen soll das das Projekt *dsproxy* erfüllen. Es besteht aus einem Kerneltreiber für */dev/dsp* für mehrere Benutzer und einem User-Space-Daemon und -Client, um die eigentlichen Rohdaten und Mixer-Einstellungen bei Bedarf über das Netzwerk zu übertragen. Am Thin Client verbindet sich der *dsproxy*-Client mit dem *dsproxy*-Daemon am Audioserver und baut für die Dauer der Session eine Audioverbindung auf. Der Thin Client spielt in dieser Zeit lautstark die Musik des Audioservers. Wenn die Verbindung endet, werden die Audiodaten am Server »verschluckt«.

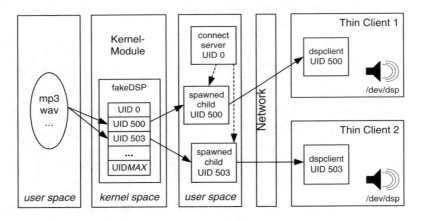

Abbildung 9.16 Übersicht von *dsproxy* im Kernel und User-Space mit Netzwerkverbindungen zu den Thin Clients.

9.8.3 Benutzerverwaltung

Die technische Komplexität des Multimedia-Session-Managements *X-Ray* ist wie bei proprietären Produkten, wie z.B. Citrix, vor normalen Benutzern durch einige Administrationstools und grafische Anmeldefenster versteckt.

Ein *X-Ray Server Hub* erwartet Verbindungen von Thin Clients. Diese verbinden sich mit Benutzernamen und Passwort und erhalten entweder eine neue oder eine bereits laufende Session auf ihren Bildschirm. Zum Authentifizieren dienen derzeit Crypt/MD5-Passwörtern oder NIS-Datenbanken.

Wenn Benutzer ihren Thin Client verlassen wollen, geben sie `xraylogout`[6] ein. Daraufhin kappt X-Ray die Verbindung zu diesem Thin Client, während die Session auf dem Server weiterlebt. Falls ein Benutzer seine alte Session, z.B. im Büro, »vergisst«, wird er beim heimatlichen Einloggen daran erinnert, dass bereits eine andere Verbindung besteht. Diese kann dann (wenn man das Passwort kennt) nach Hause übernommen werden.

Systemadministratoren können mit einem Befehlszeilen-Tool alle bestehenden Sessions und die verbundenen Thin Clients auflisten. Bei der folgenden Beispielausgabe arbeitet ein Benutzer *mike* am Rechner *myclient*, während der Benutzer *helo* aber gerade an keinem Thin Client sitzt.

```
titan:~ # /opt/X-Ray/bin/xrayps titan
User Magic         #Logins State       ThinClient FirstLogin      LastLogin
mike MEEWTBCEDLSAA 2       connected   myclient   10/02/04 20:12  10/02/04 20:43
helo NDTPYSDRFCRAA 4       up          N/A        10/02/04 19:57  10/02/04 20:38
hosting 2 clients: 1 up and 1 connected. xrayhub is running since 10/02/04 19:41
```

Der SysAdmin kann natürlich die Sessions aller Benutzer einzeln beenden oder vom Thin Client loslösen.

Weitere Details zu Theorie und Praxis mit X-Ray finden Sie auf der Webseite[7] von Michael Kropfberger.

9.9 Anwenderberichte NX

9.9.1 Otto Egelhof GmbH & Co.

Die 1938 in Fellbach bei Stuttgart gegründete Otto Egelhof GmbH & Co. entwickelt und produziert automatische und thermostatische Expansionsventile für Fahrzeugklimaanlagen, Gewerbekälte und Heizungsanlagen (*www.egelhof.com*). Ihre Fertigungsstätten liegen in Frankreich, China und Deutschland. An den ca. 150 Arbeitsplätzen mit Windows-2000-PCs nutzen die Mitarbeiter mit Windows-Clients eine Linux-basierte ERP-Lösung, Microsofts Office-Programme und Web- und Mailclients. Die Outlook-Mailclients und der Browser Internet Explorer waren in im letzten Jahr derart massiven Virus-Attacken und Spam ausgesetzt, dass Herr Michael Maser, stellvertretender Abteilungsleiter DV, zusammen mit dem Beratungsunternehmen erfrakon (*www.erfrakon.de*) eine sicherere zentralisierte Alternative dafür suchte. Er machte schließlich den deutschen Distributor

---

6   Das kann natürlich auch ein netter Button auf dem Desktop erledigen.
7   *http://www.kropfberger.com/xray.html*

der Komprimierungslösung NX für X.11-basierte Terminalkommunikation, die Millenux GmbH (*www.millenux.de*) aus Stuttgart-Korntal, ausfindig.

Abbildung 9.17 Michael Maser

erfrakon schlug eine zentrale Lösung mit Linux-Terminalservern vor, die die vorhandenen Windows-2000-Arbeitsplatzrechner für Mail und Web nur als X-Terminals nutzt. Seit Herbst 2003 dient ein Doppel-Xeon-Server mit 3 GByte RAM und einem Hot-standby-Spiegelserver mit gemeinsamem RAID gleichzeitig als Mailserver und Linux-Terminalserver. Als Betriebssystem ist SuSE Linux Enterprise Server (SLES 8) installiert, als Mailserver ein SuSE Linux Open Exchange Server (SLOX).

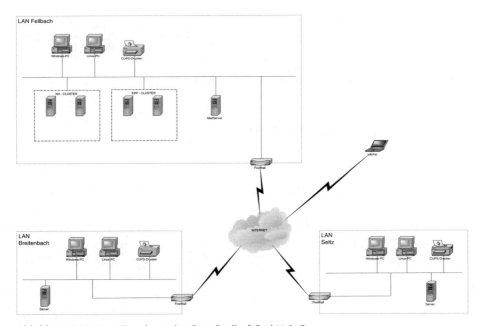

Abbildung 9.18 Netz-Topologie der Otto Egelhof GmbH & Co.

Über LAN- und WAN-Leitungen bietet der Terminalserver als Web-Client den abgespeckten Mozilla-Browser Firebird und als Mail-Client das KDE-Programm KMail. Da zwei Drittel der Büroarbeiter ihren Schreibtisch nicht im Stammhaus in Deutschland, sondern in zwei Fertigungsstätten in Frankreich haben, sollte die WAN-Kommunikation der Terminaldienste über das UNIX-/Linux-Protokoll X.11 keine allzu große Bandbreite benötigen. Dies erreichte erfrakon mit der Caching-Lösung NX von Nomachine (*www.nomachine.com*). Diese besteht aus einer Serverkomponente und Linux- oder (wie hier bei Egelhof) Windows-Clients. Durch intelligentes Caching können Einzel-Arbeitsplätze mit einer Bandbreite von 9.600 Baud in vernünftiger Geschwindigkeit mit dem Browser und dem Mail-Client arbeiten. An den Produktionsstätten in Frankreich steht eine 2 MBit/s-Verbindung zur Verfügung, was für die Anbindung der Clients mehr als ausreicht.

Herr Maser war anfangs verwundert, wie schnell und stabil die Lösung arbeitet. Er freut sich, dass die Bedrohung durch Viren und die Belästigung durch Spam dank dem in SLOX integrierten Spam-Filter SpamAssassin abgeklungen ist. Für die Zukunft denkt er darüber nach, an den Arbeitsplätzen auch die Büroprogramme und den ERP-Client über Terminaldienste zur Verfügung zu stellen.

9.9.2 NoMachine NX bei European Electronique

European Electronique Limited (*www.euroele.com*) in Eynsham, Oxfordshire, UK, ist ein IT-Lösungsanbieter mit der ganzen Bandbreite von Hard- und Software, Installation und Support für alle Branchen. Intern arbeitet European Electronique zwar überwiegend mit Microsoft-Programmen, bei seinen Kunden aber auch mit Novell und Linux. Laut Chris Puttick, Service Manager von European Electronique, setzt sein Unternehmen NX sowohl für Linux-Terminaldienste als auch für Microsoft RDP und für VNC ein. Hier ist NX eine sichere, kostengünstige schmalbandige Lösung für Remote Access. Die kostenlosen leicht zu installierenden NX-Clients sind für sein Unternehmen und dessen Kunden eine ideale Remote-Access-Lösung zum Ersatz von PC Anywhere und anderen teureren Support-Lösungen. Chris Puttick will NX verstärkt im Service seines Unternehmens einsetzen.

10 Serverbasierte Linux-Anwendungen

Es gibt inzwischen eine erstaunlich reiche Auswahl freier Linux-Benutzeroberflächen und Open-Source- und kommerzieller Anwendungen für Linux. Diese lassen sich selbstverständlich mit Linux Terminals und mit Linux Diskless Clients genauso nutzen wie mit voll ausgestatteten Linux Workstations. Dieses Kapitel gibt einen kurzen Überblick über grafische Benutzerschnittstellen und Linux-Büroanwendungen.

Leser, die bisher nur Windows- oder Host-Anwendungen genutzt haben, können hier kurz und knapp wichtige Grundinformationen zum Linux-Desktop und Büroanwendungen finden. Sehr viel mehr zum Linux-Desktop finden Sie ab Sommer 2004 in [Kretschmer2004]. Wenn Sie schon mit Linux auf dem Desktop arbeiten, können Sie dieses Kapitel getrost überschlagen. Mit diesem Kapitel können Sie sich einen kleinen Überblick über den Linux-Desktop verschaffen und eine Idee davon mitnehmen, dass sich schon heute mit diesen Anwendungen alle normalen Anforderungen an einen modernen Büroarbeitsplatz wie

- Textverarbeitung, Tabellenkalkulation, Präsentation,
- Webbrowser und
- Mail-Clients.

komfortabel abdecken lassen. Lesen Sie zuerst über grafische Benutzerschnittstellen für Linux.

10.1 Grafische Benutzeroberflächen für Linux

Einfach und intuitiv handhabbare Benutzeroberflächen entscheiden darüber, ob Anwender neue Desktop-Systeme spontan akzeptieren oder ablehnen. Anders als in der Microsoft-Welt, in der jede Generation und Version von Windows immer nur eine, aber von den bisherigen Versionen verschiedene Benutzeroberfläche bietet, können Systemverwalter bzw. Anwender bei Linux zwischen verschiedenen Benutzeroberflächen wählen und diese noch dazu so einrichten, dass sie Windows 95, Windows XP oder einer anderen Windows-Variante sehr ähnlich sehen und praktisch genauso reagieren.

UNIX besitzt schon seit langem eine grafische Benutzerschnittstelle. Da die Hersteller der UNIX-Derivate sich durch verschiedene Oberflächen profilieren wollten, statt sich auf Standards zu einigen, gibt es für die X Window-Systeme von Solaris, HP UX, AIX etc. vielfältige grafische Benutzeroberflächen wie CDE, Motif, OpenLook mit leicht unterschiedlichem Aussehen und Bedienelementen bzw. Verhalten.

Im Linux-Mainstream konkurrieren die beiden Projekte Gnome und KDE. Daneben gibt es weitere viel schlankere Benutzeroberflächen, die sparsamer mit Ressourcen umgehen, wie fvwm2, IceWM, twm und windowmaker. Dieses Buch wirft kleine Blicke auf Gnome, KDE und IceWM.

10.1.1 KDE

Das besonders in Europa sehr beliebte KDE-Projekt will den UNIX-Desktop standardisieren. Matthias Ettrich und Matthias Kalle Dalheimer hatten das KDE-Projekt im Oktober 1996 ins Leben gerufen. Am 12. Juli 1998 veröffentlichten sie KDE 1.0 und zwei Jahre später am 23. Oktober 2000 die Version KDE 2.0. Aktuell ist bei Redaktionsschluss die am 14. Januar 2004 freigegebene Version KDE 3.1.5. Zurzeit arbeiten die Entwickler bereits fleißig an KDE 3.2. Am Anfang litt das Projekt etwas darunter, dass das von ihm verwendete Toolkit Qt noch nicht den Lizenzbedingungen für Freie Software entsprach. Diese Einschränkung, die 1997 Anlass zur Gründung des Gnome-Projekts war, ist inzwischen vom Tisch. Alle Informationen rund um KDE finden Sie auf der Webseite *www.kde.org* bzw. auf der deutschsprachigen Seite *www.kde.de*.

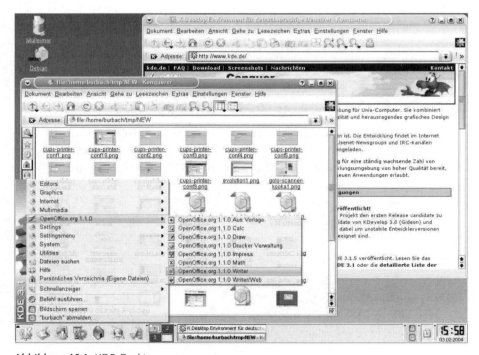

Abbildung 10.1 KDE-Desktop

Der Desktop sieht wie ein aktuelles Windows aus und lässt auch keine Bedienelemente vermissen, die Windows-Anwender gewöhnt sind.

Selbstverständlich lassen sich der Bildschirm-Hintergrund, die Bedienelemente und das Verhalten von Windows leicht klonen. Auf den ersten Blick ist dann KDE nicht von einem Windows 2000 oder XP zu unterscheiden. Selbst den unter Windows üblichen Doppelklick können Sie bei KDE aktivieren. Mit ein wenig Konfigurationsarbeit lässt sich die KDE-Oberfläche so anpassen, dass die Benutzer, die den Umgang mit Windows gewohnt sind, sofort mit minimalem oder ohne Schulungsaufwand mit ihm arbeiten können.

10.1.2 Gnome

Miguel de Icaza hat 1997 das Gnome-Projekt (*www.gnome.org*) gegründet und in der Open-Source-Firma HelixCode bzw. später Ximian[1] (*www.ximian.com*), die er mit Nat Friedman im Frühjahr 2000 gegründet hatte, weiterentwickelt. Im August 2000 gesellten sich die Firmen IBM, Sun Microsystems, HP und Compaq zur Gnome Foundation, um den Linux/UNIX-Desktop auf Basis von Gnome zu standardisieren.

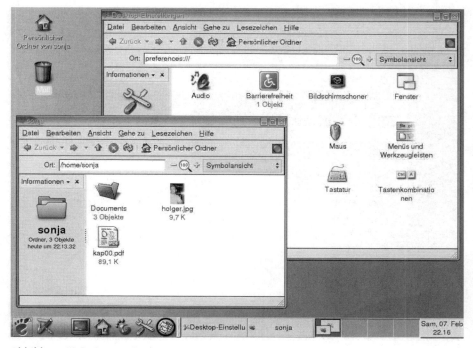

Abbildung 10.2 Gnome-Desktop

---

1 Novell (*www.novell.com*) hat im Herbst 2003 Ximian gekauft.

Das internationale Gnome-Projekt beschreibt sich, seine Projekte für den Desktop und Anwendungen, seine Stiftung etc. selbst sehr detailliert auf seiner Website *www.gnome.org*.

Die Benutzeroberfläche von Gnome ist sehr aufgeräumt und beachtet Barrierefreiheit (accessability) als wichtiges Design-Konzept. Selbstverständlich können Anwender auf dieser Oberfläche neben den vom Gnome-Projekt entwickelten Anwendungen auch solche des KDE-Projekts und andere Quellen nutzen.

10.1.3 IceWM

IceWM ist im Gegensatz zu KDE und Gnome keine vollständige Desktop-Umgebung. IceWM ist ein Fenster-Manager, der es ermöglicht, Anwendungen bequem zu starten und diese auf dem Bildschirm zu verwalten. Das Ziel von KDE und Gnome ist, dass alle KDE- und Gnome-Anwendungen das gleiche Aussehen (Look&Feel) und eine einheitliche Bedienung besitzen. IceWM verfolgt kein solch hehres Ziel und ist deshalb ein kleines, schlankes Programm. IceWM will besonders schnell und einfach sein und den Anwendern nicht im Wege stehen. Seine Website *www.IceWM.org* spricht selbst diese schlichte Sprache.

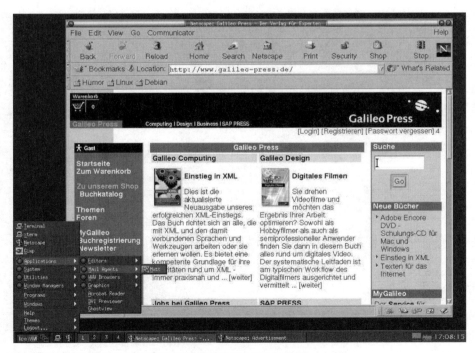

Abbildung 10.3 Benutzerkonfiguriertes Startmenü von IceWM

Die Oberfläche von IceWM startet extrem schnell und lässt sich sehr leicht so konfigurieren, dass ihr Menü und ihre Programmleiste nur die wirklich benötigten Programme enthalten.

Zum Konfigurieren der Benutzerschnittstelle von IceWM braucht man nur Text-Dateien zu bearbeiten, kann aber auch eine grafische Schnittstelle nutzen.

Bei den Display-Managern *kdm* und *gdm* können Sie beim Anmeldedialog auswählen, welche Sitzungsart (Session) nach dem Login gestartet werden soll. Hier können Sie zum Beispiel zwischen KDE und Gnome oder auch dem Fenster-Manager IceWM wählen.

Abbildung 10.4 KDM-Login mit Auswahl der Sitzungsart *IceWM*

Abbildung 10.4 zeigt die Auswahl der Sitzungsart beim Login des Display-Managers KDM. Wenn Sie hier *icewm* anstelle von *kde* oder *default* auswählen, startet nach dem Login der Fenster-Manager *IceWM* (siehe Abbildung 10.3).

10.2 Textverarbeitung, Tabellenkalkulation und Co.

Für Büroarbeiten gibt es bei Linux eine große Auswahl von Anwendungen. Besonders populär sind

- ▶ freie Lösungen von OpenOffice.org (swriter, scalc, impress)
- ▶ kommerzielle Lösungen von Sun (StarOffice mit swriter, scalc, impress und adabas)
- ▶ Lösungen des KDE-Projekts (KWord, KSpread etc.)

10.2.1 Überblick

OpenOffice.org und Sun Star Office haben einen ähnlichen Programmumfang wie Microsoft Office. Das gilt im doppelten Sinne: Sie haben sehr ähnliche Funktionen und brauchen auch nicht viel weniger Ressourcen. Wenn für lokale Anwendungen auf Linux Desktop Clients genug Bandbreite und lokaler Speicher vorhanden sind, bekommen Anwender mit diesen Produkten mehr als einen vollwertigen Ersatz für Microsofts Office-Suiten.

Wenn der Hauptspeicher von Anwendungsservern knapp ist und viele Anwender OpenOffice.org gleichzeitig[2] starten, kann schon der Start dieser Programme etwas lange dauern. In solchen Umgebungen empfehlen sich eher schlankere Büroprogramme wie von den Projekten KDE und Gnome, mit denen mehr als 80 Prozent aller Büroarbeiter mehr als 80 Prozent ihrer Aufgaben gezielt bearbeiten können.

10.2.2 OpenOffice.org und StarOffice

Das freie OpenOffice.org (bei Redaktionsschluss in Version 1.1), das Sun außerdem als StarOffice (bei Redaktionsschluss in Version 7.0) vertreibt, kann den Office-Suiten von Microsoft und Lotus gut Paroli bieten. Es liest und schreibt nicht nur Microsofts undokumentierte proprietäre Formate wie .doc, .xls und .ppt, sondern gibt auch alle Ergebnisse als .pdf aus. Seine eigenen Dateiformate basieren auf dem zukunftsweisenden offenen Datenaustausch-Standard XML, den auch Microsoft in Zukunft irgendwie seiner Office-Suite zugrunde legen will.

Die Benutzerschnittstelle ähnelt außerordentlich der von Microsoft Office.

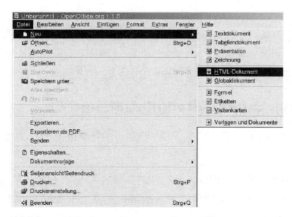

Abbildung 10.5 Datei-Menü von OpenOffice.org 1.1.0 Writer

---

2 oder ungeduldig mehrfach

Um beliebige geöffnete Dokumente in das PDF-Format umzuwandeln, gibt man ganz einfach einen Export-Befehl *Exportieren als PDF...* (siehe Abbildung 10.5). Unter Windows Office benötigen Sie hierzu Zusatz-Software.

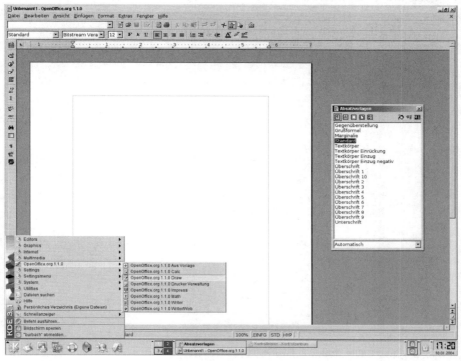

Abbildung 10.6 Der KDE-Desktop mit OpenOffice.org writer

Die Abbildung 10.6 zeigt den KDE-Desktop mit der Textverarbeitung writer von OpenOffice.org.

10.2.3 Büroprogramme des KDE-Projekts

Das KDE-Projekt pflegt liebevoll seine Office-Programme KWord, KSpread und KPresenter. Diese integrieren sich perfekt in die KDE-Umgebung, sind aufgrund der Wiederverwendung der KDE-Bibliotheken recht schlank und starten auch auf langsamen PCs und in ausgelasteten Mehrbenutzer-Umgebungen sehr schnell. Für die meisten Büroarbeiten ist der Funktionsumfang dieser Programme ausreichend. Vermutlich könnte ein Großteil aller Dokumente im Büroalltag bereits mit diesen Anwendungen erstellt werden. Ein Manko von KOffice ist derzeit das Fehlen von Import- und Export-Filtern für gängige proprietäre Office-Produkte, wie zum Beispiel Microsoft Office. Ist also der Dokumentenaustausch mit fremden Office-Produkten wichtig, ist OpenOffice.org zurzeit die bessere Wahl. Das KDE-Projekt arbeitet derzeit daran, in seinen Büroprogrammen die XML-Dateiformate von OpenOffice.org zu unterstützen.

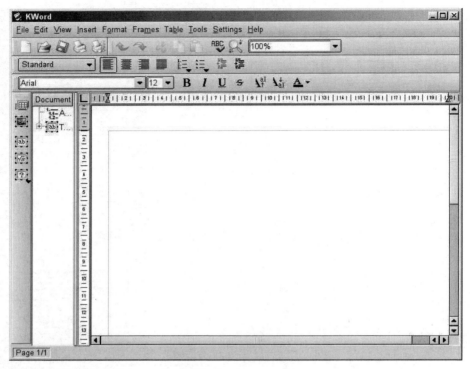

Abbildung 10.7 KOffice-Anwendung KWord

10.3 Browser

10.3.1 Überblick

Für Linux gibt es mehrere Webbrowser, die sich geringfügig in ihren Leistungsmerkmalen und bedeutend im *Look-and-Feel* unterscheiden. Die Palette reicht von den umfangreichen Browsern wie Mozilla, Konqueror oder Opera bis hin zu minimalen textorientierten Browsern wie Lynx.

Die folgenden Abschnitte werfen einen kurzen Blick auf diese Browser.

10.3.2 Mozilla

Mozilla war ursprünglich der Codename des von der Firma Netscape Communications entwickelten Webbrowsers[3], der später als Netscape Navigator bzw. Communicator bekannt wurde.

Am 23. Januar 1998 kündigte Netscape Communications an, dass der Netscape Communicator und dessen Quellcode künftig frei erhältlich sein werde. Bereits im März war die erste Entwicklerversion des Netscape Communicators erhältlich. Da die Namen Netscape, Navigator und Communicator eingetragene Warenzeichen von Netscape Communications sind, musste das freie Projekt einen neuen Namen finden. Mangels einer besseren Idee fiel die Wahl deshalb auf *Mozilla*. Heute koordiniert die Mozilla-Organisation (*www.mozilla.org*) die Weiterentwicklung des Mozilla-Projekts.

Abbildung 10.8 Mozilla-Webbrowser

Mozilla bietet einen Webbrowser (Navigator), einen Mail- und News-Client (Mail & Newsgroups) und einen komfortablen HTML-Editor (Composer). Mozilla ist

---

3 »And remember, it's spelled N-e-t-s-c-a-p-e, but it's pronounced *Mozilla*.« steht im Readme zur UNIX-Version von Netscape 4.79.

nicht nur für Linux, sondern auch für Windows, UNIX und Mac OS X erhltlich. Bei Redaktionsschluss im Februar 2004 ist die aktuelle Version von Mozilla 1.6.

Abbildung 10.8 zeigt den Mozilla-Webbrowser im Einsatz.

Mit Plugins für Mozilla lassen sich auch proprietäre Inhalte von Webseiten darstellen wie:

- Adobe Acrobat Reader 5.0.8
- Java Runtime Environment 1.4.2
- Macromedia Flash Player 6.0
- Realplayer 8.0

10.3.3 Konqueror

Der *Konqueror* ist der kombinierte Datei- und Webbrowser des KDE-Projekts (siehe 10.1.1). Er ist kompatibel zu HTML 4.0 und unterstützt Java-Applets, JavaScript, Cascading Style Sheets, Netscape- bzw. Mozilla-Plugins (siehe Abschnitt 10.3.2).

Abbildung 10.9 Konqueror-Webbrowser

Der Name *Konqueror* ist vermutlich eine kleine Stichelei gegen Microsofts *Internet Explorer*.[4] Als Dateimanager bietet er eine Vorschau der Dateiinhalte, z.B. von PDF-Dateien oder Bildern, und kann eingebette Betrachter für viele Formate starten.

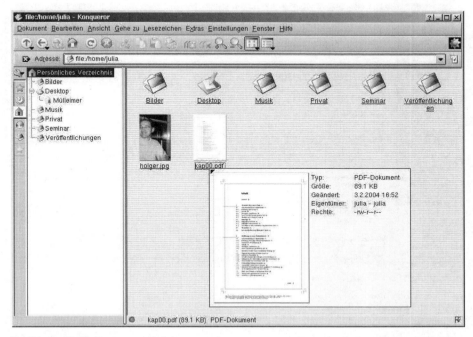

Abbildung 10.10 Konqueror-Dateimanager

Abbildung 10.10 zeigt den Konqueror im Dateimanager-Modus. Sie sehen die Dateien und Verzeichnisse hier als Icons. Wenn Sie im Konqueror mit der Maus über eine Datei fahren, zeigt er verzögert eine größere Vorschau des Dateiinhaltes. In diesem Beispiel sehen Sie die Vorschau eines PDF-Dokuments mit dem Inhaltsverzeichnis dieses Buchs.

10.3.4 Opera

Der kommerzielle Webbrowser Opera der norwegischen Firma Opera Software ASA (*www.opera.com*) steht als fertiges Paket für die Linux-Distributionen (Debian, RedHat, SuSE) an der Adresse *www.opera.com/download* zum Laden und Installieren bereit. Opera ist *keine* Open Source Software. Eine kostenlose Version blendet Werbung ein (siehe Abbildung 10.11 oben rechts). Diese verschwindet erst durch den Erwerb einer »richtigen« Lizenz.

---

4 Die Geschichte der Kolonialzeit hat gezeigt, dass kurz nach den Entdeckern (engl. explorer) die Eroberer (engl. konqueror) folgen.

Abbildung 10.11 Opera-Webbrowser

10.3.5 Lynx

Lynx ist ein textorientierter Webbrowser. Dies mag auf den ersten Blick vielleicht sinnlos erscheinen, ist aber in vielen Fällen, in denen keine grafische Benutzeroberfläche zum Anzeigen von Grafiken zur Verfügung steht (Textterminal) oder die Bandbreite zum Laden komplexer Webseiten nicht ausreicht (PDAs, Handys), die ideale Lösung. Web-Designer prüfen damit, ob ihre Seiten barrierefrei sind und ob Suchmaschinen in ihnen wie gewünscht fündig werden.

Abbildung 10.12 zeigt die Darstellung der Webseite von Galileo Press im Lynx-Browser. Selbst zur Navigation braucht man nur die Tastatur und keine Maus.

Beim Start übergibt man Lynx die darzustellende URL als Argument. Um mit Lynx auf die obige Webseite zu gelangen, müssen Sie

```
as-1:~ $ lynx www.galileo-press.de
```

aufrufen.

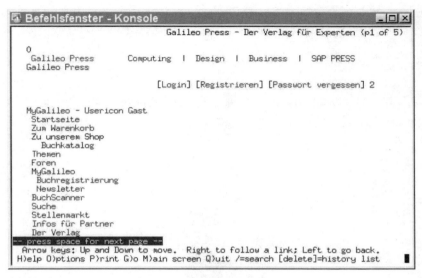

Abbildung 10.12 Lynx-Webbrowser in der KDE-Konsole

10.4 Mail-Clients

Wie auch bei den Webbrowsern gibt es viele Mail-Clients für Linux. Die meisten Anwender benutzen heutzutage grafische Mail-Clients, wie z.B. Mozilla, Evolution oder Kmail. Puristen oder eingefleischte Konsolen-Fans schwören auf textorientierte Mail-Clients, wie z.B. Mutt[5] oder Pine[6].

Die folgenden Abschnitte informieren kurz über die grafischen Mail-Clients Mozilla, Evolution und Kmail.

10.4.1 Mozilla Messenger

Mozilla bietet einen integrierten Mail-Client, den Messenger. Dieser kann mehrere E-Mail-Konten verwalten, Empfangsbestätigungen verschicken, bietet eine LDAP-Schnittstelle für das Adressbuch und unterstützt digitale Unterschriften. Neu in Version 1.6 sind Funktionen zum Erkennen und Aussortieren von Spam (Junk Mail Control).

---

5 siehe *www.mutt.org*
6 siehe *freshmeat.net/projects/pine*

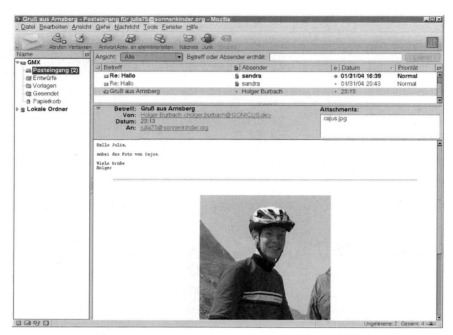

Abbildung 10.13 Mozilla-Mail-Client

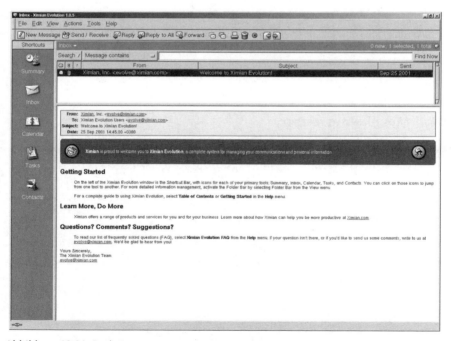

Abbildung 10.14 Evolution

10.4.2 Evolution

Der Mail-Client Evolution stammt von der Firma Ximian (*www.ximian.com*). Evolution ist mehr als nur ein einfacher Mailclient. Er beinhaltet auch einen Kalender, eine Kontaktverwaltung (Adressbuch), eine Todo-Liste und ermöglicht leichtes Synchronisieren der Daten mit einem Palm Handheld.

Evolution kann sich über dem zusätzlichen proprietären Ximian Connector mit Microsoft Exchange 2000 und 2003 verbinden und dann als vollständiger Exchange-Client arbeiten.

10.4.3 Kmail und Kroupware

Kmail ist der Mail-Client des KDE-Projekts. Er unterstützt die Protokolle POP3 und IMAP, kann mehrere Konten und Identitäten zu verwalten, besitzt vielseitige Filter und kann Anhänge direkt darstellen.

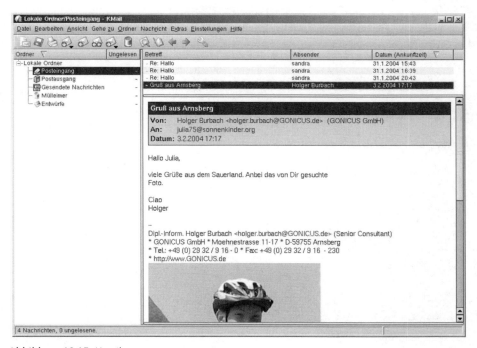

Abbildung 10.15 Kmail

Im Rahmen des Projekts Ägypten (*www.gnupg.org/aegypten*) entwickelten die Firmen Intevation GmbH, g10 Code GmbH und Klarlvdalens Datakonsult AB im Auftrag des Bundesamtes für Sicherheit in der Informationstechnik (BSI) ein Sphinx-kompatibles Kryptobackend mit Plugins für Kmail und Mutt. Das Ziel des

Sphinx-Projekts[7] des BSI ist, Ende-zu-Ende-Sicherheit und elektronische Signaturen nach dem neuen Signaturgesetz (SigG) auf der Basis internationaler Standards (S/MIME, X.509v3, PKIX) zu realisieren.

Damit kann man S/MIME-Zertifikate problemlos zum Verschlüsseln von E-Mail mit Kmail verwenden. Diese Funktionalitäten sind seit der Version 3.1 fester Bestandteil von KDE und damit von Kmail.

---

7 siehe auch *http://www.bsi.bund.de/aufgaben/projekte/sphinx/pilot/index.htm*

11 Windows für Linux Diskless Clients

Es gibt sehr viele Windows-Anwendungen. Manche Unternehmen haben sehr viel Geld ausgegeben, um sie zu beschaffen, zu nutzen und Anwender anzuleiten, ihre Arbeiten damit zu erledigen. Manche Softwarehäuser haben bisher den Zug der Zeit verschlafen und noch keine Linux-Version ihrer Anwendungen erstellt, so dass Anwender tatsächlich auf Windows-Versionen angewiesen sind. Dieses Kapitel beschreibt, wie Unternehmen die Nutzungsdauer Ihrer Investitionen in Windows-Anwendungen verlängern können und gleichzeitig die Vorteile zentraler Verwaltung von Nutzern, Software und Geräten mit Linux-Terminalservern genießen können.

11.1 Einleitung und Markt-Überblick

Schlanke Linux-Endgeräte wie Linux Net-PCs und Linux X Terminals können Windows-Anwendungen nutzen, die

- Microsoft Windows PCs über *Virtual Network Computing* (VNC),
- separate Microsoft Windows Terminalserver mit oder ohne *Citrix Metaframe*,
- komplette Windows-Umgebungen auf Linux wie *VMware* oder *Win4Lin* oder
- Windows-Anwendungsschnittstellen auf Linux wie *Wine* und *CrossOver Office*

bereitstellen.

11.2 Windows via VNC

Das plattformunabhängige *Virtual Network Computing* (VNC) dient dazu, eine einzelne Sitzung von einem PC auf einen anderen PC zu lenken (siehe auch Kapitel 9, *Terminaldienste im WAN*, ab Seite 303). Die an einer solchen Umlenkung von Display und Eingaben beteiligten PCs können u.a. auf einer Windows-Variante, auf Mac OS, BeOS, UNIX oder Linux laufen. Das Bitmap-Protokoll *Remote Framebuffer* (RFB) lenkt die Framebuffer-Schicht der Ausgabe eines VNC-Servers pixelweise über TCP/IP-Netze auf einen VNC-Client, ohne irgendetwas über die Struktur oder den Aufbau der Ausgabe zu wissen, und holt sich Tastatur- und Mauseingaben. VNC-Client-Fenster kann man entweder mit einem VNC-Viewer oder in einem Browser-Fenster betreiben. VNC kann man beispielsweise verwenden, um eine einzelne Sitzung von einer Apple Macintosh- oder Microsoft Windows-Plattform mit irgendeiner speziellen Hard- und Software-Lösung über das Netz auf ein beliebiges Linux-Terminal zu holen (nur leider ohne Sound), oder um Fenster auf Windows PCs als Linux Terminal zu nutzen. Während einer

VNC-Sitzung kann man den VNC-Client wechseln, ohne die Anwendung auf dem ferngesteuerten VNC-Server zu unterbrechen. Will man von einem Linux-Server mehrere Sitzungen auf mehrere VNC-Viewer übertragen, muss man auf dem Linux-Server mehrere Instanzen des VNC-Servers starten.

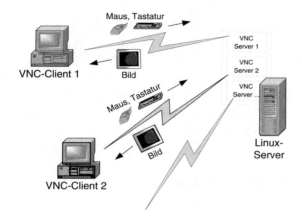

Abbildung 11.1 Abbilden mehrerer VNC-Server auf mehrere VNC-Viewer

Dr. Peter Wolf in Mosbach verwendet dieses Feature, um von Linux Net-PCs aus in wechselnden Sprechzimmern auf einen Windows PC zuzugreifen, an den eine Kamera und ein Scanner angeschlossen sind (siehe Seite 243).

Abbildung 11.2 Windows-Sitzung auf einen Linux Net-PC

Andere Anwender greifen unterwegs mit VNC über das sichere Protokoll ssh aus einem Internet-Café mit dem Browser eines Windows PCs auf ihren Linux-Server zu. Benutzersupport kann von beliebigen Endgeräten aus helfen. Administratoren nutzen VNC-Fenster auf Windows PCs als Terminals an einem Linux-Server.

11.3 Windows Terminalserver

Unternehmen, Behörden und andere Organisationen nutzen oft Microsoft Windows Terminalserver als Infrastrukturkonzept, um bestimmten Anwendern die ihnen vertrauten Windows-Anwendungen an möglichst schlanken Endgeräten zur Verfügung zu stellen.

Die bisher drei Versionen

- *Microsoft Windows 4.0 Terminalserver Edition* (abgekündigt),
- *Microsoft Windows 2000 Server*-Familie mit freigeschalteten Terminalservices und
- *Microsoft Windows 2003 Server*-Familie mit freigeschalteten Terminalservices

kommunizieren mit Windows-Clients über verschiedene Versionen des proprietären *Remote Desktop Protocol* (RDP), das Microsoft als Geschäftsgeheimnis hütet. Sie stellen den Clients ähnlich wie X.11 Bildschirmausgaben zur Verfügung und erwarten von ihnen Maus- und Tastatureingaben. Dazu trennen sie mit der von Citrix Inc. entwickelten und von Microsoft lizenzierten Multiwin-Technologie die Anwendungsprozesse von ihrer Benutzerschnittstelle. Da Microsofts Server-Familie nicht von Hause aus multiuser-fähig ist, benötigt sie diese Multiwin-Technologie, um die Sitzungen mehrerer Benutzer zu verwalten, deren Anwendungen auf dem Server auszuführen, mit RDP die Bildschirmausgabe und Sound zu den Client-Geräten der Anwender zu übertragen und von diesen Tastatureingaben, Mausbewegungen und Mausklicks anzunehmen.

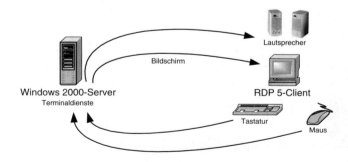

Abbildung 11.3 Multiwin-Technologie von Citrix/Microsoft

Die aktuellen RDP-Versionen erwarten als Client-Geräte moderne PCs mit den Windows-Versionen 2000, XP oder 2003. Für diese Endgeräte stellt Microsoft seit 2000 einen *Terminal Services Advanced Client* zur Verfügung. Alternativ dazu können sich Anwender mit einem Web-Client für den Internet Explorer ab Version 4.0 in Terminal-Sessions einklinken.

Abbildung 11.4 zeigt, wie Anwender an einem Linux Client über das RDP-Protokoll die Büroanwendung Microsoft Office von einen Windows 2000 Terminalserver (Win 2000 TSE) beziehen können.

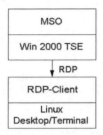

Abbildung 11.4 Microsoft Office (MSO) via RDP und RDesktop auf einen Linux Client

Da Microsofts Windows Server auch auf Mehrwege-Servern nicht so skalieren wie Linux Server[1], müssen Unternehmen in größeren Umgebungen ganze Farmen von Windows Terminalservern einrichten und verwalten, um ihre Anwender auf diesem Weg mit Windows-Anwendungen zu beglücken.

11.3.1 Windows Terminaldienste via Linux Client RDesktop

Microsoft selbst stellt offiziell keine Client-Software für Linux bereit.[2]

Abbildung 11.5 Matthew Chapman, Entwickler von RDesktop

---

1 Schon auf Intel-Servern können Linux-Terminalserver doppelt so viele Benutzer unterstützen wie Windows Terminalserver. Auf Midrange- und Host-Systemen können Unternehmen mit Linux ganze Farmen von Intel-Servern konsolidieren, was den gesamten Infrastruktur-Verwaltungsaufwand erheblich reduziert.

2 Hartnäckigen Gerüchten zufolge verheimlicht Microsoft seinen RDP-Client für Linux.

Der in der Geburtsstadt des Papstes Johannes Paul II. in Polen geborene und 1986 nach Australien ausgewanderte Informatikstudent Matthew Chapman konnte das von Microsoft nicht öffentlich dokumentierte RDP-Protokoll entschlüsseln und durch Reverse Engineering den Open Source Client *RDesktop* (*www.rdesktop.org*) entwickeln.

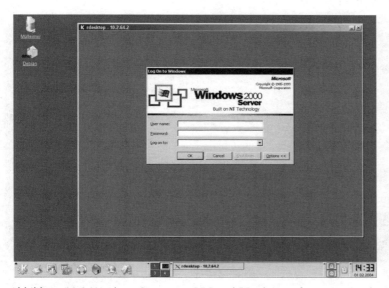

Abbildung 11.6 Windows-Sitzung via RDP und RDesktop auf einen Linux Client

Bei Redaktionsschluss Anfang 2004 war die Version 1.3 von RDesktop aktuell. Die Lizenzpolitik von Microsoft verlangt, dass Unternehmen für jeden Benutzer, der mit einem anderen Betriebssystem als mit Windows 2000, Windows XP oder Windows 2003 auf Windows-Terminaldienste zugreift, zusätzlich zur Windows-Zugriffslizenz eine Terminalserver-Zugriffslizenz (englisch *Client Access License*, CAL) vorhält (siehe [Kretschmer2001]).

11.3.2 Windows-Terminaldienste via HOBLink JWT und UWT

Der deutsche Anbieter HOB (*www.hob.de*) bietet für den Zugriff auf Microsoft Windows-Terminaldienste einen Java-basierten kommerziellen RDP-Client als Browser-Applet und als Linux-Client:

▶ Administratoren können das Java-basierte Applet HOBLink JWT direkt lokal installieren oder bequemer über einen Webserver zur Verfügung stellen, damit Anwender es von dort auf ihre Clients laden können. HOBLink JWT setzt eine aktuelle Java Virtual Machine voraus. Die Thin Clients sollten mindestens einen Prozessor mit 500 MHz besitzen.

▶ HOBLink UWT ist das native Pendant zur lokalen Installation auf schlanken Linux-Clients mit allen aktuellen Linux-Distributionen.

Die HOB-Clients kommunizieren ohne zusätzlichen Serveraufsatz direkt mit Windows Terminalserver-Farmen. Ein Load Balancing mit bis zu 13 einstellbaren Parametern unterstützt eine gleichmäßige Auslastung der einzelnen Server.

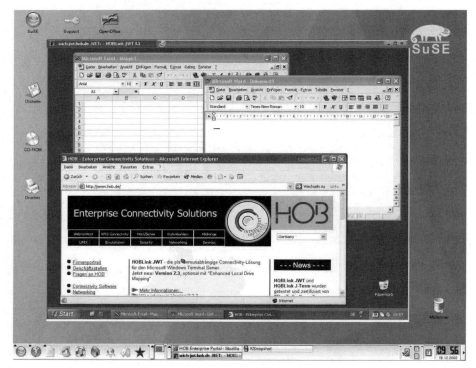

Abbildung 11.7 Windows-Sitzung via RDP und HOB-Client JWT auf einem Linux PC

Zur zentralen Benutzerverwaltung und Administration stehen die Alternativen HOB Enterprise Access oder ein Verzeichnisdienst auf Basis von LDAPv3 zur Verfügung. Für sicheren Remote-Zugriff liefert HOB eine eigene, auf die Clients abgestimmte SSL-Verschlüsselungslösung mit Web Secure Proxys für verschiedene UNIX-Systeme.

11.3.3 Thinsoft RDP Client WinConnect

Thinsoft (*www.thinsoftinc.com*) bietet für Linux-Umgebungen mehrere Zugangslösungen zu Microsoft Windows Terminalservern u.a.

- den **RDP Client für LinuxWinConnect**,
- den **Multi-User RDP-Client WinConnect VX** für Linux-Server, der mehrere RDP-Sitzungen zu Windows-Terminalservern aufbaut und sie per VNC an PDAs und Linux-Endgeräte oder per X.11 an X Terminals weiterleitet.
- den **Zaurus-Client WinConnectZ**, um mit dem Linux-basierten Sharp Zaurus PDA SL 5500 via RDP auf Windows-Terminalserver zuzugreifen.

11.3.4 Windows-Terminaldienste über lokale Clients

Sowohl auf Linux Net-PCs als auch auf gut ausgestatteten Linux X Terminals kann man RDP-Clients wie den oben genannten hervorragenden Open Source Client RDesktop oder kommerzielle Clients wie HOBLink JWT im Browser oder nativ HOBLink JWT oder Thinsoft RDP Client WinConnect einsetzen.

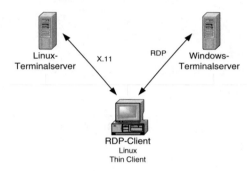

Abbildung 11.8 Windows-Sitzung via RDP-Client auf dem Linux-Endgerät

In vielen Linux-Distributionen ist das Paket RDesktop bereits enthalten. Unter Debian und SuSE installieren Sie das Paket *rdesktop* mit *apt-get* bzw. *YaST2*.

Sie starten den RDesktop-Client durch Aufruf von

```
rdesktop <Windows-Terminalserver>,
```

wobei *<Windows-Terminalserver>* der Rechnername bzw. die IP-Adresse des Windows-Terminalservers ist. *rdesktop* besitzt einige interessante Kommandozeilenoptionen, mit denen Sie beispielsweise Benutzername (*-u*), Domäne (*-d*) oder auch, wenn gewünscht, das Benutzerpasswort (*-p*) übergeben können. Tabelle 11.1 listet die wesentlichen Optionen für den Aufruf von RDesktop auf. Ein Beispiel eines komplexeren Aufrufs von *rdesktop* ist:

```
rdesktop -u eva -d TEST -k de -g 1024x768 wts-1.mydomain.local
```

Hier werden im Anmeldedialog für den Windows-Terminalserver *wts-1.mydomain.local* der Benutzername mit *eva* und die Domäne mit *TEST* vorbelegt. Die Benutzerin muss nur das Passwort für die Authentifizierung eingeben. Zusätzlich aktiviert der Befehl das deutsche Tastaturlayout (*de*) und setzt die Größe des Fensters auf *1024x768* Pixel.

Option	Beschreibung
-u <benutzername>	Benutzername für die Authentifizierung am Windows-Terminalserver.
-d <domaene>	Domäne für die Authentifizierung am Windows-Terminalserver.
-s <shell>	Startet das Programm bzw. Skript *shell* anstelle des Windows Explorers.
-c <verzeichnis>	Gibt das initiale Arbeitsverzeichnis des Benutzers an.
-p <passwort>	Passwort für die Authentifizierung am Windows-Terminalserver. Achtung: Ein auf der Kommandozeile übergebenes Passwort kann für andere Benutzer, z.B. mit *ps*, sichtbar sein.
-k <layout>	Setzt das länderspezifische Tastaturlayout, z.B. auf *de*. Standardwert ist *en-us*.
-g <geometrie>	Setzt die Größe des Desktop-Fensters (Breite x Höhe), z.B. *1024x768*.

Tabelle 11.1 Wichtige Kommandozeilen-Optionen für RDesktop

Weitere Informationen zu den Optionen von RDesktop finden Sie in der Handbuch-Seite zu RDesktop (siehe `man rdesktop`).

11.3.5 Windows-Terminaldienste über Linux-Terminalserver

Alternativ können Unternehmen die Clients für Windows-2000-Terminaldienste auf ihren Linux-Terminalservern installieren. Dann baut der Linux-Terminalserver für jeden Linux-Client eine RDP-Verbindung zum Windows-Terminalserver auf. Die Linux Thin Clients nutzen die Terminaldienste dann indirekt über ihre X.11-, NX- oder Tarantella-Verbindung zum Linux-Terminalserver.

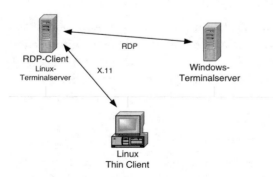

Abbildung 11.9 Windows-Sitzung via Linux-Terminalserver

Die Installation, die Konfiguration und der Betrieb erfolgen auf den Linux-Anwendungsservern ähnlich wie auf lokalen Clients (siehe Abschnitt 11.3.4). Die Terminalserver leiten die Bildschirmein- und -ausgabe völlig transparent über das X.11- oder NX-Protokoll weiter.

11.4 Windows-Terminalserver mit Citrix Metaframe

Auf Windows-Servern mit aktivierten Terminaldiensten können Unternehmen zusätzlich eine Metaframe-Version von Citrix (*www.citrix.de*) einrichten.

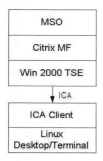

Abbildung 11.10 Zugriff auf Microsoft Office (MSO) via Windows-Terminalserver (Win 2000 TSE) und Citrix Metaframe (Citrix MF) per ICA-Client

Die bei Redaktionsschluss aktuelle Metaframe-Version heißt *Citrix Metaframe XP Presentation Server for Windows*.

Metaframe-Server kommunizieren mit Endgeräten über das proprietäre Protokoll *Independant Computing Architecture* (ICA), das Citrix als Geschäftsgeheimnis hütet.

Nutzen Unternehmen das Protokoll-Plugin Citrix Metaframe als Erweiterung der Microsoft Windows-Terminalserver, müssen sie zusätzlich zu den hart codierten Lizenzen für Citrix Metaframe, die die Anzahl gleichzeitig zugreifender User begrenzen, pro überhaupt jemals zugreifendem Arbeitsplatz eine Microsoft Windows-Zugriffslizenz sowie Anwendungslizenz und bei Zugriff über andere als die auf Seite 349 genannten Endgeräte-Betriebssysteme obendrein eine Microsoft Windows-Terminalserver-Zugriffslizenz vorhalten.

11.4.1 Citrix-Metaframe Linux-Client

Für Linux stellt Citrix einen sehr smarten ICA-Client zur Verfügung. Dessen Version 7 kann auch Einträge in die Startmenüs von KDE und GNOME sowie Verknüpfungen auf den Desktop legen.

Dazu befragt der ICA-Client beim Start den so genannten *PNAgent* des Citrix-Servers, welche Applikationen auf dem Citrix-Server für den Benutzer freigegeben sind. Diese Applikationen trägt der ICA-Client dann in das Startmenü ein (siehe Abbildung 11.12: *Show applications in menu*) oder legt Verknüpfungen auf dem Desktop an (siehe Abbildung 11.12: *Put applications in desktop*).

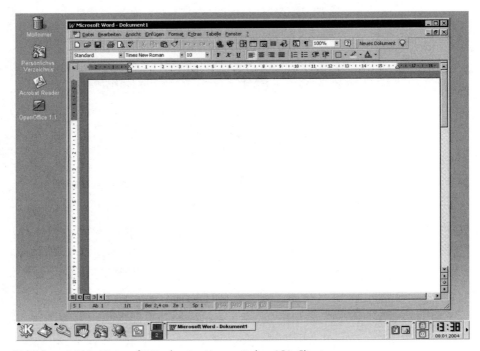

Abbildung 11.11 Microsoft Word unter Linux mit dem ICA-Client

Abbildung 11.12 zeigt, dass die für den Anwender freigegebenen Anwendungen (Microsoft Word, Access und Photoeditor) aufgrund der Einstellungen im ICA-Client (*Put applications in desktop*) auf dem Desktop des Benutzers als Verknüpfungen erscheinen. Der ICA-Client aktualisiert die freigegebenen Anwendungen bei jeder Verbindung zum Citrix-Server und nimmt neu zugewiesene Anwendungen automatisch in das Startmenü bzw. den Desktop auf. Anwender brauchen nur einmal den ICA-Client mit `/usr/lib/ICAClient/wfcmgr` zu starten und die Server-URL des *PNAgent* einzutragen. Danach können die Anwender die ihnen zugewiesenen Anwendungen direkt starten.

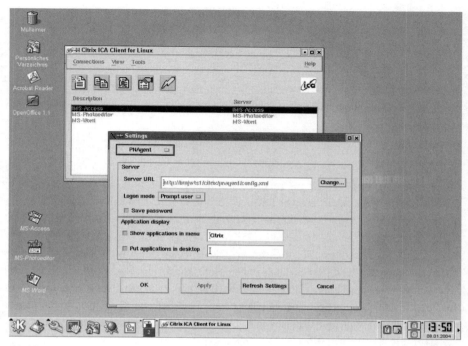

Abbildung 11.12 Konfiguration des ICA-Client

11.4.2 ICA-Clients auf Linux Clients oder Linux-Terminalservern

Auf einem Net-PC kann man den Metaframe Client genauso wie bei vollständigen Linux Workstations verwenden. Sobald Sie den ICA-Client auf dem Bootserver installiert haben, steht er automatisch für alle Net-PCs zur Verfügung.

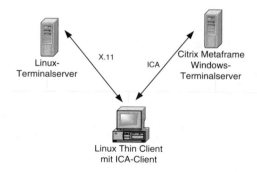

Abbildung 11.13 Windows-Sitzung via ICA-Client auf dem Linux-Endgerät

Bei Linux Terminals kann man den ICA-Client entweder

- wie auf einem Linux Net-PC lokal auf dem Linux X Terminal oder
- remote auf einem Anwendungsserver

ausführen, sofern der ICA-Client auf die benutzerspezischen Konfigurationsdateien *appsrv.ini* und *wfclient.ini* im Verzeichnis ~/.ICAClient der Anwender zugreifen darf.

Im ersten Fall führt das Linux X Terminal den ICA-Client selbst lokal aus. Damit baut das Linux X Terminal wie ein Linux Net-PC über das ICA-Protokoll eine direkte Verbindung zum Citrix-Server auf und überträgt Bild-, Tastatur- und Mausinformationen in komprimierter Form vom und zum Citrix-Server. Diese Variante nutzen auch die Linux-Flash-ROM-Terminals (Linux Thin Clients mit Flash-ROM) von Igel, Esesix, Wyse, Neoware etc. Im zweiten Fall starten Anwender den ICA-Client auf dem Anwendungsserver. Dieser baut dann eine Verbindung zum Citrix-Server auf. Der Citrix-Server sendet die Bildinformationen per ICA-Protokoll komprimiert an den Linux-Terminalserver. Der Linux-Terminalserver schickt diese Bildinformationen unkomprimiert über das X.11-Protokoll oder komprimiert über das NX-Protokoll (siehe Abschnitt 9.7 ab Seite 313) an den Thin Client weiter. Hier belasten die Bildinformationen also zweimal das Netzwerk.

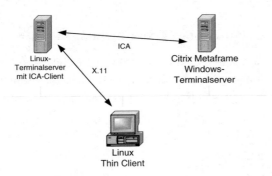

Abbildung 11.14 ICA-Verbindung vom Linux-Terminalserver zum Metaframe-Server und X-Verbindung vom Linux-Terminalserver zum Linux Thin Client

Bei ausreichender Netzwerk-Performance sind im LAN prinzipiell beide Varianten einsetzbar. Reichen Hauptspeicher und Prozessor des Thin Client aus, um den ICA-Client auszuführen, ohne andauernd über das Netzwerk swappen zu müssen, kann die direkte Verbindung Thin-Client-Metaframe-Server schneller sein und zudem Sound übertragen. Dann kommuniziert der Linux Thin Client mit dem Metaframe-Server nur über das ICA-Protokoll, und die Bild- und Sounddaten und Benutzereingaben gehen nur einmal in komprimierter Form über das Netzwerk.

Will man auf dem Linux Thin Client lokale Peripherie wie serielle Schnittstellen nutzen, um beispielsweise per ICA-Client über den Citrix-Server seine Termin- und Adressdaten mit einem Handheld abzugleichen, muss der ICA-Client direkt auf dem Linux Thin Client laufen.

11.5 Windows-Terminalserver mit Tarantella

Zwischen Windows-Servern mit aktivierten Terminaldiensten und Linux-Endgeräten können Unternehmen zusätzlich Tarantella-Middleware-Server[3] einrichten und betreiben (siehe Seite 310). Die bei Redaktionsschluss Anfang 2004 aktuelle Tarantella-Version heißt *Tarantella Enterprise 3.4*. Die Tarantella-Middleware-Server kommunizieren serverseitig wie RDP-Clients mit Microsoft Windows-Terminalservern und clientseitig mit Endgeräten über ihr eigenes *Adaptive Internet Protocol* (AIP), das sich intelligent an die Bandbreite der Client-Verbindung anpasst und auch Druck-Streams im PDF-Format komprimiert tunnelt.

In Abbildung 11.15 läuft Microsoft Office (MSO) auf einem Windows-Terminalserver (Win 2000 TSE). Über Microsofts RDP-Protokoll kommuniziert der Windows-Terminalserver mit dem Tarantella-Middleware-Server. Dieser setzt die Sitzung in AIP um und kommuniziert mit dem Linux Client.

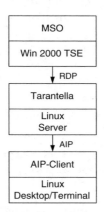

Abbildung 11.15 ICA-Verbindung vom Windows-Terminalserver zum Tarantella-Middleware-Server und AIP-Verbindung vom Tarantella-Server zum Linux Thin Client

Nutzen Unternehmen Tarantella-Server als Middleware für den Zugriff auf Microsoft Windows-Terminalserver, müssen sie zusätzlich zu den Lizenzen für den Tarantella-Server dennoch pro Arbeitsplatz, der theoretisch auf den Windows-Terminalserver zugreifen könnte, eine Windows-Zugriffslizenz und die Anwendungslizenzen und bei Zugriff über andere als die auf Seite 349 genannten Endge-

---

3 siehe *www.tarantella.com*

räte-Betriebssysteme obendrein eine Terminalserver-Zugriffslizenz vorhalten. Bei der neuesten Tarantella-Version für RDP 5.2 holt sich der Tarantella-Server Lizenzinformationen von Microsofts Lizenzserver und beachtet diese beim Aufbau von RDP-Verbindungen. Auf gut ausgestatteten Linux-Clients mit Java-fähigem Browser kann man für die Kommunikation mit einem Tarantella-Middleware-Server entweder ein Java Applet nutzen, das der Browser des Clients beim ersten Kontakt mit dem Tarantella-Server lädt, oder auf schlanken Endgeräten wie Linux Terminals einen nativen Linux-Client, den Administratoren in traditioneller Weise installieren. Einige Linux Thin Clients mit Flash-ROM von Igel, Esesix, Wyse oder Neoware haben bereits AIP-Clients in ihrem lokalen Speicher.

11.6 Windows in VMware-Umgebungen

Mainframes sind schon lange in der Lage, mehrere virtuelle Rechner zur Verfügung zu stellen. Was dem Mainframe recht ist, ist dem PC billig. VMware Inc. (*www.vmware.de*), gerade für 625 Millionen US-Dollar vom Storage-Spezialisten EMC übernommen, bietet für die Intel/AMD-Welt Virtualisierungslösungen, um auf einem physikalischen PC mehrere virtuelle PCs, auch mit verschiedenen Betriebssystemen, darzustellen. Dies erlaubt Unternehmen, mehrere PCs physikalisch auf einem größeren Mehr-Wege-Server zu konsolidieren und dessen Kapazitäten filigran auf den tatsächlichen Bedarf hin zu portionieren. Für die herannahende Welt des Utility Computing bzw. Computing on Demand sollen dynamische Lösungen die Rechenpower des physikalischen PCs bedarfsgerecht auf virtuelle PCs aufteilen.

11.6.1 VMware-Produktfamilien

VMware bietet derzeit drei Produktfamilien:

- **VMware Workstation** zum Betrieb mehrerer Gast-Betriebssysteme auf einem PC mit den Host-Betriebssystemen Linux oder Windows NT 4.0/2000/XP/Server 2003
- **VMware GSX Server** zum Konsolidieren und Partitionieren von Linux- und Windows-Servern, um darauf sehr viele, nahezu beliebige Gast-Betriebssysteme laufen zu lassen
- **VMware ESX Server** zum Konsolidieren und Partitionieren von Großrechnern

In diesem Kapitel interessiert VMware als Technologie, um Windows-Betriebssysteme als Gast auf einem Linux-Rechner zu nutzen, um an den Linux-Arbeitsplätzen Windows-Anwendungen zur Verfügung zu stellen.

> **Hinweis:** Bedenken Sie bitte, dass Sie hier nicht nur die Lizenzen von VMware, sondern auch die Lizenzen für Windows und die Windows-Anwendungen in ausreichender Stückzahl, d.h. für alle Anwender, die diese an ihren Endgeräten starten können, besitzen müssen.

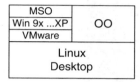

Abbildung 11.16 Virtualisierungssoftware VMware auf dem Linux Desktop stellt Windows und Windows-Anwendungen wie Microsoft Office zur Verfügung.

Abbildung 11.16 veranschaulicht das einfache Prinzip: Auf einem Linux Desktop läuft die Virtualisierungssoftware VMware. Auf dieser ist ein Windows-Betriebssystem installiert, und auf diesem laufen wiederum Windows-Anwendungen wie Microsoft Office (MSO). Anwender können dann auf diesem Desktop sowohl Windows-Anwendungen als auch Linux-Anwendungen wie die Linux-Version von OpenOffice.org (OO) nutzen.

Das gleiche Prinzip bringt in Terminalserver-Umgebungen noch mehr Administrationsvorteile.

11.6.2 VMware-Grundlagen

Von den zahlreichen Möglichkeiten, Windows weiter auf einem Linux-Desktop zu betreiben, bietet bisher nur die Virtualisierungslösung VMware die Wahl zwischen praktisch allen Windows-Versionen als Gast-Betriebssystem. VMware emuliert die IA32-Architektur auf einer Maschine derselben Architektur. Damit erreicht man zwar keine plattformübergreifenden Lösungen, kann aber bequem auf einer Maschine mit mehreren Betriebssystemen arbeiten.

Die folgenden Abschnitte beschreiben in drei Schritten, wie man Linux Diskless Clients auf der Basis von VMware um Windows erweitern kann:

1. Der erste Teil vermittelt die Möglichkeiten des virtuellen PC und spezieller Konfigurationen.
2. Der zweite Teil erklärt, wie man die spezielle Kombination aus einem Linux-Host-System und einem Windows-Gastsystem einrichten und optimal betreiben kann.
3. Der dritte Abschnitt beschreibt Einsatzszenarien für diese Kombinationen.

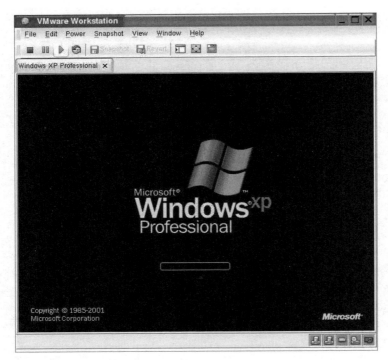

Abbildung 11.17 Windows-XP startet in VMware.

Die reale PC-Hardware wird immer schneller und hat die Anforderungen einiger Standardapplikationen an die Leistungsfähigkeit der PCs bereits weit überholt. Die Preise für Standard-PCs mit hoher IO-Leistung und Speicherausstattung liegen in einem Rahmen, der vor fünf Jahren üblicherweise für einen ganz simplen Büro-PC eingeplant wurde. In Kapitel 7 steht, wie Sie einen Net-PC auf Linux-Basis einrichten. Diese Umgebung eröffnet zusammen mit VMware völlig neue Möglichkeiten.

Auf Basis dieses Projekts lassen sich:

- Schulungs- und Kursumgebungen betreiben,
- die Arbeit von Software-Entwicklern unterstützen,
- eine einfache Koexistenz verschiedener Betriebssysteme organisieren und
- Migrationswege von einer proprietären Windows-Umgebung auf eine freie Linux-Plattform aufzeigen.

Dieser Abschnitt verwendet, wie schon oben angedeutet, die beiden Begriffe *Host-* und *Gast-Betriebssystem*:

1. Das **Hostbetriebssystem**, ein Linux oder Windows 98/NT/2000/XP ist real auf dem Rechner installiert.
2. Das **Gastbetriebssystem** ist innerhalb der virtuellen Maschine des VMware installiert. Als Gäste sind Betriebssysteme wie Linux, NetWare6.0, FreeBSD für PC, Windows und MS-DOS in fast allen Ausführungen möglich. Für weitere ebenfalls installierbare Betriebssysteme wie Solaris für Intel-CPU sichert VMware kein sicheres Funktionieren zu.

Die Entwicklung und Praxiserprobung findet am Rechenzentrum der Universität Freiburg unter Leitung von Dirk von Suchodoletz statt.

11.6.3 Der virtuelle PC

Viele PC-Benutzer und Administratoren von Desktop-Systemen kennen diese Software zur Emulation eines virtuellen PCs schon. Da der der zweite Abschnitt einige Grundkenntnisse voraussetzt, finden Sie hier zuerst eine kurze Zusammenstellung der wichtigen Eigenschaften dieses Produkts.

Die Software VMware

- bildet einen kompletten PC inklusive Standard-BIOS nach,
- bietet Sound, Grafik, SCSI, IDE, CD-ROM, Festplatte und USB,
- verwirklicht eine einheitliche Virtualisierung unabhängig vom Host-OS und von der realen Hardwareausstattung des Hostrechners und
- erlaubt es, Teile der Maschinenkomponenten auf virtuelle oder reale Hardwarekomponenten abzubilden.

VMware (Workstation) ist eine Anwendung auf einem Betriebssystem, in der man andere Betriebssysteme innerhalb eines Fensters der grafischen Oberfäche des Hostbetriebssystems betreiben kann. Dazu emuliert VMware einen virtuellen PC, auf dem das Gastbetriebssystem läuft. VMware ist dabei keine CPU-Emulation. Da es an die 32-Bit-Architektur von Intel gebunden ist, kann man damit zum Beispiel nicht auf der PowerPC-Architektur die IA32-Architektur emulieren.

Die VMware-Maschine bildet den Prozessor nach, den die Host-CPU vorgibt. Der virtuelle Rechner bekommt ein BIOS der Firma Phoenix mit den üblichen Optionen traditioneller PCs. Die Datei *nvram* im VMware-Verzeichnis speichert die veränderten Einstellungen. Das Gastsystem kann vom Hostbetriebssystem einen Arbeitsspeicher von bis zu 1 GByte anfordern, falls diesem so viel RAM real zur Verfügung steht. VMware bildet einen Standard-PCI-Grafikadapter mit VGA- und SVGA-Unterstützung bis zu einer maximalen Auflösung der Grafikauflösung des Hosts an. Der Host-Grafikadapter und dessen Treiber müssen die Auflösungen, die Sie unter VMware nutzen wollen, bereitstellen können.

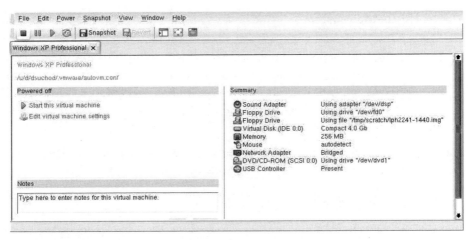

Abbildung 11.18 VMware als X.11-Applikation für den Linux-Desktop

Fast alle Komponenten, die das Gastbetriebssystem zu sehen bekommt, unterscheiden sich trotz unterschiedlicher Host-Hardware und -Betriebssysteme nicht. Das BIOS ist immer identisch, ist jedoch darauf angewiesen, dass Hardwarekomponenten auch real oder zumindest virtuell vorhanden sind. Wenn Sie beispielsweise zwei Diskettenlaufwerke im BIOS-Menü einstellen, muss das Host-System diese auch in irgendeiner Form zur Verfügung stellen.

Bei den Komponenten Ethernet, SCSI-Controller, Soundkarte, PS2-Maus, USB-Controller, serielle und parallele Schnittstellen stellt VMware immer identische Standard-Hardware zur Verfügung. Beispielsweise ist die Ethernet-Karte immer ein 100-Mbit/s-AMD-PCnet-Adapter, der SCSI-Controller ein Modell von Bus-Logic und die Soundkarte immer Soundblaster-kompatibel mit ES1371-Chip.

Dies bietet den Vorteil, dass der real vorhandene Hardware-Park und die real installierten Host-Betriebssysteme für die möglichen Gastbetriebssyteme keine Rolle spielen. Solange man identisch konfigurierte Versionen von VMware einsetzt, lassen sie sich mühelos transparent von einer Laufzeitumgebung in eine andere versetzen.

Festplatten und Wechsellaufwerke wie CD-ROM und Diskettenlaufwerk kann VMware verschieden abbilden:

▶ Entweder nutzt es ein real verfügbares Hardware-Laufwerk des Host-Systems
▶ oder es bildet das Laufwerk auf eine Datei ab.

Damit braucht man nicht für jede Instanz mehrerer virtueller Maschinen auf einem einzigen Host ein reales Laufwerk zuzuweisen. Trotzdem sieht das Gast-Betriebssystem ein »richtiges« Laufwerk.

Mehrere virtuelle Maschinen können unter Umständen virtuelle Laufwerke gemeinsam nutzen. So kann man einer großen Zahl virtueller Maschinen vermittelt über das Host-Dateisystem eine einzige gemeinsame Installations-CD mit einem ISO-CD-ROM-Image zur Verfügung stellen. Dabei brauchen Nutzer des Gast-Systems kein Image über die gesamte Sitzungslaufzeit zu benutzen: Sie können dieses im laufenden Betrieb über VMware aushängen und an seiner Stelle ein weiteres einbinden. Dies gilt auch für die klassischen Diskettenlaufwerke.

Für Festplatten ist die Situation etwas komplexer. Werden sie so groß, dass das Host-Dateisystem sie nicht unterstützt, muss man sie aufspalten. Da das Gast-Betriebssystem zumeist von Festplatten startet, sind diese von ihm fest in Beschlag genommen. Ein einfaches Aus- und Umhängen ist nicht möglich. Spricht VMware die Festplatte jedoch so an, dass es alle Schreibvorgänge in eine temporäre Session-Datei umlenkt, kann man Gästen ein Festplatten-Image nur lesbar zur Verfügung stellen. Gäste merken davon nichts, da VMware bei allen Schreib- und Lesevorgängen die virtuelle Zwischenschicht der Session-Datei auswertet.

Einen entscheidenden Schritt haben Sie jedoch erreicht. Sie müssen die Festplatte, den zentralen Datenträger einer PC-Installation, nicht mehr schreibbar an das Gast-System exportieren. Eine einzige lediglich lesbare Datei genügt in den meisten Fällen. Sie können so mehrere Instanzen fast jedes Gast-Betriebssystems betreiben. Dies stellt jedoch nur einen Teil der Lösung dar. Zusätzlich müssen Sie die Unterscheidbarkeit der verschiedenen aus einem Image gestarteten Betriebssysteme sicherstellen.

11.6.4 VMware auf einem Linux-Host

Wenn Sie VMware auf einer Linux-Maschine einrichten wollen, müssen Sie sich mit zwei Ebenen der Konfiguration auseinander setzen: VMware benötigt privilegierten Zugriff auf die Hardware und das Host-Betriebssystem. Unter Linux stehen diese Rechte üblicherweise nur dem Systemadministrator zur Verfügung. Deshalb ist der Betrieb von VMware in zwei Komponenten aufgeteilt:

- Das VMware-Backend besteht aus Kernelmodulen, die zum Zeitpunkt des Starts der Linux-Maschine geladen werden. Diese arbeiten mit dem Host-Betriebssystem und der Hardware zusammen:
  - Das Modul *vmmon.o* steuert die virtuellen Maschine, die die Koordination zwischen dem Gast- mit dem Hostbetriebssystem übernimmt.
  - *vmnet.o* stellt dem Gastbetriebssytem Netzwerkschnittstellen zur Verfügung. Für die Host-Only-Anbindung konfiguriert es innerhalb der virtuellen Maschine ein eigenes Interface *vmnetN* als Gegenstück zum Netzwerkadapter. Auch dieses benötigt Root-Rechte.

▶ Anschließend kann jeder normale Nutzer das VMware-Frontend ohne spezielle Rechte starten. Mehrere Instanzen gleichzeitig laufender Gastbetriebssysteme sind ohne weiteres möglich. Man kann VMware veranlassen, den Gästen reale oder virtuelle Hardware zuzuordnen. Dabei sind selbst virtuelle Wechselmedien kein Problem. Eine Beschränkung stellt jedoch der insgesamt nutzbare Hauptspeicher und die Zahl der in der ersten Konfigurationsebene festgelegten Host-Only-Schnittstellen dar. Diese Netzwerkschnittstellen bilden private Netze zwischen dem Host und dem Gast.

Beide Teile steuert man durch separate Konfigurationsdateien. Das Backend lädt beim Start der Maschine die Runlevel-Prozedur über ein eigenes Startskript *vmware*, das VMware bei der Installation im Verzeichnis */etc/init.d* anlegt. Dieses versorgt sich zum Einrichten spezieller virtueller Netzwerkschnittstellen aus der Datei */etc/vmware/locations*, die das VMware-Installationsskript *vmware-config.pl* anlegt. Nach dem Durchlauf des Startskripts stehen auf dem PC zusätzliche virtuelle Netzwerkadapter zur Verfügung, die man mit *ifconfig* oder *ip addr show* anzeigen kann. Hier finden Sie die Einstellungen, die Sie diesem Interface mit dem VMware-Installationsskript vorgegeben haben.

```
vmnet8    Link encap:Ethernet    HWaddr 00:50:56:C0:21:18
          inet addr:192.168.1.1  Bcast:192.168.1.255  Mask:255.255.255.0
          inet6 addr: fe80::250:56ff:fec0:8/10 Scope:Link
          UP BROADCAST RUNNING MULTICAST  MTU:1500  Metric:1
          RX packets:0 errors:0 dropped:0 overruns:0 frame:0
          TX packets:229 errors:0 dropped:0 overruns:0 carrier:0
          collisions:0 txqueuelen:100
          RX bytes:0 (0.0 b)  TX bytes:0 (0.0 b)
```

Weitere systemweite Konfigurationsdaten für alle Benutzer des Linux-Hosts enthält die Datei */etc/vmware/config*. Unter Umständen benötigen Sie eine weitere Konfigurationsdatei */usr/lib/vmware/config*. Hier definieren Sie ein systemweites Temporärverzeichnis, wenn es von der Default-Einstellung */tmp* abweichen soll:

```
[ ... ]
tmpDirectory         = /tmp/scratch
```

Dies ist besonders dann wichtig, wenn der Speicherplatz unterhalb von */tmp* begrenzt ist. VMware öffnet hier eine Datei, die ungefähr der anderthalbfachen Größe des Speichers in der virtuellen Maschine entspricht. Haben Sie beispielsweise Ihrem Gastbetriebssystem 256 MByte Speicher zugebilligt, benötigen Sie über 300 MByte Speicher im Temporärverzeichnis. Dies ist kein Problem für Festplatten, jedoch sinnlose Speicherverschwendung, wenn */tmp* Teil der RAM-Disk ist.

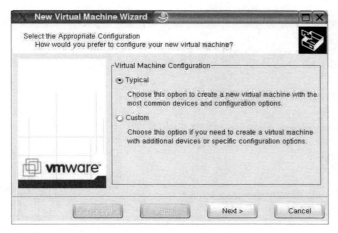

Abbildung 11.19 VMware-Konfigurationsinterface

Benutzer konfigurieren das Frontend selbst. Sie starten dazu entweder den Konfigurationseditor und stellen die meisten Parameter per Hand ein. Alternativ kann der Wizard eine weitestgehend vollständige Konfiguration halbautomatisch erstellen (siehe Abbildung 11.19).

Benutzer benötigen keine speziellen Rechte, um reale Laufwerke in ihre Einstellung aufzunehmen.

Die SuSE-Distribution liefert Kernelmodule für VMware mit. Für viele andere Distributionen müssen Sie die Module mit dem Installationsskript *vmware-config.pl* erzeugen, wenn sie nicht von VMware bereits mitgeliefert werden. Dazu benötigen Sie installierte und an den aktuellen Kernel angepasste Kernel-Sources.

11.6.5 Einrichtung der virtuellen Maschine für ein Client-OS

Für jede virtuelle Maschine, d.h. jede Konfiguration, die Benutzer für ein Gast-Betriebssystem erstellen, legt VMware eine eigene Konfigurationsdatei an. Diese Datei enthält alle Parameter des virtuellen PCs, den das Gast-OS zu sehen bekommt.

Außerdem erstellt VMware für jeden Benutzer in dessen Homeverzeichnis automatisch ein Unterverzeichnis *.vmware*. Unterhalb dieses Verzeichnisses schreibt es die Konfiguration zur Einrichtung des grafischen Frontends der virtuellen Maschine und der Lizenzschlüssel. Die Konfigurationsdatei *.vmware/preferences* bestimmt das Verhalten des grafischen Benutzerinterfaces von VMware. Hier können Sie über das Auftauchen von Fehlermeldungen entscheiden.

> Um Ihre Benutzer nicht unnötig bei der Arbeit zu stören, schalten Sie nach erfolgreichem Debugging in der Datei *.vmware/preferences* möglichst alles Unnötige ab.

Listing 11.1 Beispielkonfiguration *.vmware/preferences*

```
01 hint.xkeymap.notLocal = "FALSE"
02 hint.mks.notLocal = "FALSE"
03 hint.usbgLinux.altuhci = "FALSE"
04 hint.gui.reset = "FALSE"
05 prefvmx.mru.suspended = ""
06 pref.toolbarIcons = "FALSE"
07 hint.disklib.lockerror = "FALSE"
08 hint.gui.poweroff = "FALSE"
09 hint.nfsmounted.persistent = "FALSE"
10 hint.nologging = "FALSE"
11 pref.motionUngrabBarrier = "1"
12 pref.motionScrollBarrier = "100000"
13 prefvmx.mru.config = "~/.vmware/winxp2.vmx:"
14 hint.mks.fullscreen = "FALSE"
15 pref.autoRaise = "FALSE"
16 pref.motionGrab = "TRUE"
17 pref.exchangeSelections = "TRUE"
18 pref.syncTime = "FALSE"
19 hint.cpuid.unknownfeature = "FALSE"
```

Alle Variablen, die *hint* im Namen tragen, sind Hinweise, die VMware in bestimmten Situationen einblendet. Sie enthalten Meldungen über mögliche Probleme, sind aber nicht entscheidend für die Ausführung der virtuellen Maschine. Sie können sie daher unterdrücken. Mit *pref* eingeleitete Variablen definieren allgemeine Einstellungen (Preferences) für alle Konfigurationen virtueller Maschinen eines Benutzers.

Für jede Konfiguration einer Gast-Betriebssystem-Umgebung legt VMware ein eigenes Unterverzeichnis an, über das die Eigentümer selbst bestimmen können. Den Namen der Konfigurationsdatei können sie frei wählen, die Endung ist auf *.vmx* voreingestellt, aber nicht Pflicht. Die zuletzt geöffneten Konfigurationsdateien merkt sich VMware in den *preferences* unter *prefvmx.mru.config*. Alle Dateien sind in einem String mit Doppelpunkt voneinander getrennt angegeben.

Wie auch die *preferences* ist die Konfiguration der virtuellen Hardware in einer reinen Textdatei beschrieben. Diese können Sie auch außerhalb von VMware mit einem Editor bearbeiten oder durch ein Skript generieren lassen. Das später in diesem Abschnitt vorgestellte Shell-Skript *runvmware* legt beispielsweise halbautomatisch eine Konfiguration an. Die Konfigurationsdatei enthält alle hardwarespezifischen Einstellungen. Die Reihenfolge der Einträge ist beliebig.

Einige Gruppen von Einträgen gehören zwar zusammen, brauchen aber nicht hintereinander zu stehen. Zu diesen Gruppen zählen die Einstellungen zum Verhalten der virtuellen Maschine allgemein, die virtuellen Hardware-Komponenten und die Lage verschiedener Dateien.

Listing 11.2 VMware-Konfiguration

```
01 config.version = "7"
02 virtualHW.version = "3"
03 displayName = "Windows XP Professional"
04 gui.powerOnAtStartUp = "TRUE"
05 gui.fullScreenAtPowerOn = "TRUE"
06 gui.fullScreenResize = "TRUE"
07 apmSuspend = "FALSE"
08 suspendToDisk = "TRUE"
09 gui.exitAtPowerOff = "TRUE"
10 hard-disk.enableIBR = "FALSE"
11 resume.repeatable = "FALSE"
12 disable_acceleration = "FALSE"
13 guestOS = "winXPPro"
14 ide0:0.mode = "independent-nonpersistent"
15 ide0:0.present = "TRUE"
16 ide0:0.fileName = "/tmp/disk00/lph1205-dsuchod/disk"
17 scsi0.present = "TRUE"
18 scsi0:0.present = "TRUE"
19 scsi0:0.deviceType = "cdrom-raw"
20 scsi0:0.fileName = "/dev/dvd"
21 floppy0.fileName = /dev/fd0
22 floppy1.startConnected = "TRUE"
23 floppy1.present = "TRUE"
24 floppy1.fileType = "file"
25 floppy1.fileName = "/tmp/scratch/lph1205-1440.img"
26 sound.present = "TRUE"
27 redoLogDir = "/tmp/disk00/lph1205-dsuchod"
28 logging = "FALSE"
29 debug = "FALSE"
30 memsize = "512"
31 tmpDirectory = "/tmp/disk00/lph1205-dsuchod"
32 ethernet0.present = "TRUE"
33 ethernet0.connectionType = "bridged"
34 ethernet0.address = "00:50:56:0D:85:5F"
35 ethernet0.addressType = "static"
```

Die Konfigurationsdatei gibt die voreingestellte Version des aktuellen VMware-Release als Version 7 an. VMware der Version 4 kann auch ältere Konfigurationen seiner Vorgängerversion lesen. Die virtuelle Hardware hat derzeit die Version 3. Diese Einträge ändert man besser nicht. Die Option displayName (in Zeile 3) legt den Namen fest, den VMware in der Titelleiste eines X.11-Fensters nach der vorgegebenen Zeichenfolge "VMware Workstation:" ausgibt. Damit lassen sich mehrere gleichzeitig laufende Instanzen leicht unterscheiden. Zahlreiche Parameter konfiguriert man mit Schaltern auf die booleschen Werte TRUE oder FALSE.

Die Zeilen 4 bis 6 bestimmen, wie sich VMware beim Start verhält. Es startet automatisch beim Hochfahren das Gastbetriebssystem, schaltet in den Vollbildmodus und erlaubt das Verändern der Bildschirmauflösung.

In Zeile 7 erlauben oder verbieten Sie ein Suspend, das Schlafenlegen der Maschine über APM (Advanced Power Managent). Ein Suspend auf Festplatte wird im Beispiel in Zeile 8 erlaubt. Wenn das Gastbetriebssystem heruntergefahren wird, beendet sich VMware automatisch. Die Zeilen 10, 11 und 12 enthalten einige Spezialeinstellungen. In Zeile 13 legen Sie die Art des Gastbetriebssystems fest. Dieses hat in erster Linie eine Bedeutung für die Installation der passenden VMware-Tools im Gastbetriebssystem. Es gibt eine ganze Reihe verschiedener Betriebssysteme, die Sie einstellen können. Konsultieren Sie hierzu einfach den Konfigurationseditor.

Die Zeilen 14 bis 16 legen das Primary Master IDE Interface fest. Es ist im Beispiel eine virtuelle Festplatte in einer Datei, deren Namen in Zeile 16 angegeben ist. Diese Datei wird im independent-nonpersistent-Modus angesprochen, d.h., Änderungen gehen nicht direkt in die Datei, sondern in einen speziellen Cache. Diese Datei wird in Zeile 27 festgelegt. Dieses Verzeichnis verwenden Sie am besten ebenfalls für temporäre Dateien (Zeile 31), beispielsweise für Logfiles. Für IDE- und SCSI-Festplatten stehen neben nonpersistent wie im Beispiel noch die Modi persistent und undoable zur Verfügung. Durch Doppelpunkt getrennte Zahlen nummerieren die IDE- bzw. SCSI-Busse und -Anschlüsse nach dem Schema *Bus-Nummer:Device-Nummer*.

Die Zeilen 17 bis 20 definieren, dass ein SCSI-Bus zur Verfügung steht und dass das erste Device ein reales CD-ROM oder DVD-Laufwerk ist. Die Zeilen 21 bis 25 legen fest, wie die in VMware sichtbaren Diskettenlaufwerke definiert sind. Das erste Laufwerk ist ein reales Device, das zweite eine Datei. Zeile 26 stellt ein Audio-Device zur Verfügung. Alle Einstellungen in der Hardware-Konfiguration müssen Sie passend im virtuellen BIOS nachvollziehen, damit die Laufwerke für das Gastbetriebssystem auch wirklich sichtbar sind. Das gilt nicht für SCSI. Das virtuelle Phoenix-BIOS unterstützt keine SCSI-Geräte, so dass Sie von diesen nicht booten können.

Im Beispiel ist das Logging und Debugging abgeschaltet (Zeilen 28 und 29). Die Speichergröße für das Gast-OS ist hier auf 512 MByte festgelegt. Die Zeilen 32 bis 35 beschäftigen sich mit dem ersten Ethernet-Adapter. Er wird im Beispiel im Bridged-Modus betrieben, d.h., VMware reicht alle Pakete direkt auf das Ethernet-Interface der Host-Maschine durch. Es kennt neben bridged noch die Modi hostOnly und nat. In jedem Fall können Sie eine MAC-Adresse festlegen. Dabei sind die ersten drei Stellen (00:50:56) fix.

11.6.6 Skriptunterstützung zur automatischen Einrichtung

Entwickler und experimentierfreudige Administratoren werden keine Schwierigkeiten haben, VMware für ihre Bedürfnisse einzurichten. Jedoch benötigen sie hierfür Administrationsrechte, wenn die Kernelmodule noch nicht geladen und die VMware-Dienste noch nicht gestartet wurden. Wollen Sie hingegen VMware als für jeden Benutzer leicht anwendbare Option einsetzen oder generell ein Windows auf einer festplattenlosen Maschine anbieten, so sollte VMware automatisch eingerichtet werden.

Das Ziel der Verwendung von VMware auf einem Net-PC ist es, einen möglichst administrationsarmen Einsatz eines Windows-Desktops zu erreichen. Das erreichen Sie am besten, indem Sie ein einmal eingerichtetes Windows an alle Arbeitsplätze verteilen, die den Windows-Desktop benutzen. Diese Verteilung erfolgt dabei nicht auf eine lokale Festplatte, sondern stattdessen per NFS von einem zentralen Server. Das in eine Datei installierte Windows steht allen Net-PCs nur read-only zur Verfügung. Das hat mehrere Vorteile:

- Benutzer können das Image nicht verändern. Damit vermeiden Sie, dass Ihre Anwender zusätzliche Software dauerhaft installieren, die Systemressourcen kostet, die Sicherheit des Netzwerks gefährdet oder ihre Desktops ausspäht.

- Typische Probleme, wie das »Altern« der Registry oder des Windows-Dateisystems, die im Laufe der Zeit ein System immer langsamer werden lassen, treten nicht mehr auf. Bei jedem Neustart fängt das System in dem Zustand an, in dem es vom Administrator bei der letzten Sicherung abgelegt wurde. Überflüssige Registry-Einträge verschwinden bei jedem Neustart, die Fragmentierung des Dateisystems ist ebenso Geschichte.

- Alle Benutzer sehen eine einheitliche Auswahl an Software. Alle kleinen Programme, die Sie brauchen, damit Ihre Installation vollständig wird, müssen Sie nur einmal im zentralen Image einspielen, damit alle Nutzer damit arbeiten können.

- Die Benutzer werden dazu angehalten, ihre Daten nicht irgendwo, sondern nur in einem vorgesehenen Verzeichnis zu speichern, da sie sonst nach einem Neustart automatisch gelöscht sind.

- Viren und Trojaner können sich nicht dauerhaft, sondern nur für die aktuelle Sitzung einnisten. Das kann natürlich trotzdem ein Problem darstellen.

Mit diesem Konzept gehen jedoch auch einige Nachteile einher, die nicht verschwiegen werden sollen:

- VMware schluckt einen Teil der System-Performance. Sie benötigen mehr Speicher und CPU-Leistung als bei einer nativen Installation des Gast-Betriebssystems.
- Sie sind nicht automatisch vor Angriffen aus dem Netz, vor Trojanern und Viren geschützt. Nur die Auswirkungen auf das Dateisystem der Windows-Installation sind temporär.
- Alle Benutzer bekommen potenziell alle Software zur Verfügung gestellt, die in einem installierten VMware-Image abgelegt wurde.
- Sie müssen sich über ein Lizenzmanagement Gedanken machen und daran denken, dass viele Softwarehersteller diesen virtuellen Betriebsmodus so nicht vorhergesehen haben.

Eine automatische Einrichtung hilft Ihnen, andere Betriebssysteme schnell und effizient auf Net-PCs bereitzuhalten. Dies muss in zwei Schritten passieren: einmal mit den Rechten des Systemadministrators während des Starts der Linux-Maschine und zum anderen beim Start von VMware durch den Nutzer. Dies gibt zusätzliche Möglichkeiten für den Desktop-Betrieb: Sie können statt einer KDE- oder GNOME-Sitzung direkt VMware und in diesem ein Gastbetriebssystem starten. Nach kurzer Ladezeit sehen die Benutzer beispielsweise den Desktop eines Windows-XP, ohne wahrzunehmen, dass als Basis ein Linux Net-PC fungiert.

Das Linux-Diskless-Client-Projekt benutzt das Startskript zum Einrichten der diversen Dienste auf dem Linux Net-PC auch dazu, die Grundlagen für VMware zu konfigurieren. Hierzu gehört, das systemweite Konfigurationsverzeichnis */etc/vmware* zu füllen, die Gerätedateien für den Kernel im Verzeichnis */dev* anzulegen, ein spezielles Disketten-Image (per loopback) zu mounten und das Runlevel-Skript zum automatischen Start durch den Runlevel-Mechanismus zu verlinken.

Listing 11.3 Ausschnitt aus der *boot.servconf*

```
[ ... ]
# configuring vmware service
if [ "x$vmware" != "x" ] || [ "x$vmware" != "xno" ] ; then
        logwrite "\n--> Starting configuration of vmware service\n"
        # create directories needed for vmware
        mkdir -p /etc/vmware/vmnet1.8 /var/run/vmware
        chmod 1777 /var/run/vmware
        rm /etc/vmware/not_configured &>/dev/null
        for i in 0 1 2 3 4 5 6 7 8 9; do
          [ -c /dev/vmnet$i ] || mknod /dev/vmnet$i c 119 $i; done
        chmod 0700 /dev/vmnet*
        if cp /usr/share/dxs/VMware/locations /etc/vmware &>/dev/null ; then
           logwrite "using config from /usr/share/dxs/VMware (locations)\n\
for vmware service. If you want to change anything you should\ndo it there."
        else
           logwrite "no vmware configuration present. Service might fail."
```

```
      fi
      # some preparations needed
      rm -rf /tmp/scratch/$host_name-1440.img* &>/dev/null
      cp /usr/share/dxs/VMware/empty1440.img.gz \
            /tmp/scratch/$host_name-1440.img.gz >> $LOGFILE 2>&1
      gzip -d /tmp/scratch/$host_name-1440.img.gz >> $LOGFILE 2>&1
      chmod a+rw /tmp/scratch/$host_name-1440.img >> $LOGFILE 2>&1
      modprobe -a loop floppy >> $LOGFILE 2>&1
      mkdir -p /media/loop0 >> $LOGFILE 2>&1
      mount -t msdos -o loop,umask=000 /tmp/scratch/$host_name-1440.img \
            /media/loop0 >> $LOGFILE 2>&1
      if [ -f /etc/init.d/vmware ] ; then
          rllinker "vmware" "18" "04"
      else
          logwrite "The vmware configuration and start script seems not, \
\nto be installed, so starting it makes no sense."
      fi
else
      logwrite "Loading of VMWARE modules and configuration of service was \
disabled via\nvmware=\"no\" or empty/not set variable."
fi
[ ... ]
```

Die meisten Aufgaben, die der Ausschnitt des Konfigurationsskripts zeigt, würden normalerweise von *vmware-config.pl* erledigt. Dieses funktioniert für klassische Linux Workstations ohne Probleme, erfordert jedoch interaktiven Zugriff von *root*. Für Net-PCs eignet sich dieses Verfahren nicht. Deshalb legt die Installationsprozedur für Linux Net-PC ein Verzeichnis */usr/share/dxs/VMware* an, in dem alle vorkonfigurierten VMware-Komponenten bereitliegen.

Das Benutzerskript, von der Net-PC-Installation nach */bin* des Net-PC-Verzeichnisbaums kopiert, kümmert sich um das Kopieren der Preferenzendatei und das Anlegen einer passenden VMware-Konfiguration. Hierzu verwendet das Skript *runvmware* eine Vorlagendatei aus */usr/share/dxs/VMware*, um daraus eine Konfigurationsdatei, wie im Beispiel des Listings 11.2 gezeigt, zu erzeugen. Damit keine Probleme mit dem Anlegen von Sperr-(Lock-) und Redo-Dateien auftreten, legt *runvmware* im Konfigurations- oder Temporärverzeichnis einen Link auf das reale Betriebssystem-Image an. Anschließend startet das Skript die virtuelle Maschine mit der soeben erzeugten Konfigurationsdatei. Ein spezieller Benutzereingriff ist nicht erforderlich.

11.6.7 Anpassungen des Gast-OS

Problematik der Windows-Rechnernamen

Nicht alle Betriebssysteme lassen sich einfach auf ein einziges gemeinsames Datei-Festplatten-Image reduzieren. Dem stehen häufig andere Philosophien und Lizenzmodelle entgegen. So verwenden alle Windows-Versionen einen speziellen

Windows-Rechnernamen. Dieser hat leider nichts mit dem DNS-Rechnernamen zu tun und lässt sich auch nicht einfach dynamisch mit DHCP setzen. Dieser Rechnername spielt zu einem sehr frühen Zeitpunkt des Systemstarts eines Windows-Betriebssystems eine große Rolle. Wenn ein solcher Name mehrfach in einem LAN auftaucht, werden Windows-Systeme ziemlich schnell unbrauchbar. Fehlermeldungen fordern die Benutzer auf, den Rechnernamen zu ändern, und die Maschine lässt sich nicht ins Netzwerk einbinden.

Hier müssen Administratoren zu einem sehr frühen Zeitpunkt eingreifen und Windows mit einem eindeutigen Namen versorgen. Wenn Sie das nicht dadurch erreichen wollen, dass Sie so viele verschiedene Images anlegen, wie potenziell benutzt werden könnten, müssen Sie dafür andere Mittel und Wege finden.

Windows 98

Damit sich die Windows-98-Instanzen nicht ins Gehege kommen, sind einige Schritte notwendig: Zum einen darf kein Client das gemeinsame Image verändern dürfen. Das ist dadurch sichergestellt, dass es in einem Read-Only-Bereich des Dateisystems liegt und lediglich ein Link darauf angelegt wird. Zum anderen müssen sich die Client-Images in einigen zentralen Parametern zwingend unterscheiden: Der Windows-Name der Maschine und die IP-Konfiguration zählen hierzu. Dieses geschieht entweder über das Laden von Registry-Einträgen beim Bootvorgang oder über eine dynamische IP-Zuweisung per DHCP.

Das Einlesen der Registry-Einträge muss zu einem frühen Zeitpunkt geschehen. Zu diesem Zweck legt das systemweite Konfigurationsskript ein spezielles Loopback-Disketten-Image an, in das Dateien geschrieben werden können. Dieses Disketten-Image steht *runvmware* zur Verfügung, um dort Skripten abzulegen, die zu einem bestimmten Zeitpunkt vom Gastbetriebssystem aufgerufen werden.

Windows 98 ruft hierfür aus der *autoexec.bat* ein Skript namens *run.bat* auf, das auf dem virtuellen Diskettenlaufwerk liegt. In diesem Laufwerk liegen alle Konfigurationsparameter für das startende Windows. Es gibt drei Gruppen von Registry-Einträgen, die die Eindeutigkeit der startenden Windows-98-Instanz sicherstellen und einen bequemen Nutzerzugriff erlauben:

▶ **home.reg** sorgt dafür, dass das Homeverzeichnis des sich anmeldenden Benutzers automatisch durch Windows 98 (nach Eingabe seines Passworts bei der Anmeldung) eingebunden wird. Damit steht dem Benutzer nichtflüchtiger Speicherplatz im virtuellen Windows-98-Rechner über ein Netzlaufwerk zur Verfügung. Die Variablen SMBSERVER, USER und der Laufwerksbuchstabe lassen sich in dieser Datei festlegen:

```
REGEDIT4
[HKEY_CURRENT_USER\Network\Persistent\H]
"RemotePath"="\\SMBSERVER\USER"
"UserName"="USER"
"ProviderName"="Microsoft Network"
```

- **logon.reg** trägt den Benutzer in die Windows-Anmeldemaske ein, der gerade die virtuelle Maschine ausführt. Diese Information wird der USER-Variablen entnommen. Sie wurde vorher durch das Skript *runvmware* dort eingetragen.

```
REGEDIT4
[HKEY_LOCAL_MACHINE\Network\Logon]
"username"="USER"
"PrimaryProvider"="Microsoft Network"
"LMLogon"=hex:00,00,00,00
```

- **rechner.reg** konfiguriert das Windows-Netzwerk: Hier legen Sie den Windows-Namen der virtuellen Maschine fest. Ebenso definieren Sie hier den Name der Arbeitsgruppe und einen Kommentar.

```
REGEDIT4
[HKEY_LOCAL_MACHINE\System\CurrentControlSet\Services\VxD\VNETSUP]
"ComputerName"="CN"
"Workgroup"="WG"
"Comment"="CMT"
"StaticVxD"="vnetsup.vxd"
"Start"=hex:00
"NetClean"=hex:01
[HKEY_LOCAL_MACHINE\System\CurrentControlSet\
    Control\ComputerName\ComputerName]
"ComputerName"="CN"
```

Leider fehlt diese einfache und elegante Möglichkeit bei den professionellen Windows-Versionen der NT- und XP-Linie. Hier sind einige Anstrengungen notwendig, um die Registry rechtzeitig mit den benötigten Einträgen zu füllen. Das beschreibt der folgende Abschnitt.

Windows XP

Die NT-Linie der Windows-Betriebssysteme arbeitet nicht auf der Grundlage des alten DOS und bietet deshalb nicht die einfache Möglichkeit, die Registry in der Weise zu bearbeiten, wie es der letzte Abschnitt für Windows 98 vorstellte.

Bisher verwendet deshalb die Windows-XP-Installation am Rechenzentrum der Universität Freiburg einen Trick, der zumindest Teile des Problems eindeutiger Maschinennamen löst. Ein kleines Programm, das Claus-Peter Buszello geschrieben hat, generiert in der Windows-Native-API einen zufälligen Maschinennamen und trägt diesen in die Registry ein. Der Eintrag landet dann in

```
[HKLM\SYSTEM\CurrentControlSet\Control\ComputerName]
```

in den Attributen *ComputerName* und *ActiveComputerName*. Der Aufruf des Programms erfolgt durch einen Registry-Eintrag in

```
[HKLM\SYSTEM\CurrentControlSet\Control\Session Manager]
```

in das Attribut *Boot Execute*. Der weitere Maschinenstart des Windows XP erfolgt mit diesem zufälligen Namen. Ein sonst fälliger Neustart nach einem Namenswechsel ist mit diesem Verfahren nicht notwendig. Für Einzelinstallationen, wie am Rechenzentrum für Kurs- und Schulungszwecke, ist dies kein Problem. Alle Rechner im Netz verwenden einen anderen Namen und kommen sich daher nicht in die Quere. Problematisch bis unmöglich ist in dieser Konstellation hingegen ein Domänenbeitritt oder die Mitgliedschaft in einem zentralen Active Directory.

11.6.8 Einsatzszenarien sowie Vor- und Nachteile

Das geschilderte Betriebsmodell erlaubt es, VMware in vielen Szenarien einzusetzen:

- **Hotline**
  - Schnelles Umschalten zwischen verschiedenen Betriebssystemen
  - Offenhalten mehrerer PCs gleichzeitig ohne zusätzlichen Platzbedarf
  - Nachstellen von Nutzerproblemen ohne dauerhafte Installation
- **Softwareentwicklung**
  - Installation mit einfachem Fall-Back
  - Vorhalten verschiedener Betriebssystemversionen
  - Simulieren unterschiedlicher Randbedingungen
- **Kursraum**
  - Breites Angebotsspektrum mit minimalen Umrüstzeiten
  - Identische Umgebung für alle Teilnehmer
  - Leichtes Wiederherstellen des Ausgangszustands
  - Immun gegen böswillige Veränderungen seitens der Kundschaft
  - Dezentrale Vorbereitung durch den Kursleiter, zentrale Installation
  - Keine Sitzplatzbindung für Kursteilnehmer

Am Rechenzentrum der Universität Freiburg ist VMware auf Basis von Net-PCs seit November 2003 im Einsatz. Damit sind völlig neue Kurskonzepte möglich geworden. Auch können nun die Maschinen außerhalb von Kursen problemlos für Übungen der Kursteilnehmer oder für den normalen Standardbetrieb eingesetzt werden. Die Gefahr, dass eine mühsam vorbereitete Kursumgebung auf einzelnen Maschinen maninpuliert wird, besteht nun nicht mehr. Das Umschalten zwischen verschiedenen Kursen mit sehr unterschiedlichen Inhalten ist erheblich schneller möglich. Ebenso müssen für den Wechsel des Betriebssystems keine Wechselfestplatten oder Bootmanager bemüht werden.

Teilweise empfinden Teilnehmer die VMware-Umgebung als gewöhnungsbedürftig, da sie plötzlich nicht mehr irgendwo ihre Dateien ablegen und wiederfinden können. Das Arbeitstempo der Maschinen liegt durchaus fühlbar unter dem der direkten Installation. 2,5-GHz-Pentium-4-Prozessoren mit 1 GByte RAM erlauben ein recht flüssiges Arbeiten. Gegenüber den vorher eingesetzten Maschinen besteht damit auch unter VMware ein Fortschritt. Noch fällt Administrationsaufwand im Bereich der Weiterentwicklung des Projekts an. Die klassische Administration, wie das Reparieren kaputter Installationen, die Nachinstallation von Software, die Virenjagd und Updates, ist schon jetzt spürbar einfacher geworden. Die Übungsleiter und Dozenten können nun über die Software zu ihrem Kurs selbst entscheiden und müssen sich nicht auf die vorgegebene Installation auf jeder Maschine verlassen.

11.7 Windows-Umgebungen durch Netraverse Win4Lin

Netraverse (*www.netraverse.com*) bietet mit seiner Software Win4Lin Unternehmen, Behörden oder anderen Einrichtungen die Möglichkeit, auf Windows 98 lauffähige Windows-Anwendungen in Linux-Umgebungen zu nutzen. Dazu schafft Netraverse Win4Lin auf Intel-basierten UNIX/Linux-Rechnern eine Umgebung zum Installieren von Windows 98. Netraverse arbeitet daran, auch Betriebssysteme der NT-Linie wie Windows 2000, Windows XP und Windows 2003 zu unterstützen, obwohl dies eigentlich selten notwendig ist, wenn Organisationen einfach nur Windows-Programme auf Linux-Systemen nutzen wollen.

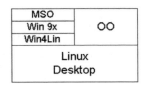

Abbildung 11.20 Windows-Anwendungen auf Windows 98 via Netraverse Win4Lin auf einem Linux-Endgerät

Abbildung 11.20 zeigt die Produktidee am Beispiel eines Linux-PCs. Hier ist auf Linux die Zwischenschicht Netraverse Win4Lin installiert, auf dieser Windows 98 (Win 9x) und darauf Windows-Anwendungen wie Microsoft Office (MSO).

Auf Netraverse mit Windows 98 kann man fast alle Windows-Anwendungen installieren und verwenden, die nicht künstlich auf 2000/XP/2003 begrenzt sind. Netraverse hat aus dem bewährten Produkt SCO Merge zwei Produktfamilien weiterentwickelt:

- **Netraverse Win4Lin** zum Installieren und Betreiben von Windows 98 auf einem voll ausgerüsteten Linux PC oder einem Linux Net-PC (wie in Kapitel 7, *Linux Net-PCs mit DXS*, beschrieben) und
- **Netraverse Win4Lin Terminalserver** zum Installieren und Betreiben mehrerer Lizenzen von Windows 98 auf einem Linux-Terminalserver mit Linux Terminals (wie in Kapiteln 8, *Linux X Terminals mit GOto*, beschrieben.

In Langzeit-Tests der Autoren liefen Windows-Anwendungen stabiler als direkt auf Windows 98 und schneller als auf baugleichen PCs mit Windows 98. Netraverse bietet von beiden Produkten auf 30 Tage begrenzte Testversionen. Zusätzlich zum Testprodukt benötigt man von Netraverse einen Lizenzschlüssel und eine angepasste Version des Linux-Kernels. Netraverse hat das Installieren und Konfigurieren seiner Software sehr ausführlich, klar und verständlich dokumentiert und reagiert auf Fragen mit einem sehr freundlichen und qualifizierten Support. Deutschsprachige Unterstützung bietet der deutsche Distributor IXSoft (*www.ixsoft.de*).

Sowohl auf Linux Net-PCs als auch mit Linux Terminals bietet Netraverse Win4Lin einfach administrierbare Windows-Umgebungen.

11.7.1 Win4Lin auf Linux Net-PCs

Das Einrichten und Nutzen von Netraverse Win4Lin für PCs und Net-PCs erfordert das

- Installieren des angepassten Kernels und der Software Win4Lin mit dem Lizenzschlüssel,
- das Installieren und Konfigurieren von Windows 98 auf Win4Lin und
- das Installieren von Windows-Anwendungen auf Windows 98.

Dann kann man eine Installationsumgebung von Win4Lin wie andere Anwendungen auf Net-PCs nutzen.

> **Hinweis:** Bedenken Sie bitte, dass Sie hier nicht nur die Lizenzen von Win4Lin, sondern auch die Lizenzen für die Windows-Betriebssysteme und die Windows-Anwendungen in ausreichender Stückzahl, d.h. für alle Anwender, die diese an ihren Endgeräten starten können, besitzen müssen.

11.7.2 Win4Lin Terminalserver auf Linux-Terminalservern

Mit der Terminalserver-Version von Win4Lin kann man sehr effizient vielen Benutzern Windows-Umgebungen zur Verfügung stellen und diese regelmäßig, z.B. nachts, wieder in einen vordefinierten Zustand bringen.

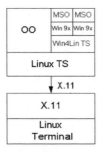

Abbildung 11.21 Windows-Anwendungen auf Windows 98 via Netraverse Win4Lin Terminalserver auf einem Linux-Terminalserver

In Abbildung 11.21 läuft auf einem Linux-Terminalserver (Linux TS) neben anderen Anwendungen wie OpenOffice.org (OO) die Anwendung Netraverse Win4Lin Terminalserver (Win4Lin TS). In dessen Umgebung sind mehrere Windows-98-Installationen geklont (Win 9x) und darauf jeweils Microsoft Office (MSO). Über X.11 bezieht der X.11-Server eines Linux Terminals die Desktops von Linux und Windows, die Windows-Anwendung Microsoft Office und die Linux-Version von OpenOffice.org.

Da man hierzu pro Benutzer sowohl Windows als auch Windows-Anwendungen repliziert, benötigt man auf dem Terminalserver für jeden Benutzer/Arbeitsplatz jeweils auch Speicherplatz für dessen Windows 98 und Programme. Das dürfte bei den Preisen und Größen heutiger Festplatten in mittelständischen Unternehmen oder Bildungseinrichtungen kaum ein Problem sein. Das Einrichten und Nutzen des Netraverse Win4Lin-Terminals für Terminalserver erfordert das

▶ Installieren des angepassten Kernels und der Software Win4Lin Terminalserver mit dem Lizenzschlüssel,

▶ das Vor-Installieren und Konfigurieren von Windows 98 auf dem Win4Lin Terminalserver

▶ das Vor-Installieren von Windows-Anwendungen auf Windows 98 auf dem Win4Lin Terminalserver und

▶ das Klonen und Anpassen von Installationen pro Benutzer- oder pro Arbeitsplatz.

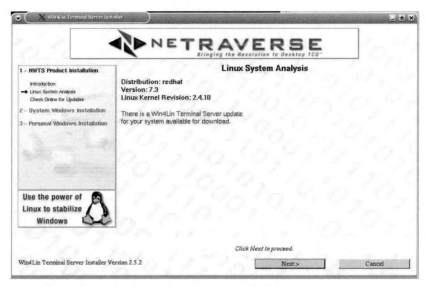

Abbildung 11.22 Updates für Netraverse Win4Lin Terminalserver auch für ältere Plattformen

Das Buch *Linux im Windows-Netzwerk (www.linuxbu.ch)* beschreibt detailliert das Installieren und Konfigurieren und die Alternativen bei benutzer- und rechnerbezogener Windows-Installation. Während die von Netraverse entwickelte benutzerbezogene Installation für Unternehmen und Behörden sinnvoll ist, bei denen die meisten Benutzer täglich an ihren Engeräten arbeiten, ist die zweite, von den Gymnasiallehrern Uwe Debacher und Bernd Burre (*www.linux-hamburg.de*) entwickelte Variante für Bildungseinrichtungen geeignet, bei denen sehr viele Teilnehmer sporadisch an Schulungs-Desktops üben. Um sich über diese beiden Installationsvarianten von Netraverse Win4Lin zu informieren, können Sie das Kapitel 10 des Buchs als PDF-Datei von *www.linuxbu.ch* laden.

Netraverse pflegt seine Software auch für ältere Linux-Versionen und bietet dafür immer noch Updates, in Abbildung 11.22 z.B. für die Version 7.3 der Linux Distribution RedHat.

11.8 Windows-Schnittstellen durch Wine

Während Netraverse Win4Lin eine Umgebung zum Installieren von Windows 98 schafft und VMware eine solche für beliebige Windows-Varianten, kommt die Open Source-Lösung Wine (*www.winehq.com*) völlig ohne ein installiertes Microsoft-Windows aus, da sie nur Windows-Anwendungsschnittstellen auf UNIX/Linux bereitstellt. Wine enthält zwar keinerlei Code von Microsoft, kann aber dynamische Link-Bibliotheken (DLLs) von Microsoft verwenden. Wine ist in kommerziellen Umgebungen kaum verbreitet. Die Kern-Entwickler von Wine bieten über ihre Firma Codeweavers eine kommerzielle Weiterentwicklung von Wine namens CrossOver Office (siehe unten) an.

11.9 Windows-Schnittstellen durch CrossOver Office

Das gleiche Prinzip wie Wine verfolgt die kommerzielle Software CrossOver Office von Codeweavers (*www.codeweavers.com*). Sie erlaubt, eine im Business-Umfeld relevante Auswahl von Windows-Anwendungen auf Linux-PCs auszuführen, und integriert diese sehr intelligent in die Linux-Desktops.

Codeweavers bot bei Redaktionsschluss drei Produkte an:

- **CrossOver Office** zum Ausführen verbreiteter Bürosoftware wie Microsoft Office, Microsoft Internet Explorer, Microsoft Outlook, Lotus Notes Client etc. auf Linux-Arbeitsplätzen mit oder ohne Laufwerke
- **CrossOver Office Server Edition** für die Integration in Linux-Terminalserver-Umgebungen, und
- **CrossOver Plugin** zum Betreiben von Windows-Webbrowser-Plugins wie Windows MediaPlayer, QuickTime und Shockwave auf Linux

Die folgenden Abbildungen illustrieren die Idee von Crossover Office und Crossover Office Server Edition.

Abbildung 11.23 zeigt einen Linux-Desktop, auf dem sowohl die Linux-Version von OpenOffice.org (OO) als auch Crossover Office laufen. Auf Crossover Office laufen einige Anwendungen von Microsoft Office (MSO).

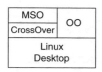

Abbildung 11.23 CrossOver-Server für Linux Net-PCs

In Abbildung 11.24 läuft auf einem Linux-Terminalserver (Linux TS) ein CrossOver-Server. Auf diesem sind mehrere Versionen von Microsoft Office (MSO) verfügbar. Terminal-Benutzer können dadurch über den Linux-Terminalserver sowohl die Linux-Version von OpenOffice.org (OO) als auch Microsoft Office nutzen.

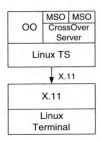

Abbildung 11.24 CrossOver-Server für Linux-Terminalserver

Mit CrossOver Office 2.1 können Anwender zahlreiche Windows-Anwendungen auf Linux ausführen. CodeWeavers, der Hersteller von CrossOver Office, unterstützt offiziell nur die folgenden Anwendungen:

- Microsoft Office 97 und 2000
  - Microsoft Word
  - Microsoft Excel
  - Microsoft PowerPoint
  - Microsoft Outlook
  - Microsoft Internet Explorer
- Microsoft Visio
- Microsoft Quicken
- Lotus Notes

Die Webseiten von CodeWeavers (*www.codeweavers.com*) geben weitere Informationen und enthalten eine detaillierte Liste der unterstützten Applikationen.

11.9.1 CrossOver Office auf Linux Net-PCs und Terminalservern

Für Workstations ist die Ein-Benutzer-Version von CrossOver Office gedacht. Diese kann man auf dem Linux-Terminalserver wie in Kapitel 7, *Linux Net-PCs mit DXS*, beschrieben installieren und auf vielen Endgeräten nutzen. Im Gegensatz zur Einzelplatz-Version dürfen nur Systemverwalter mit Root-Rechten die CrossOver Office Server Edition auf dem Linux-Anwendungsserver installieren. Dazu wählen sie ein Installationsverzeichnis wie */opt/cxoffice*, das später alle Benutzer des Anwendungsservers erreichen können. Allein der Benutzer *root* darf das Setup-Programm *cxsetup* aufrufen und Windows-Anwendungen installieren (siehe Abbildung 11.25).

Abbildung 11.25 Setup-Programm von CrossOver Office Server Edition

Windows-Anwendungen installiert man dann über die Schaltfläche *Installieren*. Wenn Sie hierauf klicken, listet CrossOver Office in einem Dialog die von ihm unterstützten Windows-Anwendungen auf (siehe Abbildung 11.26).

Abbildung 11.26 Installation von Applikationen mit CrossOver

Wählen Sie nun die zu installierende Anwendung aus, und klicken Sie auf *Weiter*. Im nächsten Dialog bestimmen Sie die Datei, die das Installationsprogramm für die Windows-Applikation enthält, meist *setup.exe*. Danach startet dieses exakt wie unter Windows und führt Sie durch die weitere Installation.

> **Hinweis:** Bedenken Sie bitte, dass Sie hier nicht nur die Lizenzen von Cross-Over Office, sondern auch die Lizenzen für die Windows-Applikation in ausreichender Stückzahl, d.h. für alle Anwender, die diese starten können, besitzen müssen.

Beim ersten Aufruf der Windows-Anwendung durch einen Benutzer legt CrossOver Office im Homeverzeichnis der Anwender ein Verzeichnis für die benutzerspezifischen Daten an. Hier speichert es die Windows Registry, die für alle Benutzer unterschiedlich sein kann, in der beispielsweise Microsoft Outlook die Daten für Benutzerkonten auf einem Exchange-Server speichert.

Abbildung 11.27 Ändern der Menüeinträge von Applikationen mit CrossOver

Administratoren profitieren von der CrossOver Office Server Edition dadurch, dass Windows-Anwendungen nach einmaliger Installation auf dem Anwendungsserver sofort allen Anwendern zur Verfügung stehen. CrossOver Office legt dazu auch Einträge im Startmenü der Anwender an. Diese können Administratoren mit dem Setup-Programm *cxsetup* beeinflussen (siehe Abbildung 11.27).

Abbildung 11.28 zeigt Microsoft Outlook 2000, das unter der CrossOver Office Server Edition 2.1 ausgeführt wird.

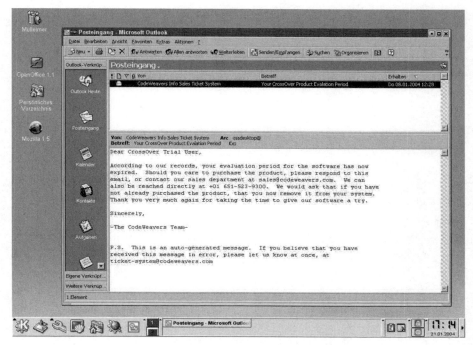

Abbildung 11.28 Microsoft Outlook mit CrossOver Office Server Edition

CrossOver Office erlaubt es Anwendern, Dateitypen und Anwendungen selbst zu verknüpfen. Damit kann Outlook beim Klick auf Hyperlinks automatisch den Linux-Webbrowser Mozilla starten oder PDF-Dateianhänge mit dem Acrobat Reader von Adobe unter Linux öffnen.

12 Mit Linux Diskless Clients auf Hosts

Dieses Kapitel stellt Ihnen Möglichkeiten vor, um von Linux-X-Terminals oder von Linux Net-PCs mit 5250- bzw. 3270-Emulationen auf Midrange-Server oder Hosts zuzugreifen. Dabei bekommen Sie einen Überblick über proprietäre Emulationen und können im Detail verfolgen, wie sich Open-Source-Emulationen mit Linux Thin Clients nutzen lassen.

Viele mittelständische und große Unternehmen setzen für ihre geschäftskritischen Anwendungen aufgrund der Stabilität und der hohen Verfügbarkeit gern unverändert mittlere Datentechnik und Großrechner mit proprietären Rechnerarchitekturen ein, u.a. bei den Midrange-Servern die IBM iSeries (früher AS/400) mit dem Betriebssystem OS/400 und bei den Hosts die IBM zSeries (S/390) mit den Betriebssystemen OS/390 und VM. In diesem Umfeld setzen Unternehmen häufig noch Netzwerkstrukturen wie *Systems Network Architecture* (SNA) ein.

Abbildung 12.1 Familie der IBM iSeries (Quelle: IBM)

Die Protokollfamilie SNA, die die IBM-Welt seit den 70er Jahren des letzten Jahrtausends verwendet, ähnelt dem OSI-Referenzmodell. Für den Zugriff auf die große Auswahl der überwiegend zeichenbasierten Host-Anwendungen setzten Unternehmen zunächst spezielle Zeichenterminals wie 5250 oder 3270 und später PCs mit Hardware-Emulationen dieser Zeichenterminals sowie spezielle Terminal-Tastaturen ein und nutzten zum Anbinden von Filialen teure Standleitungen. Parallel zu diesen ursprünglichen Netz-Strukturen entstanden in den letzten Jahren in den Unternehmen IP-Netze für die lokale und Weitverkehrs-Datenkommunikation. Anstatt zwei parallele Netze zu betreiben, binden Unternehmen schon länger die SNA-Welt über Gateways an TCP/IP-Netze an. Dies erlaubt dann auch, auf PCs reine Software-basierte Terminal-Emulationen zu verwenden, ähnlich wie bei Terminal-Emulationen für UNIX-Hosts.

12.1 Herausforderungen, Markt und Produkte

Die Integration von Mainframes und PC-basierten Lösungen ist nicht nur eine Frage der Integation verschiedener Netze und der besten Emulation. Zur Datensicherheit im gesamten Netz auch bei mobilem Zugriff benötigen Unternehmen zentrale Authentifizierungs-Lösungen für eine zentrale Benutzerverwaltung über Meta-Verzeichnisse bzw. standardisierte Verzeichnisdienste wie LDAP (siehe Seite 162). Bei der Migration gilt es u.a., Herausforderungen wie Bandbreitenprobleme, Drucken und Druckmanagement (insbesondere bei variablen IP-Adressen der Benutzer-Endgeräte) sowie kritische Umstellungsphasen mit Parallelbetrieb zu meistern.

Die Terminal-Emulation ist dann oft das kleinste Problem. Software-basierte Terminal-Emulationen gibt es als

- betriebssystem-spezifische Programme, die Administratoren durch manuelle oder automatische Softwareverteilung auf Endgeräten oder Terminalservern installieren, u.a.
    - **für Windows** *iSeries Access für Windows*, früher bekannt als *Client Access Express für Windows*, und
    - **für Linux** *tn5250 (unter GPL)* (siehe Seite 388), TeemTalk/TeemX von Pericom, jetzt Neoware, und Powerterm von Ericom und
- **Web-to-Host-Lösungen** mit Plugins, Java-Applets, ActiveX-Controls für Browser, die Anwender selbst von Web-Servern laden können: u.a. von Attachemate, HOB, IBM, Jacada, Logics oder WRQ.

12.1.1 Web-to-Host-Lösungen

Terminal-Emulationen durch Web-to-Host-Lösungen sparen in dezentralen Endgeräte-Landschaften den Aufwand für das Verteilen, Aktualisieren und Inventarisieren von Software.

Für Browser gibt es inzwischen eine größere Auswahl solcher Web-to-Host-Lösungen. Die Tabelle 12.1 nennt Beispiele einiger Hersteller, Produkte und Internet-Adressen.

Anbieter	Produkt	URL
Attachemate	e-Vantage	www.attachmate.com/products
HOB	HOBLink J-Term	www.hob.de/produkte/connect/jterm.htm
IBM	Host-on-Demand	www.ibm.com/software/webservers/hostondemand
Jacada	Jacada Interface Server	www.jacada.de/de/Produkte
Logics	LOG-WEB	www.logics.de/web_to_host.htm
WRQ	Reflection for the Web	www.wrq.com/products/reflection/web

Tabelle 12.1 Web-to-Host-Produkte

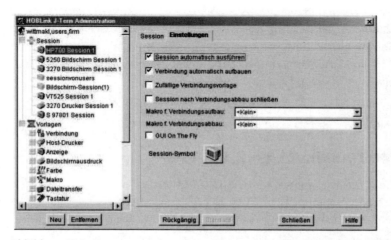

Abbildung 12.2 Sitzungsverwaltung beim Web-to-Host-Zugriff mit HOBLink J-Term

12.1.2 Linux Clients vs. Java Applets

Bei zentralen Strukturen mit Linux-Terminalservern entfällt ebenfalls der Aufwand für das Verteilen von Software auf Endgeräte. Daher kann man hier für den Zugang zu Hosts ebenso gut native Linux-Terminal-Emulationslösungen wie den Open Source Telnet Client für die IBM AS/400 (iSeries) *tn5250* oder PowerTerm von Ericom oder NeoWare Teemtalk verwenden, um 5250-Terminals zu emulieren. Browser-basierte Lösungen starten häufig einen Java-Client für den tatsächlichen Zugriff auf die iSeries oder zSeries. Die Anwendung ist damit plattformunabhängig, jedoch sind Java-Programme im Allgemeinen recht speicherhungrig und belasten die CPU des Rechners, auf dem der Java-Client ausgeführt wird, in hohem Maße. Während dies bei leistungsfähigen dezentralen Desktop-PCs vertretbar ist, kann dies in einer Linux-Terminalserver-Umgebung zu einer unnötig hohen Last auf dem Anwendungsserver führen. Bei serverbasierter Programmausführung oder bei clientbasierter auf sehr sparsam ausgestatteten Terminals sind native Clients besser geeignet, weil sie weniger Ressourcen benötigen:

▶ Denn hier starten entweder alle Anwender an den X Terminals ihre Terminal-Emulation auf dem Anwendungsserver, weswegen sich hier die Last durch die Java-Applikation vervielfachen würde, oder

▶ die Anwender nutzen vielleicht nur sehr sparsam mit Hauptspeicher ausgestattete Clients zum Ausführen des Emulationsprogramms.

Native Linux-Anwendungen, wie die freien Emulationen tn5250 oder x3270 oder kommerzielle wie PowerTerm und Teemtalk sind schlanke Programme, die den Anwendungsserver oder den Net-PC praktisch nicht belasten. Die Rechner-Ressourcen stehen damit weitgehend für andere Applikationen zur Verfügung. Während in Landschaften mit fetten PCs von Anwendern ladbare Applets oder Plugins den Betreuungsaufwand bei Anwendern reduzieren, fällt dieser Aufwand bei zentral auf Terminalservern installierten Emulationen sowieso nicht an. Von daher bieten Java-Lösungen hier keinen Vorteil.

Die folgenden Abschnitte zeigen exemplarisch das Anbinden von Hosts über Linux-Clients und deren Integration in Linux-Terminaldienste.

12.2 AS/400-Anbindung mit tn5250

Der Telnet Client *tn5250*[1] für die IBM AS/400 (iSeries) emuliert 5250-Terminals und -Drucker (siehe Abbildung 12.3).

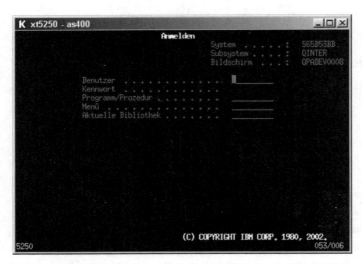

Abbildung 12.3 Zugriff auf eine IBM AS/400 (iSeries) mit der tn5250-Emulation

---

1 *http://tn5250.sourceforge.net*

12.2.1 Installation, Konfiguration und Start

Das tn5250-Paket installiert man bei Debian mit `apt-get install tn5250`.

Die zeichenorientierte Terminal-Emulation tn5250 können Sie entweder von der Text-Konsole oder unter X.11 innerhalb eines xterm-Fensters nutzen:

▶ Im ersten Fall starten Sie *tn5250* von der Konsole mit

   `tn5250 as400.goto.local`,

   wobei *as400.goto.local* der vollständige Rechnername der IBM AS/400 ist.

▶ Im zweiten Fall startet ein Shell-Skript namens *xt5250* ein xterm mit allen notwendigen Parametern, um darin tn5250 direkt auszuführen. Rufen Sie in diesem Fall einfach

   `xt5250 as400.goto.local`

   auf.

Eine wichtige Konfigurationsdatei für tn5250 ist die Datei *~/.tn5250rc* im jeweiligen Home-Verzeichnis der Anwender.

Listing 12.1 Konfigurationsdatei für tn5250

```
1  as400
2     host = as400.goto.local
3     env.TERM = IBM-3477-FC
4     map = 273
5     +local_print_key
6     outputcommand = kprinter
7     font_80=-*-fixed-*-*-*-*-200-75-75-*-*-*-*
8     font_132=-adobe-courier-medium-r-normal-*-*-110-*-100-*-*-*-*
9
```

Listing 12.1 zeigt eine Beispielkonfiguration für den Zugriff auf die AS/400. Tabelle 12.2 erläutert die wesentlichen Parameter zur Konfiguration von tn5250. Weitere Informationen finden Sie in der Handbuchseite zu tn5250 (siehe `man tn5250`) und im tn5250-Howto[2] von James Rich.

---

2 *http://www.chowhouse.com/~james/tn5250-HOWTO.pdf*

Parameter	Beschreibung
host	Vollständiger Rechnername der IBM AS/400, mit der sich tn5250 verbinden soll.
env.TERM	Gibt den zu emulierenden Display-Typ an. Mögliche Werte sind zum Beispiel *IBM-3179-2* oder *IBM-5251-11*. In den meisten Fällen ist hier *IBM-3477-FC* einzustellen (siehe `man tn5250`).
env.DEVNAME	Gibt den Gerätenamen (max. 10 Zeichen) an, der bei der Verbindung zur AS/400 verwendet werden soll.
map	Gibt die Umsetzungstabelle an, die Zeichen von EBCDIC nach ASCII konvertiert.
env.USER, env.IBMSUBSPW, env.IBMPROGRAM, env.IBMMENU, env.IBMCURLIB	Mit diesen Parameter können Sie einen automatischen Login bei der AS/400 konfigurieren. Dabei geben env.USER und env.IBMSUBSPW Benutzer und Passwort an. Mit env.IBMPROGRAM, env.IBMMENU und env.IBMCURLIB können Sie direkt das Programm, das Menü und die Bibliothek setzen.
+local_print_key	Ist diese Option gesetzt, so wird beim Drücken der Druck-Taste (normalerweise <STRG> + <P>) der Bildschirm nicht von der AS/400 ausgedruckt, sondern an das Programm *outputcommand* geschickt.
outputcommand	Ist *+local_print_key* aktiviert, so werden Druckausgaben an das hier angegebene Programm geleitet. Standardwert ist *lpr*.

Tabelle 12.2 Konfigurationsparameter für tn5250

Tastaturbelegung

Bei Terminal-Emulationen können Sie entweder spezielle PC-Tastaturen verwenden, die exakt das Layout der Original-Terminals haben, oder deren Sondertasten durch Tastenkombinationen nachbilden.

Ein wesentliches Konfortmerkmal ist die Belegung der Funktions- und Sondertasten innerhalb der 5250-Emulation. Ähnlich der allgemeinen Konfiguration gibt es eine globale und eine benutzerspezifische Konfigurationsdatei. Die globale Konfigurationsdatei ist zumeist unter */usr/share/tn5250/XTerm* zu finden. Hier können die Administratoren zentrale Vorgaben eintragen. Da es sich hier um eine X.11-Ressourcendatei handelt, können die Benutzer diese Einstellungen in ihrer *~/.Xdefaults*-Datei überschreiben.

Die Ressourcendatei ordnet einer gedrückten Taste bzw. Tasten die Zeichenkette zu, die an die AS/400 zu senden ist, z.B.

`<Modifikationstaste> <Key> <Taste>: string(<Wert>)`

Das Feld *<Modifikationstaste>* steht für eine zusätzlich zur Taste gedrückte Modifikationstaste, z.B. *<Shift>*. Wird vor die Modifikationstaste eine Tilde (˜) gesetzt, so bedeutet dies, dass die Modifikationstaste *nicht* gedrückt wird. *<Taste>* gibt die gedrückte Taste und <Wert> den zu sendenden String an. Ein Beispiel einer solchen Tastaturbelegung zeigt das Listing 12.2.

Listing 12.2 Konfiguration der Tastaturbelegung in */usr/share/tn5250/XTerm*

```
1 xt5250*VT100.Translations:  #override \n\
2          <Key>Scroll_Lock:  string("\033H") \n\
3          ~Shift<Key>Print:  string("\020") \n\
4           Shift<Key>Print:  string("\003") \n\
5         ~Shift<Key>Escape:  string("\001") \n\
6          Shift<Key>Escape:  string("\003") \n\
7             <Key>Control_L: string("\022")
```

Die Zeile 1 legt die zu definierende X.11-Ressource fest und darf nicht verändert werden. Die Zeile 2 legt den String \033H auf die Taste *<Scroll-Lock>*. \033 ist dabei die ASCII-Darstellung der Escape-Taste in der oktalen Zahlenbasis. Also bedeutet \033H die Übermittlung von *<Escape>+H* an die AS/400. Zeile 5 legt \001 auf die Taste *Escape*, während Zeile 6 den Wert \003 auf die *<Shift>+<Escape>*-Taste legt.

Weitere Details zur Tastaturbelegung entnehmen Sie bitte der Handbuchseite (siehe `man tn5250`) oder dem tn5250-Howto unter dem Stichwort »Key Mapping«.

Bildschirmschriften

Die Zeilen 7 und 8 von Listing 12.1 haben bereits die Konfigurierbarkeit der Bildschirmschriften angedeutet. In der tn5250-Konfigurationsdatei können Sie Schriften für die 80- und 132-spaltige Ausgabe festlegen. Hier können Sie im Prinzip jede beliebige X.11-Schrift zuweisen. Die auf Ihrem System (Anwendungsserver oder Net-PC) installierten Schriften können Sie sich als Liste mit `xlsfonts` ausgeben lassen (siehe Listing 12.3), damit Sie leicht geeignete Schriften auswählen können.

Listing 12.3 Ausgabe der installierten Bildschirmschriften mit *xlsfonts*

```
julia@as-1:~$ xlsfonts
-adobe-courier-bold-o-normal--0-0-100-100-m-0-iso8859-1
-misc-courier new-bold-r-normal--0-0-0-0-p-0-iso8859-1
-misc-courier new-medium-i-normal--0-0-0-0-p-0-iso8859-1
-misc-courier new-medium-r-normal--0-0-0-0-p-0-iso8859-1
-misc-fixed-bold-r-normal--0-0-100-100-c-0-iso10646-1
-misc-fixed-bold-r-normal--0-0-100-100-c-0-iso8859-1
[...]
```

Das X-Programm *xfontsel* hilft dabei, eine geeignete Schrift für die Terminal-Emulation auszuwählen, indem es die Schriften auf dem Bildschirm darstellt (siehe Abbildung 12.4).

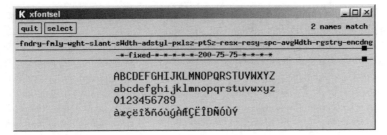

Abbildung 12.4 Auswahl von Bildschirmschriften mit *xfontsel*

Um die Schrift in der xt5250-Emulation zu ändern, tragen Sie Schriftbezeichnung aus der Ausgabe von *xlsfonts* oder *xfontsel* in die Konfigurationsdatei ~/.tn5250rc ein. In der Abbildung 12.4 wurde beispielsweise die Schrift -*-fixed-*-*-*-*-200-75-75-*-*-*-* ausgewählt, die auch in Zeile 7 von Listing 12.1 eingetragen ist.

Farben

Anwender der proprietären Emulationssoftware IBM Client Access für Windows sind gewöhnt, Farben an ihre persönlichen Bedürfnisse anpassen zu können. Der voreingestellte schwarze Hintergrund der tn5250-Emulation ist ein Relikt der alten monochromen Textbildschirme und sollte heutzutage angenehmeren Farbwerten weichen. Die freie Emulation *tn5250* bietet zwei Möglichkeiten, um Farben zu ändern.

In der aktuellen Version von tn5250 lassen sich durch Einträge in der ~/.Xdefaults die Farben des Cursors und des Zeigers ändern. Dazu fügen Sie die Einträge *cursorColor* und *pointerColor* hinzu. Der folgende Ausschnitt aus der ~/.Xdefaults-Datei setzt die Farbe des Cursors auf Blau und die des Zeigers auf Rot:

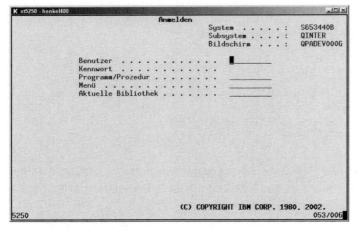

Abbildung 12.5 tn5250-Emulation mit geänderten Farben

```
xt5250*cursorColor  :  blue
xt5250*pointerColor :  red
```

Weitere Farbeinstellungen können Systemadministratoren in der quelloffenen Software von tn5250 direkt im Quellcode ändern und danach das Programm neu übersetzen. Abbildung 12.5 zeigt eine tn5250-Emulation mit komplett geänderten Farben.

12.2.2 Integration

Die Emulation tn5250 lässt sich recht einfach in die hier im Buch vorgestellten Thin-Client-Umgebungen intergrieren. Installieren Sie tn5250 einfach auf den Linux-Anwendungsservern, oder stellen Sie es Ihren Net-PCs über den Bootserver zur Verfügung. Wichtig ist, dass sowohl die Anwendungsserver als auch die Net PCs die iSeries über das Standard-Gateway im Netzwerk erreichen können.

Administratoren sollten dann `tn5250` entweder mit der globalen Datei *tn5250rc* oder den benutzerspezifischen Einstellungen in der Datei *~/.tn5250rc* vorkonfigurieren. Da hier zum Teil Kenntnisse über die Konfiguration der iSeries notwendig sind, sollte man dies nicht den Anwendern überlassen.

12.2.3 Erfahrungen von Anwendern

Die in Kapitel 8, *Linux X Terminals mit GOto*, vorgestellten Firmen Heinrich Berndes Haushaltstechnik GmbH & Co. KG (siehe Abschnitt 8.10.1 auf Seite 288) und Henkel KG (siehe Abschnitt 8.10.2 auf Seite 291) nutzen beide die *tn5250*-Terminalemulation für den Zugriff auf ihre zentrale IBM iSeries. In beiden Unternehmen nutzen praktisch alle Mitarbeiter diese Terminal-Emulation zum Zugriff auf die primäre Anwendung zur Abwicklung ihrer Geschäftsprozesse.

12.3 S/390-Anbindung mit der x3270-Emulation

x3270 ist eine IBM-3270-Terminal-Emulation für das X Window System. Es ist für beinahe alle UNIX-Derivate und damit auch für Linux verfügbar. *x3270* hat einige sehr nahe Verwandte, wie z.B. die textbasierte Version *c3270*. *x3270* emuliert ein entweder ein farbiges (IBM 3279) oder monochromes (IBM 3278) Textterminal *x3270*.

Die *x3270*-Emulation

▶ implementiert das vollständige TN3270E-Protokoll,
▶ erlaubt verschlüsselte Sitzungen per *Secure Socket Layer* (SSL),
▶ ermöglicht den Dateitransfer,
▶ unterstützt internationale Zeichensätze,

- bietet ein Pop-Up-Fenster mit Zusatztastatur für die Eingabe 3270-spezifischer Tasten und
- besitzt vielseitige Möglichkeiten zur Makro-Programmierung.

Weitergehende Informationen finden Sie auf http://freshmeat.net/projects/x3270 bzw. http://www.geocities.com/SiliconValley/Peaks/7814/.

Das Paket *x3270* ist in nahezu allen Linux-Distributionen enthalten. Installieren Sie es, zum Beispiel mit *YaST2* oder *apt-get*.

Rufen Sie nun das Programm mit *x3270* auf. Bevor Sie Ihr Endgerät mit einer zSeries (S/390) verbinden, sollten Sie die Einstellungen von *x3270* prüfen und anpassen. Der folgende Abschnitt erläutert die wesentlichen Optionen zum Verbinden mit einer zSeries.

Die wichtigste Einstellung für *x3270* ist die korrekte Angabe des Modells, die das Programm emulieren soll. Der Modellname teilt sich in drei Teile auf: in das Basismodell, in die Modellnummer und in die Option für den *Extended 3270 Data Stream*.

Das Basismodell ist entweder *3278* für ein monochromes 3270-Display oder *3279* für ein farbiges 3270-Display. Die Modellnummer gibt an, wie viele Zeilen und Spalten der x3270-Bildschirm haben soll (siehe Tabelle 12.3).

Modellnummer	Spalten	Zeilen
2	80	24
3	80	30
4	80	43
5	132	27

Tabelle 12.3 Modellnummern

Die Option *Extended 3270 Data Stream* (*-E*) signalisiert dem Host, dass die 3270-Emulation erweiterte Feldattribute anzeigen kann. Die *3279* unterstützt diese Option schon in ihrer Voreinstellung, bei der *3278* muss man dies hier noch eintragen.

> **Beispiel:** Möchten Sie *x3270* mit Farbe sowie 80 Spalten und 43 Zeilen starten, rufen Sie das Programm wie folgt auf: `x3270 -model 3279-3-E`.

Den Zeichensatz stellt man mit der Kommandozeilenoption *-charset* ein. Tabelle 12.4 zeigt eine Auswahl möglicher Zeichensätze.

Zeichensatz	Code Page	Font
belgian	500	iso8859-1
bracket	37	iso8859-1
french	297	iso8859-1
german	273	iso8859-1
greek	423	3270gr
uk	285	iso8859-1
us-intl	37	iso8859-1

Tabelle 12.4 Zeichensätze (Auswahl)

Beispiel: Möchten Sie *x3270* mit dem deutschen Zeichensatz starten, rufen Sie das Programm wie folgt auf: `x3270 -charset 273`.

Statt die Optionen als Kommandozeilenparameter zu übergeben, können Sie diese auch in der Datei ~/.x3270pro im Benutzerverzeichnis der Anwender hinterlegen. Die obigen Beispieleinstellungen können Sie dort ähnlich eintragen (siehe Listing 12.4).

Listing 12.4 Beispielkonfiguration ~/.x3270pro

```
x3270.model: 3279-3-E
x3270.charset: german
```

Die vielen weiteren Parameter entnehmen Sie bitte der hervorragenden Handbuchseite zu *x3270* (siehe `man x3270`). Abbildung 12.6 zeigt den Host-Login mit der *x3270*. Da nur spezielle 3270-PC-Tastaturen die erweiterten Tasten einer 3270-Konsole besitzen, können Sie optional sich ein Pop-Up-Fenster mit diesen Sondertasten öffnen und diese Tasten zumindest per Maus eingeben.

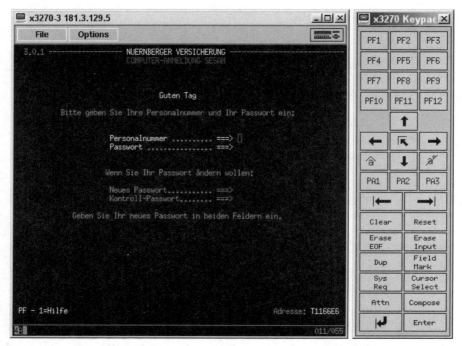

Abbildung 12.6 Zugriff auf einen S/390-Mainframe mit der x3270-Emulation

Die in Kapitel 8 vorgestellte Firma Henkel KG (siehe Kapitel 8.10.2 auf Seite 291) nutzt die *x3270*-Terminal-Emulation für den Zugriff auf den Host bei der Nürnberger Versicherung, um Vertragsdaten ihrer Kunden zu prüfen.

Anhang

A Glossar

AFS Das Andrew Filesystem ist ein ursprünglich von Transarc entwickeltes netzwerkbasiertes, weltweit verteilbares Dateisystem mit einer globalen Hierarchie.

AFS-Token AFS arbeitet mit Kerberos-Authentifizierung. Nach erfolgreicher Authentifizierung, beispielsweise mittels `klog`, teilt es Benutzern ein Token zu, welches für eine bestimmte Zeitspanne, wie z.B. einen Tag, Gültigkeit besitzt und ihnen Zugriff auf Verzeichnisse gewährt.

Anwendungsserver führen Anwendungen serverseitig aus, stellen ihre Ausgabe den Endgeräten übers Netz zur Verfügung und bekommen von diesen Maus- und Tastatureingaben.

Applikationsserver siehe *Anwendungsserver*

Bootheader sind kleine Code-Stücke, die das Laden ausführbarer Programme oder des Betriebssystems von verschiedenen Medien erlauben. So benötigt ein Linux-Kernel, der per Etherboot geladen wird, zum Starten einen solchen Header. Ähnliches gilt für ROM-Code, wie Etherboot, welcher von Diskette gestartet werden soll. Auch hier wird Etherboot ein kleines Code-Stück vorangestellt, welches erlaubt, es von der Diskette zu laden, statt es direkt vom BIOS aufzurufen. Dieser Code steht im Master Boot Record der Diskette.

Bootserver konfigurieren die lokalen IP-Daten, laden den Kernel übers Netz und stellen das Root-File-System inklusive aller darin installierten Anwendungen bereit.

CAL Eine *Client Access License* (Windows-Zugriffslizenz) ist eine Microsoft-Lizenz, mit der Arbeitsplatzrechner auf Windows-Server zugreifen dürfen.

Citrix-Metaframe ist mit Metaframe ein Anbieter für Windows-basierte Terminaldienste. Mit dem von Citrix entwickelten ICA-Protokoll können Sie verschiedene Arten von Client-Hardware, -Betriebssystemen und -Protokollen an einen Windows 2000/2003 Server oder Windows XP anbinden. Die geringen Bandbreitenanforderungen des ICA-Protokolls und ein dynamisches Load Balancing ermöglichen dabei bessere Skalierbarkeit, höhere Anwendungsgeschwindigkeit und die verbesserte Nutzung von Windows-Servern. Zum Schutz der einzelnen Sitzungen erlauben die aktuellen Clients per Secure-ICA das Verschlüsseln des Datenstroms. Mit Metaframe XP kann man Applikationen zentral verwalten und bereitstellen. Administratoren können einzelne Sitzungen remote überwachen.

Client Rechner nutzen Dienste, die Server anbieten. Vielfach bezeichnet man Endbenutzergeräte als Clients, da sie viel mehr Dienste nutzen als anbieten.

Diskless X-Station, die Verkürzung von Diskless Linux X.11-Workstation auf PC-Basis, besitzen die Fähigkeiten einer klassischen Linux Workstation, kommen aber ohne Festplatte aus und beziehen ihr Betriebssystem sowie die Applikationen von einem Bootserver. Dieses Buch verwendet für diesen PC-Typ einheitlich den Begriff Net-PC. Das »X« im Namen weist auf die Verwendung der am Massachusetts Institute of Technology (MIT) entwickelten grafischen, netzwerktransparenten Benutzerschnittstelle als zentrales Merkmal hin. Diese Geräte binden ihr Dateisystem (diskless) von einem entfernten Fileserver ein und nicht, wie noch meist üblich, von einer lokalen Festplatte. Sie gestatten ihren Benutzern, Applikationen lokal auszuführen und auf alle Laufwerke, installierte Erweiterungshardware (Audio, Video, SCSI, USB ...) und angeschlossene Peripheriegeräte zuzugreifen.

DHCP Dynamic Host Control Protocol. DHCP verwendet UDP und benutzt für den Serverkanal Port 67 und den Clientkanal Port 68.

DXS siehe *Diskless X-Station*.

Etherboot ist eine Boot-ROM-Implementierung für festplattenloses Booten von Rechnern über ihr Netzwerkinterface. Hierzu unterstützt Etherboot viele verschiedene Netzwerkkarten. Es wird als BIOS-Extension gestartet, sucht nach einem geeigneten Netzwerkadapter und startet dann eine DHCP-Client-Anfrage. Es kann Auswahlmenüs darstellen und per TFTP beziehungsweise NFS Kernel über das Netz kopieren und diese booten.

GPL GNU General Public License ist die Grundlage der freien Software-Entwicklung. Sie soll die Freiheit selbst geschriebenen Codes bei Weitergabe, Veränderung, Vervielfältigung etc. garantieren. Die genauen Bedingungen dieser Lizenz sind bei *http://www.gnu.org/copyleft/gpl.html* nachzulesen. Ein großer Teil der hier benutzten Software basiert auf dieser oder ähnlichen Lizenzmodellen.

Grafik-Oberfläche meint die verschiedenen Varianten grafischer Desktops in einer Linux-Umgebung. Anders als bei anderen Betriebssystemen ist bei Linux die Grafik-Oberfläche nicht eng mit dem Betriebssystem verknüpft. Sie arbeitet meistens auf Basis von X.11. Es gibt inzwischen mehrere integrierte grafische Oberflächen, u.a. KDE und GNOME. Ebenso kann auch ein einzelner Window Manager, wie *icewm* oder *Windowmaker* das Aussehen des Desktops bestimmen.

GUI Graphical User Interface ist die englische Bezeichnung für grafische Benutzerschnittstelle.

Hashtable ist eine Datenstruktur, in der als Einträge Paare mit Schlüssel und Wert abgelegt sind. Auf die Daten greift man über einen Vergleichsoperator zu, der die Schlüssel der Einträge prüft.

ICA Independent Computing Architecture, proprietäres Citrix-Protokoll für den Zugriff von Endgeräten auf Citrix Metaframe Presentation Server.

Initial(e) Ramdisk bezeichnet ein spezielles Minidateisystem. Dieses wird vor dem eigentlichen Start einer Linux- Maschine eingebunden. Es dient zum Ausführen von Konfigurationen für bestimmte Bedingungen. So können Kerneltreiber für RAID-Systeme oder Netzwerkkartentreiber geladen werden, damit das spätere Root-Dateisystem zur Verfügung steht.

Kernel (engl.) bezeichnet den Kern, das eigentliche Betriebssystem. Dieser steuert die Interaktion zwischen der Hardware und Software. Das Betriebssystem Linux ist daher streng genommen nur dieser Kern, alle anderen Programme und Utilities setzen auf diesem Kern auf und sind üblicherweise nicht Linux-spezifisch.

Knoppix ist eine komplett von CD-ROM lauffähige Zusammenstellung von Linux-Software (*www.knopper.net*). Es erkennt Hardware automatisch und unterstützt viele verbreitete Grafikkarten, Soundkarten, SCSI- und USB-Geräte und sonstige Peripherie. Knoppix erfreut sich einer großen Fangemeinde, die das Produkt als Schulungs-CD, Rettungssystem auch für Windows-Systeme oder Linux-Demonstrationen einsetzt. Es lässt sich vielfältig anpassen, so dass Sie es z.B. auch als Plattform für kommerzielle Software-Produktdemos einsetzen können. Es installiert keine Daten auf der Festplatte, abgesehen von einem vorhandenen Swap-Space. Auf einer 650 MByte CD-ROM lassen sich durch transparente Dekompression bis zu 2 GByte an lauffähiger Software installieren.

LAN Local Area Network. Ein Netzwerk mit einer geringen bis mittleren Ausbreitung, das sich inzwischen fast ausschließlich der Ethernet-Technologie bedient. Die theoretischen Übertragungsgeschwindigkeiten betragen 10 MBit/s (Ethernet), 100 MBit/s (Fast-Ethernet), 1 GBit/s und zum Teil bereits 10 GBit/s. Wenige LANs setzen noch ATM (Asynchronous Transfer Mode), TokenRing- oder FDDI-Technologie (Fiber Distributed Data Interface) ein.

Linux Diskless Client ist in diesem Buch der Oberbegriff für Linux Diskless PC. Dieses sind Personal Computer ohne Festspeicherlaufwerk, d.h. ohne Festplatte, Compact-Flash oder Ähnliches. Eine solche Maschine bootet von einem Bootserver. Thin Clients nach den LTSP-, GOto- und DXS-/Net-PC-Projekten gehören zum Oberbegriff Linux Diskless Client ebenso wie spezielle Flashrom-Terminals mit einem Linux-Betriebssystem im Flashrom, wie sie Hersteller wie IGEL, Esesix, Neoware und Wyse anbieten.

LDAP ist ein Kommunikationsprotokoll, das den Zugriff auf und die Aktualisierung von Directory-Informationen regelt. Es ist ein offener Industriestandard und eine vereinfachte Alternative zum X.500-Standard. LDAP ist leicht verteilbar, das bedeutet, dass es Teile seines Baums an andere Server delegieren kann. LDAP erlaubt, komplexe Access Control Lists (ACLs) zu definieren.

LDIF ist ein spezielles Dateiformat zum externen Speichern von LDAP-Verzeichnissen.

Linux Net-PC ist eine mögliche Ausformung des Net-PC. Er ist eine vollständige Linux Workstation ohne Festspeicherlaufwerk. Er bootet von einem Bootserver und arbeitet dann lokal mit Linux und je nach Aufgabe mit X.11. Wie eine Linux Workstation kann er X Terminal oder Terminal für andere Protokolle, wie Citrix Metaframe oder RDP sein.

Linux Workstation bezeichnet ein komplett ausgestattetes und an bestimmte Aufgaben angepasstes Gerät für Office-Anwendungen, Administrationsaufgaben, technische Entwürfe, Bildbearbeitung etc. Dieser Gerätetyp unterscheidet sich von einem Server insofern, als dass es sich um einen Arbeitsplatzrechner handelt, der mit allen üblichen Eingabe- und Ausgabegeräten ausgestattet ist und nicht vielen Benutzern einen bestimmten Dienst anbietet.

Linux Terminal Server Project beschreibt eine Betriebsumgebung für X-Terminals (siehe *www.linux-terminalserver.de*, *www.linuxbu.ch* und *www.ltsp.org*).

Net-PC, auch als Netzwerk-PC oder Network PC bezeichnet, ist eine Industriespezifikation für preisgünstige Personal Computer, welche für Netzwerk-Applikationen im Business- und Office-Umfeld definiert wurde. Ein Net-PC ist ein Computerdesign, das auch als Thin Client bezeichnet wird. Dieser Gerätetyp ist dazu geschafffen, zentral administriert zu werden. Darüber hinaus fehlen ihm häufig Merkmale eines »fetten PC«, wie Disketten-, CD-ROM-, DVD-Laufwerk und insbesondere eine Festplatte. Der Net-PC ist trotzdem in der Lage, die Aufgaben einer klassischen PC-Workstation zu erfüllen.

NIS Das Network Information System, bis zu Namensstreitigkeiten als Yellow Pages bezeichnet, ist ein recht altes Verfahren zum Verteilen von Benutzer-, Netzwerk- und Systeminformationen. In erster Linie wird es noch zum Verteilen von Benutzerdaten aus den UNIX-Dateien *passwd* und *shadow* verwendet.

NFS Network File System. NFS ist ein UDP- oder TCP-basiertes Protokoll. Es ist ein RPC-Dienst, welches den Portmapper zur korrekten Funktion benötigt. Ab NFS Version 3 steht zusätzlich TCP als Übertragungsprotokoll zur Verfügung. NFS stellt Dateisysteme über ein TCP/IP-Netzwerk zur Verfügung.

PAM Pluggable Authentication Modules erweitern die Möglichkeiten der klassischen UNIX-Authentifizierung über passwd/shadow hinaus. Es kann Benutzer gegen AFS oder LDAP authentifizieren.

Perl ist eine interpretierte Skriptsprache. Sie steht unter der GPL für alle gängigen UNIX-Architekturen, aber auch für Mac OS und Microsoft-Betriebssysteme zur Verfügung. Diese Programmiersprache kann man mit Modulen erweitern. Solche stehen inzwischen für fast jeden Anwendungsfall, wie die Umsetzung von Netzwerkprotokollen oder die Schnittstellen zu bestimmten Anwendungen, zur Verfügung.

PNAgent Citrix-Technologie zum Freigeben von Anwendungen für Benutzer und Gruppen.

Port Neben der IP-Adresse verfügt ein Rechner über jeweils 65.535 TCP- bzw. UDP-Ports. Damit wird es möglich, viele verschiedene Dienste auf einem Rechner gleichzeitig anzubieten bzw. viele gleichzeitige Verbindungen aufzubauen.

PXE Pre-boot eXecution Environment ist ein proprietärer Industriestandard von Intel für Netzwerkadapter. Mit PXE-Karten lassen sich Rechner über das Netzwerk booten. PXE ist im ROM vieler neuerer Netzwerkkarten oder als Komponente des Mainboard-BIOS gespeichert. Es wird, je nach konfigurierter Bootreihenfolge im BIOS des entsprechenden Rechners, nach dem Einschalten des Computers in den Speicher geladen und ausgeführt. Wenn ein Bootserver geeignet konfiguriert ist, wird nach erfolgtem Start ein Bootmenü angezeigt oder der Kernel über das Netzwerk geladen.

RDP Remote Desktop Protocol von Microsoft benutzt die TCP/IP-Netzwerkprotokollsuite. Es setzt auf dem Telekommunikationsprotokoll T.120/T.128 auf, das Microsoft bei Netmeeting verwendet. Mit diesem Protokoll können Clients auf Windows-Terminalserver zugreifen.

RFC Request for Comment (engl.) heißen die Texte, die beschreiben, was das Internet im Innersten zusammenhält. Diese Dokumente beschreiben neue Netzwerk-Protokolle, ihre Änderungen und Erweiterungen und stellen sie zur Diskussion.

RPC Remote Procedure Call ist eine Technologie zur Kopplung von Anwendungen auf heterogenen Systemen. RPC ist die synchrone Kontrollfluss- und Datenübergabe in Form von Prozeduraufrufen und von aktuellen Parametern zwischen Programmen in unterschiedlichen Adressräumen über einen schmalen Kanal (im Sinne von Durchsatz und Verweilzeit).

RPM Das RedHat-Packagemanager-Format hat sich bei Linux inzwischen als Quasi-Standard zur Verteilung und Installation von Software-Paketen durchgesetzt. Viele Linux-Distributoren und Entwickler verwenden dieses Format. Zum Steuern der Software-Auswahl und Installation/Deinstallation gibt es Oberflächen wie SuSEs Konfigurationswerkzeug YaST, das auf RPM aufsetzt.

Server bieten im klassischen TCP/IP-Client-Server-Modell Dienste an. Sie stellen – meistens zentral – bestimmte Funktionalitäten, wie Mail-, File- und Webdienste, oder Applikationen zur Verfügung. Benutzer können sich an einem Server anmelden, werden aber nur in den seltensten Fällen physisch vor dem Gerät sitzen. Häufig bezeichnet man Geräte nach ihrem Hauptzweck als Server, z.B. Bootserver.

Skript meint zumeist einen Stapel (engl. Batch) von Kommandozeilenprogrammen. Diese Programme sind in einer ausführbaren Datei zusammengefasst und werden nacheinander abgearbeitet. Die Shell, der UNIX-Kommandointerpreter, stellt neben anderem einige Funktionen wie Kontrollstrukturen und Variablen zur Verfügung. Diese »Programme«, häufig als Shell-Skripten bezeichnet, bilden die Grundlage der Steuerung eines jeden UNIX-Systems.

SSH Eine Verbindung per Secure Shell verschlüsselt die Kommunikation zwischen zwei Geräten. Daher ist sie dem unverschlüsselten Telnet auf jeden Fall vorzuziehen. Das Programm auf der Serverseite heißt üblicherweise `sshd`, die Clientapplikation `ssh`.

Syslinux ist ein Bootloader für Linux, welcher häufig als Basis für Bootdisketten und bootbare CDs von Distributionen eingesetzt wird. Syslinux kann verschiedene Filesysteme lesen. Damit müssen Kernel und Konfigurationsdateien nicht auf bestimmten Sektoren des Mediums liegen. Ein gesonderter Zweig von Syslinux kann ein BOOT-Image erstellen, welches man per PXE booten kann.

System Management Bus Der System Management Bus (SMB) ist auf modernen (PC-)Mainboards ein Standard zum Überwachen wichtiger Komponenten. Es lassen sich darüber beispielsweise Informationen über Lüfterdrehzahlen und Prozessortemperaturen gewinnen.

Telnet Eines der ersten Protokolle der TCP/IP-Suite, um sich an entfernten Rechnern anmelden zu können. Telnet verwendet als Transportprotokoll TCP und arbeitet auf Port 21. Der Daemon, d.h. der Hintergrundprozess, der den Telnet-Dienst auf einem Rechner anbietet, heißt üblicherweise `(in.)telnetd` und wird meistens über den Internet-Super-Daemon `(x)inetd` gestartet. Die Client-Applikation heißt einfach `telnet`.

TFTP Trivial File Transfer Protocol. TFTP stellt eine stark vereinfachte Version des FTP dar. Es arbeitet auf Basis von UDP auf Port 69.

Terminalserver umfassen die Funktionen von Bootservern und gegebenenfalls von Anwendungsservern.

TSAC *terminal server access client* (Terminalserver-Zugriffslizenz) ist eine Microsoft-Lizenz, mit der Arbeitsplatzrechner ohne Windows 2000/2003/XP auf Windows-Terminalserver zugreifen dürfen.

UDP User Datagram Protocol. UDP ist Teil von TCP/IP und stellt eine Implementierung der Transportschicht dar. UDP arbeitet verbindungslos. Mehrere Protokolle für Linux Diskless PCs wie DHCP, TFTP, NFS und XDMCP setzen UDP ein.

Glossar **403**

Userspace meint normale System-Prozesse, die nicht als Kernel-Threads realisiert sind.

Vendorcode (oder Vendorcode Identifier) sind hersteller- oder lokalspezifische Erweiterungen der Standard-DHCP-Options.

Window Manager Ein Window Manager ist ein X-Client mit der speziellen Eigenschaft, das äußere Erscheinungsbild des Desktops zu bestimmen und die Fenster der anderen X-Clients zu managen. Es gibt Window Manager, die für sich allein arbeiten, wie *icemwm* oder *fvwm*. Andere sind in grafische Benutzeroberflächen wie KDE, GNOME oder XFCE eingebettet. Window Manager bestimmen über die Fensterrahmen und Desktop-Menüs bereits wesentlich über das Look&Feel einer grafischen Oberfläche mit.

X.11 bzw. XFree86 X.11 bringt die grafische Oberfläche auf den UNIX-Desktop und definiert die Netzwerkschnittstellen. Als Protokoll verwendet es XDMCP, das X-Display Management Control Protocol. Der X-Server, bei Linux meistens eine Version von XFree86 realisiert, gibt auf der lokalen Maschine Grafik auf den Bildschirm aus, muss also die entsprechenden Hardwaretreiber enthalten sowie auf Monitor und Grafikkarte anpassbar sein. Auf einem PC können mehrere X-Server gleichzeitig laufen, wobei die TCP-Ports ab 6000 aufwärts verwendet werden.

XDMCP Das *X display message control protocol* steuert die Grafikschnittstelle auf UNIX-Systemen. Diese Schnittstelle ist netzwerktransparent. Das (Nicht-)Anbieten von Diensten über das X11-Protokoll wird durch XDMCP standardmäßig auf Port 177 über UDP gesteuert. Die Einstellungen erfolgen über den jeweils eingesetzten Displaymanager. Hierzu zählen der klassische xdm, kdm - Display Manager von KDE und gdm-Displaymanager des Gnome-Projekts.

X-Terminal Meint hier ein festplattenloses System, welches in erster Linie mittels XDMCP mit einem oder mehreren Servern Kontakt aufnehmen kann. Es führt einen X-Server aus, so dass sich X-Clients über das Netzwerk mit diesem verbinden können. Dieses Buch spricht nur von Linux X Terminals, kommerzielle Implementierungen erwähnt es nur am Rande. Dabei erfolgt die Ausgabe der Grafikoberfläche des Servers lokal auf der Maschine. XDMCP reicht die Benutzereingaben durch Tastatur und Maus an den Server weiter. Ähnliche Funktionalität bieten VNC, Remote-Desktop und Citrix Metaframe-Client. Prominente Implementierungen nichtkommerzieller X Terminals sind u.a. ThinStation, LTSP und GOto Gonicus Terminal Office. Letztere sind allerdings schon intelligente X-Terminals, da sie nicht nur Anwendungen von Terminalservern darstellen, sondern auch lokale Applikationen starten können.

B Literatur

Burre2004: Bernd Burre, Uwe Debacher, Bernd Kretschmer, Dirk von Suchodoletz, Carsten Thalheimer: Linux im Windows-Netzwerk, Das Praxisbuch, Franzis' Verlag, Poing 2004, ISBN 3-7723-6038-6

O'Donnell2003: Bob O'Donnell: The Rise of Thin Machines: Worldwide Enterprise Thin Clien Market Analysis, 2002-2007, IDC, Framingham MA, July 2003 Volume 1

Graser2004: Frank Graser: Der PC alter Prägung darf bald in Rente gehen, Computer Zeitung, Nr. 1-3/12.Januar 2004

Kiess2004: Dr. Frank-Michael Kiess: Einfachheit stellt oft die beste Lösung dar, Computer Zeitung, Nr. 4/19.Januar 2004

Kissling2004: Roland Kissling: Pro und Contra zentrale IT, Online-Ausgabe der Computerwelt.at vom 12.01.2004,
http://www.computerwelt.at/detailArticle.asp?a=79743&n=2

Kretschmer2001 Bernd Kretschmer, Stephan Herkert: Windows 2000 Terminaldienste, Windows 2000 Application Services zentral bereitstellen, Addison Wesley, München 2001, ISBN 3-8273-1585-9

Kretschmer2004 Bernd Kretschmer, Jens Gottwald: Linux Bürodesktops Nürnberg 2004

Milz1995a Harald Milz: X-Terminal im Selbstbau, Linux Inside, Diskless-Linux-PC bootet über das Netzwerk, IX 8/1995, Seite 34

Milz1995b Harald Milz: Praxis-X-Terminal im Selbstbau, Aufgebohrt Teil 2: Audio-Unterstützung, Floppy-Zugriff und neue Boot-ROMs, IX 12/1995, Seite 172

Pfeifle2004 Kurt Pfeifle: NX Nomachine, bei Redaktionsschluss noch unveröffentlichtes Manuskript, Stuttgart, 2004

Pinzari2003 Gian Filippo Pinzari: Remote Desktops with NX, Paper (PDF) der Präsentation auf der Linux 2003 Conference and Tutorials, Edinburg, Scotland 2003, www.ukuug.org/events/linux2003/prog/abstract-GPinzari-1.shtml

Qualano2003a Bartolo Qualano: Nomachine Introduction to NX Technology, Roma, 2003

Qualano2003b Bartolo Qualano: Nomachine NX System Architecture, Roma, 2003

Qualano2003c Bartolo Qualano: Nomachine Introduction to NX Software Components, Roma, 2003

Qualano2003d Bartolo Qualano: Nomachine NX Server System Administrator's Guide, Roma, 2003

Qualano2003e Bartolo Qualano: Nomachine Appendix, Roma, 2003

Schroeder2000 Alfred Schröder: Kompromisslos für Linux, Ein mittelständiges Unternehmen steigt auf Linux um, Linux Enterprise 01/2000, Seite 37-38

Schroeder2002 Alfred Schröder: Henkel – Komplettmigration auf LINUX erfolgreich druchgeführt, ISIS Linux Report, Edition 2-2002, Seite 132

Stolzenberger 2002a Andreas Stolzenberger: SAN-Alternative iSCSI im Praxistest, Network Computing 1-2/2004, Seite 32 – 35

Stolzenberger 2002b Andreas Stolzenberger: Freies IP-SAN Workshop: iSCSI unter Linux, Network Computing 1-2/2004, Seite 36

Sucho1999 Dirk von Suchodoletz: Gut gebootet, Linux X-Terminals, Linux-Magazin 08/1999, Seite 101-110, http://www.linux-magazin.de/Artikel/ausgabe/1999/08/XTerminals/xterminals.html

Sucho2000 Dirk von Suchodoletz: Thin-Clients, Plattenloser Arbeitsplatz selbstgemacht, Linux-Magazin 08/2000, Seite 110-115

Sucho2002 Dirk von Suchodoletz: Die Netzstarter, Diskless Clients mit Linux - eine Handlungsanleitung, Linux-Magazin 01/2003, Seite 74-81

Sucho2002-2 Dirk von Suchodoletz: Betriebshandbuch Thin-Clients auf Linuxbasis, Diskless X-Stations und X-Terminals, Studierendennetz Universität Göttingen, http://www.stud.uni-goettingen.de/ dsuchod/ldc/bhblt.html

Sucho2003 Dirk von Suchodoletz: Effizienter Betrieb großer Rechnerpools, Implementierung am Beispiel des Studierendennetzes an der Universität Göttingen, GwDG-Bericht Nr.59, Göttingen 2003, ISSN 0176-2516

Tritsch2004 Bernhard Tritsch: Microsoft Windows 2003 Terminal Services, Implementierung am Beispiel des Studierendennetzes an der Universität Göttingen, Microsoft Press, München 2004

Vahldieck2004 Axel Vahldieck Angriffe aus dem Netz, Virenscanner sind keine Allheilmittel, c't 3/2004

Index

A

Access Control List 401
ACL 401
Adaptive Internet Protocol 357
Administration 32
Administrationsaufwand 34, 179
Administratoren 22
AFS 399
 Token 399
AIP 178, 357
AIX 33
Alcatraz 181
Anforderungen 71
Anmeldung
 Benutzer 137, 146
Anschaffungskosten 41, 42
Anwendung 399
 clientbasiert 177
 lokale 177
 remote 178
 serverbasiert 177, 178
Anwendungsserver 19, 399, 403
Applikationsserver 399
Arzt-Praxen 63
AS/400 178, 385
atftpd 113
Ausrollen 177
Ausschalten 238
Authentifizierung 146
 AFS 399
 LDAP 171, 401
 lokale 137
 PAM 402
 zentrale 137
auto.master 174
Automounter 155, 173, 238
 Einsatzgebiete 176
 Funktionsweise 174
 Konfiguration 174

B

Backend 33
Bandbreite 47
Bandsicherung 75
Benutzeranmeldung 137, 146
Berater 47, 61
Berndes 54
Betreuungsaufwand 45
Betriebskonzept 41
Betriebskosten 41, 43
Betriebsmodus 189
Betriebssystem 179, 303, 400
 Virtuell 358
Bildschirmdialog 37
BIOS 187
Boot-Quelle 181
Booten 47, 198, 400
Bootheader 399
Bootkonzept 187
Bootprom 48, 187, 188
Bootprozedur 234
Bootserver 19, 181, 182, 216, 399, 403
Bootsoftware 187
 Aufgaben 189
 installieren 188
 Multiboot 189
Broadcast 119
Browser 31
Browser-Terminal 180
Burbach 23
BXP 182

C

c3270 393
CAL 399
Carugo 67
Chaos 34
Chapman 348
Chooser 119
Citrix 35, 178, 353, 399
 Metaframe 353
Class 112

Client 399
 Fat 179
 NIS 143
 Thin 179
Client-Anwendung 177
Codeweavers 379
Common UNIX Printing System
 gpsieheCUPS 281
Consultant 47
Crossover Office 379
CUPS 281
 KDE-Konfiguration 282
Cygwin 39

D

d2dl 223
Data-Vital 63
Dateisystem 399
 AFS 399
 Entwicklungen 231
 exportieren 35
 mounten 35
 transluzentes 231
Datenbank 401
 hierarchische 162
David 63
Debugging 238
Debuglevel 239
Delta Internet 54
Desktop 404
Desktop-PC 34
Dezentralisierung 33
dhclient 102
DHCP 44, 69, 100, 187, 189, 199, 400
 Benutzeroption 110
 Clients 102
 Display Manager 107
 DNS-Konfiguration 107
 DXS-Steuerung 110
 Font-Server 107
 Funktion 100
 Konfiguration 105, 268
 Option 105, 226

Server 104
Variable 105
VCI 111, 404
dhcpcd 102
dhcpd 104
Didasca 67
Diebstahl 177
Dienst 237
Differential X Protocol Compressor 59
Directory 162
DireqLearn 66
Diskless Client 401
Diskless X Station 44, 208, 399
Display Manager 37, 38, 119, 146, 273, 404
Chooser 123, 131
GDM 127
KDM 124
XDM 119
DNS 92
Einführung 94
Domain Name Service 92
domainname 140
Donnell 179
Dualboot 189, 196
DXPC 59
DXS 44, 202, 208, 385, 399, 401
Archiv 217
Aufbau Dateisystem 229
Betriebsmodi 238
Boot-Abfolge 233
Debuggen 238
durch Klonen 223
Ergänzen 225
Erstinstallation 220
Funktionsweise 226
Hardware 237
Herunterfahren 238
in der Schule 239
Installation 216, 219
Praxisberichte 239
Runlevel 235
Server 216
Updaten 225
dxs-inst 220

Dynamic Host Configuration Protocol 100
Dynamic Results 56

E

Einfachheit 180
Einrichtung 237
Einsatzdauer 33
Endgeräte 31, 180, 204
Endgeräte-Betriebssystem 179
Entscheider 21
Entsorgung 41
Erneuerungs-Zyklus 33
Erstausstatter 34
Etherboot 44, 50, 112, 189–191, 203, 400
Überblick 191
Bootheader 399
Kompilieren 194
Konfiguration 192
Menu 109, 196
Windows 196
Ethernet 401
exports 90

F

Farm 178
Fat Client 179
Fat PC 179
Fehlersuche 238
Festplatte 75
lokale 177
Festplatten-Entsorgung 177
Flash-Disk 181
Flash-ROM 181
Flash-Speicher 187
Flashrom-Terminal 179, 204
Font-Server 134
Frontend 33

G

Gast-Betriebssysteme 358
GDM 127
Konfiguration 127
gdm 127
Georges 65
Geschichte 33

GNOME 46, 118, 304, 331
Gonicus 55, 61
GOsa 55
GOto 44, 55, 401
Anwender 288
Ausblick 287
Besonderheiten 250
Boot-Kernel 254
Drucken 281
GOsa 262
LDAP-Einrichtung 255
Peripherie 280
Voraussetzungen 252
Web-Frontend 262
GPL 400
Grafik-Oberfläche 400
Grafikkarte 237, 404
Grafischer Desktop 37, 115, 238, 400
Graphical User Interface 400
Group 112
GRUB 190
GUI 115, 400
Gutschke 48, 50
GWDG 51

H

Hardware 71, 187, 214, 237
Server- 74
Hardware-Erkennung 237
Heggen 63
Herunterfahren 238
Herweg 65
Heterogene Landschaften 20, 29
HOB 349, 351
Honan 48
Host-Betriebssystem 358
Host-Chooser 120

I

IBM 370 178
IBM Haifaa Research 184
IBM3270 385
IBM5250 385
iBoot 182, 184

ICA 178
ICA-Client 353
IceWM 71, 332
ID-Pro 55, 61
IDC 179
Implementieren 47
Independant Computing Architecture 353
Indirect 119
Init 235
Initial Ramdisk 234, 254, 400
Intel 189
Internet Printing Protocol gpsieheIPP 281
IP-Netze 69
IPP 281
IRIX 33
iSCSI 182, 184
iSeries 385

K

Köppen 48
Katalog 162
KDE 46, 118, 304, 330
KDM 124
    Konfiguration 124
kdm 124
Kernel 234, 400
Kernel-Commandline 239
Kernel-Tagging 190
Kerntechnologien 47
Kiosk 180
Knebelung 34
Komplexität 34
    reduzieren 19, 180
Kompression 302
Konfiguration 237
Kontron WEBasDISK 182
Konzept
    Betriebs 30
    Boot 30
    Verwaltungs- 30
Kosten
    arbeitsplatzbezogen 179
Kostenexplosion 45
Kretschmer 24

krfb 306
Kropfberger 60
Kuhlmann 48, 189

L

LAN 301, 401
Landesbildungsserver 65
LanWorks 48
Laptop 179
Lastverteilung 20
Lazarus 67
LBX 59, 73, 302
LDAP 46, 54, 109, 162, 386, 401
    Überblick 162
    Client 168
    Konfiguration 168
    Operationen 166
    PAM 171
    Protokoll 166
    Rechte 167
    Server 168
ldapadd 171, 261
ldapsearch 169, 262
LDIF 168, 170
Lebenszyklus 33
Lightweight Directory Access Protocol 162
Lightweight Directory Interchange Format 168
Linux Clients 20
Linux Net-PCs 20, 29
Linux Workstation 399
Linux X Terminals 29
Linux-Bootserver 182
Linux-Terminalserver 27
Linux-Verband 61
Lizenzvertrag 33
Login 146
Low Bandwith X 59
LTSP 44, 50, 56, 73, 214, 401

M

Möller 65
Mailclient
    Evolution 341
    Kmail 341

    Mozilla 341
    Mutt 341
    Pine 341
Mainboard 189
Management 32
Maus 404
Medialogic 59
Merge 35
Meta-Verzeichnis 386
Metaframe 353, 399
    Linux-Client 353
    Server 356
Microsoft Office 46
Middleware-Server 178
Migration 386
Milz 48
Minidateisystem 400
mkelf 195
mkinitrd 234
mknbi 195
Monitor 404
Monokultur 27, 32, 45
mount 36
Mozilla
    Mailclient 341
Multi Data 63
Multi-Protokoll-Terminal 180
Multi-User-Betriebssystem 46
Multiboot 189, 196
Multiplikator 47
Multiwin-Technologie 347

N

nahtlose Integration 180
Name Service Caching Daemon 145
Name Service Switch 140
Nameserver
    bind 255
Nelson 48
Net-PC 44, 181, 385, 399, 401
    Überblick 209
    Anwender 239
    Archiv 217
    Ausschalten 238
    Betriebsarten 238

Booten 181
Bootprozedur 233
Dienste 237
Einsatzgebiete 210
Entstehung 211
Erstinstallation 220
Fehlersuche 238
Funktionsweise 226
Hardware 237
Idee 209
Installation 216, 219
Konfiguration 226
Server 216
Software 217
System-Klon 223
Update 225
Netboot 48, 189, 190, 203
Netraverse 375
 Win4Lin 375
netstation 50
Network File System 36, 83
Network Information System 138, 402
Netz-Boot 181
netztransparent 46
Netzwerk 71, 401
Netzwerkdateisystem 37
Netzwerkkarte 400
 onboard 189
NFS 36, 69, 83, 187, 189, 402
 Überblick 83
 Bereitstellen 86
 Client 90
 Debian 87
 Dienste 83
 Freigabe 90
 Portmapper 87
 Programme 83
 Server 86
NFS 2 83
NFS 3 83
NFS 4 83
NIS 138, 402
NIS-Client 143
NIS-Domäne 139
NIS-Server 141

Nomachine 59
Notebook 179
NT-Loader 197
NX 59, 73

O
O'Donnel 179
OEM-Vertrag 34
Office Terminal Server 54
Open Source 27
Openlab 66
OpenOffice.org 46, 334
OS/390 385
OS/400 385
OTS 54

P
PAM 146, 402
 Überblick 146
 AFS 155
 Argumente 154
 Beispiele 158
 Dateien 149
 Funktionsweise 148
 Komponenten 155
 Konfiguration 152, 158
 LDAP 158
 Module 155
 Modulpfade 154
 Modulsteuerung 153
 Modultypen 152
 PlugIns 155
 Samba 155
 Sicherheit 159
 Verzeichnisse 149
passwd 138, 146
PC
 Desktop 179
 Vermehrung 34
 Workstation 402
Peripheriegerät 400
Pinzari 59
Platten-Layout 75
Pluggable Authentication Module 146, 402
Pollmeier 54
Port 400

portmap 87
Portmapper 83, 87, 138
PostScript Printer Description gpsiehePPD 281
PPD 281
Präsentationserstellung 333
pre-boot execution environment 189, 402
Preboot Extension 188
Probleme 45
 Administrations- 45
 Kosten- 45
 Sicherheits- 45
Process Filesystem 37
pump 102
PXE 44, 48, 188, 198, 203, 402, 403
 Überblick 199
 pxelinux 269
 Syslinux 199
 Vergleich 203
pxelinux 199
 Bootmenü 201
 Konfiguration 201
PXES 44, 57

Q
Query 119
Quickie 19
Quillan, Mc 56

R
RAID 75
 Software- 80
RAID-Konfiguration 80
RAID-Level 77
RAID-Systeme 76
RAM-Filesystem 37
RDesktop 349
 aufrufen 351
 Installation 351
RDP 178, 402
Recycling 41
RedHat-Packagemanager 402
Redundanz 71

Remote Desktop Protocol 402
Remote Procedure Call 83, 138, 402
Request for Comment 402
Risiken 69
roll out 177
rom-o-matic 50
Root-Filesystem 37
Roper 58
ROX 71
RPC 87, 138, 402
rpcinfo 88, 144
Rsync 223
  Optionen 223
RunChooser 122

S

S/390 385, 393
Salant 184
Schnittstellen 44
Schröder 61
Schulen 65
SCO 35
Secure Shell 40
seemless integration 180
Server 403
  Applikations- 73, 399
  Boot- 72, 403
  DHCP 102
  DNS 96
  Font- 134
  Layout 73
  LDAP 168
  NFS 86
  NIS 141
  redundante 73
  TFTP- 113
  X.11 117
Server-Anwendung 177
Serverdienste 69
Serverfarm 178, 348
shadow 138, 146
Shell-Programm 403
Sicherheit 159, 177
Sicherheitsrisiko 34
Sicherungsaufwand 45

Single-Protokoll-Terminal 180
Skript 403
slapadd 261
slapd 168
SNA 385
Software 71
Solaris 33
Solid State Disk 187
Speicherbedarf 73
SSH 306
ssh 40, 403
StarOffice 46, 334
Studierendennetz 52
Suchodoletz
  von 24, 51
Support-Aufwand 179
SuSE 36
Syslinux 190, 198, 403
  Konfiguration 201
System Management Bus 403
Systemadministrator 118
Systems Network Architecture 385
Systemverwalter 22

T

Tabellenkalkulation 333
Tarantella 35, 178, 357
Task-Station-Mode 181
Tastatur 404
TCO 45, 179
TCP/IP 403
TCP/IP-Bootrom 48
Techniker Krankenkasse 51
Terminal
  Browser- 180
  Multi-Protokoll- 180
  Single-Protokoll- 180
Terminalserver 35
Text-Terminal 177
Textverarbeitung 333
TFTP 44, 69, 187, 189, 199, 403
  Server 113
Thin Client 44, 179, 401
  Ökobilanz 43

DXS 208
GOto 248
Hardware 41
Konzepte 41
Kosten 41
Thin-Client-Konzept
  Boot-Kernel 254
  Einleitung 247
  Netzwerkinfrastruktur 253
  Voraussetzungen 252
Thinsoft 350
ThinStation 44, 58
TN3270E-Protokoll 393
tn5250 178, 388
  Bildschirmschriften 391
  Farben 392
  Howto 389
  Integration 393
  Tastaturbelegung 390
Torres 57
Total Cost of Ownership 45, 179
Trojaner 30, 45

U

UDP 403
Unisys-Studie 30
Universal Serial Bus 37
Universitäts-Bibliothek 51
UNIX-Server 33
Update 225
Update-Rhythmus 33

V

VCI 112
Venter 66
Venturcom 182, 186
Verwaltungsaufwand 45
Vigor 59
Virtuelle Betriebssysteme 358
Virus 30, 45
VMWare 358
VNC 303, 345
  Überblick 303
  Client 304
  Einrichten 304

Grenzen 309
in KDE 306
Server 303
Sicherheit 306
vncpasswd 303
vncserver 303
vncviewer 303
VT525 178

W

WAN 47, 301
WAN-Lösung 30
WAN-Protokolle 19, 73
wBootix 48
Web-Frontend 55
WEBasDISK 182
Webbrowser
   Konqueror 336
   Lynx 336
   Mozilla 336
   Opera 336
Win4Lin 375
Window Manager 117, 404
Windowmaker 304, 400
Windows
   Anwendung 46
   Emulation 46
   Terminalserver 178, 347

Windows 98 372
Windows2000 Bootloader 197
Wine 378
Workstation 401
Wurm 30

X

X Font Server 135
X Server 117
X Terminals 33, 404
X-Client 301, 404
X-Clients 117
X-Desktop 39
   exportieren 37
X-Ray 60
X-Server 39, 301, 303, 404
X.11 37, 47, 73, 178, 301
   Display Manager 132
      Xaccess 132
X.11-Protokoll 301
x3270 178, 393
   Konfigurationsdatei 395
   Modell 394
   Zeichensatz 394
XDM 119
   Konfiguration 121
xdm 119

XDMCP 73, 404
XFree86 404
xfs 134
Xnest 37, 115, 303
Xreset 122
Xsession 122
xset 136
Xsetup 122
Xstartup 122
Xvnc 303

Y

Yap 48, 50
YaST 36
ypbind 143
ypcat 140, 144
yppasswd 140
ypserv 140

Z

Zentralisierung 20, 33
Zielgruppe 21
zSeries 385, 393
Zuverlässigkeit 177

UNIX/Linux & Open Source

Arnold Willemer

Wie werde ich UNIX-Guru?

Einführung in UNIX, Linux und Co

672 S., 2003
34,90 Euro
ISBN 3-89842-240-2

Gunther Wielage

SuSE 9.x

Installation und Anwendung

ca. 600 S., mit CD
ca. 29,90 Euro
ISBN 3-89842-504-5
Juni 2004

Frank Budszuhn

CVS

Einführung in das Concurrent Version System

ca. 300 S.
mit Referenzkarte
ca. 29,90 Euro
ISBN 3-89842-471-5

Karsten Günther

Einstieg in LaTeX

Wissenschaftliche Arbeiten professionell layouten

ca. 600 S., mit CD und Referenzkarte
ca. 34,90 Euro
ISBN 3-89842-510-X
Juni 2004

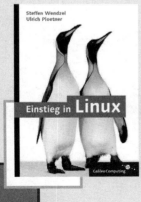

Steffen Wendzel
Johannes Plötner

Einstieg in Linux

Eine distributions-unabhängige Einführung

ca. 500 S., mit CD
ca. 29,90 Euro
ISBN 3-89842-481-2

Internet & Scripting

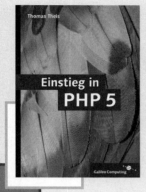

Thomas Theis
Einstieg in PHP 5
Leicht verständlich
und praxisnah lernen

ca. 550 S.
mit CD und Referenzkarte
ca. 22,00 Euro
ISBN 3-89842-260-7

Carsten Möhrke
Besser PHP programmieren
Professionelle
Programmiertechniken für PHP 5

ca. 648 S., mit CD
ca. 39,90 Euro
ISBN 3-89842-381-6

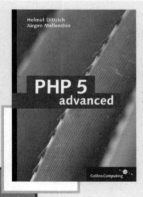

Helmut Dittrich
PHP 5 advanced
Fortgeschrittene Techniken für
Umsteiger und Profis

ca. 700 S., mit CD
ca. 39,90 Euro
ISBN 3-89842-261-5

Martin Goldmann
**PHP 5 –
Die Neuerungen**
Objektorientierung, libxml2,
gd-lib, Stream-Funktionen
u. v. m.

ca. 200 S.
ca. 20,00 Euro
ISBN 3-89842-490-1

Joseph Brunner
PHP 5
Das umfassende Handbuch

ca. 1100 S., mit CD
ca. 44,90 Euro
ISBN 3-89842-328-X

Java

Christian Ullenboom

Java ist auch eine Insel

Programmieren
für die Java 2-Plattform
in der Version 1.4

1342 S., 3., aktualisierte und
erweiterte Auflage 2003, mit CD
49,90 Euro
ISBN 3-89842-365-4

Stephan Wiesner

Struts

Ein Tutorial für
Java-Entwickler

ca. 312 S.
ca. 24,90 Euro
ISBN 3-89842-452-9

Helmut Vonhoegen

**Einstieg in
JavaServer Pages 2.0**

Web-Programmierung
für Einsteiger

576 S., 2004
mit CD
39,90 Euro
ISBN 3-89842-360-3

Manfred Borzechowski

**Eclipse 3
professionell**

ca. 600 S.
mit Referenzkarte
ca. 39,90 Euro
ISBN 3-89842-463-4
September 2004

Bernhard Steppan

Einstieg in Java

Die Einführung für
Programmierneulinge

567 S., 2003
mit CD
24,90 Euro
ISBN 3-89842-359-X

Galileo Computing

C/C++ & Softwareentwicklung

Ulrich Kaiser
Christoph Kecher

C/C++

Von den Grundlagen zur professionellen Programmierung

1368 S., 2., aktualisierte und erweiterte Auflage 2003, mit CD
44,90 Euro
ISBN 3-89842-273-9

Jürgen Wolf

C von A bis Z

Der umfassende Einstieg

920 S., 2003
mit Referenzkarte
39,90 Euro
ISBN 3-89842-392-1

Ulrich Kaiser

Spieleprogrammierung in C++

2D-, 3D- und Netzwerkspiele mit DirectX

583 S., 2003, mit 2 CDs
39,90 Euro
ISBN 3-89842-272-0

Arnold Willemer

Einstieg in C++

Schritt für Schritt zur Programmierung

500 S., 2004
mit CD
24,90 Euro
ISBN 3-89842-397-2

Ulla Kirch-Prinz
Peter Prinz

C++ für C-Programmierer

788 S., 2004
mit CD
44,90 Euro
ISBN 3-89842-395-6

Steigen Sie um!

526 S., 2004, mit CD, 29,90 Euro
ISBN 3-89842-431-6

OpenOffice.org – Einstieg und Umstieg
www.galileocomputing.de

Thomas Krumbein

mit CD

OpenOffice.org – Einstieg und Umstieg

Sie sind MS Office-Anwender und wollen umsteigen? Sie möchten Kosten sparen und setzen OpenOffice.org sogar im Unternehmen ein? Dieses Buch behandelt alle wichtigen Module von OpenOffice.org (Textverarbeitung, Kalkulation, Präsentation usw.). Neben der Beschreibung der wichtigen Funktionen des Programms erfahren Sie, wie ein Umstieg ohne Daten- und Makroverlust reibungslos funktioniert.

Das eigene
Netzwerk im Büro
oder zu Hause

600 S., 2003, mit CD, 24,90 Euro
ISBN 3-89842-307-7

PC-Netzwerke

www.galileocomputing.de

mit CD

Axel Schemberg

PC-Netzwerke

Kein Computer kommt heute mehr ohne Netzwerkverbindung aus, weder im Büro noch zu Hause. Mit unserem Bestseller bleibt keine Frage aus Theorie und Praxis offen. Auf 600 Seiten erhalten Sie detaillierte Netzwerk-Grundlagen, Schritt-für-Schritt-Anleitungen und Praxistipps aus erster Hand. So richten Sie problemlos LAN- und WLAN-Netzwerke unter Windows und Linux ein, sichern Ihr Netzwerk gegen Gefahren von außen ab, nutzen gemeinsam einen Internetzugang oder konfigurieren einen selbstgebauten ISDN-/DSL-Router auf der Grundlage von FLI4L.

Gut informiert?

Abonnieren Sie jetzt unseren kostenlosen Mail-Newsletter.

Wir informieren Sie monatlich über:

- ✔ neue Bücher
- ✔ openbooks
- ✔ Sonderaktionen

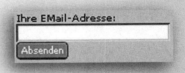

www.galileocomputing.de

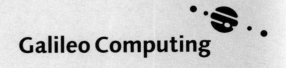

**Hat Ihnen dieses Buch gefallen?
Hat das Buch einen hohen Nutzwert?**

Wir informieren Sie gern über alle Neuerscheinungen von Galileo Computing. Abonnieren Sie doch einfach unseren monatlichen Newsletter:

www.galileocomputing.de

Professionelle Bücher. Auch für Einsteiger.